"十三五"普通高等教育本科系列教材

GONGCHENG ZHITU

工程制图

（第三版）

主　编　马巧英　明　太

副主编　刘　垚　尹辉燕　曲翠琴

编　写　高胜利　吉晓梅　柳全红

主　审　赵炳利

中国电力出版社
CHINA ELECTRIC POWER PRESS

内 容 提 要

本书是根据教育部颁发的“高等学校工程图学课程教学基本要求”，在总结编者多年教学改革经验的基础上编写而成的。本书主要内容包括绪论、制图的基本知识和技能、正投影法、立体的投影、组合体的视图、轴测图、机件常用的表达方法、标准件和常用件、零件图、装配图、AutoCAD基础。本书与尹辉燕、马巧英主编的《“十三五”普通高等教育本科系列教材 工程制图习题集（第三版）》配套使用。

本书可作为本科院校近机类、非机类各专业的工程制图课程的教材，也可作为高职高专院校相关专业的教材，还可供工程技术人员参考。

图书在版编目（CIP）数据

工程制图/马巧英，明太主编．—3版．—北京：中国电力出版社，2016.5（2021.5重印）

“十三五”普通高等教育本科规划教材

ISBN 978-7-5123-9055-3

Ⅰ.①工… Ⅱ.①马…②明… Ⅲ.①工程制图-高等学校-教材 Ⅳ.①TB23

中国版本图书馆CIP数据核字（2016）第048302号

中国电力出版社出版、发行

（北京市东城区北京站西街19号 100005 http：//www.cepp.sgcc.com.cn）

三河市百盛印装有限公司印刷

各地新华书店经售

*

2009年6月第一版

2016年5月第三版 2021年5月北京第十六次印刷

787毫米×1092毫米 16开本 16.5印张 397千字

定价46.00元

前　言

本书是根据教育部颁发的“高等学校工程图学课程教学基本要求”的精神和编者多年教学改革的经验，并吸取同行专家的宝贵意见，在第二版的基础上修订而成的，同时修订出版的《“十三五”普通高等教育本科系列教材　工程制图习题集（第三版）》与本书配套使用。

本书除保留了上一版的一些主要特色外，还具有以下特点：

(1) 遵循基础理论教学以应用为目的，以必需、够用为度的原则，以加强实践性与应用性、培养能力与素质为指导思想，适应面广。

(2) 本书注重标准化意识的培养，增加了标准知识的介绍，采用近年现行的最新相关国家标准，更新了相关内容和图例。

(3) 计算机绘图的内容采用 AutoCAD 2012 版本，并对相关内容做了适当的调整，新增“小提示”书签以便理解和记忆。另外，还应读者的要求增加了实例和练习。

(4) 本书加强了徒手草图绘制技巧的讲解，增加了徒手轴测图的训练项目。

本书由山西大学马巧英、国网山东省电力公司电力科学研究院明太任主编，山西大学刘垚和国网技术学院（山东电力高等专科学校）尹辉燕、曲翠琴任副主编，参加编写的还有山西大学高胜利和吉晓梅、泰安技师学院柳全红。具体编写分工如下：绪论和第六章由马巧英编写；第一、二章由高胜利编写；第三、五章由吉晓梅编写；第四章由曲翠琴、柳全红和马巧英编写；第七章由尹辉燕编写；第八章由明太编写；第九章和附录由明太、尹辉燕编写；第十章由山西大学刘垚编写。另外向参加过本书编写现已经离开教学工作岗位未参加这次修订的教师表示衷心的感谢。

本书提供课件，可联系主编索取，电子邮箱 mqy168597@163.com。

由于修订时间仓促和编者水平有限，书中难免存在错误和不足，恳请广大读者、教师和同行批评指正。

编　者

2016 年 1 月

第一版前言

本书是根据教育部工程图学教学指导委员会制定的“普通高等院校工程图学课程教学基本要求”，在总结编者多年教学改革经验的基础上编写而成的。

在编写本书的过程中，遵循基础理论教学以应用为目的、以必需够用为度的原则，以加强实践性与应用性、培养能力与素质为指导，在内容上尽力做到深入浅出，翔实具体，所选的图例兼顾不同学时的要求，以拓宽教材的适用面。

本书文字简练、通俗易懂、便于自学。书中的作图步骤多以分步叙述的形式出现，便于阅读掌握；采用表格式的图例，配以扼要的文字说明，便于图文对照；附表穿插在有关章节中，便于学生参考查阅。书中全部采用我国最新颁布的《技术制图》与《机械制图》等国家标准。

本书由马巧英和明太担任主编，吉晓梅、尹辉燕、武丽担任副主编。其中，前言、绪论、第六章由山西大学工程学院马巧英编写；第一章和第二章由山西大学工程学院高胜利编写；第三章和第五章由山西大学工程学院吉晓梅编写；第四章和第十章由山西大学工程学院武丽编写；第七章由山东电力高等专科学校尹辉燕编写；第八章由山东电力高等专科学校明太编写；第九章和附录由明太和尹辉燕共同编写。山西大学工程学院刘垚参与了部分插图的绘制工作。

本书由燕山大学赵炳利教授主审，并提出了许多宝贵的意见和建议，在此表示感谢。

由于编者水平所限，书中难免存在错误和不足之处，恳请广大读者批评指正。

编　者

2009 年 3 月

目　录

前言
第一版前言
绪论 ……………………………………………………………… 1
第一章　制图的基本知识和技能 ………………………………… 2
第一节　机械制图国家标准介绍 ………………………………… 2
第二节　绘图工具的使用方法 …………………………………… 11
第三节　几何图形画法及圆弧连接 ……………………………… 14
第四节　平面图形的尺寸注法和线段分析 ……………………… 17
第五节　绘制徒手草图的方法 …………………………………… 19
第二章　正投影法 ………………………………………………… 22
第一节　投影法的基本知识 ……………………………………… 22
第二节　点的投影 ………………………………………………… 24
第三节　直线的投影 ……………………………………………… 28
第四节　平面的投影 ……………………………………………… 33
第五节　直线与平面以及两平面之间的相对位置 ……………… 38
第三章　立体的投影 ……………………………………………… 42
第一节　基本立体的投影 ………………………………………… 42
第二节　平面与立体相交 ………………………………………… 47
第三节　两曲面立体表面相交 …………………………………… 56
第四章　组合体的视图 …………………………………………… 64
第一节　三视图及其投影规律 …………………………………… 64
第二节　组合体视图的画法 ……………………………………… 67
第三节　组合体视图的尺寸标注 ………………………………… 74
第四节　组合体的读图 …………………………………………… 78
第五章　轴测图 …………………………………………………… 86
第一节　轴测图概述 ……………………………………………… 86
第二节　正等轴测图 ……………………………………………… 88
第三节　斜二轴测图 ……………………………………………… 93
第四节　徒手绘制轴测图 ………………………………………… 96
第六章　机件常用的表达方法 …………………………………… 99
第一节　视图 ……………………………………………………… 99
第二节　剖视图 …………………………………………………… 101
第三节　断面图 …………………………………………………… 109
第四节　其他规定画法 …………………………………………… 111

第五节　第三角投影法简介…… 114
第七章　标准件和常用件…… 115
第一节　螺纹…… 115
第二节　螺纹紧固件及其连接…… 125
第三节　圆柱齿轮和弹簧…… 133
第四节　键和销…… 141
第五节　滚动轴承…… 145
第八章　零件图…… 149
第一节　零件图的作用与内容…… 149
第二节　零件的视图选择…… 149
第三节　零件图的尺寸标注…… 155
第四节　零件图中的技术要求…… 158
第五节　零件的常见工艺结构…… 170
第六节　读零件图…… 172
第七节　零件的测绘…… 174
第九章　装配图…… 178
第一节　装配图的作用与内容…… 178
第二节　装配图的表达方法…… 180
第三节　装配图的尺寸注法…… 181
第四节　常见装配结构…… 183
第五节　零件编号及明细栏…… 184
第六节　由零件图绘装配图…… 185
第七节　读装配图和由装配图拆画零件图…… 187
第十章　AutoCAD 基础…… 196
第一节　AutoCAD 操作环境概述…… 196
第二节　AutoCAD 基本绘图命令…… 201
第三节　AutoCAD 图形编辑…… 209
第四节　AutoCAD 的尺寸标注与文本标注…… 219
第五节　AutoCAD 图案填充与显示控制…… 226
第六节　AutoCAD 图形输出…… 229
附录…… 233
参考文献…… 253

绪　论

一、本课程的研究对象

在工程界，根据投影原理、标准或有关规定，表达出机器或建筑物的形状、大小、材料等，并有必要的技术说明的图，称为工程图样。工程图样是表达设计意图、交流技术思想和指导生产的重要工具，是工程技术部门的重要技术文件。在工程设计、施工、检验、技术交流等各方面都离不开工程图样。因此，工程图样常被称为“工程界的共同语言”。每个工程技术人员都必须能够绘制和阅读工程图样。

本课程是一门研究设计、绘制和阅读工程图样的原理与方法的技术基础课，是工科院校学生的一门十分重要的、必修的技术基础课。

二、本课程的主要任务

(1) 学习正投影法的基本原理及应用。

(2) 学习制图的基本知识和方法，培养尺规绘图、计算机绘图、徒手绘图等综合绘图能力和读图能力。

(3) 培养学生三维空间思维能力和空间想象能力。

(4) 学习制图有关国家标准，培养贯彻执行国家标准的意识。

(5) 培养学生一丝不苟的工作作风和严谨的工作态度。

三、本课程的学习方法

本课程是一门实践性很强的技术基础课，因此学习本课程应坚持理论联系实际的学风。既要注重学好基本理论知识，又要练好基本功。具体做法如下：

(1) 学好投影理论。

本课程的基本理论是正投影原理和投影制图，且各章之间有着密切的内在联系，只有不断地通过由物到图，再由图到物的反复实践，才能逐步提高空间想象力和空间分析能力。

(2) 练好绘图基本功。

1) 需备有一套制图工具、仪器和用品，并掌握正确的使用方法。

2) 掌握正确的作图方法和步骤。

3) 了解并遵守《机械制图》国家标准的有关规定。

(3) 认真独立地完成每次作业和练习，力求做到投影正确、图线分明、尺寸齐全、字体工整、图面整洁美观。由于工程图样在生产实际中起着很重要的作用，任何绘图和读图的差错都会带来损失，所以在做习题和作业时，应培养认真负责的工作态度和严谨细致的工作作风。

(4) 加强徒手草图的练习，提高绘图的实际能力。

(5) 在学习过程中，有意识地培养自学能力，提高自己的创新意识。

第一章　制图的基本知识和技能

第一节　机械制图国家标准介绍

机械图样是设计、制造、安装、检测、维修整个过程中的重要技术资料，是交流技术思想的语言，对图样画法、尺寸注法等都必须做出统一的规定。国家标准《机械制图》是我国颁布的一项重要技术标准，统一规定了有关机械方面的生产和设计部门共同遵守的绘图规则。同时，根据科学技术日益进步和国民经济不断发展的需要，我国制定了对各类技术图样和有关技术文件共同适用的统一国家标准《技术制图》。

一、图纸幅面格式和标题栏

1. 图纸幅面（GB/T 14689—2008）

图幅为图纸的宽度与长度组成的图面。绘制图样时，应优先采用表 1-1 中规定的基本幅面。图框线用粗实线绘制，图纸既可横放，也可竖放。需要装订边的图样，其图框格式如图 1-1 所示；不需要装订边的图样，如图 1-2 所示。同一产品的图样只能采用一种格式，必要时允许加长幅面，加长幅面及其图框尺寸在 GB/T 14689—2008 中另有规定。

表 1-1　　**图纸幅面及图框尺寸**　　mm

幅面代号	A0	A1	A2	A3	A4
$B \times L$	841×1189	594×841	420×594	297×420	210×297
a	25				
c	10			5	
e	20		10		

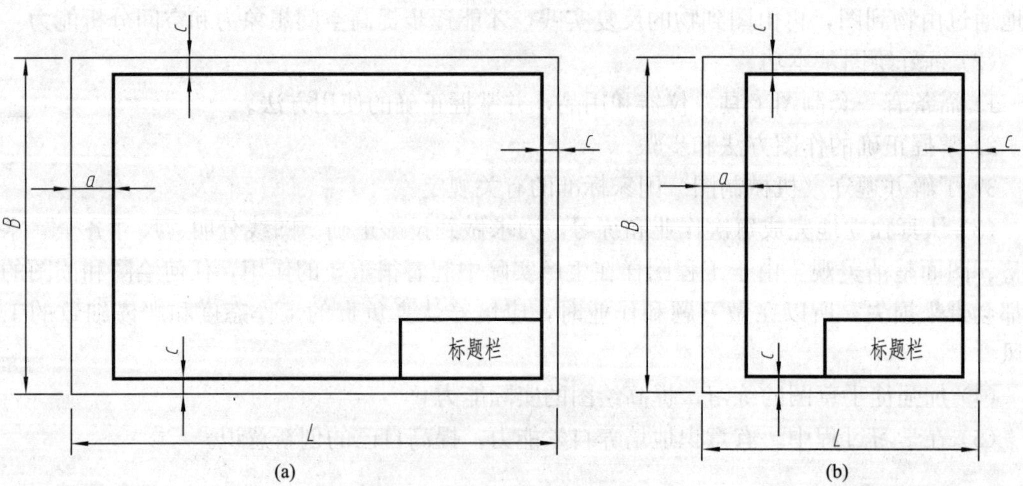

(a)　　(b)

图 1-1　需要装订边的图框格式

为了使图样复制和缩微摄影时定位方便，应在图纸的中点处画出对中符号。对中符号用粗实线画，线宽不小于0.5mm，从图纸边界开始伸入图框内约5mm，当对中符号处在标题栏范围内时，则伸入标题栏部分省略不画，如图1-2（a）所示。

若使用预先印制的图纸，可在图纸下边对中符号处加画一个方向符号，以明确绘图和看图方向。方向符号是用细实线绘制的等边三角形，如图1-2（c）、（d）所示。

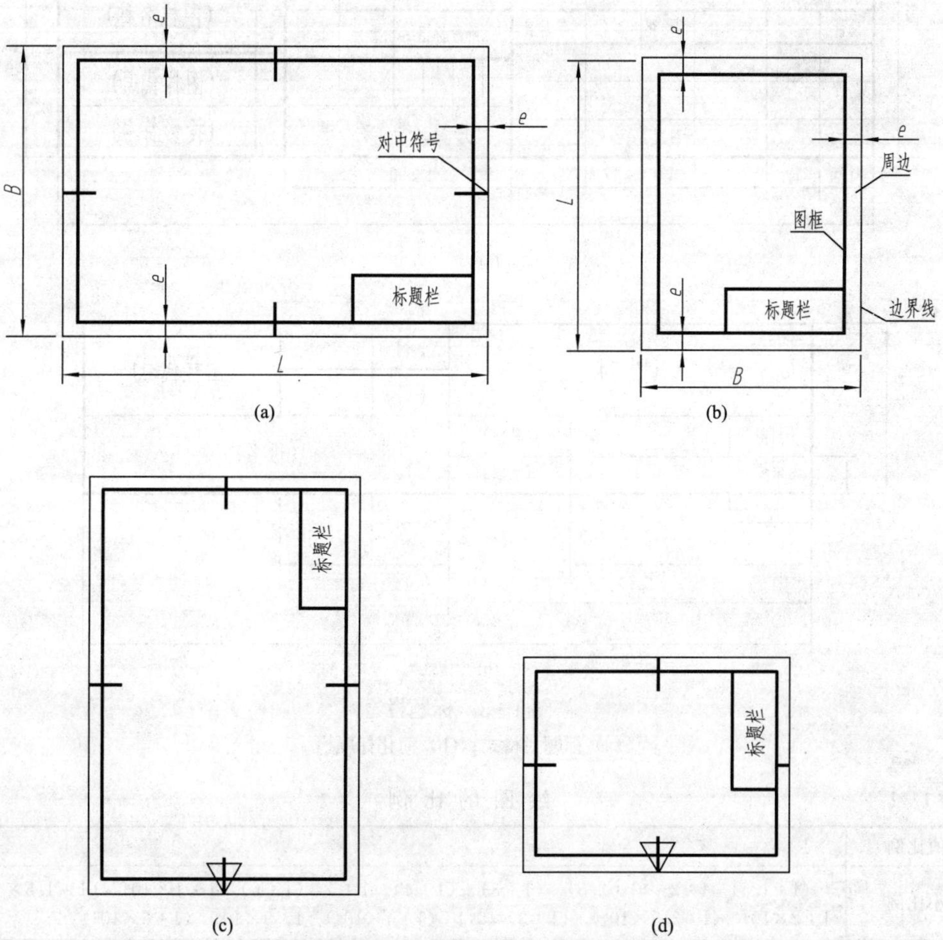

图1-2　不需要装订边的图框格式

2. 标题栏（GB/T 10609.1—2008）

标题栏位于图纸的右下角，右边、底边与图框线重合，国家标准对其格式、内容、尺寸等也做了规定。标题栏文字方向必须和识图方向一致，如图1-3（a）所示。制图作业建议使用图1-3（b）所示的简化格式。

二、比例（GB/T 14690—1993）

比例是指图样中图形与其实物相应要素的线性尺寸之比。

不论绘图的比例是多少，标注尺寸均为标注机件的实际尺寸。

绘制图样时，一般应从表1-2规定的系列中选取不带括号的适当比例，必要时也允许选取表1-2中带括号的比例。

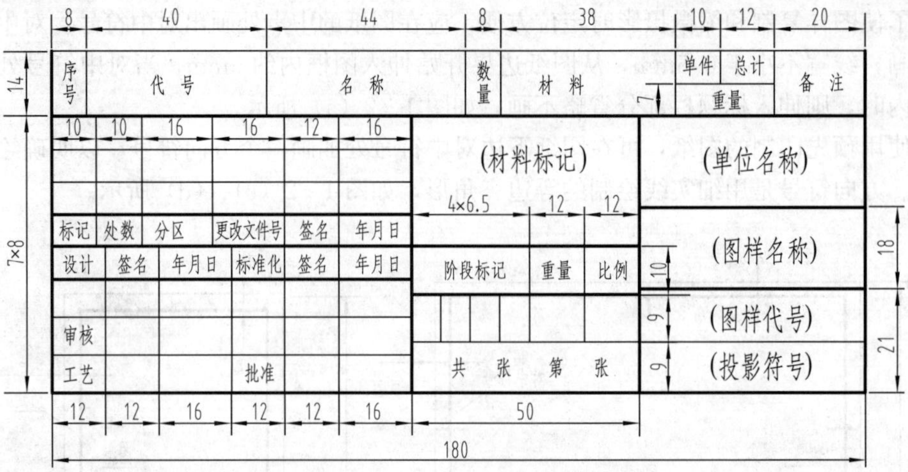

(a)

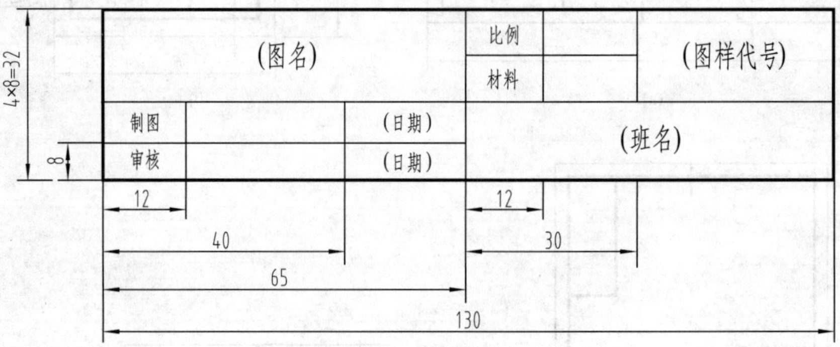

(b)

图 1-3 标题栏

(a) 标题栏格式；(b) 简化标题栏

表 1-2　　绘图的比例

原值比例	1∶1
缩小比例	(1∶1.5)　1∶2　(1∶2.5)　(1∶3)　(1∶4)　1∶5　(1∶6)　1∶1×10^n　(1∶1.5×10^n)　1∶2×10^n　(1∶2.5×10^n)　(1∶3×10^n)　(1∶4×10^n)　1∶5×10^n　(1∶6×10^n)
放大比例	2∶1　(2.5∶1)　(4∶1)　5∶1　1×10^n∶1　2×10^n∶1　(2.5×10^n∶1)　(4×10^n∶1)　5×10^n∶1

注　n 为正整数。

比例一般应标注在标题栏的比例栏内，必要时也可标注在视图名称的下方或右侧。

三、字体（GB/T 14691—1993）

在图样上除了表示机件形状的图形外，还要用文字、符号、数字来说明机件的大小、技术要求和其他内容。字体就是指图形中文字、字母、数字的书写形式。

在图样中书写的字体必须做到：字体工整、笔画清楚、间隔均匀、排列整齐。如果在图样上的文字和数字书写潦草，不仅会影响图样的清晰和美观，而且还会造成差错，给生产带来麻烦和损失。字体的号数即字体高度 h 的公称尺寸系列为 1.8、2.5、3.5、5、7、10、14、20mm。

汉字应写为长仿宋体，并采用国家正式公布推行的简化字。汉字的高度不应小于

3.5mm，其宽度一般为 $h/\sqrt{2}$（约 $0.7h$）。长仿宋体汉字示例见图 1－4。

字体工整 笔画清楚 间隔均匀 排列整齐

横平竖直 注意起落 结构均匀 填满方格

技术制图机械电子汽车航空船舶

土木建筑矿山井坑港口纺织服装

螺纹齿轮端子接线飞行指导驾驶舱位

挖填施工引水通风闸阀坝棉麻化纤

图 1－4　长仿宋体汉字示例

数字、字母分 A 型和 B 型。A 型字体的笔画宽度为字高的 1/14，B 型字体的笔画宽度为字高的 1/10。数字和字母可写成斜体或直体，常用斜体。斜体字字头向右倾料，与水平基准线呈 75°。为了保证字体大小一致和整齐，书写时可先画上格子或横线，然后写字。

数字、字母的 B 型斜体字的笔序、书写形式和综合应用示例见图 1－5。字体的综合应用有下述规定：用作指数、分数、极限偏差、注脚等的数字及字母，一般应采用小一号的字体；图样中的数学符号、物理量符号、计量单位符号，以及其他符号、代号，应分别符合国家有关法令和标准的规定。

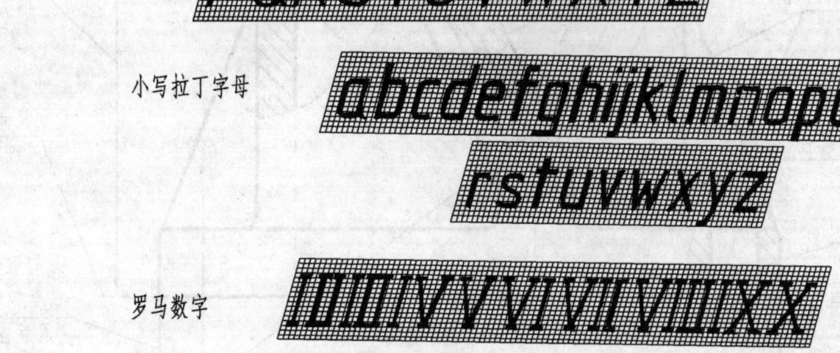

图 1－5　数字和字母示例

四、图线（GB/T 17450—1998，GB/T 4457.4—2002）

图线就是图中所采用的各种形式的线。GB/T 17450—1998《技术制图　图线》规定了适用于各种技术图样的图线名称、形式、结构、标记及画法规则；GB/T4457.4—2002《机

械制图　图样画法　图线》规定了机械制图中所用图线的一般规则，适用于机械工程图样。

按 GB/T 4457.4—2002 规定，在机械图样中采用粗细两种线宽，它们之间的比例为 2∶1，设粗线的线宽为 d，d 应在 0.18、0.25、0.35、0.5、0.7、0.9、1、1.4、2mm 中根据图样的类型、尺寸、比例和缩微复制的要求确定，优先采用 $d=0.5$ 或 0.7。

机械工程图样中的图线的名称、代码、线型、一般应用及应用示例，可查阅 GB/T 4457.4—2002。表 1-3 摘录了各种图线的名称、线型、线宽和主要用途。图 1-6 所示为常用图线的用途示例。

表 1-3　　各种图线的名称、主要用途

图线名称	线　型	线宽	用　途
粗实线		d	可见轮廓线、棱边线、相贯线等
细实线		0.5d	尺寸线、尺寸界线、剖面线、指引线、重合断面的轮廓线、过渡线等
细虚线	线段长约4mm、间隔约1mm	0.5d	不可见轮廓线、棱边线、相贯线等
波浪线		0.5d	断裂处的边界线、视图和剖视图的分界线，一张图样上采用一种线型
双折线		0.5d	
细点画线	线段长约15mm、间隔约3mm	0.5d	对称线、轴线、圆中心线
细双点画线	线段长约15mm、间隔约5mm	0.5d	假想轮廓线、轨迹线、中断线等
粗点画线	线段长约15mm、间隔约3mm	d	限定范围表示线
粗虚线	线段长约4mm、间隔为1mm	d	允许表面处理的表示线

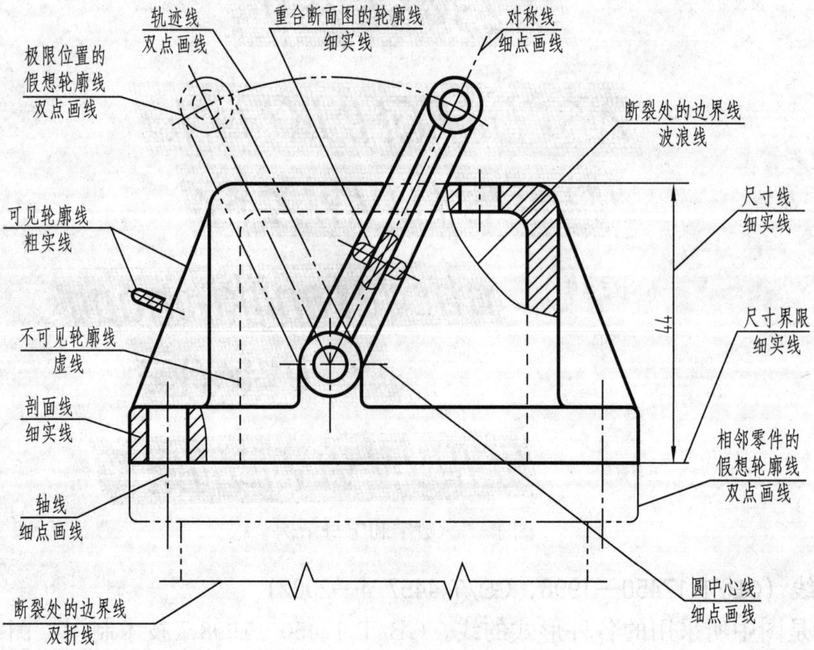

图 1-6　常用图线的用途示例

图 1－7 说明了绘图时图线画法的几个注意事项。

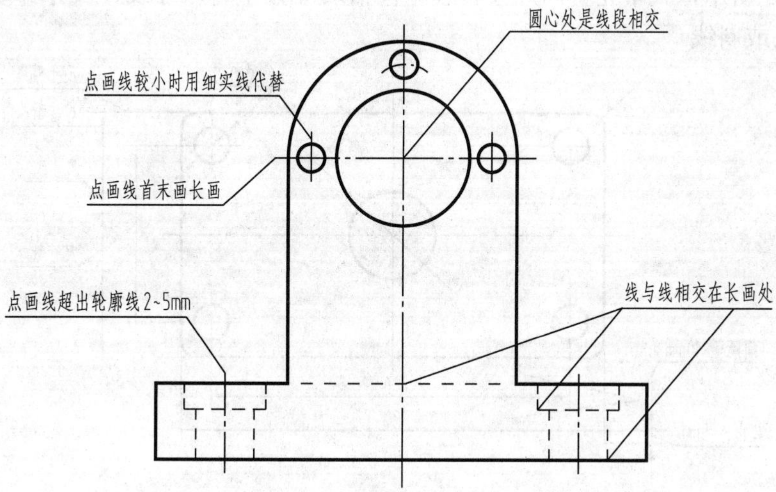

图 1－7　图线绘制注意事项

（1）在同一图样中，同类图线的宽度应基本一致。虚线、点画线及双点画线的点、长画的长度和间隔应各自大小相等。

（2）绘制圆的对称中心线（简称中心线）时，圆心应为长画的交点。点画线、虚线与其他图线相交时或自身相交时，都应在长画处相交，不应在间隔或点处相交。

（3）点画线和双点画线的首末两端应是长画而不是点。点画线（轴线、对称线、中心线）、双折线和作为中断线的双点画线，应超出轮廓线 2 ～5 mm。

（4）在较小的图形上绘制点画线、双点画线有困难时，可用细实线代替。

（5）当虚线处于粗实线的延长线上时，粗实线应画到分界点，而虚线与粗实线间应留有间隔。

（6）两条平行线之间的距离不应小于粗线宽的两倍。

（7）图中的图线复合时，优先顺序为粗实线、虚线、点画线。

五、尺寸注法（GB/T 4458.4—2003，GB/T 16675.2—1996）

图形只能表达机件的形状，而机件的大小则由标注的尺寸确定。标注尺寸是一项极为重要的工作，必须认真细致、一丝不苟。如果标注的尺寸有任何遗漏或错误，都会给生产带来困难和损失。

下面介绍国家标准规定中的部分内容，有些内容将在后面的相关章节中讲述，未详尽处可查阅 GB/T 4458.4—2003 和 GB/T 16675.2—1996。

1. 基本规则

（1）图样上所注的尺寸为机件的实际尺寸，与图形的大小及绘图的准确度无关。

（2）图样中（包括技术要求和其他说明）的尺寸，以 mm 为单位时，不需标注计量单位的代号或名称，如采用其他单位，则必须注明相应计量单位的代号或名称。

（3）图样中所标注的尺寸，为该图样所示机件的最后完工尺寸，否则应另加说明。

（4）机件的每一尺寸，一般只标注一次，并应标注在反映该结构最清晰的图形上。

2. 尺寸组成

如图 1-8 所示，一个完整的尺寸一般应包括尺寸数字、尺寸线、尺寸界线和表示尺寸线终端的箭头或斜线。

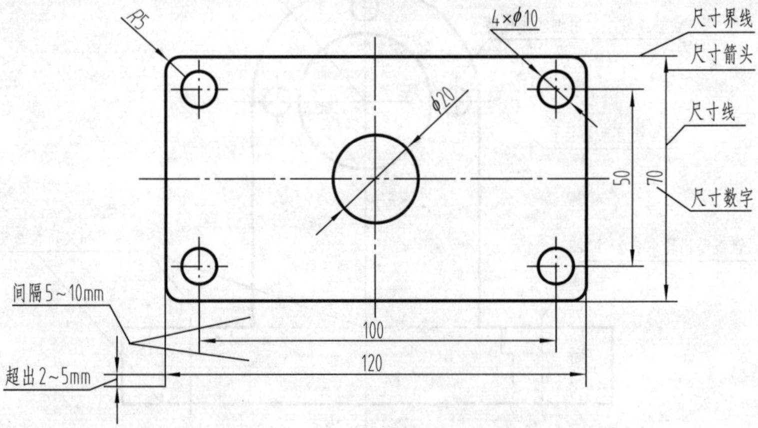

图 1-8 尺寸的组成及标注示例

(1) 尺寸线。尺寸线用细实线绘制，不能用其他图线代替，一般也不得与其他图线重合或画在其延长线上。标注线性尺寸时，尺寸线必须与所标注的线段平行；当有几条互相平行的尺寸线时，它们之间的间隔应均匀，一般为 5～10mm，大尺寸要注在小尺寸外面，以免尺寸线与尺寸界线相交。在圆或圆弧上标注直径或半径尺寸时，尺寸线一般应通过圆心或尺寸线延长线通过圆心。

(2) 尺寸界线。尺寸界线用细实线绘制，并应由图形的轮廓线、轴线或对称中心线处引出。也可利用轮廓线、轴线或对称中心线作尺寸界线。尺寸界线一般应与尺寸线垂直，并超出尺寸线 2～5mm 。

(3) 尺寸线的终端。尺寸线的终端有两种形式，如图 1-9 所示。箭头适用于各种类型的图样，图中的 d 为粗实线的宽度，当尺寸较小时用斜线或圆点代替箭头。斜线用细实线绘制，图中的 h 为字体高度。圆的直径、圆弧半径及角度的尺寸线的终端应画成箭头。在采用斜线形式时，尺寸线与尺寸界线必须相互垂直。

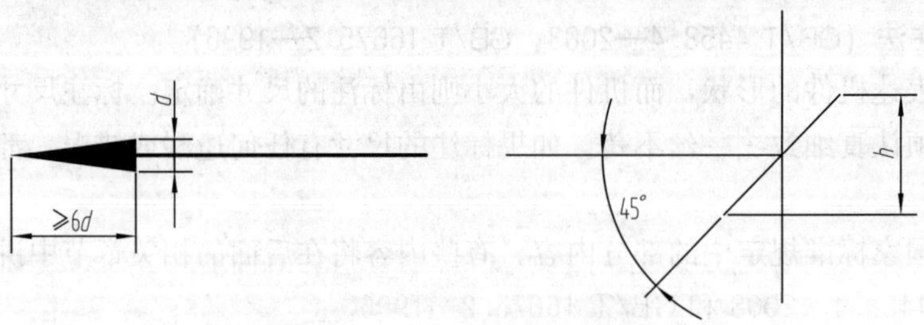

图 1-9 尺寸终端的两种形式

(4) 尺寸数字。线性尺寸的数字一般应注写在尺寸线的上方或左方，也允许注写在尺寸线的中断处，不能被任何图线通过，否则图线必须断开。国家标准还规定了一些注写在尺寸数字周围的标注尺寸的符号见表 1-4。例如在标注直径时，应在尺寸数字前加注符合“ϕ”，标注半径时，应在尺寸数字前加注符号“R”，在标注球面的直径或半径时，应在符号“ϕ”或“R”前再加注符号“S”等。

表 1-4　尺寸标注常用符号及缩写词

含义	直径	半径	球直径（半径）	厚度	45°倒角	均布	正方形	深度	沉孔或锪平	埋头孔	弧长
符号或缩写	ϕ	R	$S\phi(R)$	t	C	EQS	□	↧	⌴	⌵	⌒

3. 尺寸注法示例

（1）线性尺寸的注法。线性尺寸的尺寸数字注法按照图 1-10（a）所示的方向注写，注意水平和竖直方向的尺寸数字方向，并避免在小于 30°的范围内标注尺寸。若无法避免，按图 1-10（b）所示的形式标注。

（2）直径和半径的注法。标注完整的圆和大于半圆的圆弧，尺寸线通过圆心，尺寸箭头指向圆弧，尺寸数字前加注符号“ϕ”，如图 1-11（a）所示。标注半圆和小于半圆的圆弧

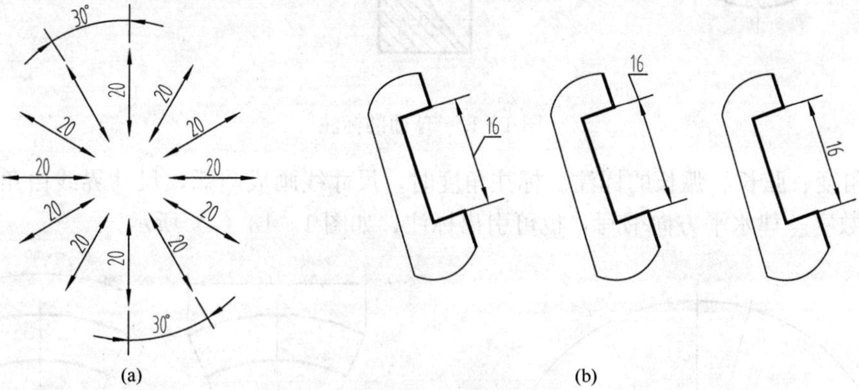

图 1-10　尺寸数字的标注方向

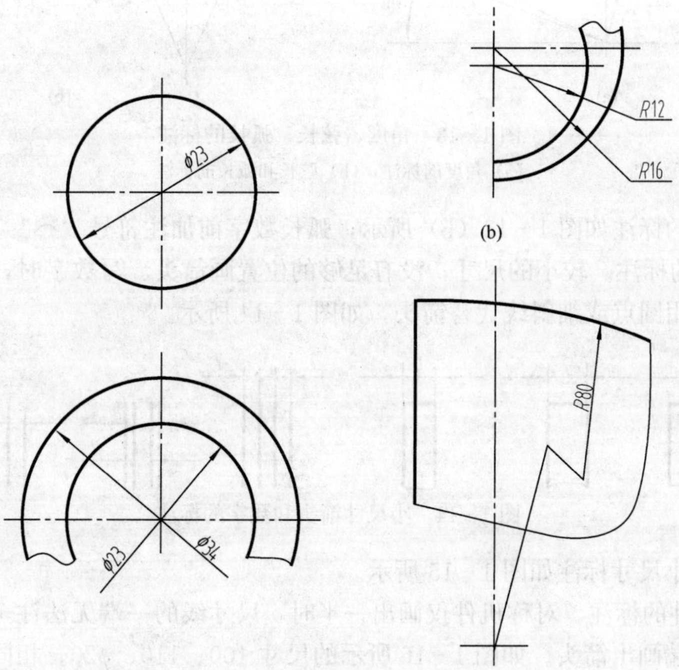

图 1-11　直径和半径的注法

时，尺寸数字前加注符号“*R*”，如图 1－11（b）所示。不完整圆弧的尺寸线指向弧的一端画箭头。若大圆弧的半径过大，可将尺寸线折断，如图 1－11（c）所示。

标注球面的直径和半径时，在“ϕ”和“*R*”前加注“*S*”，如图 1－12（a）所示。对于某些轴、手柄的端部等，可省略“*S*”，如图 1－12（b）所示。

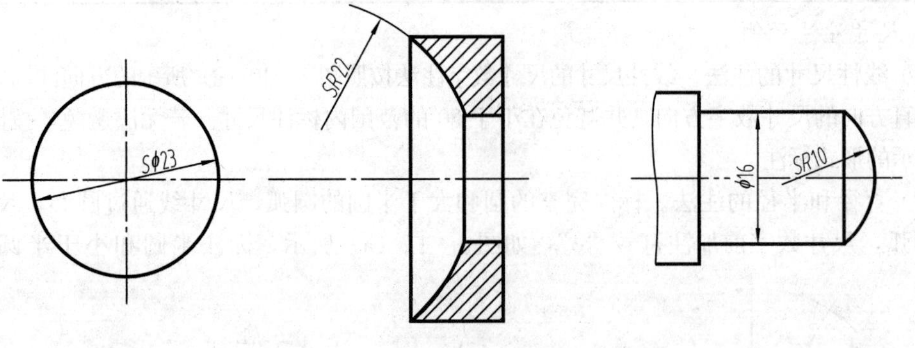

图 1－12　球面的标注

（3）角度、弦长、弧长的标注。标注角度时，尺寸线画成圆弧，尺寸界线由角的顶点引出，尺寸数字一律水平方向书写，也可引出标注，如图 1－13（a）所示。

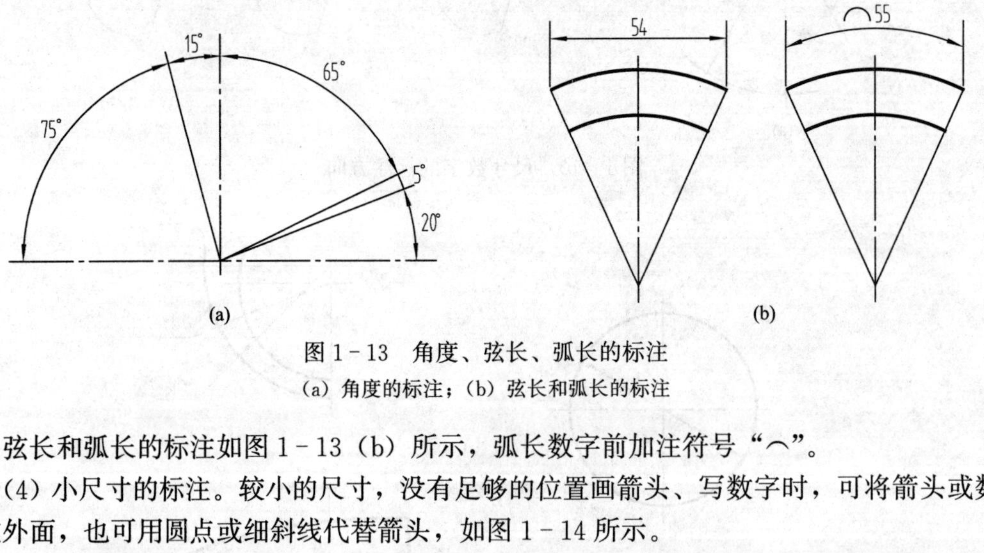

图 1－13　角度、弦长、弧长的标注

（a）角度的标注；（b）弦长和弧长的标注

弦长和弧长的标注如图 1－13（b）所示，弧长数字前加注符号“⌒”。

（4）小尺寸的标注。较小的尺寸，没有足够的位置画箭头、写数字时，可将箭头或数字写在外面，也可用圆点或细斜线代替箭头，如图 1－14 所示。

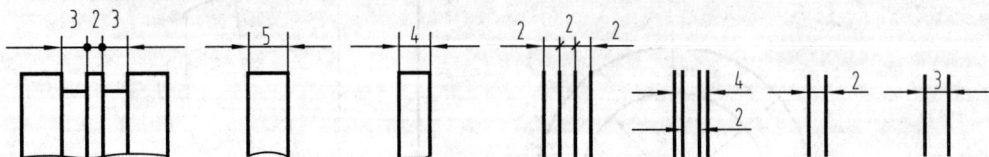

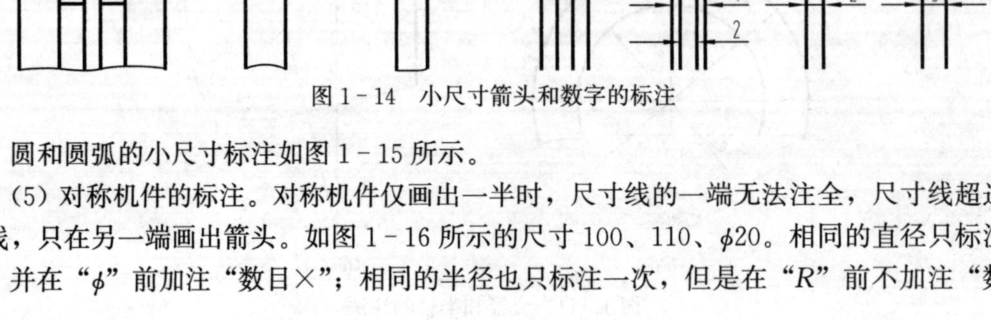

图 1－14　小尺寸箭头和数字的标注

圆和圆弧的小尺寸标注如图 1－15 所示。

（5）对称机件的标注。对称机件仅画出一半时，尺寸线的一端无法注全，尺寸线超过对称线，只在另一端画出箭头。如图 1－16 所示的尺寸 100、110、ϕ20。相同的直径只标注一次，并在“ϕ”前加注“数目×”；相同的半径也只标注一次，但是在“*R*”前不加注“数目

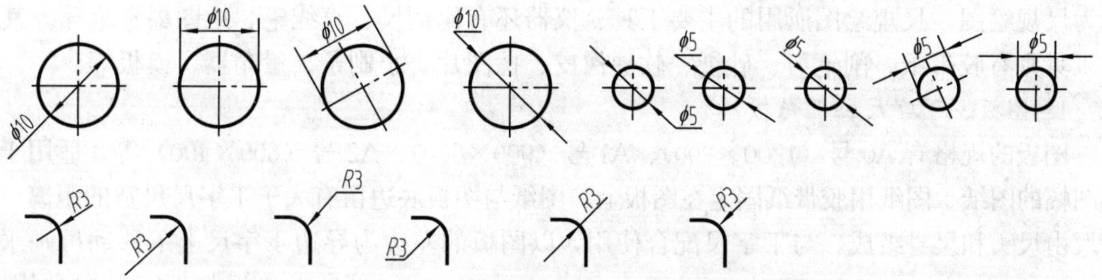

图 1－15　圆和圆弧的小尺寸标注

×”。图中“t”是厚度的符号，对称线上的“＝”是对称符号。

另外，尺寸界线一般与尺寸线垂直，必要时允许倾斜，如图 1－17 所示。

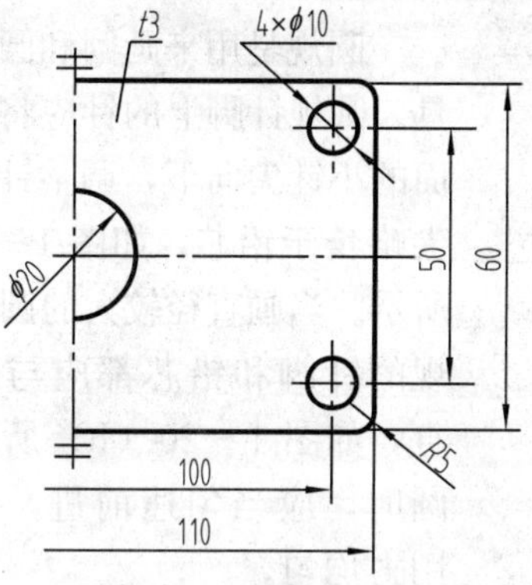

图 1－16　对称机件的标注

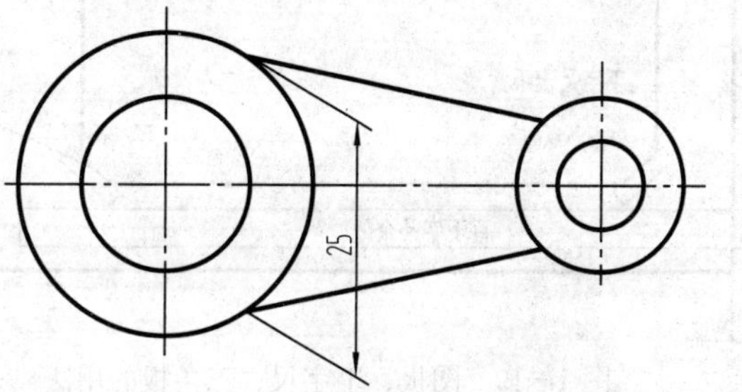

图 1－17　允许倾斜的尺寸界线

图 1－18 用正误对比的方法，列举了初学标注尺寸时的一些常见错误。

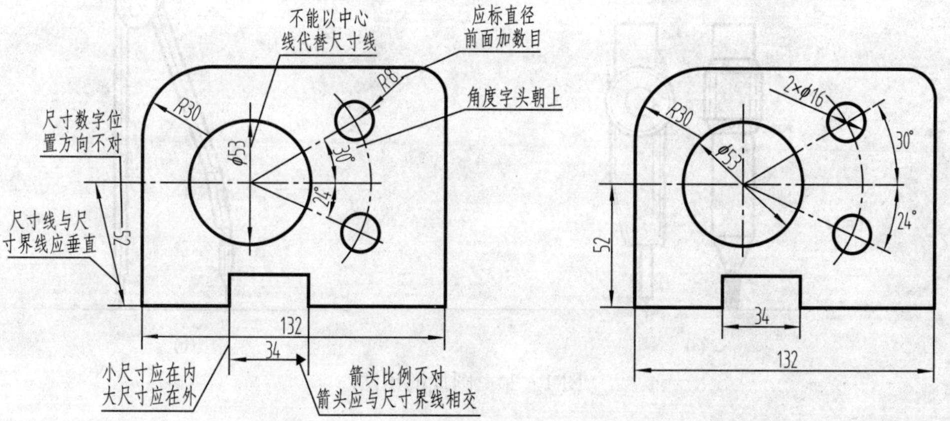

(a)　(b)

图 1－18　尺寸标注的正误对比示例

（a）错误；（b）正确

第二节　绘图工具的使用方法

一、绘图工具的使用

用尺子（包括丁字尺、一字尺、三角板、曲线板等）和圆规（包括分规）的绘图方法，称为尺规绘图，尺规绘图所用的主要工具、仪器还有比例尺、直线笔、绘图墨水笔等。其他的工具则有胶带纸、削笔刀、砂纸、软硬橡皮、擦图片、小刷子、量角器、模板等。

1. 图板、丁字尺、三角板

图板的规格有A0号（1200×900）、A1号（900×600）、A2号（600×400）等，适用于不同图幅的图纸。图纸用胶带纸固定在图板上，图纸与图板底边留有大于丁字尺尺宽的距离。丁字尺由尺头和尺身组成，与丁字尺配合使用，以图板的左边为导边丁字尺上下移动可画水平线。三角板与丁字尺配合使用，可以画出竖直线和各种特殊角度的倾斜线，如图1-19所示。

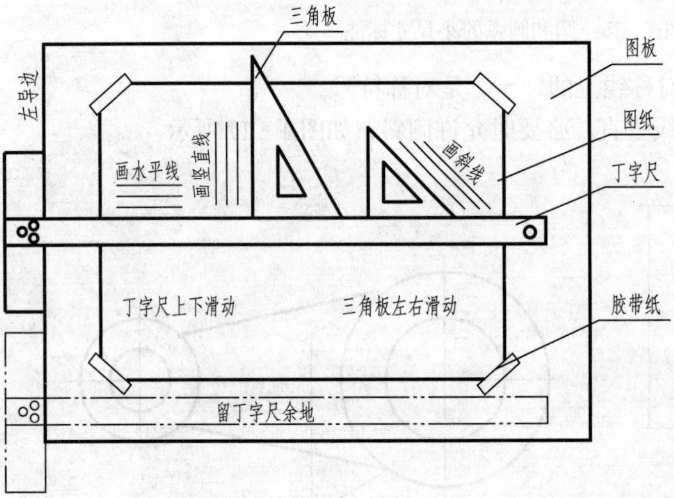

图1-19 图板、丁字尺、三角板的用法

2. 圆规、分规

圆规是用来画圆和圆弧的工具。圆规针脚上的针应将带支承面的小针尖向下，调整针脚使针尖略长于铅芯，如图1-20（a）所示。当画直径较大的圆时，圆规的针脚和铅芯都应与纸面垂直，如图1-20（b）所示。画圆时，应当匀速前进，并注意用力均匀。

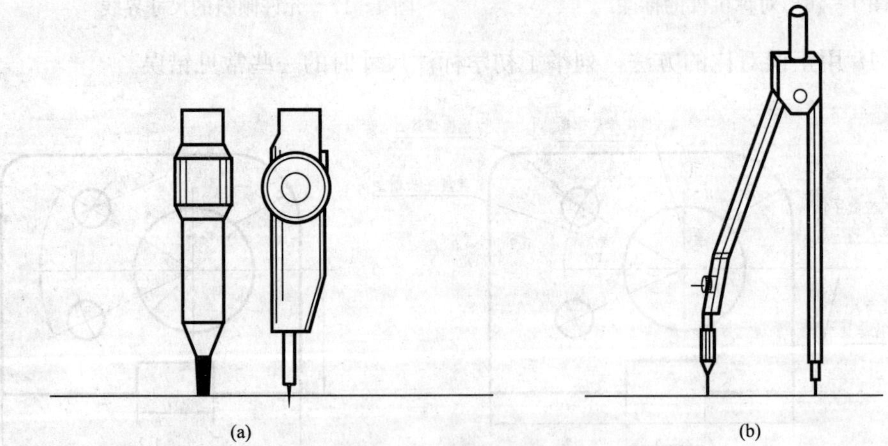

图1-20 圆规的用法

分规是用来量取和等分线段的工具。使用时两针脚应平齐，如图1-21所示。

3. 铅笔和铅芯

绘制工程图样时要用专用的绘图铅笔或自动铅笔，一般需要准备的型号有：H（或2H），画底稿和细线型；HB，画尺寸箭头和写字；B（或2B），画粗实线。

画粗实线的铅笔和铅芯削磨成矩形断面，其余的削磨成圆锥形。

4. 其他的绘图工具

三棱比例尺上有各种不同的比例刻度，在用不同的比例画图时，只需在比例尺上的相应刻度上直接量取即可，省去了麻烦的计算。图1-21（a）所示分规下方即为三棱比例尺。

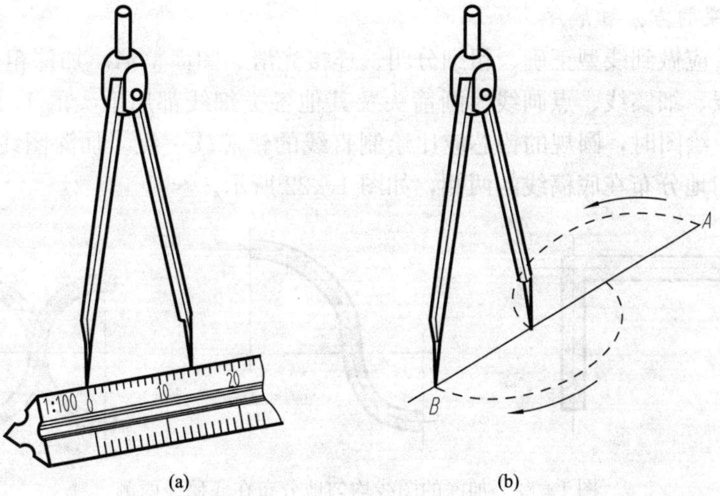

图 1－21　分规的用法
（a）量取线段；（b）等分线段

曲线板可以用来绘制非圆曲线。绘图模板上有多种镂空的常用图形、符号或字体，能方便地绘制出针对不同专业的图案。擦图片是用来防止擦去多余线条时把有用的线条也擦去的工具。另外，绘图时还需要准备削铅笔刀、橡皮、固定图纸用的透明胶带、磨铅笔用的砂纸及一些必要的清洁工具。

正确使用绘图工具和仪器，是保证尺规绘图的质量和加快绘图速度的一个重要方面，因此必须养成正确使用和维护绘图工具、仪器的良好习惯。

随着计算机绘图和计算机辅助设计的迅猛发展，人们可以甩掉尺规，通过计算机绘图并由绘图机输出，使工程技术人员从尺规绘图繁重的手工劳动中解放出来。有关计算机绘图的基本知识将在第十章中介绍。

用尺规绘制图样的操作能力，将逐步在后面的习题作业中进行训练。

二、尺规绘图的方法和顺序

为了提高图样质量和绘图速度，除了正确使用绘图工具和仪器外，还必须掌握正确的绘图方法和顺序。

1. 制图前的准备工作

(1) 准备工具。准备好所用的绘图工具和仪器，磨削好铅笔及圆规上的铅芯。

(2) 安排工作地点。使光线从图板的左前方射入，并将需要的工具放在方便之处，以便顺利地进行制图工作。

(3) 固定图纸。一般是按对角线方向顺次固定，使图纸平整。当图纸较小时，应将图纸布置在图板的左下方，但要使图板的底边与图纸下边的距离大于丁字尺的宽度。

2. 画底稿的方法和顺序

画底稿时，宜用削尖的 H 或 2H 铅笔轻淡地画出，并经常磨削铅笔。

画底稿的一般步骤是：先画图框、标题栏，后画图形。

画图形时先画轴线、对称线、中心线，再画主要轮廓，然后画细部。若图形是剖视图或断面图，则最后画剖面符号，剖面符号在底稿中只需画出一部分，其余可待加深时再全部画出。图形完成后，再画其他符号、尺寸线、尺寸界线、尺寸数字横线、仿宋字的格子等。

3. 铅笔加深的方法和顺序

在加深时，应做到线型正确、粗细分明、连接光滑、图面整洁。加深粗实线用 HB 或 B 铅笔；加深虚线、细实线、点画线、画箭头及其他各类细线都用削尖的 H 或 2H 铅笔；写字用 HB 铅笔。绘图时，圆规的铅芯应比绘制直线的铅芯软一级。加深图线时用力要均匀，还应使图线均匀地分布在底稿线的两侧，如图 1－22 所示。

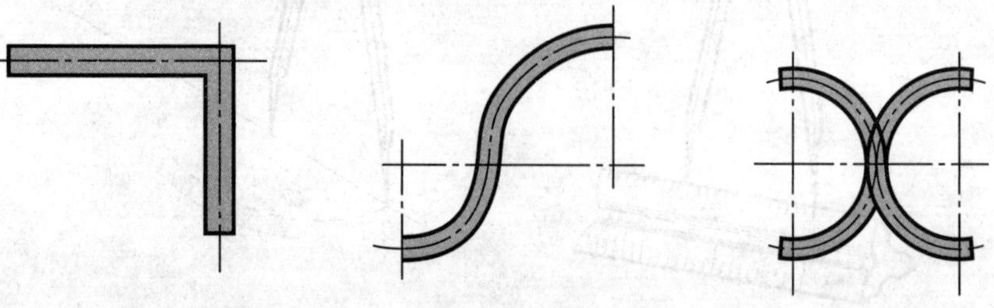

图 1－22　加深的图线均匀地分布在底稿线两侧

在加深前，应认真校对底稿，修正错误和缺点，并擦净多余线条和污垢。

铅笔加深的一般步骤如下：

(1) 加深所有的点画线。

(2) 加深所有的粗实线圆和圆弧。

(3) 从上至下依次加深所有水平的粗实线。

(4) 从左至右依次加深所有铅垂的粗实线。

(5) 从图样的左上方开始，依次加深所有倾斜的粗实线。

(6) 按照加深粗实线的同样步骤依次加深所有虚线圆及圆弧，水平、铅垂和倾斜的虚线。

(7) 加深所有的细实线。

(8) 画符号和箭头，注尺寸，书写注解、标题栏等。

(9) 检查全图，如有错误和缺点，即行改正，并做必要的修饰。

第三节　几何图形画法及圆弧连接

虽然机件的轮廓形状是多种多样的，但它们的图样基本上都是由直线、圆弧和其他一些曲线所组成的几何图形，因而在绘制图样时，常常要运用一些几何作图的方法。

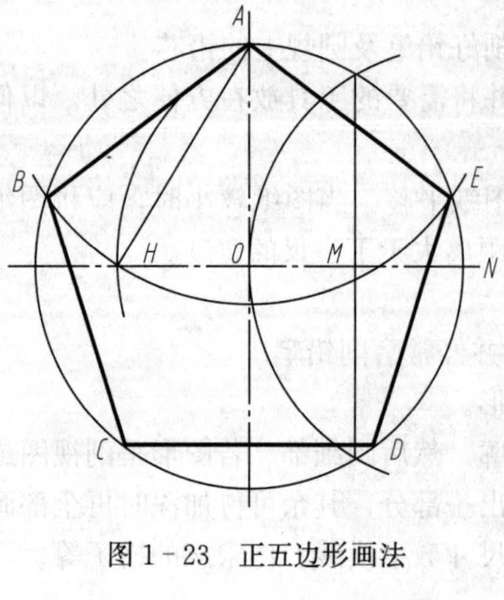

图 1－23　正五边形画法

一、正多边形

如图 1－23 所示，作水平半径 ON 的中点 M，以 M 为圆心、MA 为半径作弧，交水平中心线于 H。以 AH 为边长，自点 A 起在圆弧上取等分点 B、C、D、E，连接各点，即可作出圆内接正五边形。

如图 1－24 所示，以已知圆直径两端点 A、B 为圆心，以圆的半径为半径画弧与圆弧交于 1、2、3、4，依次连接，即可得圆内接正六边形。

如图 1－25 所示，n 等分铅垂直径 AN（图中 n=7）。以 A 为圆心、AN 为半径作弧，交水平中心线于点

M。延长连线 $M2$、$M4$、$M6$，与圆周交得点 B、C、D。再作出它们的对称点 G、F、E，即可连成圆内接正 n 边形（正七边形）。

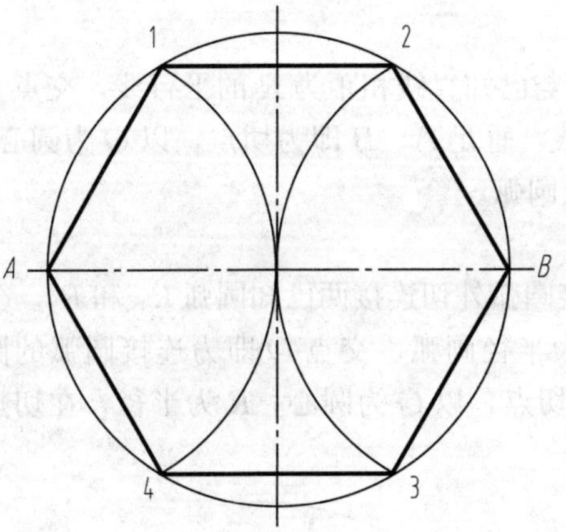

图 1-24　正六边形画法

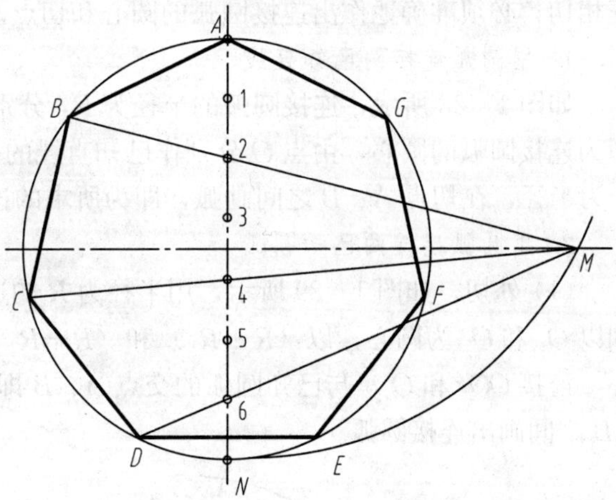

图 1-25　正 n 边形

二、斜度和锥度

斜度是指一直线对另一直线或一平面对另一平面的倾斜程度，其大小用两者之间夹角的正切值表示。在图样中以 1∶n 的形式标注，并在数值前加注符号“∠”，斜线的方向应与倾斜方向一致。图 1-26 所示为斜度 1∶6 的作法，由 A 在水平线 AB 上取 6 个单位长度得 D。由 D 作 AB 的垂线 DE，取 DE 为一个单位长度。连接 AE，即得斜度为 1∶6 的直线。

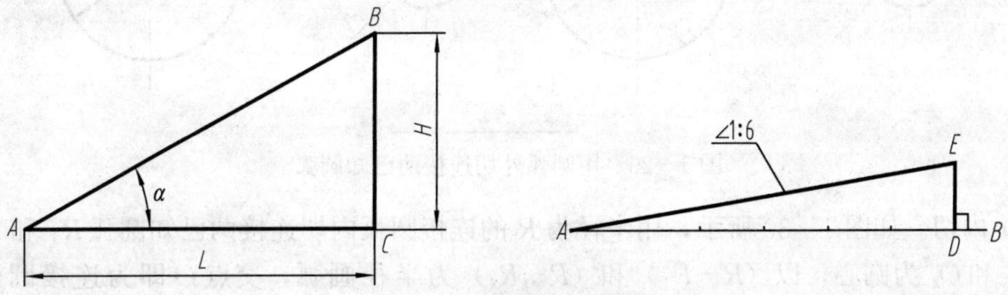

图 1-26　斜度作法示例

锥度是指正圆锥的底圆直径与圆锥高度之比，在图样中常以 1∶n 的形式标注。图 1-27 所示为锥度 1∶6 的作法，由 S 在水平线上取 6 个单位长度得 O。由 O 作 SO 的垂线，分别向上和向下量取半个单位长度，得 A 和 B。过 A 和 B 分别与 S 相连，即得锥度为 1∶6 的正圆锥。

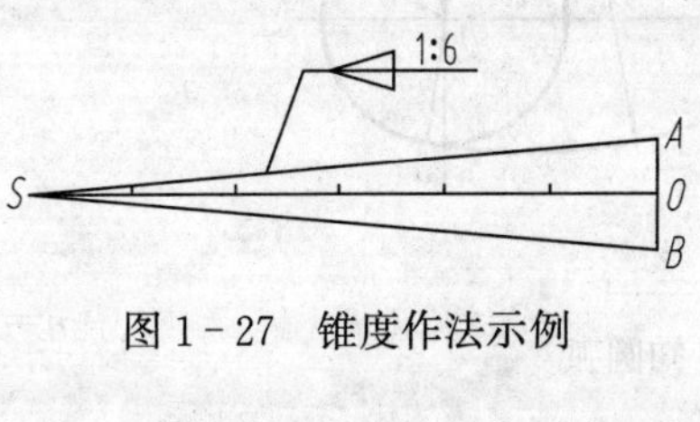

图 1-27　锥度作法示例

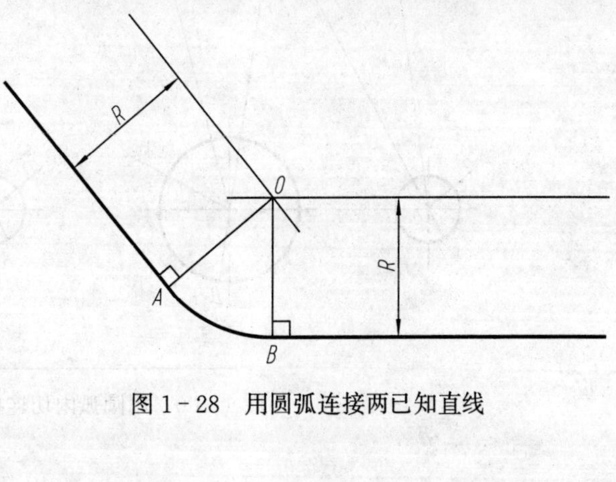

图 1-28　用圆弧连接两已知直线

三、圆弧连接

绘图时，经常需要用圆弧来光滑连接已知直线或圆弧，光滑连接即为相切连接。为了保证相切，必须准确地作出连接圆弧的圆心和切点。

1. 用圆弧连接两已知直线

如图 1-28 所示，连接圆弧的半径为 R，分别作与已知直线相距为 R 的平行线，交点 O 即为连接圆弧的圆心，由点 O 分别作已知直线的垂线，垂足 A、B 即为切点，以 O 为圆心，R 为半径，在切点 A、B 之间画弧，即为所求的连接圆弧。

2. 用圆弧连接两已知圆弧

（1）外切。如图 1-29 所示，用半径为 R 的连接圆弧外切连接两已知圆弧 R_1 和 R_2。分别以 O_1 和 O_2 为圆心，以（$R+R_1$）和（$R+R_2$）为半径画弧，交点 O 即为连接圆弧的圆心，连接 OO_1 和 OO_2 与已知圆弧的交点 A、B 即为切点，以 O 为圆心，R 为半径，在切点 AB 之间画出连接圆弧。

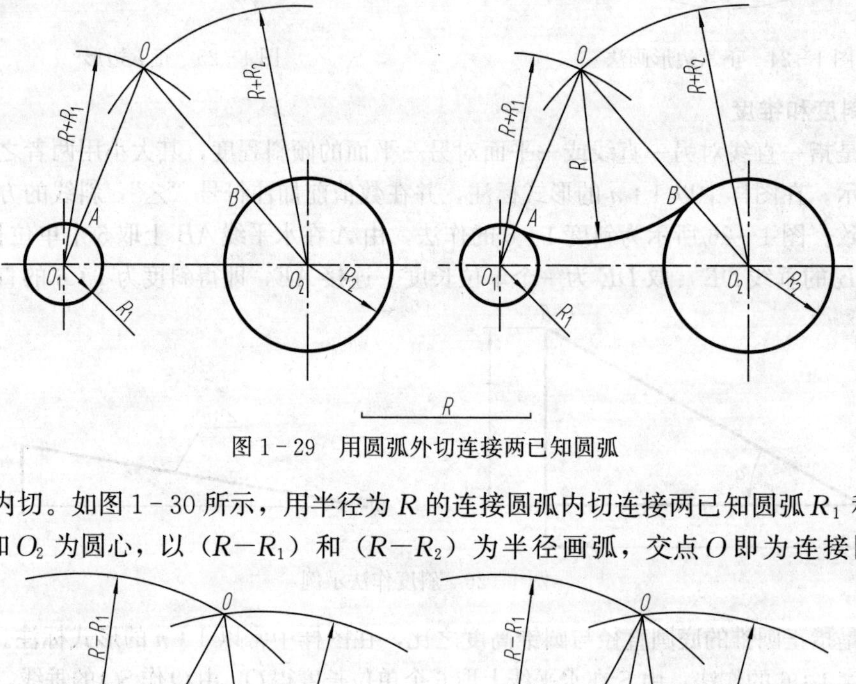

图 1-29　用圆弧外切连接两已知圆弧

（2）内切。如图 1-30 所示，用半径为 R 的连接圆弧内切连接两已知圆弧 R_1 和 R_2。分别以 O_1 和 O_2 为圆心，以（$R-R_1$）和（$R-R_2$）为半径画弧，交点 O 即为连接圆弧的圆

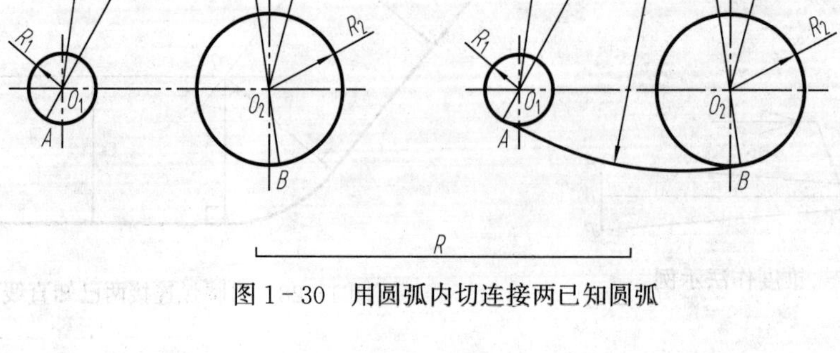

图 1-30　用圆弧内切连接两已知圆弧

心，连接 OO_1 和 OO_2 并延长与已知圆弧的交点 A、B 即为切点，以 O 为圆心，R 为半径，在切点 AB 之间画出连接圆弧。

根据作图过程可知连接圆弧圆心求法：

（1）与直线相切时，半径为 R 的连接圆弧的圆心轨迹，是与直线距离为 R 的平行线。

（2）与圆心为 O_1、半径为 R_1 的圆弧外切时，半径为 R 的连接圆弧的圆心轨迹，是以 O_1 为圆心、（$R+R_1$）为半径的圆弧。

（3）与圆心为 O_1、半径为 R_1 的圆弧内切时，半径为 R 的连接圆弧的圆心轨迹，是以 O_1 为圆心、（$R-R_1$）为半径的圆弧。

根据具体要求，作出两条轨迹的交点，就是连接圆弧的圆心。

根据作图过程还可知切点的求法：

（1）与直线相切时，切点就是由连接圆弧的圆心向被连接直线所作垂线的垂足。

（2）与圆弧外切或内切时，切点是连接圆弧和被连接圆弧的圆心连线（或其延长线）作出了圆心和切点后，就可画出这段连接圆弧，与已知的相邻线段光滑连接。

四、椭圆的画法

绘图时，除了直线和圆弧外，也会遇到一些非圆曲线。这里只介绍椭圆的常用画法。

图 1－31 所示为机械制图中用得较多的由长、短轴作椭圆的一种近似画法。

已知椭圆的长轴 AB 和短轴 CD，连接长、短轴的端点 A、C，以 O 为圆心，OA 为半径画圆弧与 OC 的延长线交于 E 点，再以 C 为圆心，CE 为半径画圆弧与 AC 交于 F 点。作 AF 的垂直平分线与长、短轴分别交于 K、G 点，找出 K、G 两个点的对称点 L、M，如图 1－31（a）所示。

连接 GL、MK、ML，分别以 G、M、K、L 为圆心，以 GC、MD、KA、LB 为半径画圆弧连成椭圆，切点均为 N，如图 1-31（b）所示。

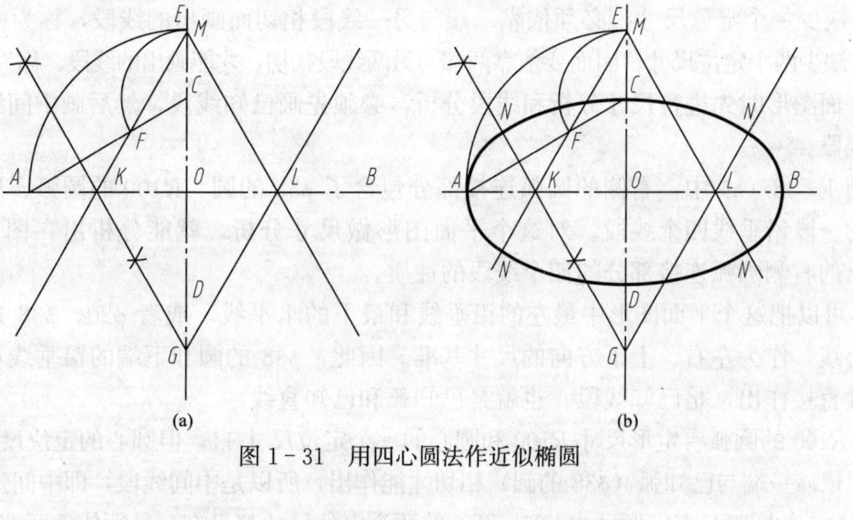

图 1－31　用四心圆法作近似椭圆

第四节　平面图形的尺寸注法和线段分析

一、平面图形的尺寸分析

在标注平面图形的尺寸时，首先要确定长度方向和高度方向的尺寸基准，尺寸的起点称为尺寸基准。平面图形常用的基准是对称图形的对称线、较大圆的中心线或较长的直线。平面图形的尺寸按其作用分为定形尺寸和定位尺寸。

定形尺寸是确定各部分形状大小的尺寸，如图 1-32 中直线的长度 40 和 100、圆的直径 2×ϕ14 及半径 R5 和 R8。

定位尺寸是确定图形各部分之间相对位置的尺寸，如图 1-32 中圆心的定位尺寸 70 和 25、5。

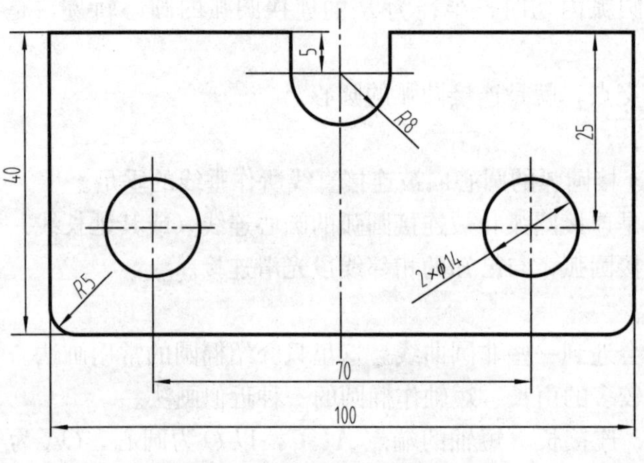

图 1-32 平面图形尺寸的分析

标注尺寸要求正确、完整、清晰。正确是指尺寸要按照国家标准的规定标注，尺寸数值不能写错或出现矛盾。完整是指尺寸要注写齐全，也就是不遗漏各组成部分的定形尺寸和定位尺寸；在一般情况下，不标注重复尺寸，即不标注按已标注的尺寸计算或作图所画出图线的尺寸。这样，按照图上所注的尺寸，既能完整地画出这个图形，又没有多余不用的尺寸。清晰是指尺寸的位置要安排在图形的明显处，标注清楚，布局整齐。

二、圆弧连接的线段分析

在平面图形中，线段可以分为以下三类：

(1) 有足够的定形尺寸和定位尺寸，能直接按所注尺寸画出的线段，称为已知线段。

(2) 缺少一个定位尺寸，必须依靠一端与另一线段相切而画出的线段，称为中间线段。

(3) 缺少两个定位尺寸，因而要依靠两端与另两线段相切，才能画出的线段，称为连接线段。

画平面图形时先进行尺寸分析和线段分析，必须先画已知线段，然后画中间线段，最后画连接线段。

在图 1-33 (a) 中，右侧的圆弧连接部分包含了 ϕ38 的圆、R100 的圆弧、R25 的圆弧及下端的一段铅垂线四个线段。对这个平面图形做尺寸分析，就能分析出在图 1-33 (a) 中所指出的右侧圆弧连接部分的四个线段的性质。

(1) 可以把这个平面图形中最左的铅垂线和最下的水平线，或者 ϕ20、ϕ38 这两个圆共同的中心线，作为左右、上下方向的尺寸基准。因此，ϕ38 的圆和下端的铅垂线可按图中所注的尺寸直接作出，是已知线段，也就是已知弧和已知直线。

(2) R100 的圆弧有定形尺寸 R100 和圆心的一个定位尺寸 11，但圆心的定位尺寸还缺少一个，必须依靠一端与已知弧（ϕ38 的圆）相切才能作出，所以是中间线段，即中间弧。

(3) R25 的圆弧只有定形尺寸 R25，圆心的两个定位尺寸都没有，必须依靠两端分别与已画出的中间弧（R100 的圆弧）、已知直线（铅垂线）相切才能作出，所以是连接线段，即连接弧。

在作图过程中应该准确求出中间弧、连接弧的圆心和切点。具体作图如图 1-33 (b) 所示：①先按已知尺寸画出已知线段，画出前面所分析的 ϕ38 的圆及铅垂线；②然后画中间弧 R100；③最后根据已画出的已知直线和中间弧，画连接弧 R25。中间弧和连接弧的圆心

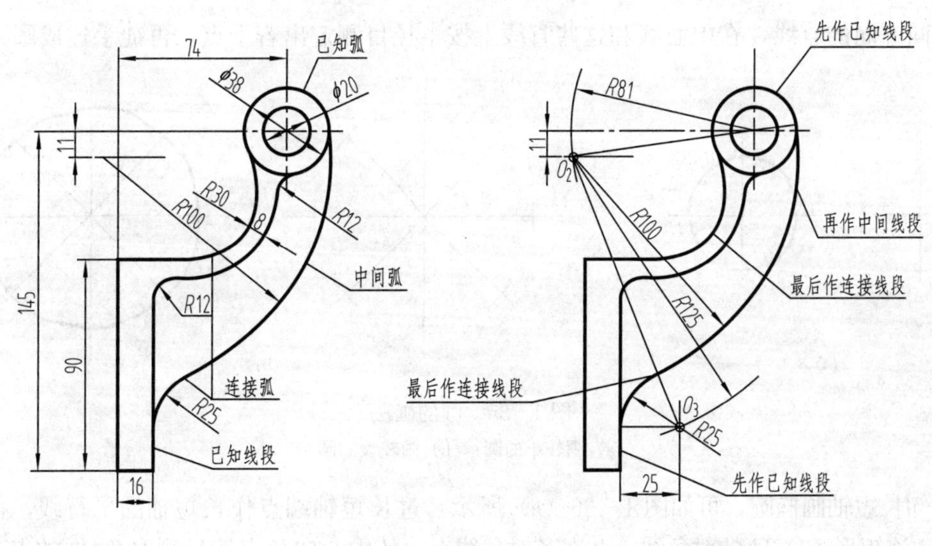

图 1－33　平面图形的作图步骤

（a）线段分析；（b）作图步骤

和切点的按前面讲的圆弧连接绘制。

第五节　绘制徒手草图的方法

不用绘图仪器和工具，按目测比例徒手绘制的图样，称为徒手草图，简称草图。当绘画设计草图或在现场测绘时，都采用徒手绘制。徒手草图仍应基本上做到图形正确，线型分明，比例匀称，字体工整，图面整洁。

绘制徒手图一般选用 HB 或 B 、2B 的铅笔，也常在印有浅色方格的纸上画图。

画直线时，眼睛看着图线的终点，由左向右画水平线；由上向下画铅垂线。当直线较长时，也可用目测在直线中间定出几个点，然后分几段画出。画短线常用手腕运笔，画长线则以手臂动作。

画 30°、45°、60°的斜线，可如图 1－34 所示，按直角边的近似比例定出端点后，连成直线。

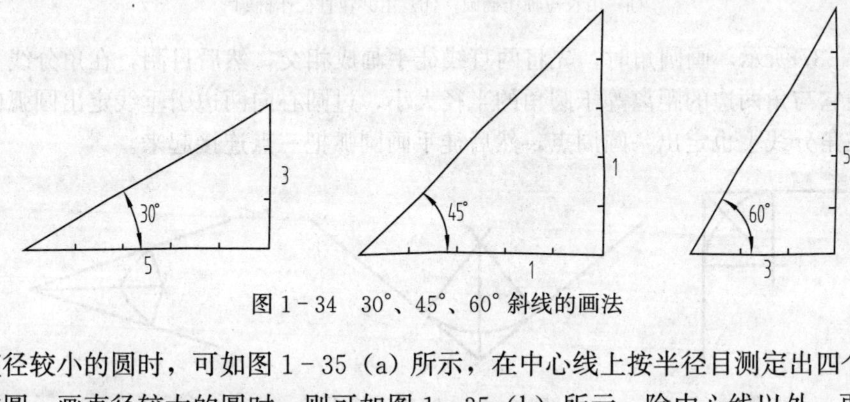

图 1－34　30°、45°、60° 斜线的画法

画直径较小的圆时，可如图 1－35（a）所示，在中心线上按半径目测定出四个点，然后徒手连成圆。画直径较大的圆时，则可如图 1－35（b）所示，除中心线以外，再过圆心画

几条不同方向的直线，在中心线和这些直线上按半径目测定出若干点，再徒手连成圆。

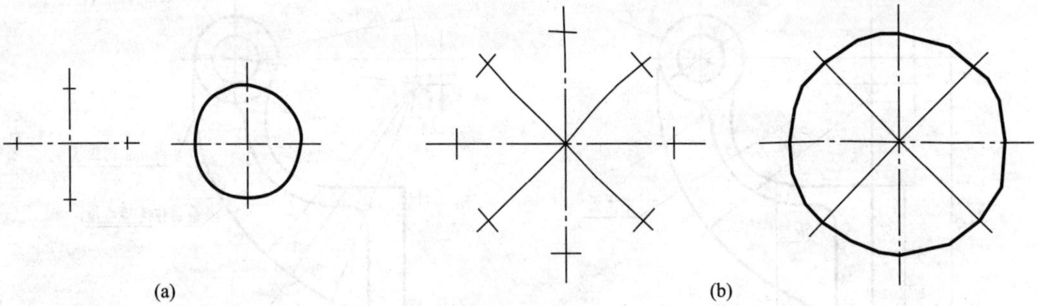

图 1-35　圆的画法

(a) 画较小的圆；(b) 画较大的圆

已知长短轴画椭圆，可如图 1-36（a）所示：过长短轴端点作长短轴的平行线，得矩形 *EFGH*；连矩形 *EFGH* 的对角线，并在各对角线上，从中心向角点按目测取 7∶3 的点，如图中所示，按 O_1∶$1E$=$O2$∶$2F$=$O3$∶$3G$=$O4$∶$4H$≈7∶3 取点 1、2、3、4；徒手顺次连接长短轴的端点和半对角线上所取的四个点 *A*、1、*C*、2、*B*、3、*D*、4、*A*，即为所求的椭圆。

已知共轭直径作椭圆，则可按图 1-36（b）所示，通过已知的共轭直径 *AB*、*CD* 的端点作共轭轴的平行线，得平行四边形 *EFGH*；然后用与已知长短轴作椭圆相同的方法，连对角线，在诸对角线上，从中心向角点按目测取等于 7∶3 的点 1、2、3、4；徒手顺次连接共轭轴的端点和半对角线上所取的四个点 *A*、1、*C*、2、*B*、3、*D*、4、*A*，就可作出所求的椭圆。

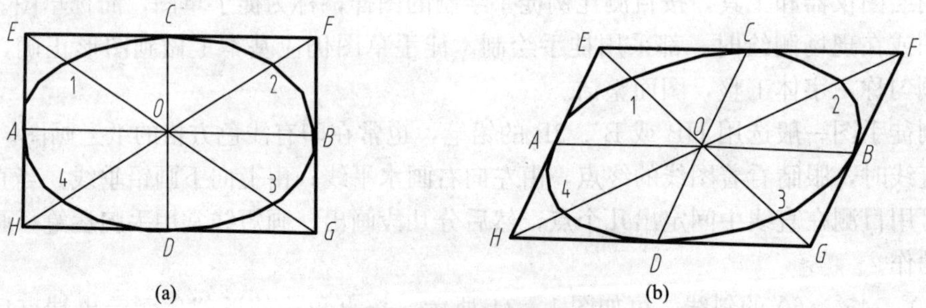

图 1-36　椭圆的画法

(a) 由长短轴作椭圆；(b) 由共轭直径作椭圆

如图 1-37 所示，画圆角时，先将两直线徒手画成相交，然后目测，在角分线上定出圆心位置，使它与角两边的距离等于圆角的半径大小，过圆心向两边引垂线定出圆弧的起点和终点，并在角分线上也定出一圆周点，然后徒手画圆弧把三点连接起来。

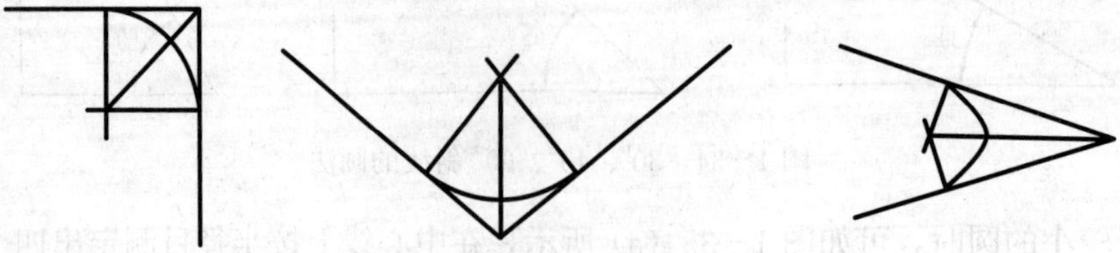

图 1-37　圆角的画法

平面图形徒手画法如图 1－38 所示，其作图步骤如下：①利用方格纸的线条和角点画出作图基准线、圆的中心线及已知线段；②画出中心线段和连接线段。

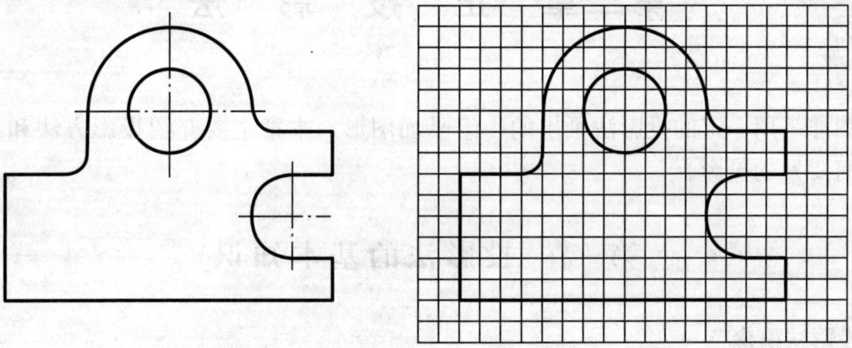

图 1－38　平面图形画法

第二章　正　投　影　法

工程图样是用一定的投影法画出的一组平面图形，本章主要介绍投影方法和点、直线、平面等几何要素的投影。

第一节　投影法的基本知识

一、投影法概念

当投射线通过物体向选定的面投射，并在该面上得到图形的方法，称为投影法。投射线的起源点称为投射中心，投影法中得到投影的平面称为投影面，如图 2-1 所示。空间物体用大写字母表示，其投影用相应的小写字母表示。

二、投影法的分类

投影法分为中心投影法和平行投影法两类。

1. 中心投影法

投射中心位于有限远处，投射线汇交于一点的投影法称为中心投影法，如图 2-2 所示。中心投影法得到的是放大的投影。

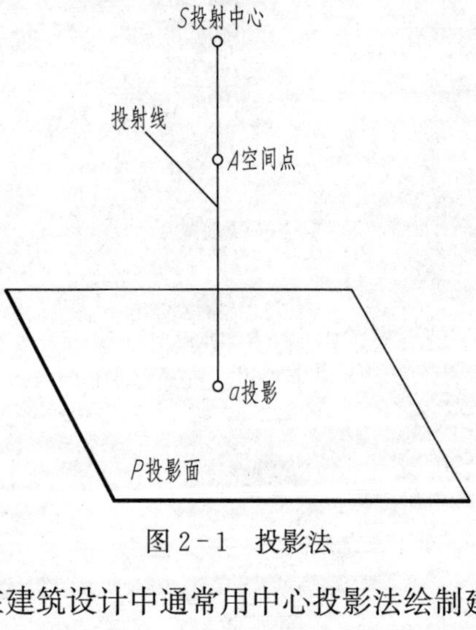

图 2-1　投影法

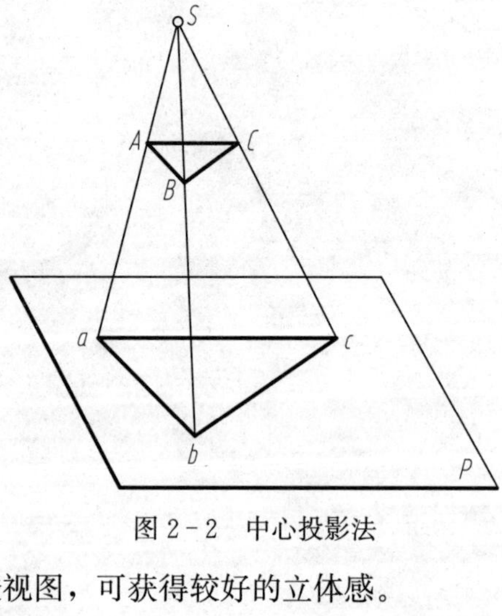

图 2-2　中心投影法

在建筑设计中通常用中心投影法绘制建筑透视图，可获得较好的立体感。

2. 平行投影法

投射中心移向无穷远处，投射线互相平行的投影法称为平行投影法。

平行投影法又分为正投影法和斜投影法。投射线与投影面相倾斜的平行投影法称为斜投影法，如图 2-3（a）所示。投射线与投影面相垂直的平行投影法称为正投影法，如图 2-3（b）所示。根据正投影法所得到的图形为正投影（正投影图）。物体在互相垂直的两个或多个投影面上所得到的正投影为多面正投影。

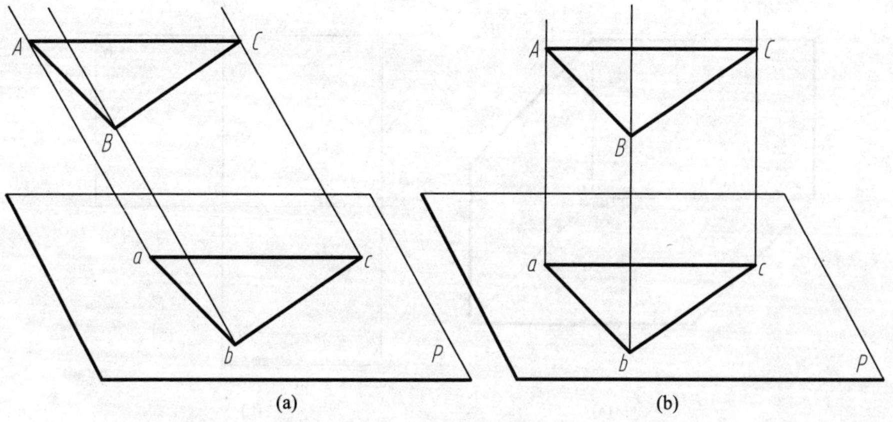

图 2-3　平行投影法

（a）斜投影；（b）正投影

工程图样主要用正投影法绘图，本书后续章节中提到的投影均指正投影。用平行投影法绘制的轴测图在工程中常作为辅助图样，见第五章。

三、多面正投影体系

1. 两面投影体系

两面投影体系是由两个相互垂直的投影面组成的，如图 2-4（a）所示。其中一个称为水平投影面，简称水平面，用 H 表示；另一个称为正立投影面，简称正面，用 V 表示。两个投影面的交线称为投影轴，用 OX 表示。两投影面将空间划分为四个区域，并按顺序编号，分别为第一分角、第二分角、第三分角和第四分角。我国采用第一分角投影。图 2-4（b）所示为两面投影体系的立体图与展开图。

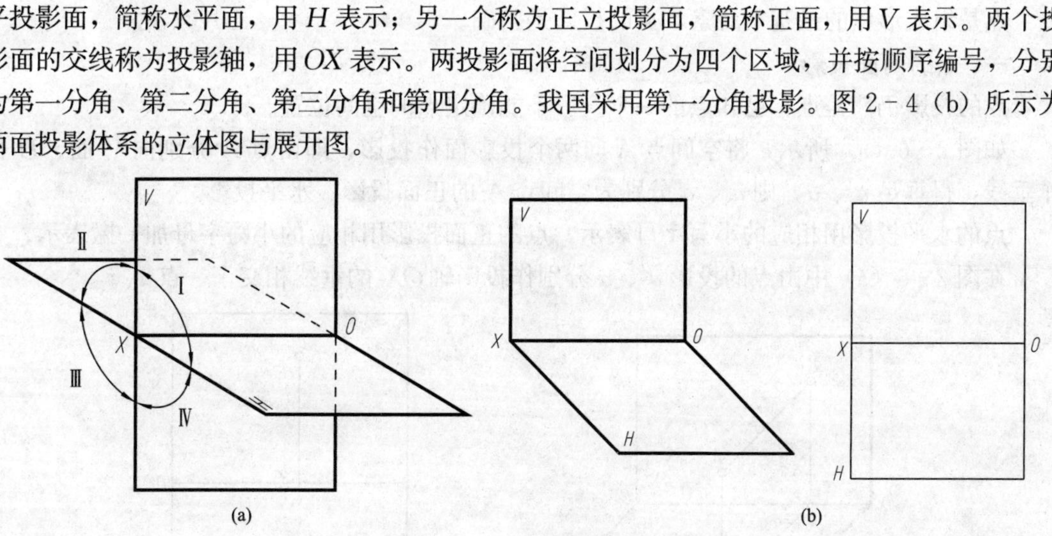

图 2-4　两面投影体系

(a) 四个分角；(b) 两面投影体系的立体图与展开图

2. 三面投影体系

为了更清晰地表达几何形体，在 V/H 两个投影体系的基础上，再设立一个与 V 面、H 面都垂直的侧立投影面，简称侧面，用 W 表示，如图 2-5（a）所示。三个投影面的交线分别为投影轴 OX、OY、OZ 轴，且互相垂直。

绘图时，V 面保持不动，H 面绕 OX 轴向下旋转 90°，W 面绕 OZ 轴向右旋转 90°，使

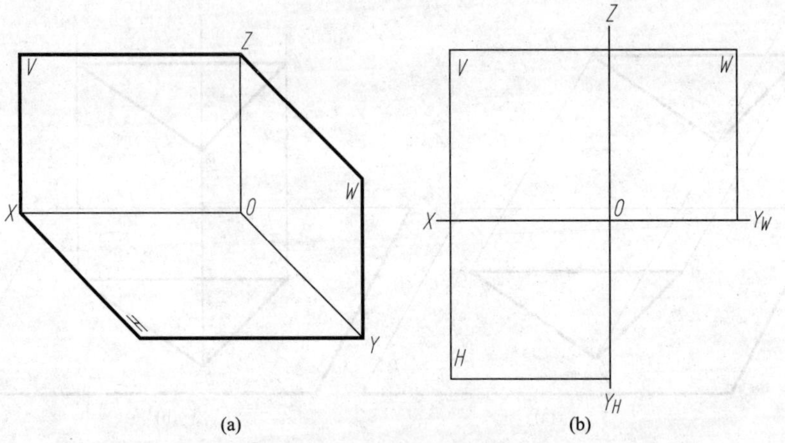

图 2-5 三面投影体系

（a）立体图；（b）展开图

H 面、W 面与 V 面共面，如图 2-5（b）所示。OY 轴分成两部分，分别为 OY_H 和 OY_W。画图时将投影面的外框线省略。

第二节 点 的 投 影

点是组成形体的最基本元素，点的投影是基础。

一、点的两面投影

点的投影仍然是点，已知点的一个投影不能确定点的空间位置。

如图 2-6（a）所示，将空间点 A 向两个投影面作投影，即由点 A 分别向 V 面、H 面作垂线，得垂足 a'、a，则 a'、a 分别为空间点 A 的正面投影、水平投影。

点的水平投影用相应的小写字母表示，点的正面投影用相应的小写字母加一撇表示。

在图 2-6（a）中由点的投影 a'、a 分别作投影轴 OX 的垂线相交于一点 a_X。

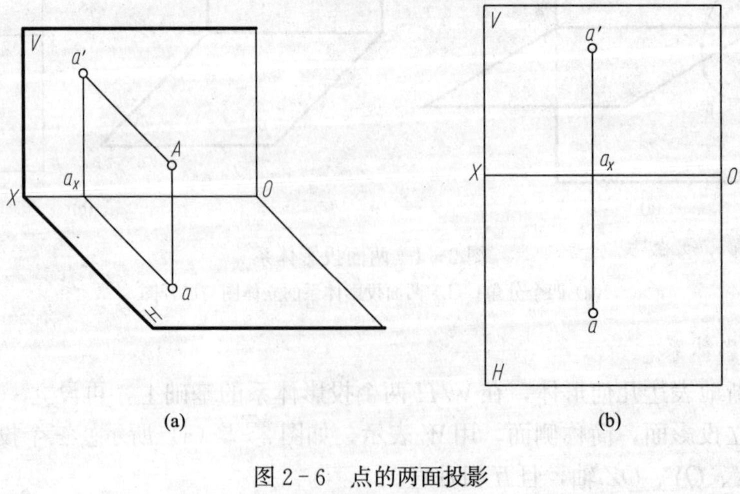

图 2-6 点的两面投影

（a）立体图；（b）投影图

将两面投影体系展开到同一个平面上，按规定 V 面不动，H 面绕 OX 轴向下旋转 90°，与 V 面共面。此时，aa_X 与 $a'a_X$ 在同一直线上，且 $aa' \perp OX$，如图 2-6（b）所示。

二、点的三面投影

如图 2-7（a）所示，将空间点 A 向三个投影面作投影，即由点 A 分别向 V 面、H 面、W 面作垂线，得垂足 a'、a、a''，分别为空间点 A 的正面投影、水平投影和侧面投影。

点的水平投影用相应的小写字母表示，点的正面投影用相应的小写字母加一撇表示，点的侧面投影用相应的小写字母加两撇表示。

在图 2-7（a）中由点的投影分别作投影轴的垂线与投影轴 OX、OY、OZ 的交点分别为 a_X、a_Y、a_Z，则 $Aaa_Xa'a_Za''a_YO$ 构成一个长方体。

按规定将三面投影体系展开到同一个平面上，则投影的连线 $aa' \perp OX$，$a'a'' \perp OZ$，$aa_{YH} \perp OY_H$，$a''a_{YW} \perp OY_W$。如图 2-7（b）所示，为了便于作图，过点 O 作 45°角分线为辅助线，aa_{YH}、$a''a_{YW}$ 的延长线与 45°辅助线交于一点。

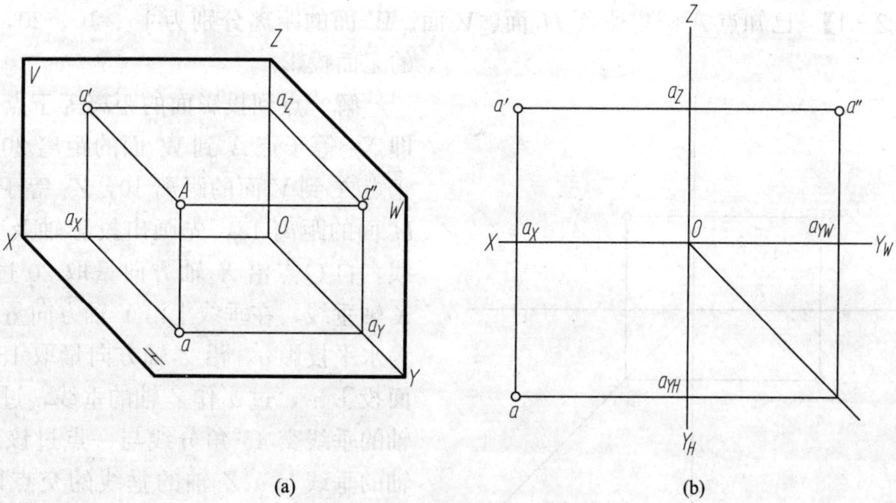

图 2-7 点的三面投影
（a）立体图；（b）投影图

把投影轴看作坐标轴，在空间直角坐标系中，点 A 的坐标用（X_A，Y_A，Z_A）表示。则有

$$X_A = Aa'' = a'a_Z = aa_{YH}$$
$$Y_A = Aa' = aa_X = a''a_Z$$
$$Z_A = Aa = a'a_X = a''a_{YW}$$

图 2-8 所示为点的投影与坐标的关系。

由此，概括出点的投影规律：点的两面投影的投影连线垂直于投影轴；点的投影到投影轴的距离，等于点的坐标，也等于空间点到投影面的距离。

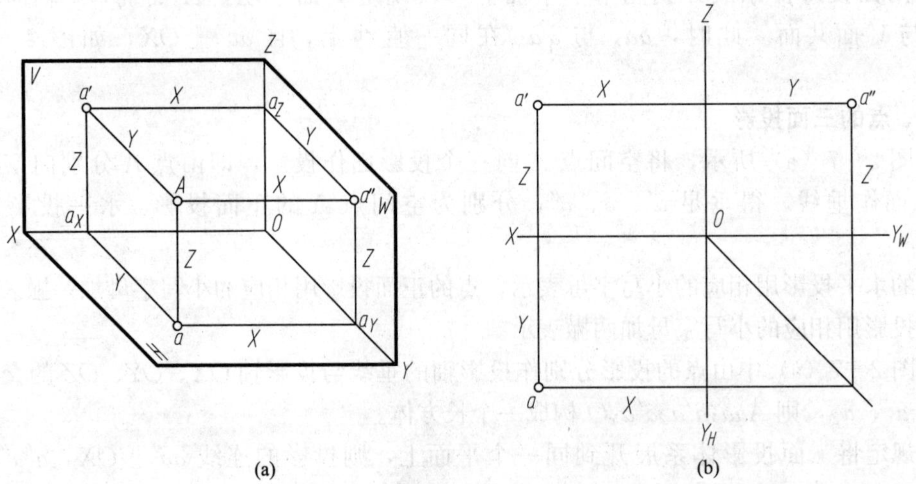

图 2-8　点的投影与坐标的关系

(a) 立体图；(b) 投影图

【例 2-1】 已知点 A 到投影面 H 面、V 面、W 面的距离分别为 15、10、20，求点 A 的三面投影。

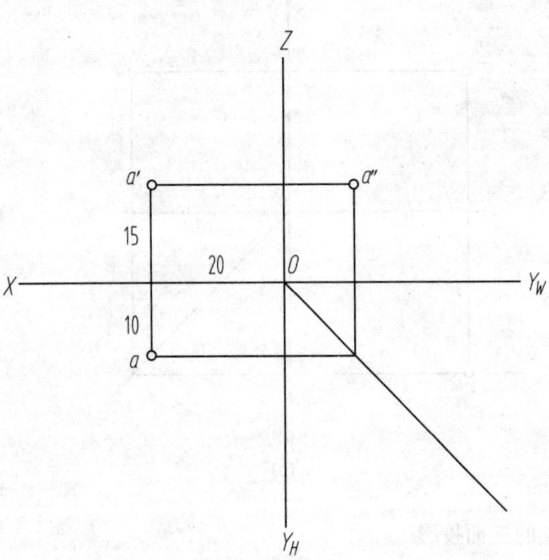

图 2-9　求点 A 的三面投影

解　点到投影面的距离等于点的坐标，即 X_A 等于点 A 到 W 面的距离 20，Y_A 等于点 A 到 V 面的距离 10，Z_A 等于点 A 到 H 面的距离 15，先画出投影轴及 45°角分线，自 O 点沿 X 轴方向量取 20 过该点作 X 轴垂线，在垂线上沿 Y 轴方向量取 10 即为水平投影 a，沿 Z 轴方向量取 15 即为正面投影 a'，过 a' 作 Z 轴的垂线，过 a 作 Y_H 轴的垂线交 45°角分线与一点过该点作 Y_W 轴的垂线与 $a'Z$ 轴的垂线的交点即为 a''，如图 2-9 所示。

【例 2-2】 如图 2-10 所示，已知点 A、B、C 的两个投影，分别求它们的第三面投影，并判断点的空间位置。

解　点 A 已知 a'、a''，由 a'' 作 Y_W 轴垂线交于 45°角分线，过该点作 Y_H 轴垂线与 a' 作 X 轴垂线的交点即为水平投影 a。点 A 的三个坐标都不为 0，A 在空间一般位置。

点 B 已知 b、b'' 在 Y_W 轴上，由 b 作 X 轴的垂线与 X 轴的交点即为正面投影 b'，点 B 的坐标 $Z_B=0$，点 B 在 H 面上。

点 C 已知 c'、c'' 在 Z 轴上且重合，所以水平投影 c 在 O 点处。点 C 的坐标 $X_C=0$，$Y_C=0$，点 C 在 Z 轴上。

从［例 2-2］中可以得出各种位置点的坐标和投影。

(1) 一般置点：一般位置点的三个坐标都不为零，空间点与三个投影点不重合。

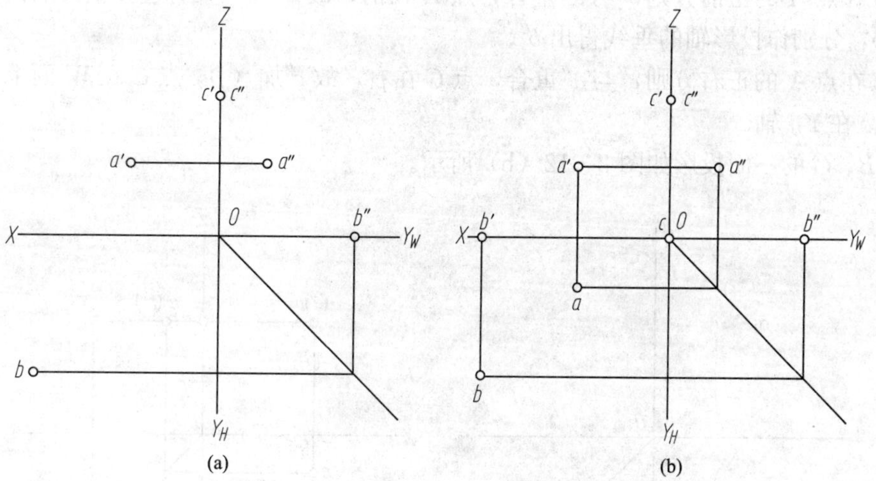

图 2-10 求点的第三面投影

(a) 已知条件；(b) 作投影图

(2) 投影面上的点：投影面上的点有一个坐标为零，空间点与该投影面上的投影重合，另外两个投影在相应的投影轴上。

(3) 投影轴上的点：投影轴上的点有两个坐标为零，空间点与该两面投影重合，第三个投影与 O 点重合。

三、两点的相对位置

两点的相对位置是指空间两个点的上下、左右、前后的位置关系。左右位置用 X 坐标判断，X 值大的点在左，X 值小的点在右；前后位置用 Y 坐标判断，Y 值大的点在前，Y 值小的点在后；上下位置用 Z 坐标判断，Z 值大的点在上，Z 值小的点在下。

图 2-11 所示的点 A 在点 B 的右、前、上方。

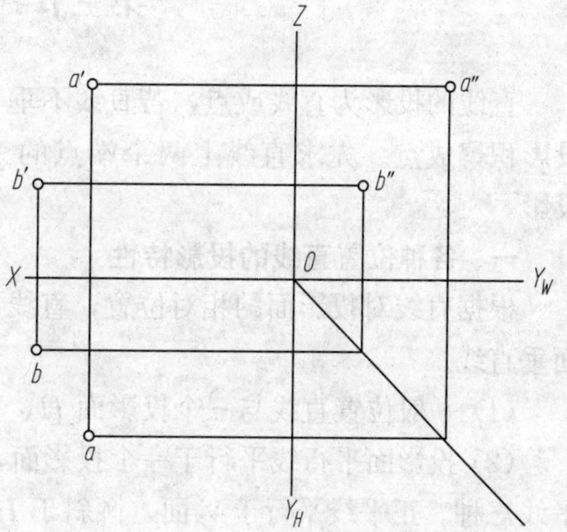

图 2-11 两点的相对位置

四、重影点

对某一个投影面而言，当两个点处于同一投射线方向时，在该投影面上的两投影重合，则称其为对这个投影面的重影点。重合的投影需判断可见性，不可见的投影加（）。对正面投影、水平投影、侧面投影的重影点可见性，分别是前遮后、上遮下、左遮右。

【例 2-3】 如图 2-12 (a) 所示，已知 a'，$Y_A=5$，点 B 在点 A 的正前方 10 处，点 C 在 A 的正右方并在 W 面上，求 A、B、C 的三面投影。

解 过 a' 作 X 轴的垂线沿 Y_H 轴方向量取 5 即为点 A 的水平投影 a，过 a' 作 Z 轴的垂线，过 a 作 Y_H 轴的垂线与 45°角分线相交再作 Y_W 轴的垂线，它们的交点即为点 A 的侧面投影 a''。

点 B 在点 A 的正前方则 b' 与 a' 重合，点 B 在前，故 a' 加（），过 a 沿 Y_H 轴方向量取 10 即为 b，分别作投影轴的垂线得出 b''。

点 C 在点 A 的正右方则 c'' 与 a'' 重合，点 C 在右，故 c'' 加（），点 C 在 W 面上，则 c' 在 Z 轴上，c 在 Y_H 轴。

A、B、C 的三面投影如图 2-12（b）所示。

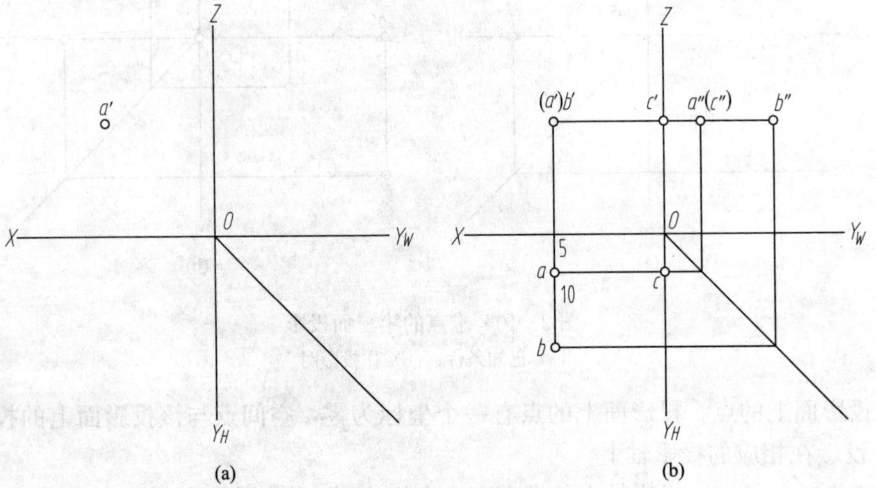

图 2-12　求 A、B、C 的三面投影

（a）已知条件；（b）作投影图

第三节　直线的投影

直线的投影为直线或点，若直线不垂直于投影面，投影为直线；若直线垂直于投影面，投影积聚成点。先求直线上两个端点的三面投影，再连接同面投影即可获得直线的三面投影。

一、各种位置直线的投影特性

根据直线对投影面的相对位置，直线可分为三类：一般位置直线、投影面平行线和投影面垂直线。

（1）一般位置直线与三个投影面 H、V、W 面都倾斜。

（2）投影面平行线平行于一个投影面，与另两个投影面倾斜，分为正平线、水平线、侧平线三种。正平线平行于 V 面，倾斜于 H、W 面；水平线平行于 H 面，倾斜于 V、W 面；侧平线平行于 W 面，倾斜于 H、V 面。

（3）投影面垂直线垂直于一个投影面，平行于另两个投影面，分为正垂线、铅垂线、侧垂线三种。正垂线垂直于 V 面，平行于 H、W 面；铅垂线垂直于 H 面，平行于 V、W 面；侧垂线垂直于 W 面，平行于 H、V 面。

后两类的六种直线统称为特殊位置直线。

1. 一般位置直线

如图 2-13 所示，一般位置直线 AB 与 V 面、H 面、W 面都倾斜。

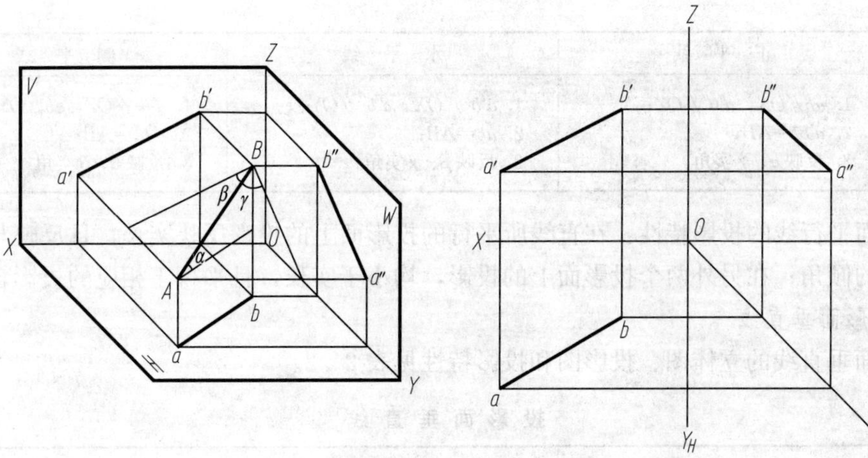

(a)　(b)

图 2-13　一般位置直线
(a) 立体图；(b) 投影图

直线与直线在某投影面投影所夹的锐角称为直线与投影面的倾角，直线对投影面 H、V、W 的倾角分别用 α、β、γ 表示。

一般位置直线的投影特性：三个投影都倾斜于投影轴；都小于实长；都不反映真实的倾角。

2. 投影面平行线

投影面平行线的立体图、投影图和投影特性见表 2-1。

表 2-1　　**投 影 面 平 行 线**

名 称	正 平 线	水 平 线	侧 平 线
立体图	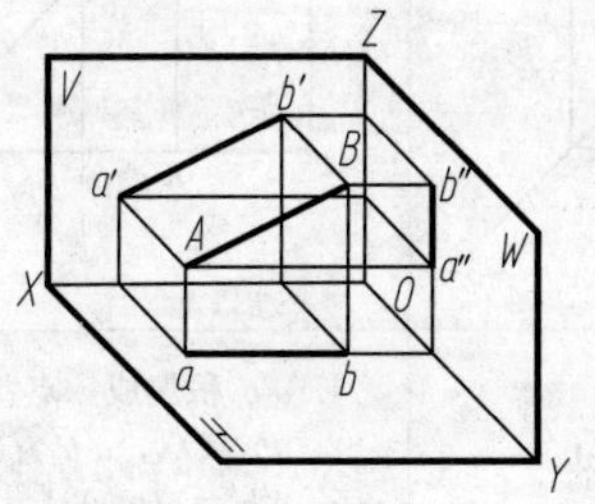	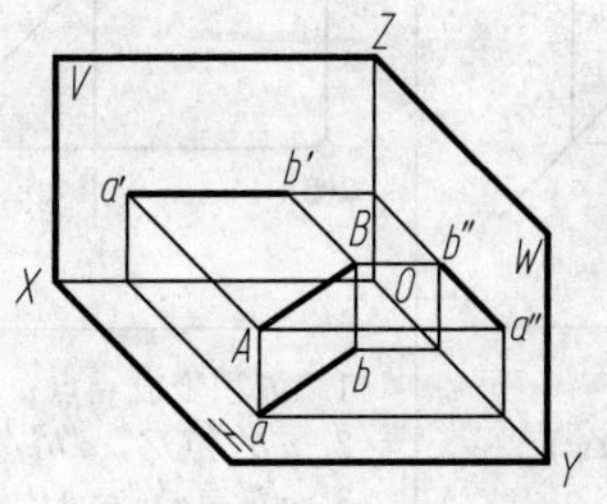	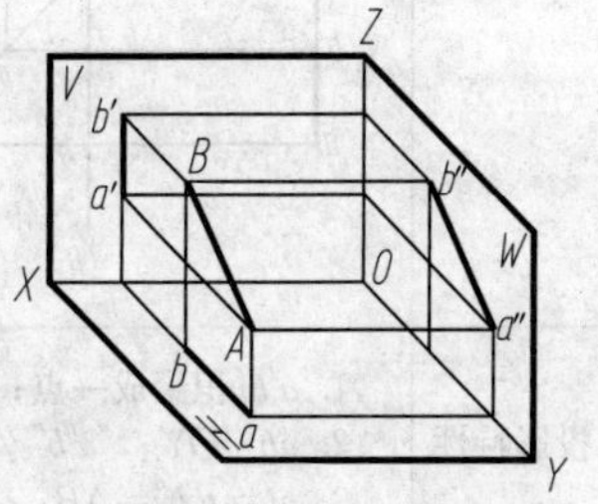
投影图	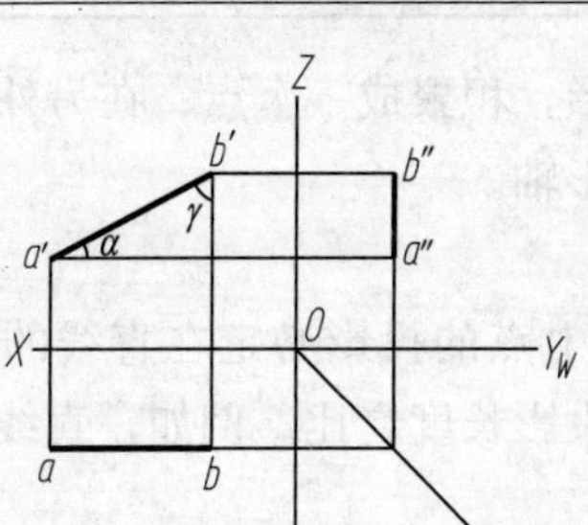	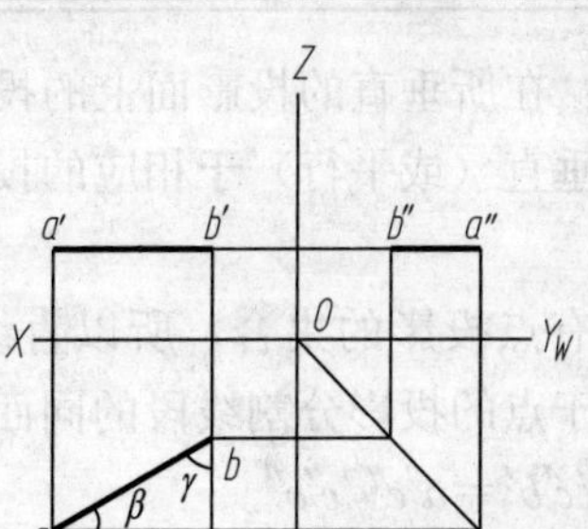	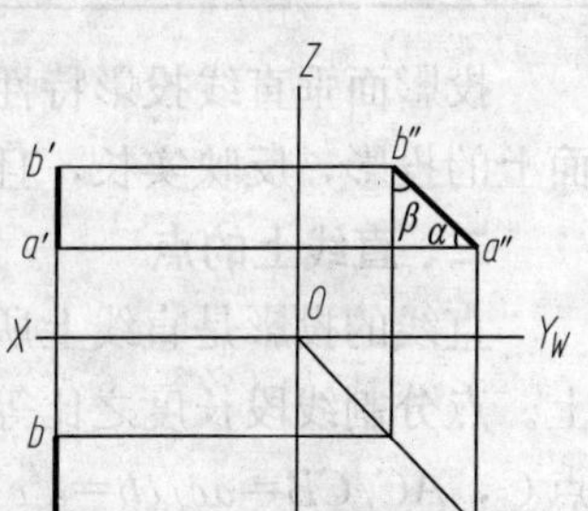

续表

名　称	正　平　线	水　平　线	侧　平　线
投影特性	1. $ab // OX$，$a''b'' // OZ$； 2. $a'b' = AB$； 3. 反映 α、γ 实角	1. $a'b' // OX$，$a''b'' // OY_W$； 2. $ab = AB$； 3. 反映 β、γ 实角	1. $a'b' // OZ$，$ab // OY_H$； 2. $a''b'' = AB$； 3. 反映 α、β 实角

投影面平行线的投影特性：在直线所平行的投影面上的投影反映实长，且反映与另外两个投影面的倾角；在另外两个投影面上的投影，均小于实长，且平行于相应的投影轴。

3. 投影面垂直线

投影面垂直线的立体图、投影图和投影特性见表 2-2。

表 2-2　　投 影 面 垂 直 线

名　称	正　垂　线	铅　垂　线	侧　垂　线
立体图	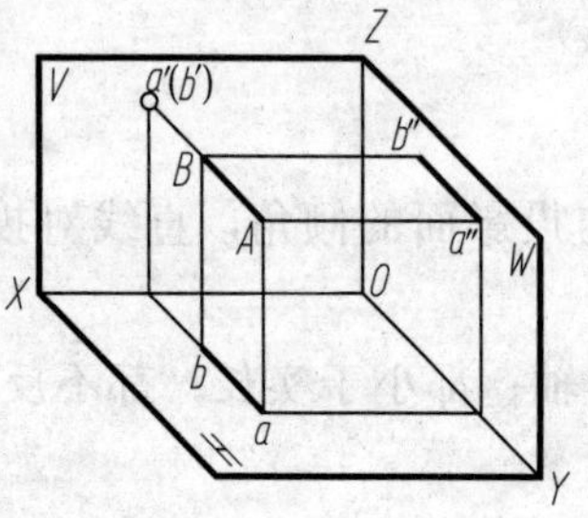	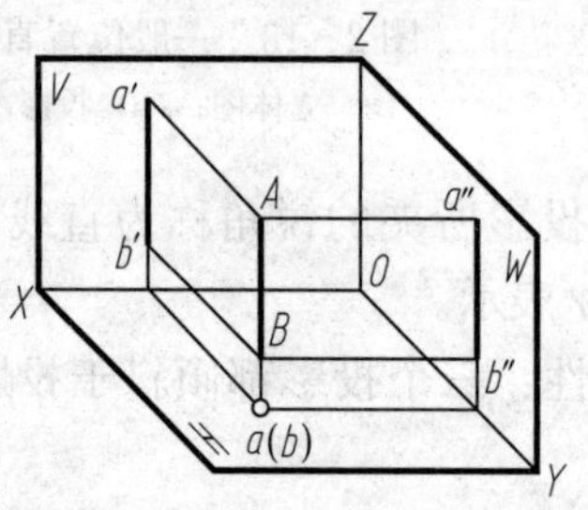	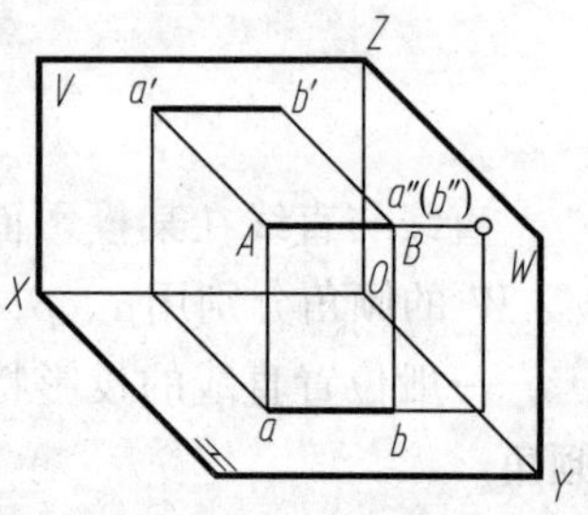
投影图	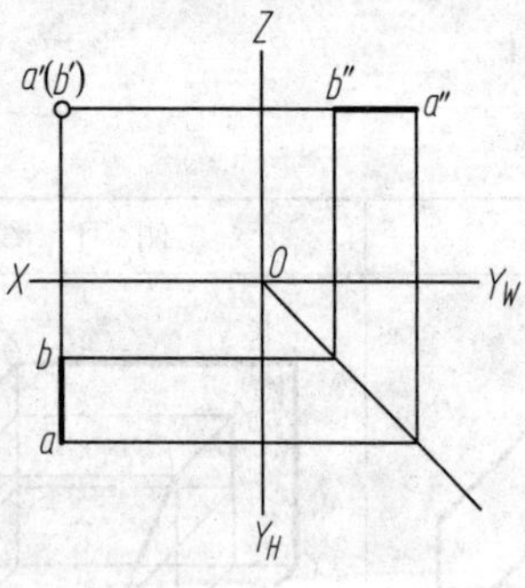	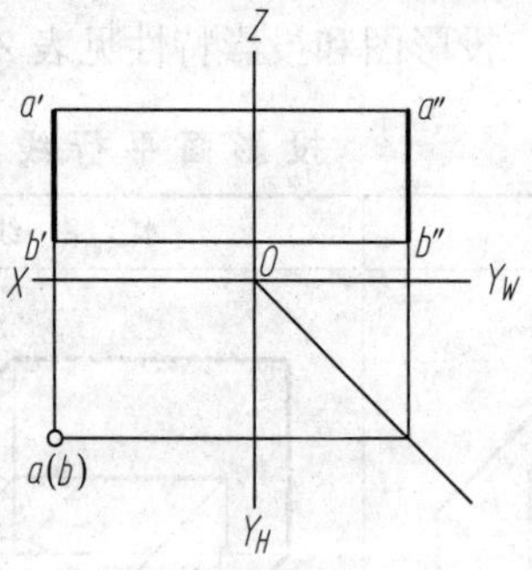	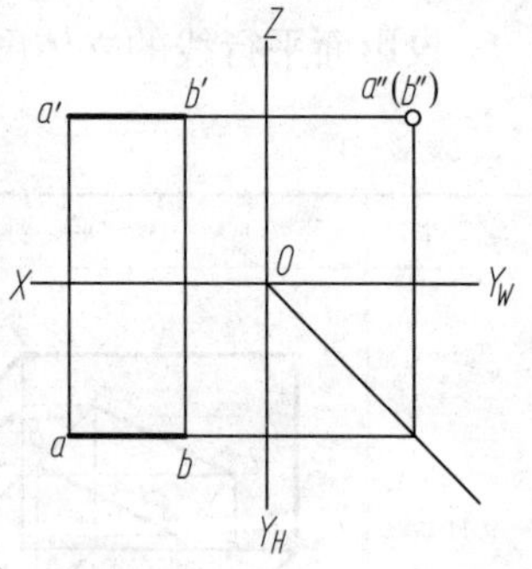
投影特性	1. $a'b'$ 积聚成一点； 2. $ab // OY_H$，$a''b'' // OY_W$； 3. $ab = a''b'' = AB$	1. ab 积聚成一点； 2. $a'b' // OZ$，$a''b'' // OZ$； 3. $a'b' = a''b'' = AB$	1. $a''b''$ 积聚成一点； 2. $ab // OX$，$a'b' // OX$； 3. $a'b' = ab = AB$

投影面垂直线投影特性：在所垂直的投影面上的投影，积聚成一个点；在另外两个投影面上的投影，反映实长，且垂直（或平行）于相应的投影轴。

二、直线上的点

直线的投影是直线上所有点投影的集合，所以直线上点的投影必定在直线的同面投影上。点分割线段长度之比等于点的投影分割线段的同面投影长度之比。例如，直线 AB 上的点 C，$AC/CB = ac/cb = a'c'/c'b' = a''c''/c''b''$。

【例 2-4】 如图 2-14（a）所示，已知直线 AB 及点 M 的两面投影，判断点 M 在不在直线 AB 上。

解法一 如图 2－14（b）所示，根据点 M 的 m、m' 求出 m''，根据直线 AB 的 ab、$a'b'$ 求出 $a''b''$。m'' 不在 $a''b''$ 上，所以点 M 不在直线 AB 上。

解法二 如图 2－14（c）所示，利用点分割直线成比例关系。过直线 AB 的水平投影 ab 的 a 点作一任意射线 ab_1，使 $ab_1=a'b'$，在 ab_1 上取 $am_1=a'm'$，连接 bb_1 和 mm_1，mm_1 与 bb_1 不平行，所以 $am_1/m_1b_1 \neq am/mb$，即点 M 不在直线 AB 上。

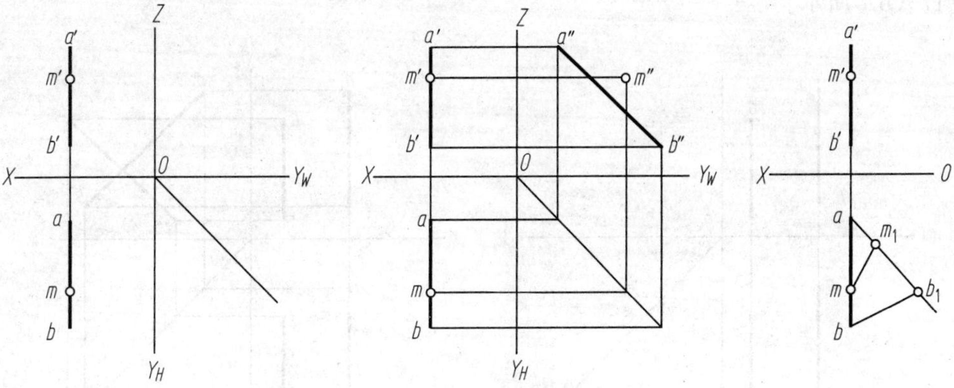

(a) (b) (c)

图 2－14 判断点在不在直线上

(a) 已知条件；(b) 解法一；(c) 解法二

三、两直线的相对位置

1. 两直线平行

空间两直线平行，则它们的三对同面投影分别互相平行。

如图 2－15 所示，AB、CD 两直线平行，$ab /\!/ cd$、$a'b' /\!/ c'd'$、$a''b'' /\!/ c''d''$。

2. 两直线相交

空间两直线相交，则它们的三对同面投影都相交，且交点符合点的投影特性。如图 2－16 所示，直线 AB 与 CD 相交于点 M，ab 与 cd 交于 m，$a'b'$ 与 $c'd'$ 交于 m'，$a''b''$ 与 $c''d''$ 交于 m''，且 m、m'、m'' 符合点的投影特性。

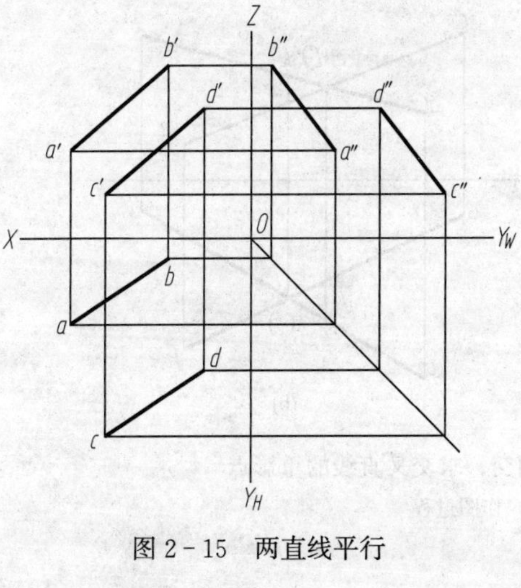

图 2－15 两直线平行

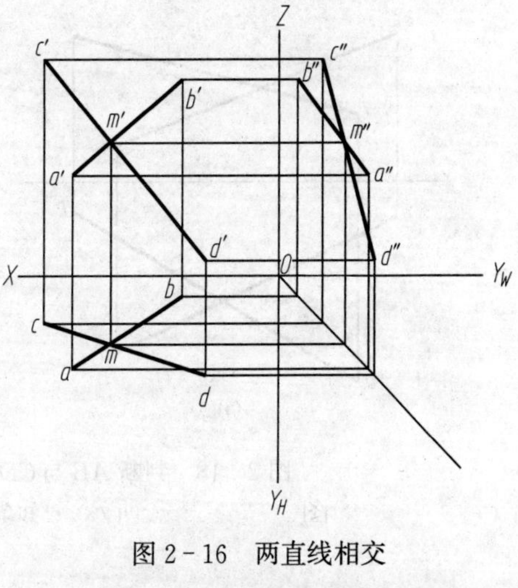

图 2－16 两直线相交

3. 两直线交叉

空间两直线既不平行也不相交，则称为交叉直线。

【例 2-5】 如图 2-17（a）所示，判断直线 AB 与 CD 是否平行。

解 已知 $ab /\!/ cd$、$a'b' /\!/ c'd'$，水平和正面投影都平行，分别求出 AB 的侧面投影 $a''b''$，CD 侧面投影 $c''d''$，$a''b''$ 与 $c''d''$ 不平行，所以 AB 与 CD 不平行，为两交叉直线。作图过程如图 2-17（b）所示。

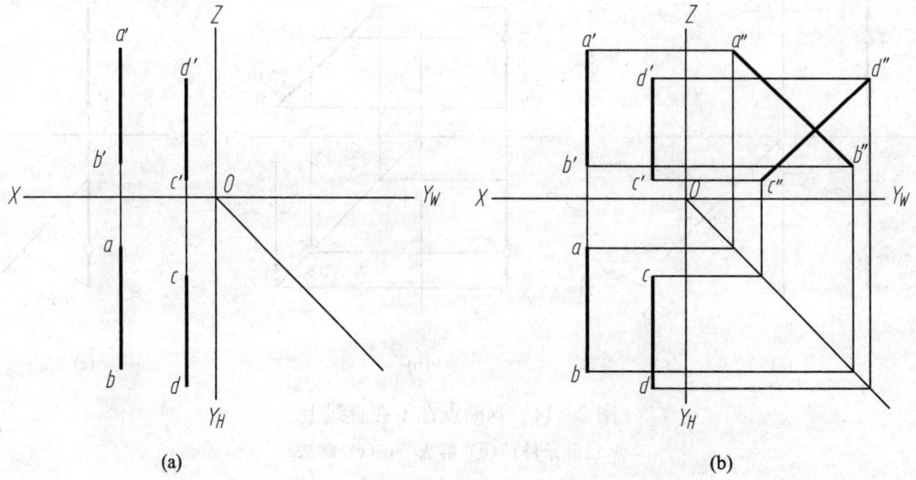

图 2-17 判断 AB 与 CD 是否平行

（a）已知条件；（b）作图过程

【例 2-6】 如图 2-18（a）所示，判断直线 AB 与 CD 是否相交，求重影点的投影。

解 直线 AB 与 CD 的水平投影相交，正面投影相交，但交点不是同一个点不符合点的投影特性，所以 AB 与 CD 不相交，为交叉两直线。

ab 与 cd 的交点是重影点，K、M 的重合投影 $k(m)$，求出 k'、m'，K 在上，M 在下。$a'b'$ 与 $c'd'$ 的交点是重影点 E、F 的重合投影 $e'(f')$，求出 e、f，E 在前，F 在后，如图 2-18（b）所示。

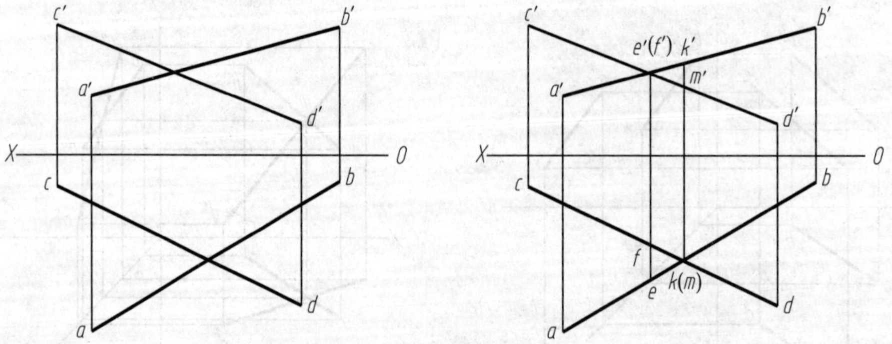

图 2-18 判断 AB 与 CD 是否相交，求交叉直线的重影点

（a）已知条件；（b）作图过程

【例 2-7】　如图 2-19（a）所示，已知直线 AB 和 CD 的两面投影以及点 E 的水平投影，求作直线 EF 使 EF 与 CD 平行且与 AB 相交于 F 点。

解　过 e 作 $ef /\!/ cd$ 与 ab 交于 f 点，过 f 作 X 轴的垂线与 $a'b'$ 的交点为 f'，过 f' 作 $f'e' /\!/ c'd'$ 与 e 作 X 轴的垂线交于 e'，如图 2-19（b）所示。

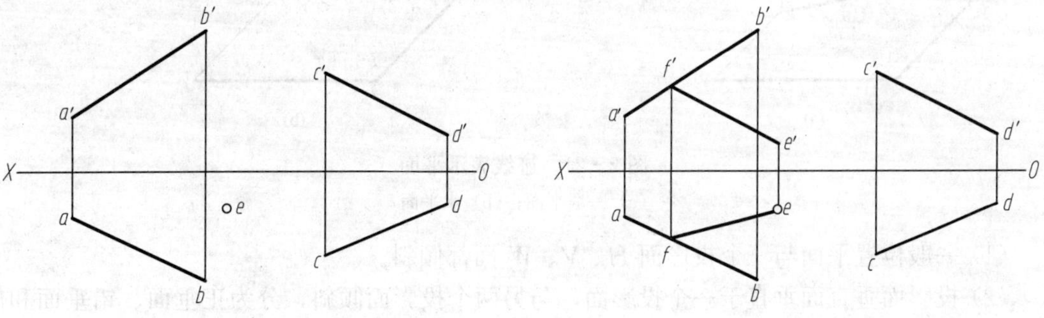

图 2-19　作直线与一直线平行并与另一直线相交
（a）已知条件；（b）作图过程

第四节　平 面 的 投 影

一、平面的表示法

1. 几何元素表示平面

平面可用以下几种方法表示（见图 2-20）：①不在同一直线上的三点；②一直线和直线外的一点；③两相交直线；④两平行直线；⑤任意的平面图形。

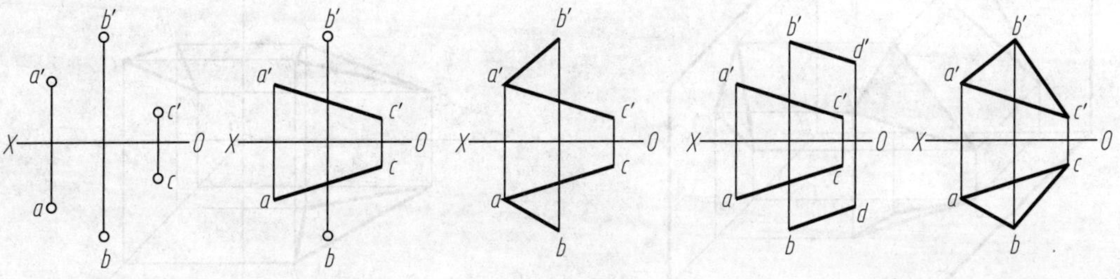

图 2-20　几何元素表示平面

2. 迹线表示平面

平面与投影面的交线称为迹线。平面 P 与 V 面的交线称为正面迹线，与 H 面的交线称为水平迹线，与 W 面的交线称为侧面迹线，分别用 P_V、P_H、P_W 表示。图 2-21 所示为迹线表示平面的方法。

二、各种位置平面的投影特性

根据平面对投影面的相对位置，平面可分为一般位置平面、投影面垂直面和投影面平行面三类。

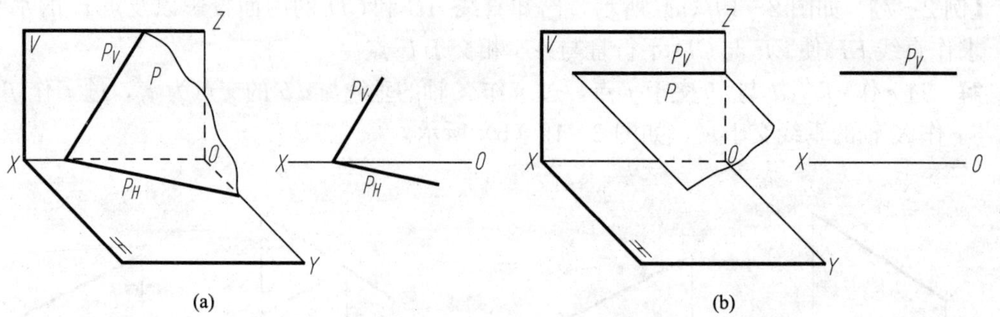

图 2-21　迹线表示平面

（a）一般平面；（b）水平面

(1) 一般位置平面与三个投影面 H、V、W 面都倾斜。

(2) 投影面垂直面垂直于一个投影面，与另两个投影面倾斜，分为正垂面、铅垂面和侧垂面三种。正垂面垂直于 V 面，倾斜于 H、W 面；铅垂面垂直于 H 面，倾斜于 V、W 面；侧垂面垂直于 W 面，倾斜于 H、V 面。

(3) 投影面平行面：平行于一个投影面，与另两个投影面垂直，分为正平面、水平面和侧平面三种。正平面平行于 V 面，垂直于 H、W 面；水平面平行于 H 面，垂直于 V、W 面；侧平面平行于 W 面，垂直于 H、V 面。

后两类的六种平面统称为特殊位置平面。

1. 一般位置平面

如图 2-22 所示，一般位置平面△ABC 与 V、H、W 面都倾斜。

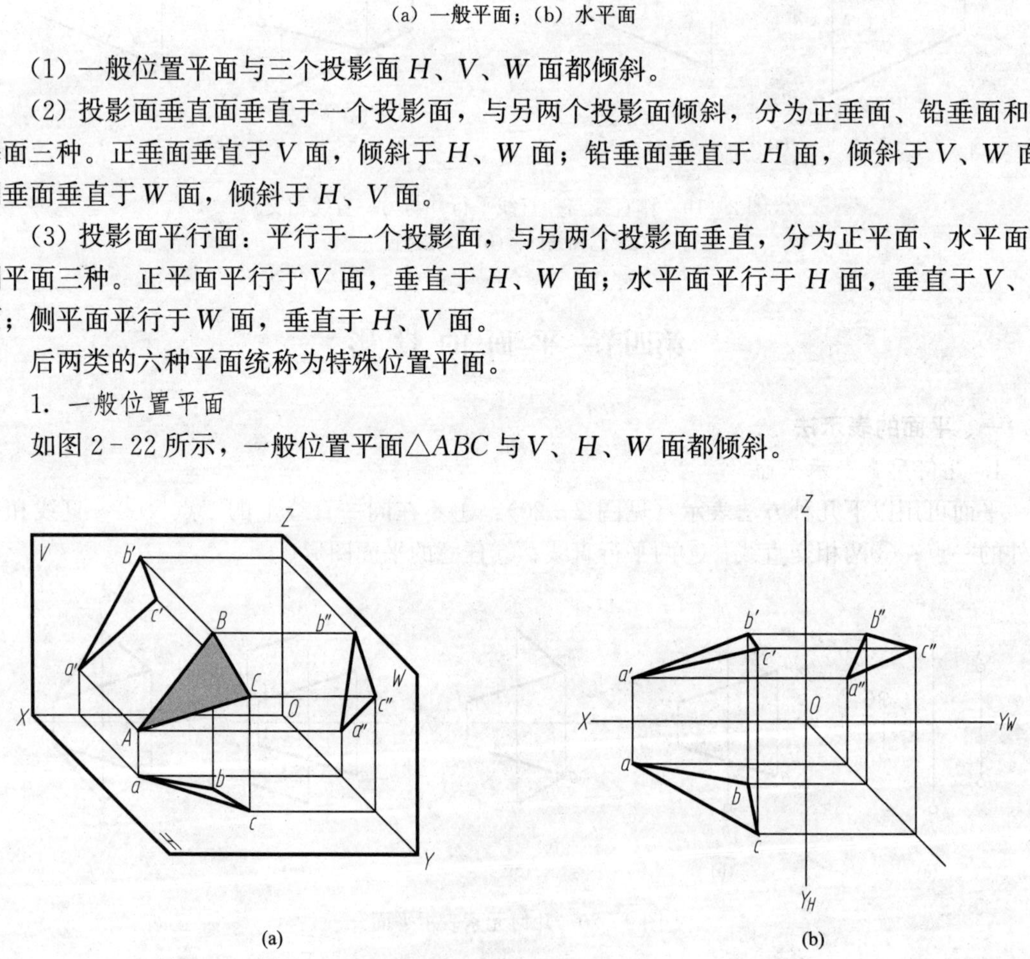

图 2-22　一般位置平面

（a）立体图；（b）投影图

平面与投影面倾斜的角度称为平面与投影面的倾角，平面对投影面 H、V、W 的倾角分别用 α、β、γ 表示。

一般位置平面的投影特性：三个投影都小于实形的类似形（与平面实形相类似的平面图形）。

2. 投影面垂直面

投影面垂直面的立体图、投影图和投影特性见表 2－3。

表 2－3 **投 影 面 垂 直 面**

名 称	正 垂 面	铅 垂 面	侧 垂 面
立体图	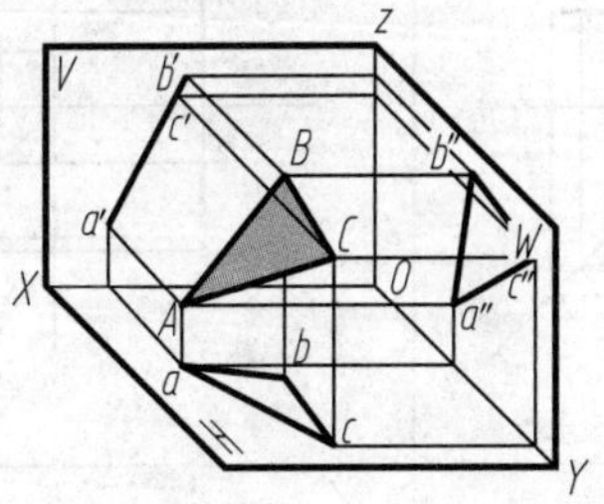	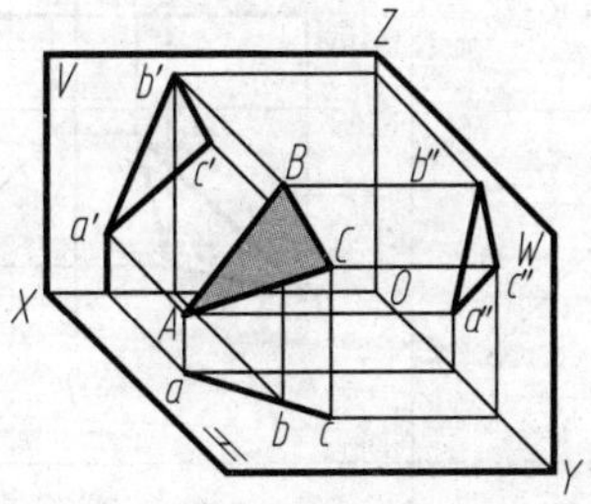	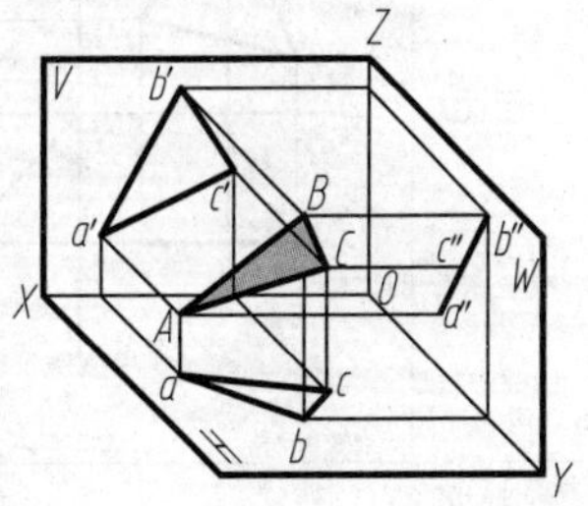
投影图	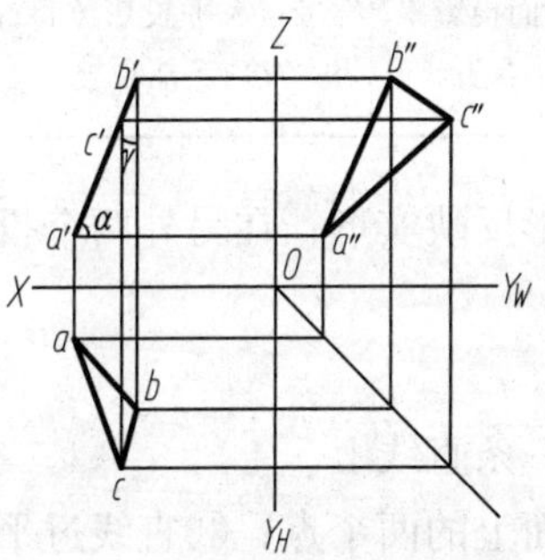	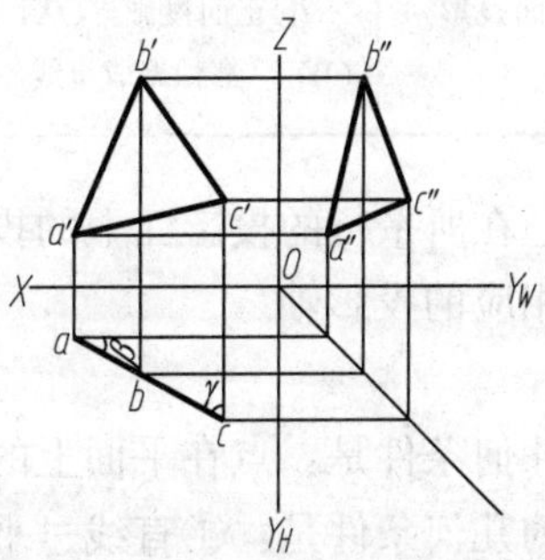	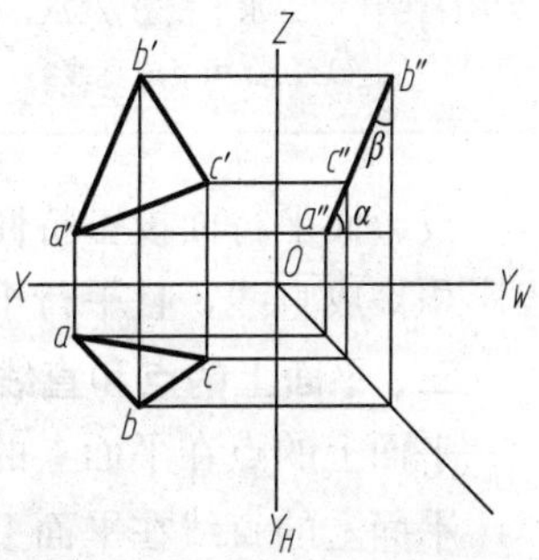
投影特性	1. 正面投影积聚成直线，反映 α、γ； 2. 水平投影、侧面投影均为类似形	1. 水平投影积聚成直线，反映 β、γ； 2. 正面投影、侧面投影均为类似形	1. 侧面投影积聚成直线，反映 α、β； 2. 水平投影、正面投影均为类似形

投影面垂直面的投影特性：在所垂直的投影面上的投影积聚成一直线，且反映与另外两个投影面的倾角；在另外两个投影面上的投影，均为小于实形的类似图形。

3. 投影面平行面

投影面平行面的立体图、投影图和投影特性见表 2－4。

表 2－4 **投 影 面 平 行 面**

名 称	正 平 面	水 平 面	侧 平 面
立体图	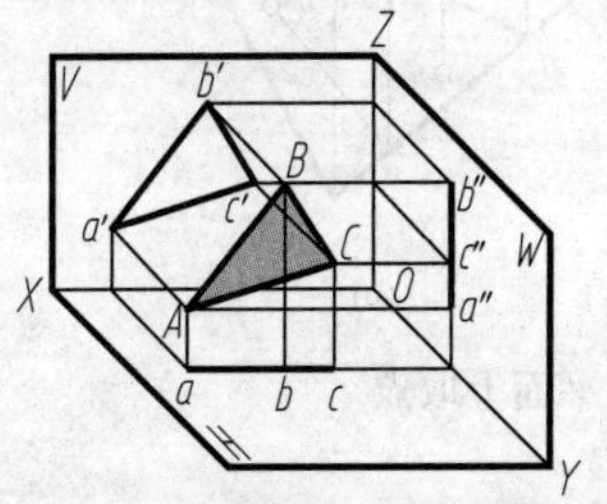	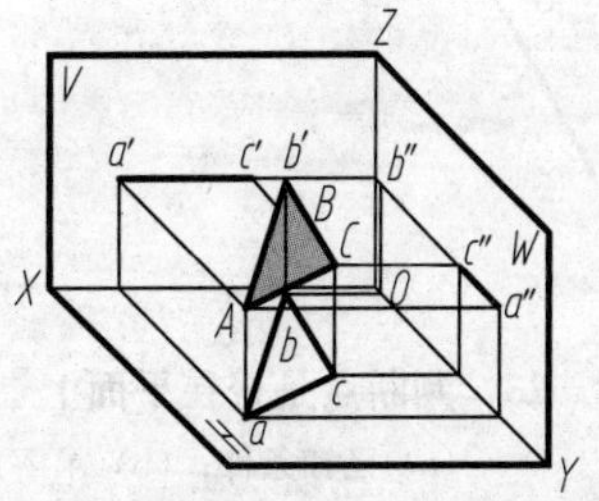	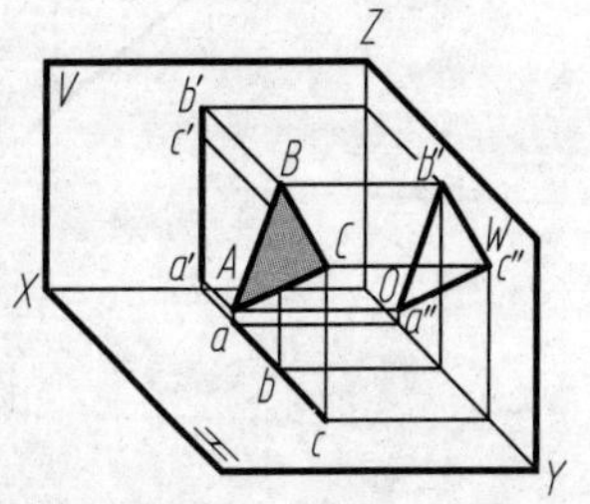

续表

名称	正平面	水平面	侧平面
投影图	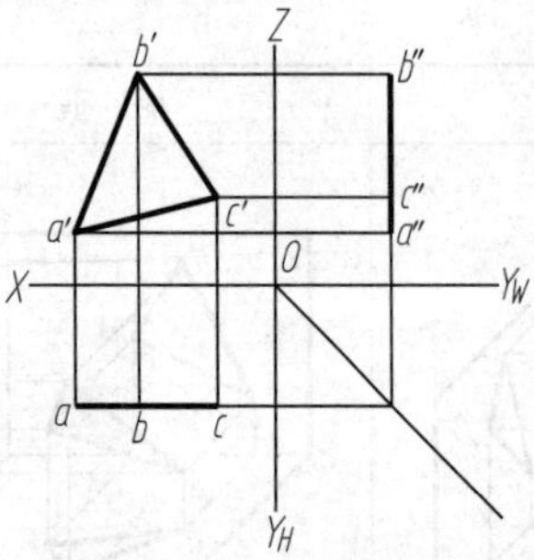	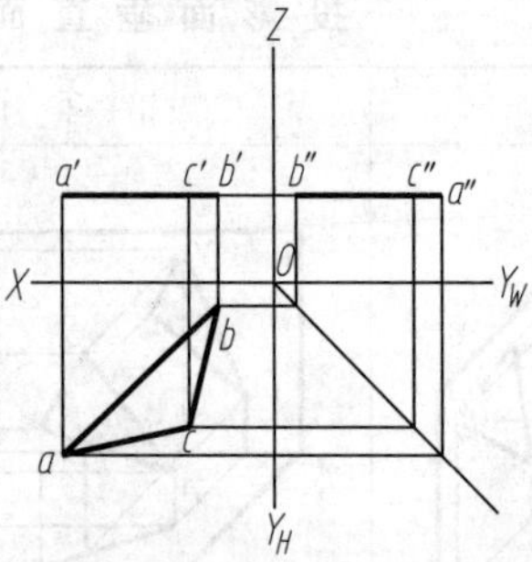	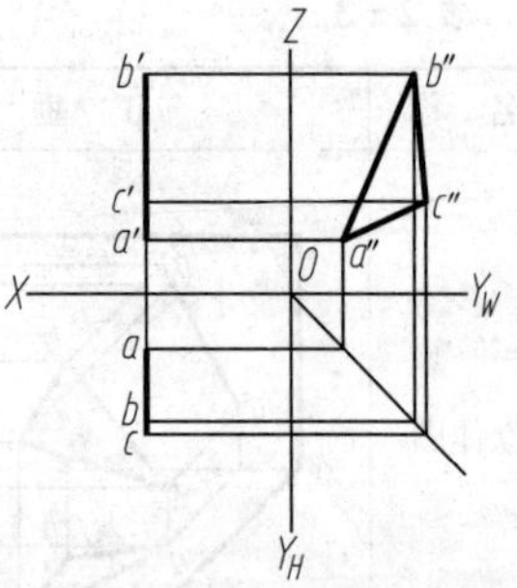
投影特性	1. 正面投影反映实形； 2. 水平投影 // OX，侧面投影 // OZ，都积聚成直线	1. 水平投影反映实形； 2. 正面投影 // OX，侧面投影 // OY_W，都积聚成直线	1. 侧面投影反映实形； 2. 水平投影 // OY_H，正面投影 // OZ，都积聚成直线

投影面平行面投影特性：在所平行的投影面上的投影反映实形；在另外两个投影面上的投影积聚成直线，且平行于相应的投影轴。

三、平面上的点和直线

平面上的点在平面上的几何条件是：点在平面上的一条直线上。

平面上的直线在平面上的几何条件是：①直线过平面上的两个点；②直线过平面上的一个点，且平行于平面上的另一条直线。

【例 2-8】 判断 M 点是否在△ABC 上，求△ABC 上 K 点的正面投影。

解 如图 2-23 所示，M 点如果在△ABC 上，则 M 点在△ABC 上的一条直线上。连接 $b'm'$ 与 $a'c'$ 交于 d'，BD 在△ABC 上，过 d' 作 X 轴的垂线与 ac 交于 d 连接 bd，m 不在 bd 上，所以 M 点不在 BD 上，即不在△ABC 上。

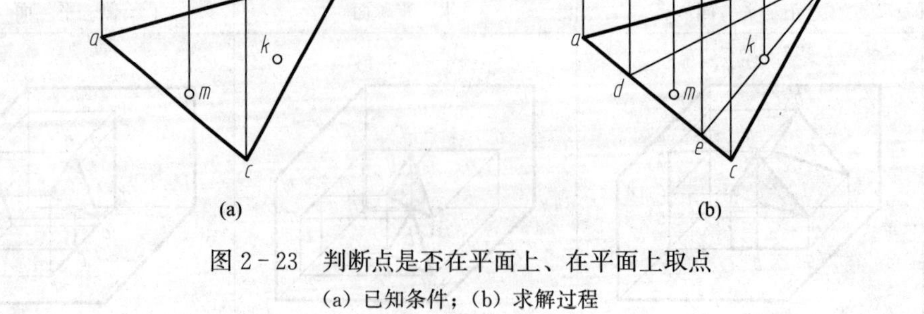

(a)　　(b)

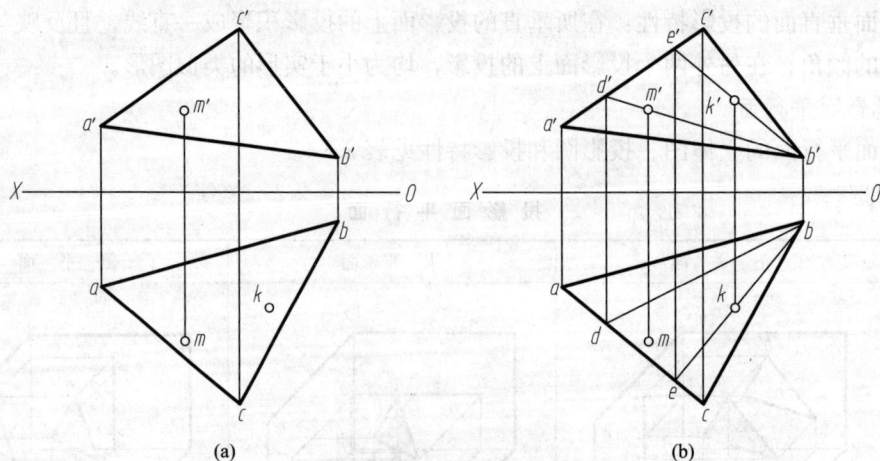

图 2-23　判断点是否在平面上、在平面上取点

(a) 已知条件；(b) 求解过程

K 点在△ABC 上，连接 bk 与 ac 交与 e，K 点在平面内直线 BE 上，过 e 作 X 轴的垂线与 $a'c'$ 交点即为 e'，连接 $b'e'$，过 k 作 X 轴垂线与 $b'e'$ 的交点即为 k'。

【例 2-9】 已知四边形 $ABCD$ 的 V 面投影及 AB 和 BC 的水平投影，完成四边形的水平投影。

解 如图 2-24 所示，四边形 $ABCD$ 上 D 点的水平投影未知，即在四边形 $ABCD$ 上求点 D 的水平投影。连接 $a'c'$、$b'd'$，交于一点 e'，E 点既在 AC 上也在 BD 上，连接 ac，过 e' 作 X 轴垂线与 ac 交点即为 e，连接 be 延长与 d' 作 X 轴的垂线交点就是 d，连接 ad、dc，则完成了四边形 $ABCD$ 的水平投影 $abcd$。

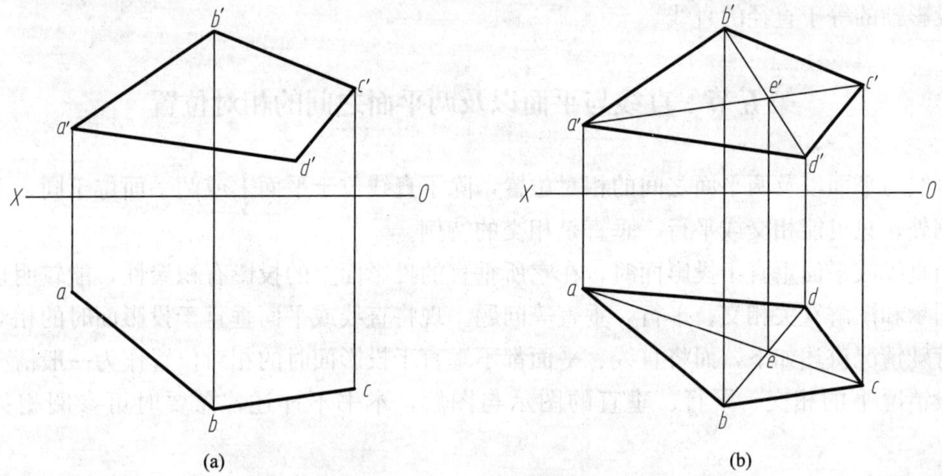

图 2-24 完成平面的投影

(a) 已知条件；(b) 作图过程

【例 2-10】 在△ABC 上取两直线，(1) 过 A 点取一正平线；(2) 过 C 点取一水平线。

解 根据平行线的投影特性求解，如图 2-25 所示。

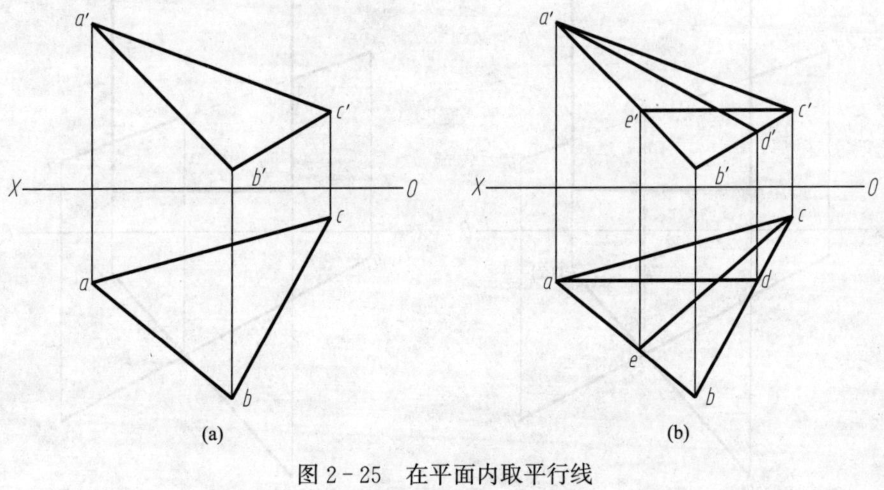

图 2-25 在平面内取平行线

(a) 已知条件；(b) 作图过程

(1) 先求过 A 点的正平线，正平线的水平投影平行于 X 轴，过 a 作平行于 X 轴的直线 ad 与 bc 交与 d，点 D 在 BC 上，过 d 作 X 轴的垂线与 $b'c'$ 交点为 d'，连接 $a'd'$，AD 即为所求。

（2）求过 C 点的水平线，同理水平线的正面投影平行与 X 轴，过 c' 作平行于 X 轴的直线 $c'e'$ 与 $a'b'$ 交于 e'，点 E 在 AB 上，求出 ab 上的 e，连接 ce。CE 即为所求。

四、圆的投影

圆作为平面图形，圆的投影特性即是平面的投影特性。

（1）圆为一般平面位置时，三个投影都是椭圆。

（2）圆为投影面垂直面时，在所垂直的投影面的投影为一长度等于直径的直线，另外两个投影是椭圆。

（3）圆为投影面平行面时，在所平行的投影面上的投影为圆的实形，另外两个投影为平行于投影轴的等于直径的直线。

第五节　直线与平面以及两平面之间的相对位置

直线与平面以及两平面之间的相对位置，除了直线位于平面上或两平面位于同一平面上的特例外，只可能相交或平行。垂直是相交的特例。

当直线或平面垂直于投影面时，在它所垂直的投影面上的投影有积聚性，能较明显和简捷地图示和图解有关相交、平行、垂直等问题。现将直线或平面垂直于投影面时的相对位置作为特殊情况讲述如下，而将直线、平面都不垂直于投影面时的相对位置作为一般情况，有关一般情况下的相交、平行、垂直的图示与图解，本书不详述，需要时可参阅相关参考书籍。

一、相交

直线与平面的交点是直线和平面的共有点，两平面的交线是两平面的共有直线。如图 2-26 的所示，已知直线 AB 和铅垂平面 $STUV$ 的两面投影，求作交点 K，并标明 $a'b'$ 在

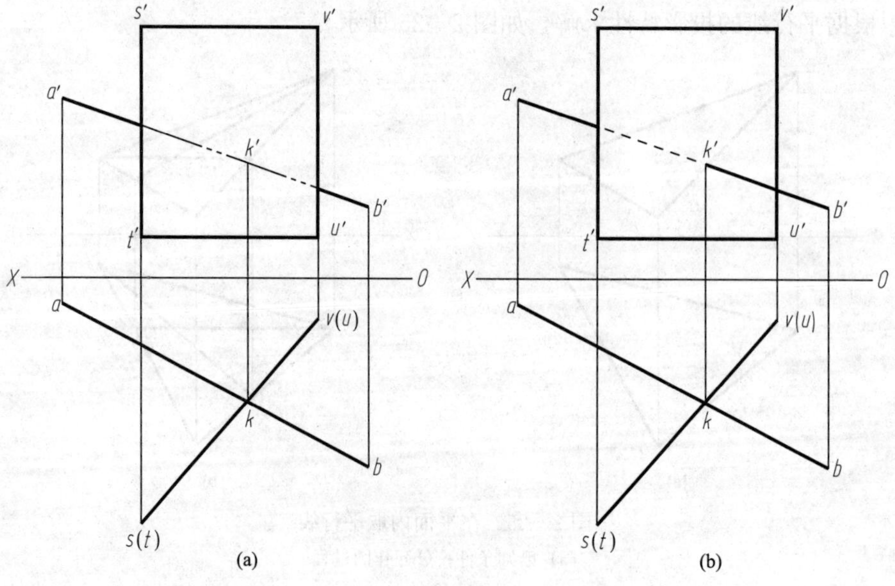

图 2-26　直线与投影面垂直面相交

（a）已知条件和作图过程；（b）表明可见性后的作图结果

$s't'u'v'$内的可见性（在未判定前用双点画线表示）。k'将是$a'b'$的可见段与不可见段的分界点。由于平面$STUV \perp H$，所以它的水平投影$stuv$积聚成一直线。因为交点K是AB与平面$STUV$的共有点，即可如图2－26（a）中的图形所示，直接在ab与$stuv$的交点处定出k，再由k在$a'b'$上作出k'。

在图2－26（b）中，对照AB和平面$STUV$的两面投影可知，直线AB在交点K右下方的线段位于平面$STUV$之前，因而$a'b'$在$s't'u'v'$内k'右下方的一段是可见的，应画成粗实线；直线AB在交点K左上方的线段则位于平面$STUV$之后，于是$a'b'$在$s't'u'v'$内k'左上方的一段不可见，应画成虚线。作图结果如图2－26（b）所示。

由此可知，直线与垂直于投影面的平面相交，平面的有积聚性的投影与直线的同面投影的交点，就是交点的一个投影，从而可以作出交点的其他投影，并可在投影图中直接判断直线投影的可见性。

如图2－27（a）所示，已知平面ABC和铅垂平面$STUV$的两面投影，求作交线KL，并表明这两个平面图形在正面投影重合处的可见性（在未判定前用双点画线表示）。交线将是可见与不可见的分界线。

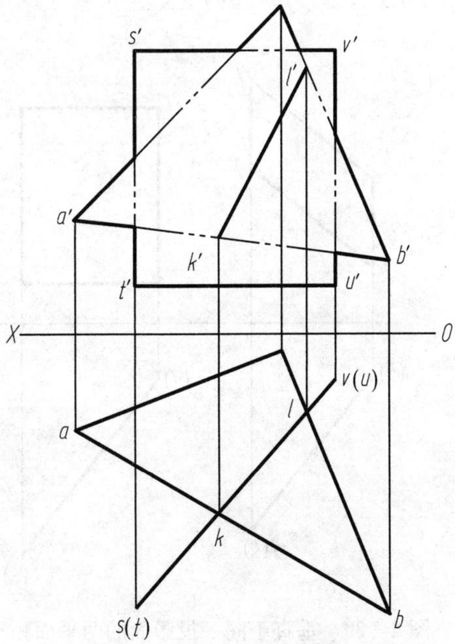

(a)

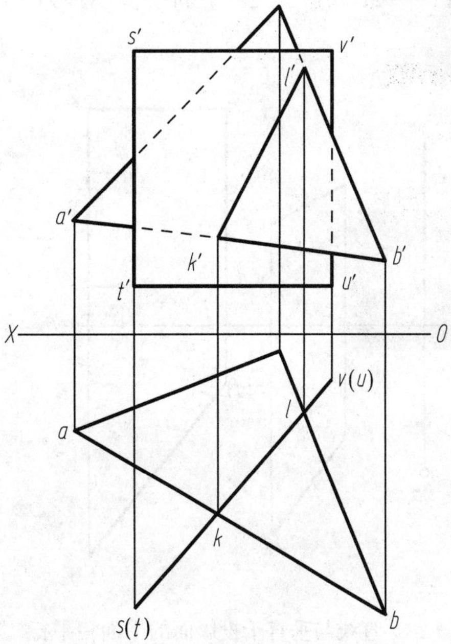

(b)

图2－27　平面与投影面垂直面相交

（a）已知条件和作图过程；（b）判断可见性后的作图结果

作图过程如图2－27（a）所示：

（1）与图2－26（a）相同，作出平面ABC的AB边与平面$STUV$的交点K的两面投影k'和k。

（2）同理，作出平面ABC的CB边与平面$STUV$的交点L的两面投影l'、l。

（3）连接k'与l'，而kl就积聚在$stuv$上。$k'l'$、kl即为所求交线KL的两面投影。

(4) 对照平面 ABC 和平面 $STUV$ 的两面投影可知，平面 ABC 在交线 KL 的右下部分位于平面 $STUV$ 之前，因而在 $a'b'c'$ 与 $s't'u'v'$ 重合处的 $k'l'$ 右下方，属 $a'b'c'$ 的部分为可见，轮廓线画成粗实线；属 $s't'u'v'$ 的部分不可见，轮廓线画成虚线；而平面 ABC 在交线 KL 的左上部分位于平面 $STUV$ 之后，于是在 $a'b'c'$ 与 $s't'u'v'$ 重合处的 $k'l'$ 的左上方可见性便相反，属 $a'b'c'$ 部分的轮廓线画成虚线，属 $s't'u'v'$ 部分的轮廓线画成粗实线。判断可见性后的作图结果如图 2-27（b）所示。

由此可知，平面图形与垂直于投影面的平面相交，可以作出前者的任两直线与后者的交点，然后连成交线，并可在投影图中直接判断投影重合处的可见性。

二、平行

如图 2-28 所示，当直线与垂直于投影面的平面相平行时，直线的投影平行于平面的有积聚性的同面投影，或者直线、平面在同一投影面上的投影都有积聚性。例如，图 2-28 中的 $AB /\!/$ 平面 $CDEF$，$ab /\!/ cdef$，以及 $MN /\!/$ 平面 $CDEF$，mn、$cdef$ 都有积聚性。

如图 2-29 所示，当垂直于同一投影面的两平面平行时，两平面有积聚性的同面投影相互平行。例如，图 2-29 中的平面 $ABGJ /\!/$ 平面 $CDEF$，$abgj /\!/ cdef$。

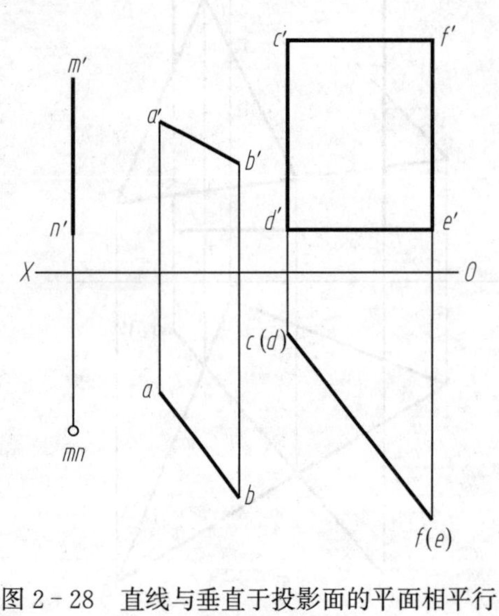

图 2-28 直线与垂直于投影面的平面相平行

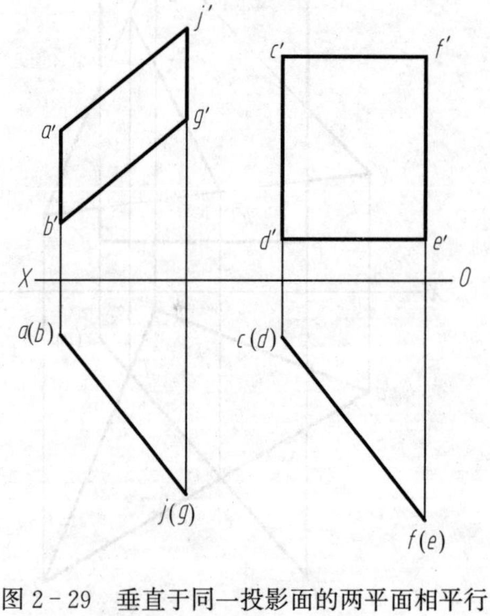

图 2-29 垂直于同一投影面的两平面相平行

三、垂直

如图 2-30 所示，当直线与垂直于投影面的平面相垂直时，直线一定平行于该平面所垂直的投影面，而且直线的投影垂直于平面的有积聚性的同面投影。因图 2-30 中的直线 AB 垂直于铅垂的平面 $CDEF$，故 AB 必定是水平线，且 $ab \perp cdef$。

如图 2-31 所示，当平面与投影面垂直线相垂直时，平面一定平行于该直线所垂直的投影面，仍具有上述投影特性。因图 2-31 中的矩形平面 $STUV$ 垂直于铅垂线 MN，故平面 $STUV$ 必定是水平面，且 $m'n' \perp s't'u'v'$。

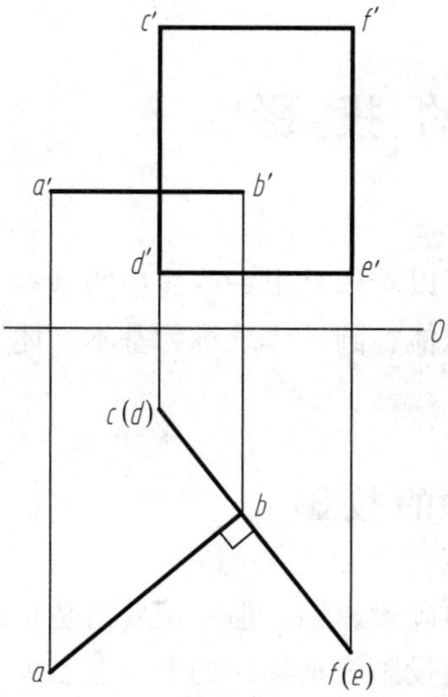

图 2-30　直线与垂直于投影面的平面相垂直

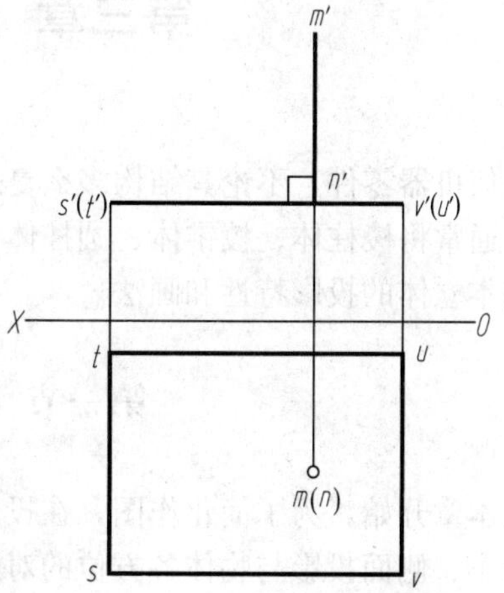

图 2-31　平面与投影面垂直线相垂直

如图 2-32 所示，当一般位置平面与特殊位置平面垂直，则一般位置平面内必有直线与特殊平面垂直。即该直线同时满足直线投影与平面积聚的同面投影垂直，且直线为该投影面的平行线。一般位置平面△*ABN* 与铅垂面 *CDEF* 垂直，则平面△*ABN* 内必有水平线 *AG* 垂直于铅垂面，即 $ag\perp cdef$，由 g 求出 g'，连接 $a'g'$。

若两投影面垂直面互相垂直，且同时垂直于同一投影面，则在积聚的投影面上两平面的投影垂直。如图 2-33 所示，两铅垂面△*ABG* 与平面 *CDEF* 互相垂直，则在 *H* 面上两平面的投影垂直，$abg\perp cdef$。

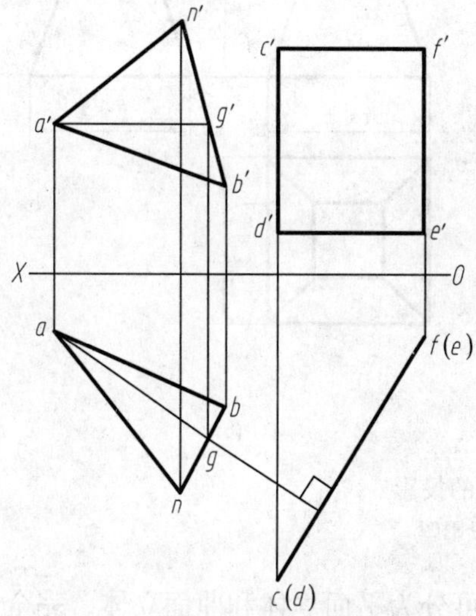

图 2-32　一般面与垂直面相垂直

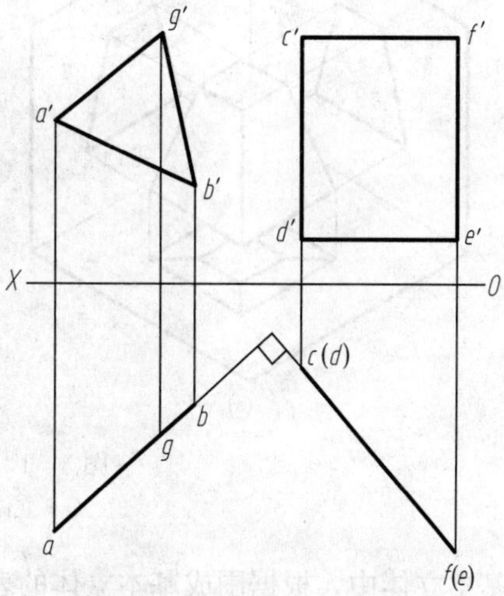

图 2-33　两垂直面相垂直

第三章　立 体 的 投 影

任何机器零件，不论其结构多么复杂，一般都可以看作是由一些简单的基本立体组合而成的。通常将棱柱体、棱锥体、圆柱体、圆锥体、球体、圆环体统称为基本立体。下面分别讨论基本立体的投影特性和画法。

第一节　基本立体的投影

从本章开始，为了简化作图，在投影图中都不再画投影轴。但一定要清楚正面投影、水平面投影、侧面投影与物体各方位的对应关系，正面投影表示物体的上下左右关系，水平面投影表示物体的前后左右关系，侧面投影表示物体的上下前后关系，各投影图之间的距离可根据具体情况确定。

图 3-1 所示为正四棱台的立体图和投影图，根据投影图的形成过程，可见其投影特性有：正面投影图与水平投影图的长度相等，简称长对正；正面投影图与侧面投影图高度相等，简称高平齐；水平投影图与侧面投影图宽度相等，简称宽相等，即“三等”规律。投影图的投影特性不仅适用于整个物体的投影，也适用于物体每一个局部的投影。

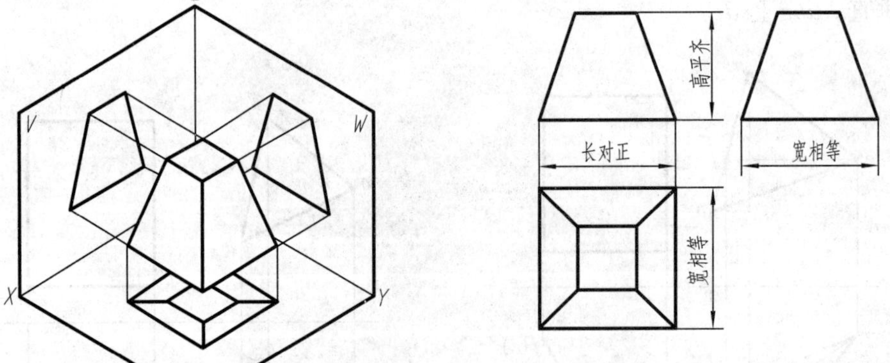

(a)　　(b)

图 3-1　正四棱台的投影

(a) 立体图；(b) 投影图

在基本立体中，根据围成基本立体的表面不同可分为平面立体和曲面立体。完全由平面围成的立体称为平面立体，由平面和曲面或完全由曲面围成的立体称为曲面立体。

一、平面立体

由于平面立体是由若干个多边形平面所围成，因此绘制平面立体的投影，可归结为绘制它的所有多边形表面的投影，也就是绘制这些多边形的边和顶点的投影。在作平面立体的投影图时，可分别作出表面的投影，并判断其可见性，把可见的轮廓线画成粗实线，不可见的轮廓线画成虚线，当粗实线与虚线重合时，应画成粗实线。工程上常用的平面立体是棱柱和棱锥。

1. 棱柱

（1）棱柱的投影。图 3 - 2（a）所示为一正六棱柱，其顶面和底面都是水平面，它们的边分别是四条水平线和两条侧垂线，棱面是四个铅垂面和两个正平面，棱线是六条铅垂线。

画棱柱投影图时，应先画特征投影图，然后按照“三等”规律画其余两个投影。如图 3 - 2（b)所示，应先画水平投影，再画正面投影和侧面投影。尤其要注意水平投影和侧面投影必须符合宽度相等、前后对应的关系。

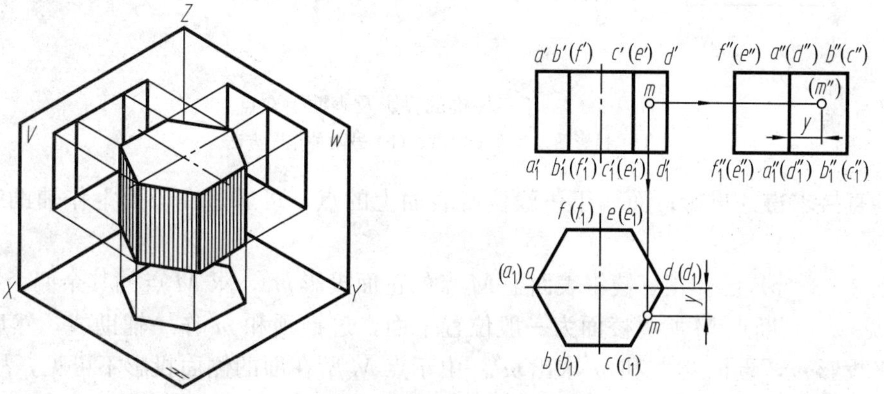

(a)　　(b)

图 3 - 2　正六棱柱的投影

（a）立体图；（b）投影图及表面上取点

（2）棱柱表面上取点。在平面立体表面上取点，首先要根据已知点的投影位置和可见性来判断该点究竟在哪个表面上，由于图 3 - 2（a）所示的正六棱柱各个面都处于特殊位置，因此在表面上取点可利用积聚性原理作图。在判断可见性时，若平面处于可见位置，则该面上点的同面投影也是可见的；若平面处于不可见位置，则该面上点的同面投影也是不可见的；在平面具有积聚性投影面上的点的投影，不必判断其可见性。

如图 3 - 2（b）所示，已知正六棱柱表面上 M 点的正面投影 m'，求该点的水平投影和侧面投影。由于 m' 可见，可判断点 M 所属棱面为铅垂面，因此，点 M 的水平投影 m 必位于该棱面在水平投影的积聚性投影上，再根据 m' 和 m 求出侧面投影 m''。由于点 M 所在面的侧面投影不可见，故 m'' 也不可见，用（m''）表示。

2. 棱锥

（1）棱锥的投影。图 3 - 3 所示为正三棱锥的投影，其底面是水平面，左、右两个棱面都是一般位置平面，后棱面是侧垂面。画棱锥投影图时，先画出底面△ABC 及锥顶 S 的各个投影，然后将 S 点与△ABC 各顶点的同面投影相连，即得三棱锥的三面投影。注意，水平投影和侧面投影必须符合宽度相等、前后对应的关系。

（2）棱锥表面上取点。在棱锥表面上取点时，凡属于特殊位置表面上的点，可利用投影

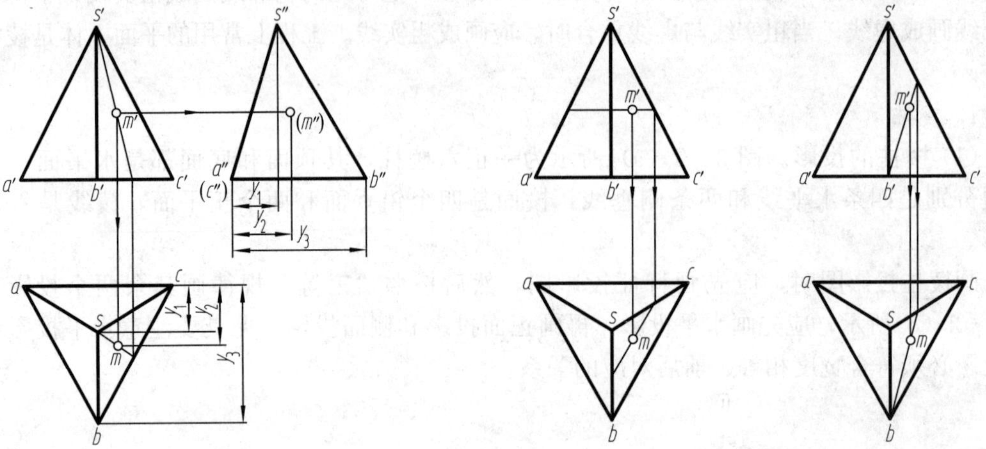

(a) (b)

图 3-3 正三棱锥的投影及表面上取点

(a) 投影图及表面上取点；(b) 另两种作图方法

的积聚性直接求得其投影；而属于一般位置表面上的点，可通过在该面上作辅助线求得其投影。

如图 3-3（a）已知正三棱锥表面上 M 点的正面投影 m'，求 M 点的其余两个投影。由于 m' 可见，可判断点 M 所属棱面为一般位置平面，过锥顶和 m' 作一辅助线，然后求出 M 点的水平投影 m，再根据 m 和 m' 求出 m''。由于点 M 所在面的侧面投影不可见，故 m'' 是不可见的。

根据点在平面上的几何条件，只要过 M 点在△SBC 上作任何直线，都可以作出它的另一投影。图 3-3（b）画出了另外两种作图方法，一种是过 m' 作底边的平行线，求出 m；另一种是过底边 b' 点和 m' 点作一直线，求出 m，最后求出 m''。

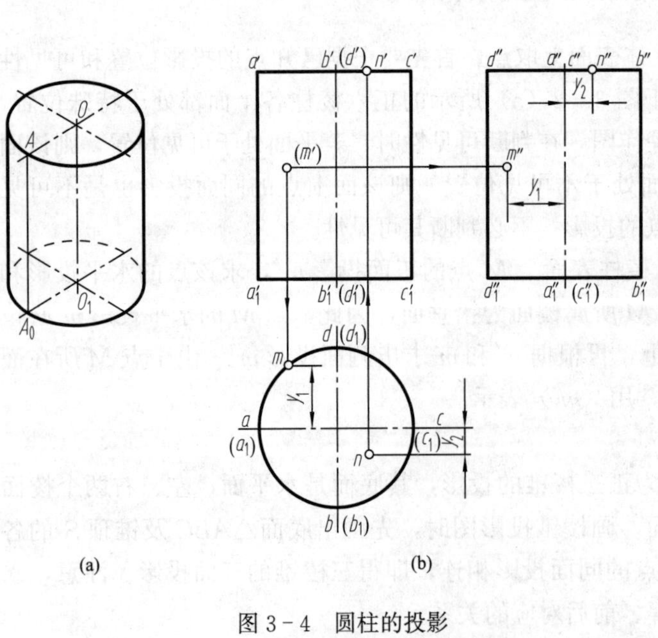

(a) (b)

图 3-4 圆柱的投影

(a) 形成；(b) 投影图及表面上取点

二、曲面立体

由于曲面立体是由曲面和平面或完全由曲面所围成的，在画曲面立体投影图时，要画出曲面投影的转向轮廓线。在工程上常见的曲面立体是回转体，如圆柱、圆锥、球、圆环。

1. 圆柱

（1）圆柱的投影。圆柱的表面由上、下底面圆和圆柱面围成，可以将其视为是由一条直线 AA_0 段绕与它平行的轴线旋转而成的，如图 3-4（a）所示，圆柱面上的素线均为平行于轴线的直线。

作投影图时，通常将圆柱体的轴线放置在垂直于某一投影面的位置，如图 3－4（a）所示。则圆柱的水平投影为一个圆，是上、下底面圆反映实形的投影，圆柱面上所有点、线段的水平投影也都积聚在这个圆周上，为圆柱的特征视图；圆柱的正面投影与侧面投影为两个相同的矩形，矩形的上、下两边分别为圆柱顶面和底面的积聚性投影，长度等于圆柱的直径。正面投影中的左、右两条边分别是圆柱面上最左、最右素线的正面投影。这两条素线把圆柱面分为前半和后半两部分，前半圆柱面的正面投影可见，后半圆柱面的正面投影不可见。侧面投影中的前、后两条边分别是圆柱面上最前、最后素线的侧面投影。这两条素线把圆柱面分为左半和右半两部分，左半圆柱面的侧面投影可见，右半圆柱面的侧面投影不可见。

需要注意的是，任何回转体的投影，必须用细点画线画出轴线，圆的中心线用相互垂直的细点画线画出，其交点为圆心。画细点画线时，应超出轮廓线 3～5mm。

画圆柱的投影图时，应先画圆的中心线和轴线的投影，然后画投影为圆的投影，最后画其余两面为矩形的投影图。

（2）圆柱表面上取点。如图 3－4（b）所示，已知圆柱表面上 M 点的正面投影 m' 和 N 点的水平投影 n，求 M、N 两点的其余两面投影。由于 m' 不可见，可判断点 M 在圆柱的后半部，而圆柱的水平投影积聚在圆周上，过点 m' 向下作投影线与后半圆的交点即为 m，再根据 m' 和 m 利用点 M 与圆柱轴线的坐标，即可求得 m''。

由于 n 可见，可判断点 N 在圆柱的顶面圆上，过点 n 向上作投影线与圆柱顶面的交点即为 n'，再根据 n' 和 n 利用点 N 与圆柱轴线的坐标，即可求得 n''。

2. 圆锥

（1）圆锥的投影。圆锥是由圆锥面和底面所围成的，可以视其为由一直线段绕与它相交的轴线旋转而成。如图 3－5（a）所示，当圆锥的轴线为铅垂线时，底面圆是水平面，水平投影反映它的真形——圆，正面投影和侧面投影分别积聚成直线。圆锥面的水平投影落在底面的圆投影内，它的正面投影和侧面投影只画出圆锥面对正面和侧面的转向轮廓线的投影。

画圆锥投影图时，应先画圆的中心线和轴线的投影，并画出投影为圆的投影，然后画底面和锥顶的正面投影和侧面投影，最后分别画出各转向轮廓线。

（2）圆锥表面上取点。如图 3－5 所示，已知圆锥面上 M 点的正面投影 m'，求 M 点的其余两面投影。

由于圆锥面的三面投影均没有积聚性，所以需要在圆锥面上通过 M 点作一条辅助线，才能作出其余两面的

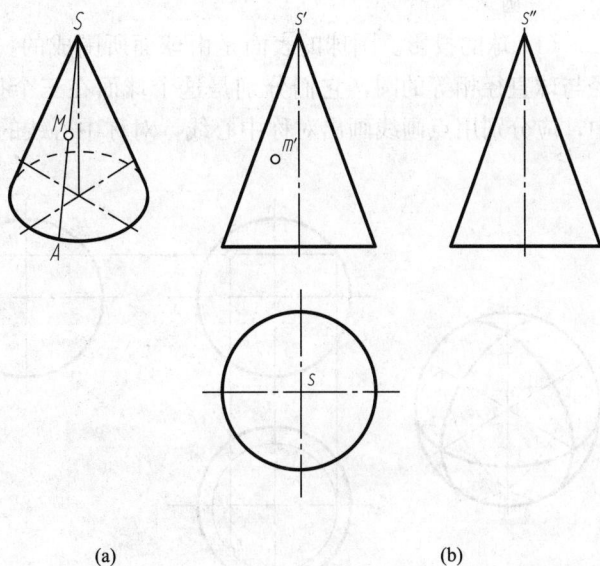

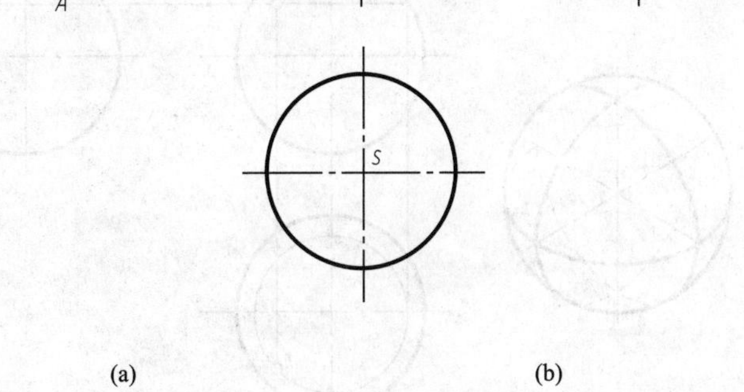

(a)　(b)

图 3－5　圆锥的投影

（a）立体图；（b）投影图

投影，作辅助线的方法有两种，如图 3 - 6 所示。

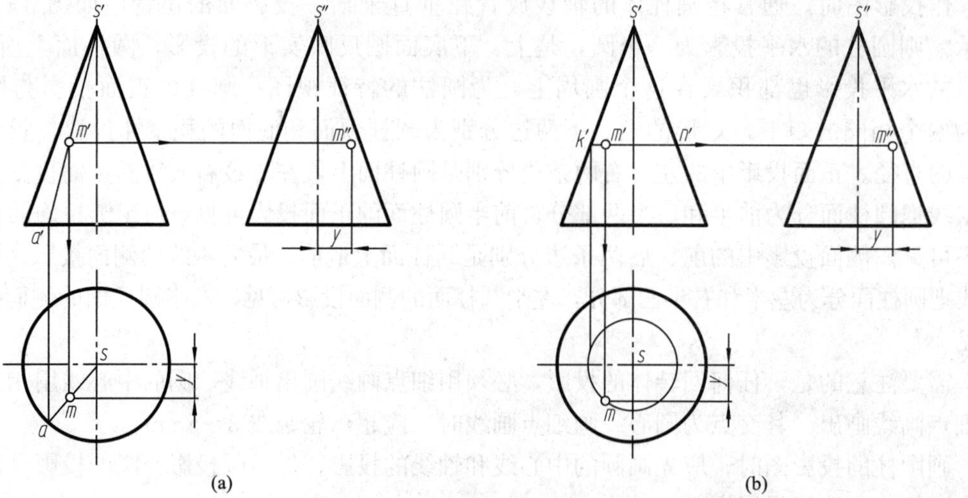

图 3 - 6　圆锥表面取点

(a) 素线法；(b) 纬圆法

方法一：辅助素线法。过锥顶 S 和 M 点作一辅助线 SA，先画出辅助线 SA 的正面投影与底圆交于 a'，因为 m' 可见，点 a 也在前半底圆上，连接 sa，再由 m' 向下作投影连线，求出 m，最后根据点的投影特性或点在直线上的投影特性求出 m''，如图 3 - 6（a）所示。

方法二：辅助纬圆法。过 M 点作一平行于底圆的辅助纬圆，该圆的正面投影为过 m' 且平行于底圆的直线 $k'n'$，水平投影为一直径等于 $k'n'$ 的圆，m 必在该圆周上，由 m' 和 m 求出 m''，如图 3 - 6（b）所示。

3. 圆球

(1) 球的投影。圆球的表面是由球面所围成的。如图 3 - 7 所示，圆球的三面投影为直径与球直径相等的圆，它们分别是这个球面在三个投影面的转向轮廓线。在球的三面投影中，应分别用点画线画出对称中心线，对称中心线的交点是球心的投影。

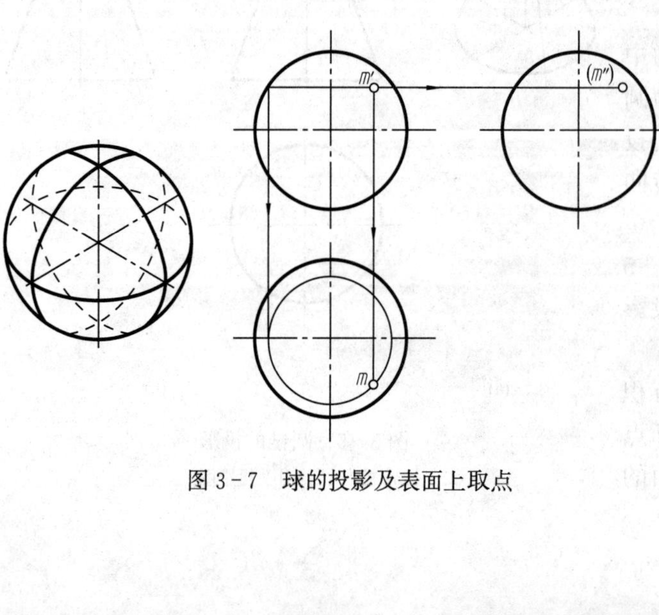

图 3 - 7　球的投影及表面上取点

(2) 球表面上取点。如图 3 - 7 所示，已知球面上 M 点的正面投影 m'，求 M 点的其余两面投影。

因球面上不能取直线，所以只能用纬圆法来确定球面上点的投影。当点位于圆球的转向轮廓线上时，可直接利用其投影求出点的投影。

过 m' 作球面上水平圆的正面投影，由在正面投影中所显示的这个圆的直径真长，作出反映该圆真形的水平投影。因为m'可见，过m'向下作投影连线，在这个圆的前半圆的水平投影上作出m。最后由点的投影特性，就可作出m''。

4. 圆环

(1) 圆环的投影。圆环面是由一圆母线绕其共面但不在圆内的轴线回转后形成的曲面。

如图 3-8 (a) 所示，将圆环的轴线放置成铅垂线，在正面投影中，左、右两圆是圆环面上平行于V面的两个素线圆的投影；上、下两直线是环面最高、最低圆的投影；在水平投影中，最大和最小圆分别表示圆环上最大、最小纬圆的投影，中间的细点画线圆是母线圆心运动轨迹，即完成作图。

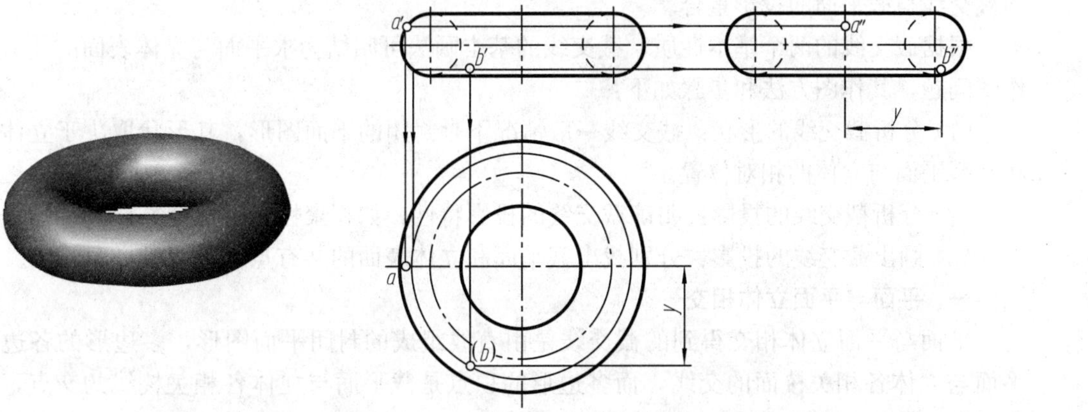

(a) (b)

图 3-8 圆环的投影及表面上取点

(a) 立体图；(b) 投影图

在正面投影中，外环面的前半部分可见，外环面的后半部分及全部内环面均不可见；在水平投影中，内、外环面的上半部分可见，内、外环面的下半部分不可见。

(2) 圆环面上取点。在图 3-8 (b) 中，已知圆环面上A点和B点的正面投影，求A、B两点的其余两面投影。

a'在正面投影的轮廓线上，过a'向下作投影连线与对称中心线的交点为A点在水平投影面的投影，由a'和a按点的投影规律作出a''。因圆环面上不能取直线，可在正面投影上过b'作平行于水平面的辅助圆（纬圆），由于b'是可见的，故b必在外环面前半部，但在水平投影中外环面的下半部分不可见，故b为不可见，由b'和b按点的投影规律作出b''，如图 3-8 (b) 所示。

第二节 平面与立体相交

在实际应用中，由于零件结构上的要求，有些基本体常常需要切去某部分，或者是一些基本体彼此相交，这样在零件表面上就会产生各种交线。而在绘图时为了表达清楚零件的形状，则需要画出零件表面的交线。

当平面切割立体时，立体表面所产生的交线称为截交线，由截交线围成的平面图形称为断面。截交线的形状取决于立体的形状和截平面与立体的相对位置。由于立体有各种不同的形状，平面与立体相交时又有各种不同的相对位置，因此截交线的形状也各不相同，但都具有以下两个基本性质：

（1）截交线既在断面上，又在立体表面上。因此截交线上的点是截平面和立体表面的共有点，这些共有点的连线就是截交线。

（2）由于立体表面是封闭的，因此截交线一般情况下是由封闭的多边形、曲线或由直线和曲线组成的平面图形。

截平面相对于投影面的位置可以是一般位置也可以是特殊位置，在此只讨论常见的截平面为特殊位置的情况。当截平面为特殊位置时，它在所垂直的投影面上的投影具有积聚性，即截交线与截平面的投影重合。

根据截交线的两个基本性质，截交线的基本画法可归结为求平面与立体表面的共有点的作图问题，其作图方法和步骤如下：

（1）分析截交线的形状：截交线一般情况下是封闭的平面图形，其形状取决于立体的形状和截平面与立体的相对位置。

（2）分析截交线的投影：明确截交线的投影特性，如积聚性、类似性等。

（3）画出截交线的投影：分别找出截平面和立体表面的共有点，连线成平面图形。

一、平面与平面立体相交

平面与平面立体相交得到的截交线是由直线组成的封闭平面图形，多边形的各边是截平面与立体各相关棱面的交线，而多边形的顶点是截平面与立体各相关棱线的交点，因此求平面立体的截交线实质上就是求平面与平面的交线或直线与平面交点的问题（但要判断可见性）。

【例 3-1】 完成正四棱锥被正垂面截切后的投影（见图 3-9）。

分析 因截平面与四棱锥的四个棱面都相交，所以截交线为四边形，它的四个顶点就是四棱锥的四条棱线与截平面的交点。由于截平面是正垂面，其正面投影具有积聚性，所以截交线在正立投影面的投影是一条直线，在水平投影面和侧投影面的投影是类似的四边形。

作图 （1）先画出完整的正四棱锥的投影图，再画截交线的正面投影。

（2）由于截交线在正面投影是一条直线，该直线与四棱锥四条棱线的交点就是四边形的四个交点。根据直线上点的投影特性，在水平投影面和侧投影面上分别求出 1、2、3、4 和 1″、2″、3″、4″。

（3）依次连接各点的同面投影，然后擦去被截平面

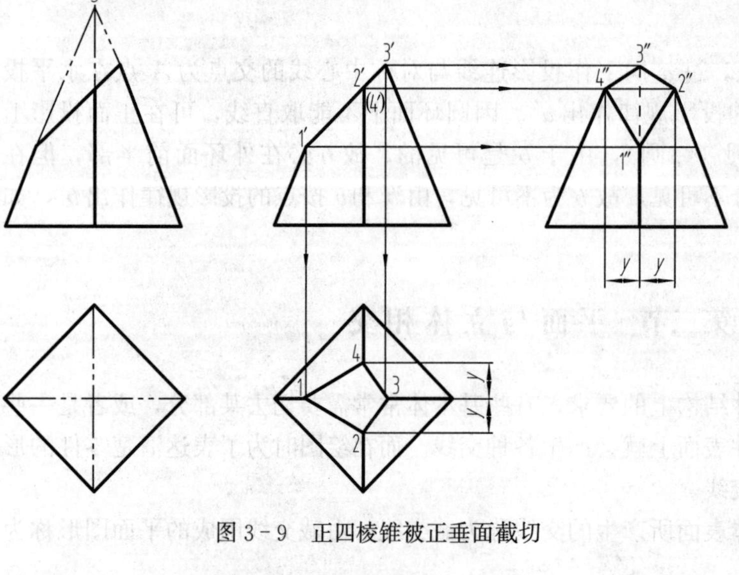

图 3-9 正四棱锥被正垂面截切

截切的部分，并判断可见性。

在形状较为复杂的机件上，常常会见到平面与平面立体相交而形成的具有缺口的平面立体或穿孔的平面立体，只要逐个作出各截面与平面的截交线并画出截平面之间的交线，就可作出这些平面立体的投影图。

【例 3-2】 完成正五棱柱被正垂面和侧平面截切后的投影（见图 3-10）。

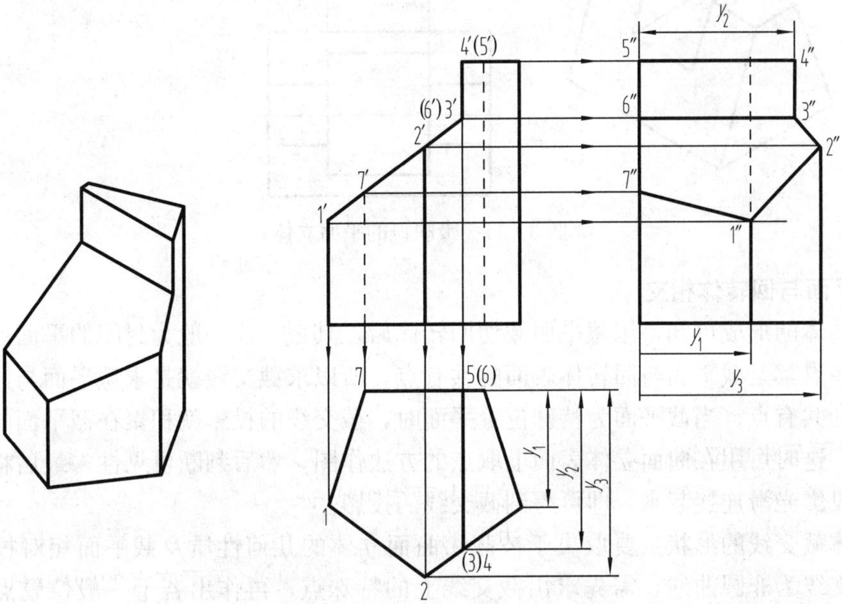

图 3-10 正五棱柱被截切后的投影

分析 正五棱柱被正垂面截切后，其截交线为五边形，被侧平面截切后，其截交线为四边形，截交线在正面投影具有积聚性，在水平面投影为五边形，五边形与四边形的交线在水平投影面为一直线，在侧面投影分别为四边形和五边形。

作图 (1) 先确定截交线的正面投影 1′、2′、3′、4′、5′、6′、7′和水平投影 1、2、3、4、5、6、7。

(2) 根据点的投影规律，求出 1″、2″、3″、4″、5″、6″、7″。

(3) 依次连接各点即为截交线的侧面投影，并判断可见性。

【例 3-3】 完成带缺口的平面立体水平投影和侧面投影（见图 3-11）。

分析 带缺口的平面立体，其切口是由一个水平截平面和两个侧平截平面切割平面立体而形成的。切口的正面投影具有积聚性，因为水平截平面平行于底面，所以它与前、后棱面的交线 AB 平行于底边。由于组成切口的三个截平面都垂直于正投影面，所以每两个截平面的交线一定是正垂线。画出这些交线的投影即完成切口的水平投影和侧面投影。

作图 (1) 先确定切口的正面投影 a'、b'、c'、d'（见图 3-11）。

(2) 利用点的投影规律，求出 a、b、c、d 和 a''、b''、c''、d''，其中 a''、b''、c''、d'' 重合。

(3) 依次连接各点，即完成切口的水平投影和侧面投影，在连接过程中要注意判断其可见性。

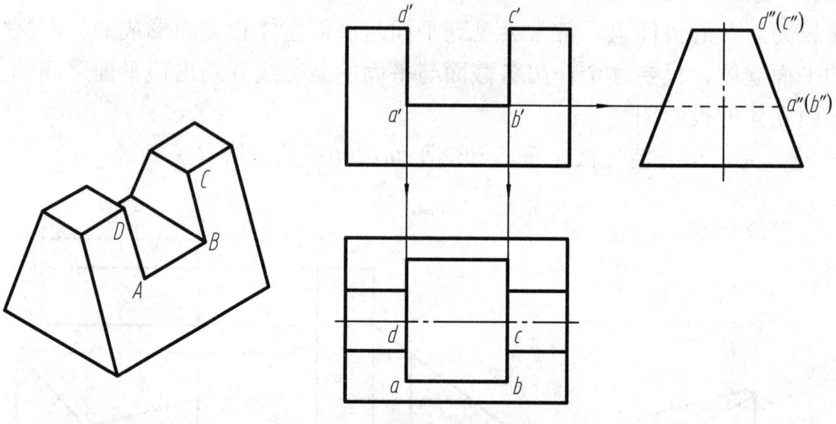

图 3－11　带缺口的平面立体

二、平面与回转体相交

由回转体的形成可知，用截平面截切回转体后，其截交线一般为封闭的平面曲线。截交线上的每一点都是截平面与回转体表面的共有点，所以求截交线就是求截平面与回转体表面上一系列的共有点。当截平面为特殊位置平面时，截交线的投影就积聚在截平面的有积聚性的投影上，这时可用在曲面立体表面上取点的方法作图，然后判断可见性，最后将这些共有点的同面投影光滑连接起来，即可得到截交线的投影。

回转体截交线的形状主要取决于被截切曲面立体的几何性质及截平面相对投影面的位置。若截交线为非圆曲线，需先求出截交线上的特殊点，再作出若干一般位置点，然后连接。特殊点是指能确定截交线的形状和范围的点，例如曲面投影的转向轮廓线上的点，截交线对称轴上的顶点，以及最高、最低、最左、最右、最前、最后的点，投影图上截交线的虚实分界点。

下面介绍一些由特殊位置平面与常见回转体表面相交而形成的截交线画法。

1. 平面与圆柱相交

平面与圆柱相交时，根据平面与圆柱轴线的相对位置不同，截交线的形状有以下三种：当截平面平行于圆柱轴线时，截交线是矩形；当截平面垂直于圆柱轴线时，截交线是一个直径等于圆柱直径的圆；当截平面倾斜于圆柱轴线时，截交线是椭圆，椭圆的大小随截平面与轴线的倾斜角度不同而变化，但总有一轴与圆柱的直径相等（见表 3－1）。

表 3－1　　圆柱体的截交线

截平面位置	垂直圆柱轴线	平行圆柱轴线	倾斜圆柱轴线
截平面形状	圆	矩形	椭圆
立体图	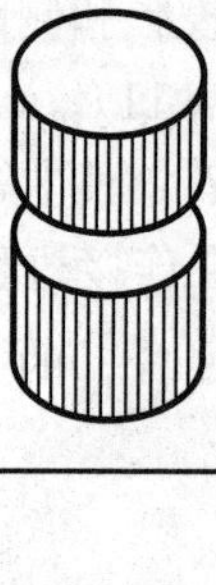	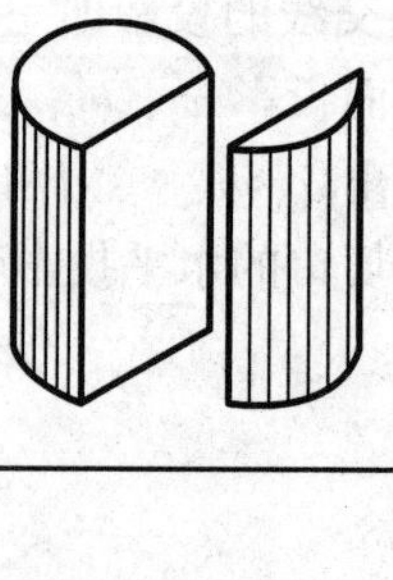	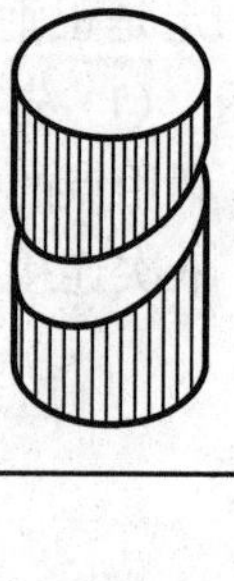

续表

截平面位置	垂直圆柱轴线	平行圆柱轴线	倾斜圆柱轴线
截平面形状	圆	矩形	椭圆
投影图	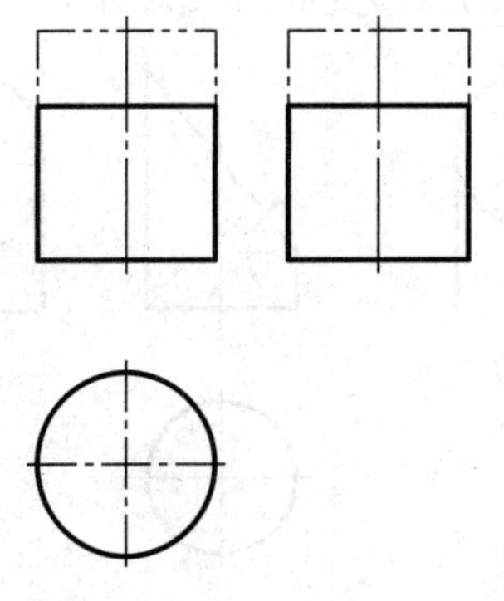	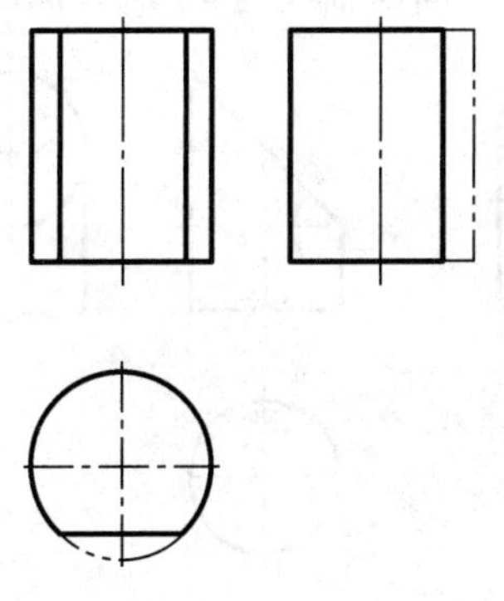	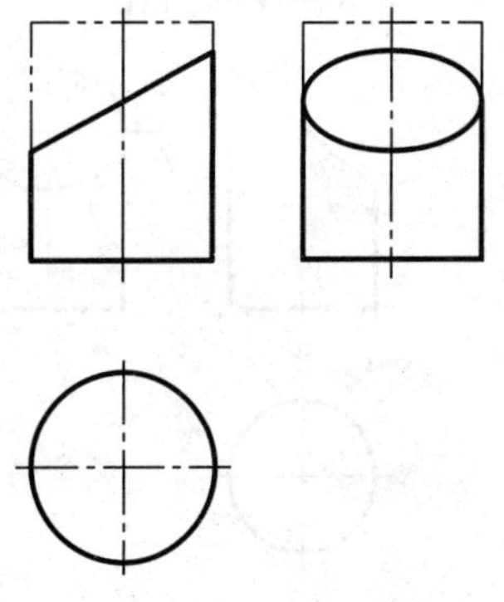

【例 3-4】 已知圆柱被正垂面截切后的两个投影，求作第三面投影（见图 3-12）。

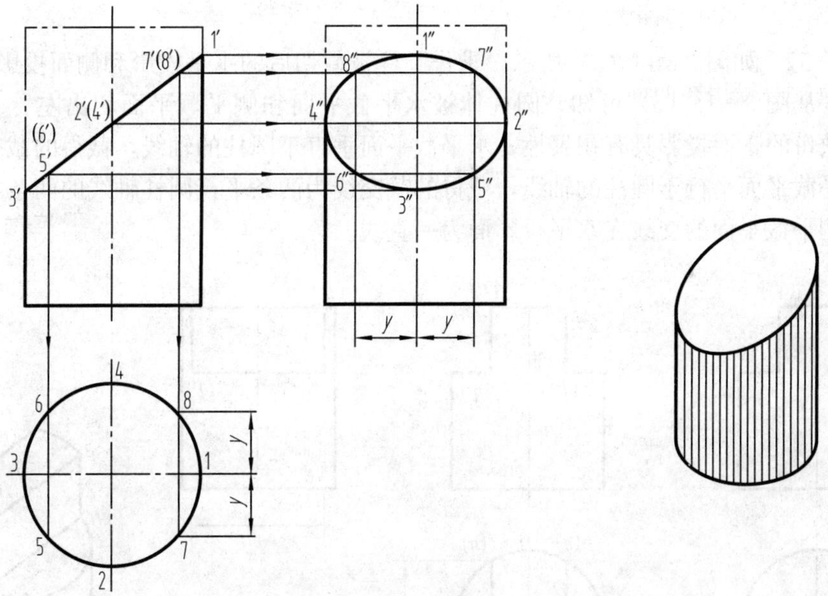

图 3-12　截平面与圆柱轴线倾斜时的截交线

分析　由于截平面为正垂面，截交线的正面投影与截平面的正面投影重合。同理，圆柱面的水平投影有积聚性，截交线的水平投影与圆柱面的水平投影重合为一圆。截交线的侧面投影为一椭圆，但不反映实形。因此先在截交线有积聚性的投影上确定椭圆上一系列点的位置，根据点的投影规律，作出其侧面投影，然后依次光滑连接各点即得截交线的侧面投影。

作图　(1) 求特殊点。在正面投影上，确定出截交线的最高、最低（最右、最左）、最前、最后点的投影 1′、3′、2′、4′，再作出相应点的水平投影 1、3、2、4，根据点的投影规律即可作出四个点的侧面投影 1″、3″、2″、4″。

(2) 求一般位置点。为使作图准确，应尽可能均匀地确定椭圆上的一般点。先在正面投影和水平投影确定四个点 5′、6′、7′、8′和 5、6、7、8，然后按点的投影规律求出其侧面投影。依次可求出一系列的一般点。

（3）依次光滑连接各点，注意判断可见性，整理并加深轮廓线。

应注意，空间椭圆的长、短轴不一定仍是椭圆投影的长、短轴，它随着截平面与圆柱轴线的倾斜程度而变化。当截平面与轴线为45°时，椭圆的投影变成圆（见图3-13）。

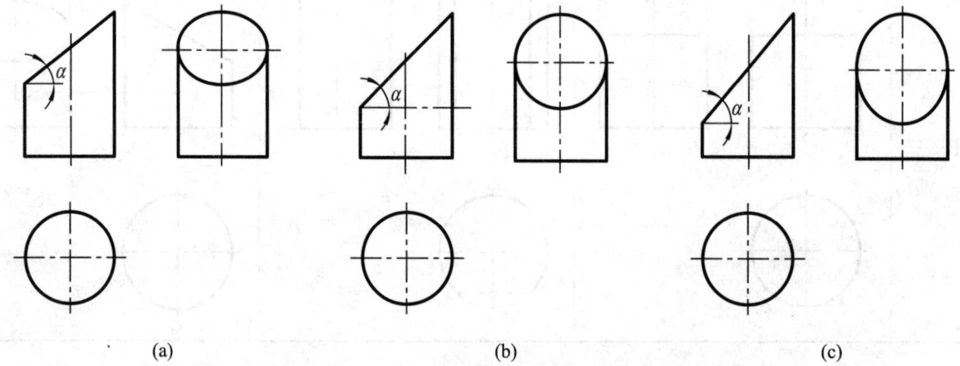

图3-13　截平面与圆柱轴线倾斜角度不同时截交线投影的变化

（a）$\alpha<45°$；（b）$\alpha=45°$；（c）$\alpha>45°$

【例3-5】 如图3-14（a）所示，求作圆柱被截切后的水平投影和侧面投影。

分析　从图3-14（a）可知，圆柱体被水平截平面和侧平截平面切出左、右对称的两个缺口，缺口的正面投影具有积聚性。水平截平面垂直于圆柱的轴线，截得的截交线为一段圆弧；侧平截平面平行于圆柱的轴线，截得的截交线为两条平行圆柱轴线的两条直线；水平截平面和侧平截平面的交线在水平投影面为一直线。

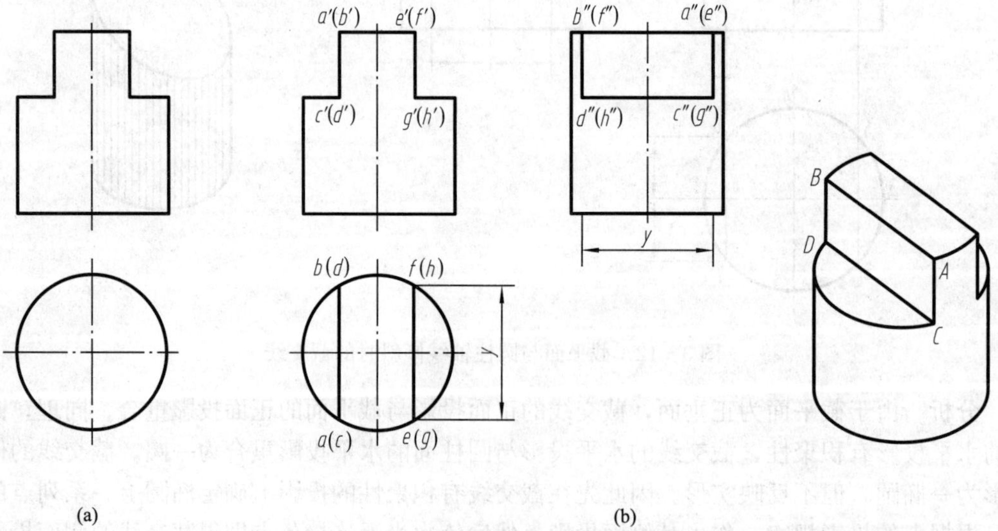

图3-14　圆柱体被水平面和侧平面截切

（a）题图；（b）作图过程

作图　（1）利用积聚性，作圆柱被切割后缺口的水平投影 a、b、c、d、e、f、g、h，见3-14（b）。

(2) 按投影规律作圆柱左侧缺口的侧面投影 a''、b''、c''、d''，右侧缺口的侧面投影与左侧缺口的侧面投影重合（e''、f''、g''、h''）。

(3) 依次连接各点，并判断可见性，整理并加深轮廓线。

【例 3-6】 如图 3-15（a）所示，求作中间开槽圆柱的水平投影和侧面投影。

分析 从图 3-15（a）可知，圆柱中间开的槽是被一个侧平面和两个水平面切割而形成的，切口的正面投影具有积聚性。因为侧平截平面平行于右侧面圆，所以它与圆柱面的交线平行于右侧面圆，按投影规律作出交线 AB、CD 在水平投影面上的投影 a、b、c、d。同理作出圆柱面下面的投影。注意，在水平投影面上的开槽部位处，圆柱的转向轮廓线由于开槽而不再存在。

作图 (1) 利用积聚性，作圆柱中间开槽后的侧面投影 a''、b''、c''、d''、e''、f''、g''、h''，见图 3-15（b）。

(2) 根据正面投影与水平面投影长对正、水平面投影与侧面投影宽相等原则，作出 a、b、c、d、e、f、g、h。

(3) 依次连接各点，整理并加深轮廓线。

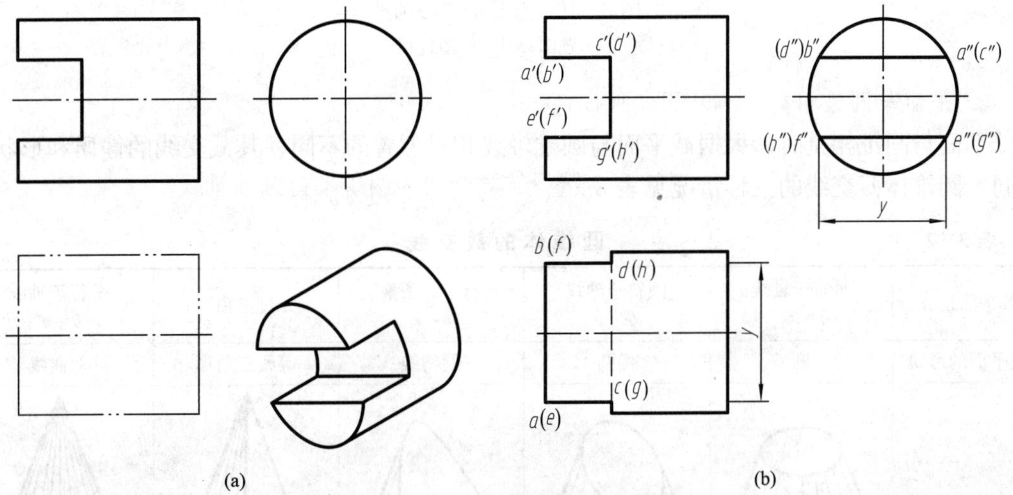

图 3-15 切口圆柱的截交线画法

(a) 题图；(b) 作图过程

【例 3-7】 如图 3-16（a）所示，已知被开槽空心圆柱的正面投影和水平投影，求其侧面投影。

分析 由正面投影可知，空心圆柱中间开的槽是被一个水平截平面和两个侧平截平面切割而形成的，切口的正面投影具有积聚性。因为水平截平面平行于底面圆，所以它与圆柱面的交线平行于底圆，按投影规律作出交线 AB、CD 在侧投影面上的投影 $a''b''$、$c''d''$。同理作出圆柱面后面的投影。注意，在侧投影面上的开槽部位处，圆柱的转向轮廓线由于开槽而不再存在。

作图 (1) 作空心圆柱未切割前的侧面投影。

(2) 根据正面投影与侧面投影高平齐和水平面投影与侧面投影宽相等原则，作出 $a''b''$、$c''d''$。

(3) 依次连接各点，整理并加深轮廓线。

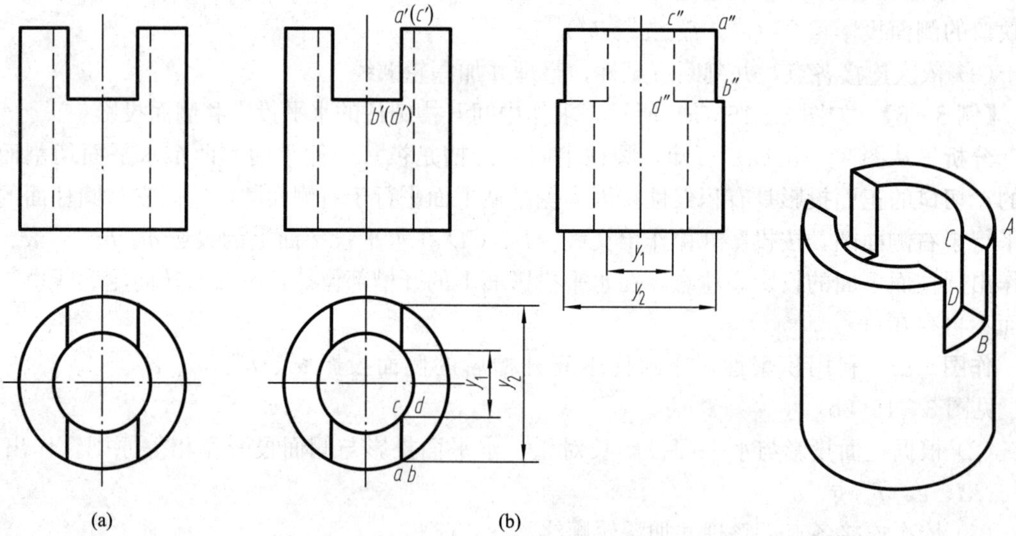

图 3-16 开槽的空心圆柱

(a) 题图；(b) 作图过程

2. 平面与圆锥相交

平面与圆锥相交时，根据截平面与圆锥轴线相对位置的不同，其截交线的性质和形状也不同。圆锥体截交线的五种情况见表 3-2。

表 3-2 **圆锥体的截交线**

截平面位置	垂直于轴线 $\theta=90°$	倾斜于轴线 $\theta>\varphi$	平行于一条素线 $\theta=\varphi$	过锥顶	平行于轴线 $\theta=0°$
截平面的形状	圆	椭圆	抛物线	等腰三角形	双曲线
立体图	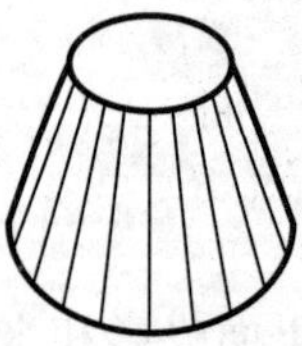	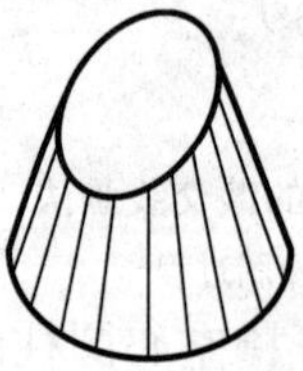	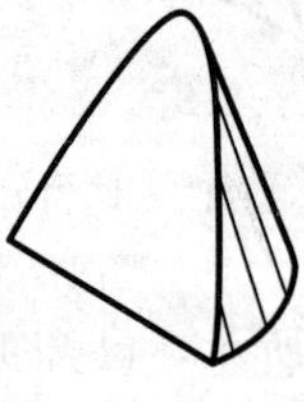	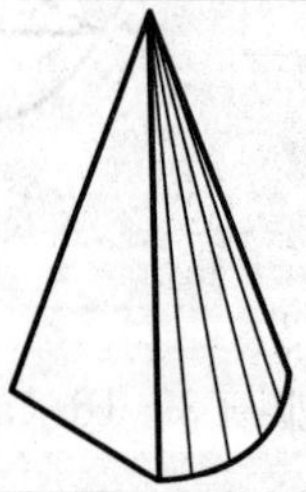	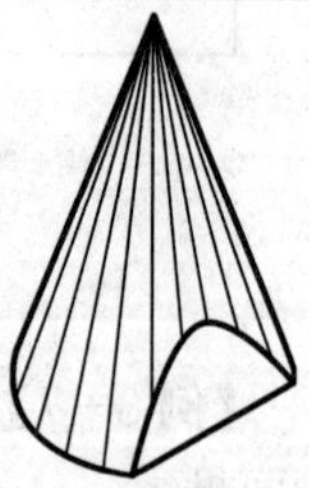
投影图	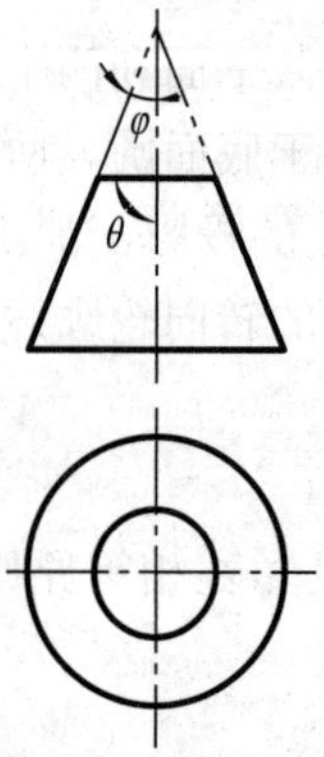	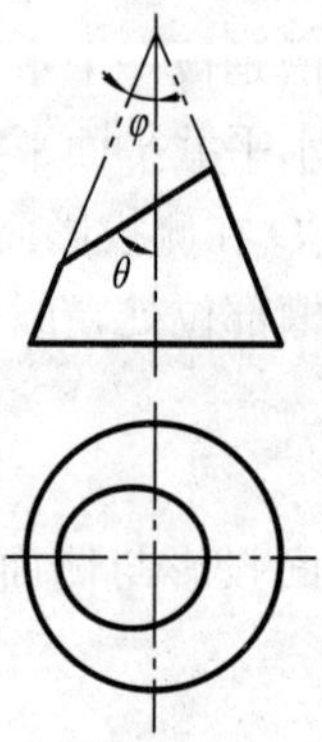	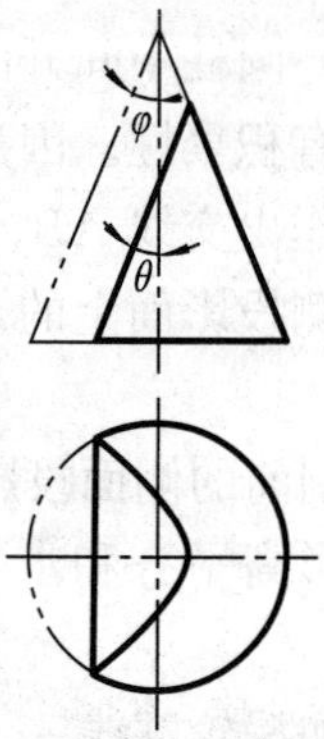	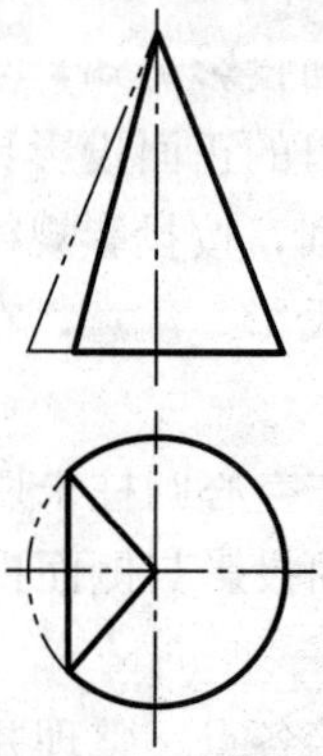	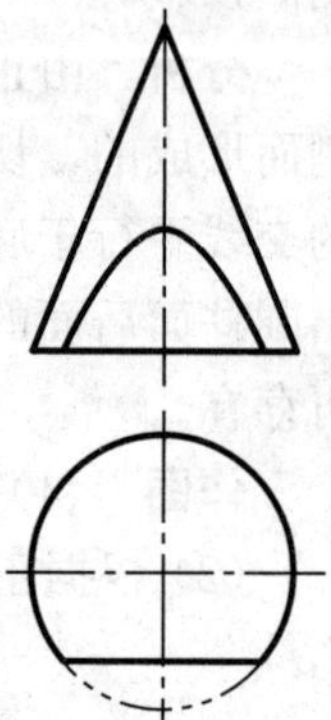

【例 3-8】 已知圆锥被正垂面截切的正面投影，完成其余两个投影（见图 3-17）。

分析 因为截平面倾斜于圆锥的轴线，且 $\theta>\varphi$，由表 3-2 可知，截交线在正面投影上积聚成一直线，在水平投影和侧面投影上为一椭圆，但均不反映实形。作图时首先求出特殊点，再求一般位置点，然后依次光滑连接起来。

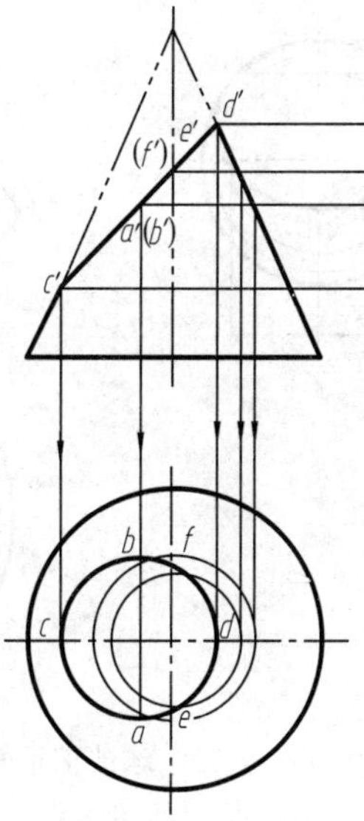

图 3-17 正垂面与圆锥相交的截交线

作图 （1）求特殊点，即圆锥的最前、最后、最左、最右轮廓线上的点 A、B、C、D 及椭圆长、短轴的端点 E、F。按投影关系和表面取点的方法求出各点的水平投影和侧面投影。

（2）求作适当数量的一般位置点，一般位置点的投影利用积聚性和纬圆法求出。

（3）将各点按顺序光滑连接成曲线，即得椭圆的水平投影和侧面投影。

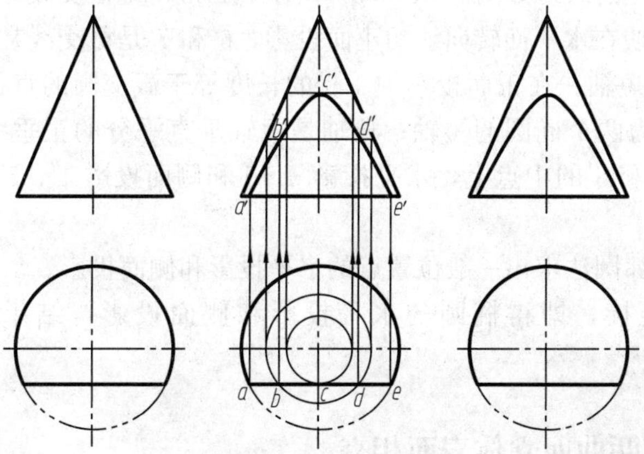

图 3-18 圆锥被正平面截切

【例 3-9】 已知圆锥被一正平面截切，求作其正面投影（见图 3-18）。

分析 因为截平面平行于圆锥的轴线，由表 3-2 可知其截交线为双曲线，双曲线在水平投影面积聚为一直线，而在正面投影反映其实形。

作图 （1）先找特殊点，其中最低点 A、E 的水平投影 a、e 是截平面与圆锥底面水平投影的交点，由此得出 $a'e'$；最高点 C 的水平投影 c 位于线段 ae 的中点，以 c 点到圆心的距离为半径作圆，找出此圆所在平面的正面投影，即得到 c'。

（2）根据圆锥面上取点的方法作辅助纬圆（也可过锥顶作辅助素线），在截交线水平投影的适当位置确定一般位置点的投影 b、d，以 b（或 d）点到圆心的距离为半径作圆，并作出此圆所在平面的正面投影，即得到 b' 和 d'。

（3）用曲线将各点按顺序光滑连接，即得截交线的正面投影。

3. 平面与球相交

平面与球相交，不论截平面与球的轴线位置如何，其截交线均为圆。当截平面与投影面平行时，在截平面所平行的投影面上的投影反映实形（圆）；当截平面为投影面的垂直面时，截交线在截平面所垂直的投影面上的投影为直线，其余两个投影面的投影均为椭圆。

【例 3－10】 圆球被正垂面所截切，求截交线的投影（见图 3－19）。

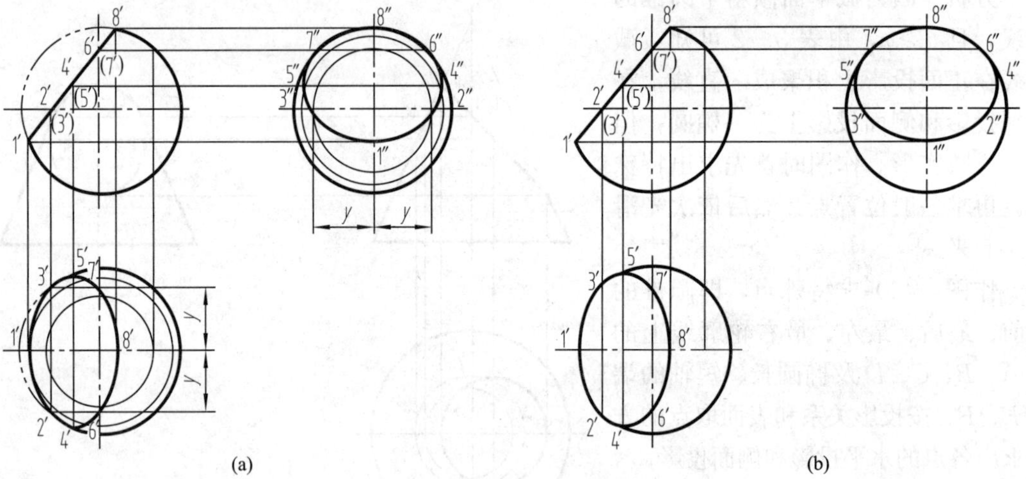

图 3－19 球被正垂面截切

分析 圆球被正垂面截切，截交线为圆，其正面投影为一直线段，截交线的水平投影和侧面投影均为椭圆。

作图 （1）求特殊点。先求转向线上的点，如图 3－19（a）所示，$1'$和 $8'$是截交线在正面转向线上的正面投影，$2'$和 $3'$是截交线在水平面转向线的正面投影，$6'$和 $7'$是截交线在侧面转向线的正面投影。再求椭圆的长、短轴，在正面投影中 $1'8'$的长度等于截交圆的直径，它的侧面投影 $1''8''$和水平投影 18 分别为两个椭圆的短轴；长轴是短轴垂直平分的正垂线，其正面投影 $4'$、$5'$积聚为一点，并在 $1'$和 $8'$的中点上，水平投影 4、5 和侧面投影 $4''$、$5''$利用纬圆法即可求得。

（2）求一般位置点。利用积聚性和纬圆法求出一般位置点的水平投影和侧面投影。

（3）用曲线将各点按顺序光滑连接，即得椭圆的水平投影和侧面投影，结果见图 3－19（b）。

第三节 两曲面立体表面相交

在零件中常遇到两曲面立体表面相交的情况，如图 3－20 所示的三通管，其主体是由两个圆柱相交而成的，在两个圆柱的表面产生一条交线，把两曲面立体表面相交所产生的交线称为相贯线。

图 3－20 三通管

一、相贯线的基本性质

相贯线的形状随着相交两曲面立体的形状、大小和它们轴线的相对位置的不同而不同，相贯线的投影和立体与投影面的相对位置有关。相交两曲面立体产生的相贯线都具有下面两个性质。

（1）相贯线是两曲面立体表面的共有线，也是相交两曲面立体的分界线。

（2）相贯线在一般情况下是封闭的空间曲线，特殊情况下可能是平面曲线（椭圆、圆等）或直线。

相贯线的作图方法类似于截交线，求作两曲面立体的相贯线时，应尽量先作出相贯线上的一些特殊点，按需要再作出相贯线上的一般位置点，然后按顺序将各点的同面投影光滑连线，并表明可见性。求相贯线的方法有很多种，此处介绍两种常用的方法，利用积聚性表面取点法和辅助平面法。

二、用表面取点法求作相贯线

两曲面立体相交时，如果其中有一个圆柱的轴线垂直于某投影面，则相贯线在该投影面上的投影就积聚在这个有积聚性的投影上。利用这个已知投影就可用表面取点的方法作出相贯线的其他投影。

【例 3-11】 如图 3-21 所示，求作轴线正交的两圆柱表面的相贯线。

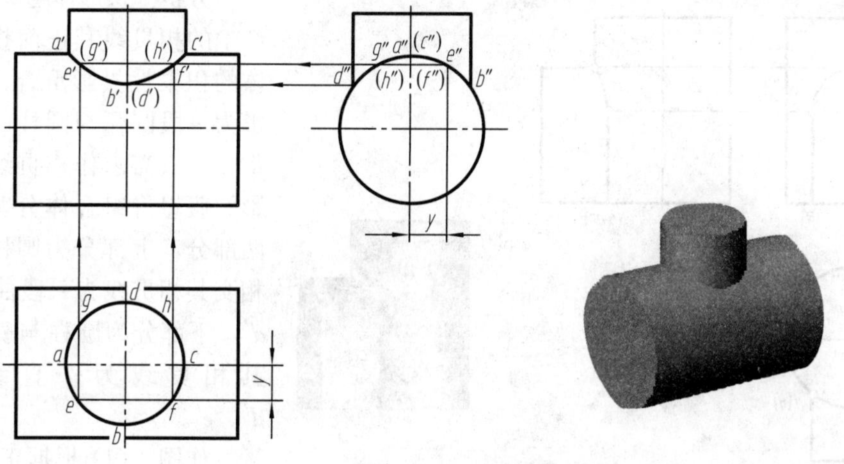

图 3-21 两轴线正交圆柱的相贯线

分析 由图 3-22 可知，相交两圆柱的轴线互相垂直相交，相贯线是一条封闭的空间曲线，且前后、左右对称。其中，小圆柱的水平投影积聚为一个圆，相贯线的水平投影必在此圆上，是小圆柱水平投影的整个圆；大圆柱的侧面投影积聚为一个圆，相贯线的侧面投影必在此圆上，是大圆柱与小圆柱共有的一段圆弧。这样问题就归结为已知相贯线的水平投影和侧面投影，求作它的正面投影。因此，可采用在圆柱面上利用圆柱面的积聚投影取点的方法，作出相贯线上一些特殊点和一般位置点的投影，再按顺序连成相贯线的投影。

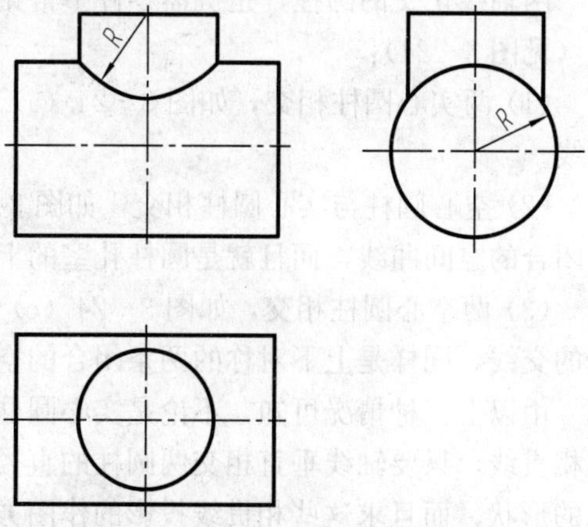

图 3-22 相贯线的近似画法

作图 (1) 作特殊点。特殊点有最左、最右、最前、最后点。由水平投影可以看出，最左、最右、最前、最后点的水平投影分别为 a、c、b、d，根据表面取点法，定出四点的侧面投影 a''、c''、b''、d''。由 a、b、c、d 和 a''、b''、c''、d'' 作出 a'、b'、c'、d'。可以看出，点 A、C 和 B、D 分别也是相贯线上的最高点和最低点。

（2）作一般位置点：在水平投影上的适当位置，定出前后、左右对称的四个点 E、F、G、H 的投影 e、f、g、h，由此可在相贯线的侧面投影上作出 e''、f''、g''、h''。由 e、f、g、h 和 e''、f''、g''、h'' 即可作出 e'、f'、g'、h'。一般位置点的数量可根据具体情况而定。

（3）依次光滑连线并判别可见性：因相贯线前后对称，相贯线正面投影的可见部分与不可见部分重影。所以其正面投影 a'、e'、b'、f'、c' 为可见；而后半个相贯线的投影 a'、g'、d'、h'、c' 为不可见，与前半个相贯线的可见投影相重合。

在工程制图中，当不需要精确画出相贯线时，可用近似画法简化。如图 3－22 所示，两圆柱垂直相交，且轴线都平行于投影面，正面投影中的相贯线采用了近似画法，即以大圆柱的半径作圆弧代替交线的投影。

【例 3－12】 如图 3－23 所示，已知拱形体与圆柱正交，求其相贯线的投影。

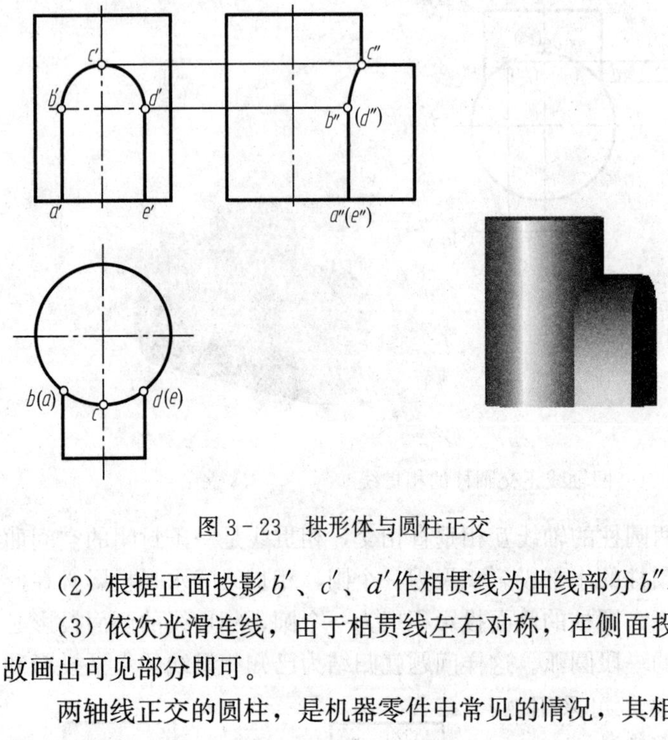

图 3－23 拱形体与圆柱正交

分析 拱形体与圆柱正交时，产生的相贯线其正面投影与拱形体的积聚性投影重合，其水平投影为一段圆弧与圆柱的水平投影重合，只需求作相贯线的侧面投影。假想将组合体分割成上、下两部分，上部分为圆柱与半圆柱相交其相贯线为一段曲线 b'、c'、d'，下部分为圆柱与长方体相交其相贯线为一直线 a'、b'、d'、e'。

作图 （1）根据正面投影 a'、b'、d'、e' 作相贯线为直线部分的 a''、b''、d''、e'' 的投影。

（2）根据正面投影 b'、c'、d' 作相贯线为曲线部分 b''、c''、d'' 的投影。

（3）依次光滑连线，由于相贯线左右对称，在侧面投影中可见部分与不可见部分重合，故画出可见部分即可。

两轴线正交的圆柱，是机器零件中常见的情况，其相贯线的相贯形式一般有以下三种形式（见图 3－24）：

（1）两实心圆柱相交，如图 3－24（a）所示，产生的相贯线是上下对称的两条闭合空间曲线。

（2）空心圆柱与实心圆柱相交，如图 3－24（b）所示，产生的相贯线也是上下对称的两条闭合的空间曲线，而且就是圆柱孔壁的上、下孔口曲线。

（3）两空心圆柱相交，如图 3－24（c）所示，产生的相贯线是长方体内部两个圆柱孔孔壁的交线，同样是上下对称的两条闭合的空间曲线。

由以上三种情况可知，不论是实心圆柱还是圆孔，只要有两个圆柱面相交，就一定会产生相贯线，只要轴线垂直相交两圆柱的直径大小、轴线的相对位置不变，其相贯线都具有相同的形状，而且求这些相贯线投影的作图方法也是相同的。

若轴线垂直相交两圆柱的直径大小发生变化，相贯线的形状也发生变化。当两圆柱的直

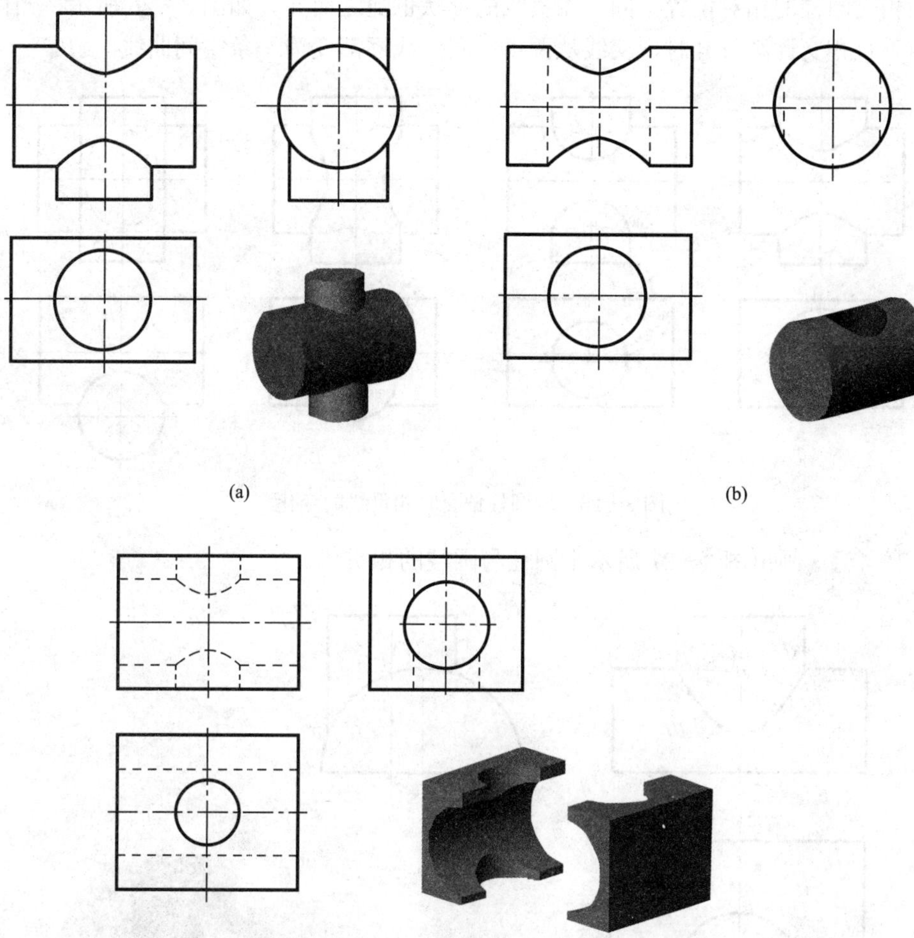

(a)　(b)

(c)

图 3－24　两轴线正交圆柱相贯线的相贯线形式

(a) 两实心圆柱相交；(b) 圆柱孔与实心圆柱相交；(c) 两圆柱孔相交

径相等时，这时相贯线从两条空间曲线变为两条平面曲线（椭圆），它们的正面投影成为两条相交直线，如图 3－25 所示。

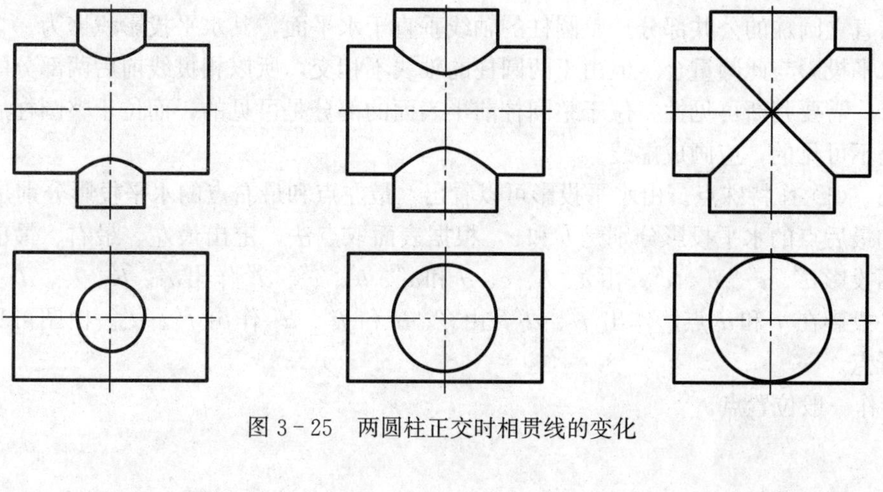

图 3－25　两圆柱正交时相贯线的变化

若两相交圆柱的相对位置不同，相贯线的形状也随之而异，如图 3－26 所示。当两圆柱的轴线由垂直相交逐渐分开时，交线从两条空间曲线逐渐变为一条空间曲线。

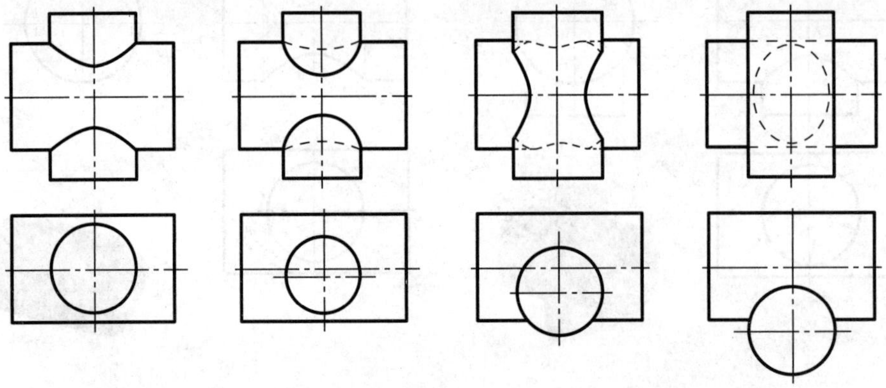

图 3－26 两圆柱偏交时相贯线的变化

【例 3－13】 画出图 3－27 所示半圆柱与圆柱的相贯线。

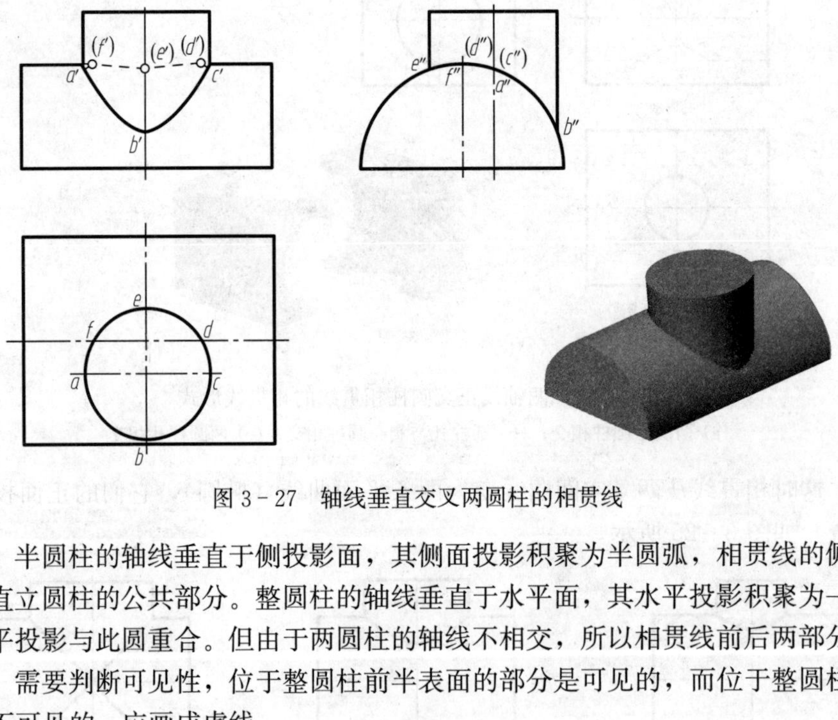

图 3－27 轴线垂直交叉两圆柱的相贯线

分析 半圆柱的轴线垂直于侧投影面，其侧面投影积聚为半圆弧，相贯线的侧面投影在半圆弧与直立圆柱的公共部分。整圆柱的轴线垂直于水平面，其水平投影积聚为一个圆，相贯线的水平投影与此圆重合。但由于两圆柱的轴线不相交，所以相贯线前后两部分的正面投影不重合，需要判断可见性，位于整圆柱前半表面的部分是可见的，而位于整圆柱后半表面的部分是不可见的，应画成虚线。

作图 （1）作特殊点。由水平投影可以看出，最左点和最右点的水平投影分别是 a 和 c，最前点和最后点的水平投影分别是 b 和 e，根据表面取点法，定出最左、最右、最前、最后点的侧面投影 a''、c''、b''、e''。由 a、b、c、d 和 a''、b''、c''、d'' 作出 a'、b'、c'、d'。而最高点的水平投影在 f 和 d 点，作出 f''、d''，由 f、d 和 f''、d'' 作出 f'、d'。由图可见，B 点也是最低点。

（2）作一般位置点。

(3) 依次光滑连线并判别可见性。因相贯线前后不对称，其正面投影 a'、b'、c' 为可见部分，而正面投影 a'、f'、e'、d'、c' 为不可见部分。

应注意，在正面投影中，两圆柱转向轮廓线上的交点不是相贯线上的点。

三、用辅助平面法求作相贯线

求两曲面立体相贯线的另一种方法是辅助平面法。辅助平面的选择原则是：为了能方便地作出相贯线上的点，最好选用特殊位置作为辅助平面，并使辅助平面与两曲面立体交线的投影都是最简单的图线，如截交线为直线或平行于投影面的圆。

下面举例说明用辅助平面求相贯线的作图步骤。

【例 3－14】 求圆柱与半球相交的相贯线（见图 3－28）。

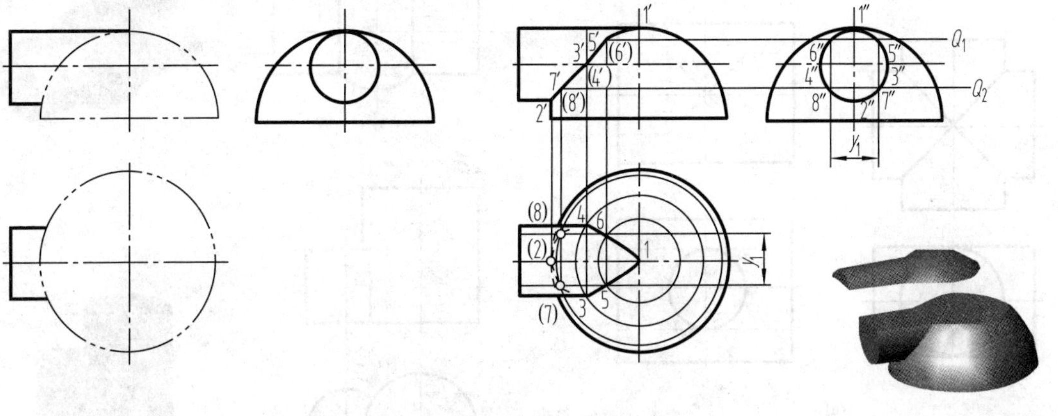

图 3－28　水平圆柱与半球相交

分析　如图 3－28 所示，其相贯线是一条前后对称的封闭空间曲线，由于水平圆柱的侧面投影积聚性为一圆，相贯线的侧面投影也必定重合在该圆上，于是问题可归结为已知半球面上相贯线的侧面投影，求作它的正面投影和水平投影，下面采用辅助平面法求解。

为了使辅助平面能与圆柱和半球都相交于直线或平行于投影面的圆，故选用水平面作为辅助平面。

作图　(1) 求特殊点。1、2 分别为相贯线上的最高点（最右点）和最低点（最左点），可以直接求出。3、4 分别为相贯线上的最前点和最后点，可通过圆柱轴线作水平的辅助平面，该辅助平面与圆柱相交为最前和最后素线，与半球相交为圆，它的水平投影相交在 3、4 点，也是相贯线水平投影的可见部分与不可见部分的分界点，其正面投影为 $3'$、$4'$ 点。

(2) 求一般位置点。同样选择水平面作为辅助平面，如平面 Q_1，它与圆柱面相交为一对平行直线，与半球面相交为圆，直线与圆的水平投影的交点 5、6 即为相贯线上点的水平投影，这些点在辅助平面上，由水平投影作连线可求出正面投影 $5'$、$6'$。再如平面 Q_2，它与圆柱面相交为一对平行直线，与半球面相交为圆，直线与圆的水平投影的交点 7、8 即为相贯线上点的水平投影，这些点在辅助平面上，由水平投影作连线可求出正面投影 $7'$、$8'$。

(3) 判断可见性并依次光滑连线。判断原则是：相贯线同时位于两个立体的可见表面时，其投影才可见；否则，不可见。3、7、2、8、4 在圆柱的下半部分，其水平投影为不可见画成虚线，其余线段画成粗实线。

四、相贯线的特殊情况

两回转体相交时，在一般情况下，相贯线是空间曲线，但是在某些特殊情况下，相贯线也可能是平面曲线或直线，这要根据相交两曲面立体的几何性质、大小、位置来直接判断。此处仅介绍相贯线为平面曲线和直线的几种常见的特殊情况。

（1）两圆柱直径相等时，其轴线相交成直角，其相贯线是两个相同的椭圆，这两个椭圆的正面投影是两条相交且等长的直线段，其水平投影与直立圆柱的水平投影重合。如图 3－29（a）分别画出了两直径相等的实心圆柱相交和两直径相等的空心圆柱相贯线的正面投影。

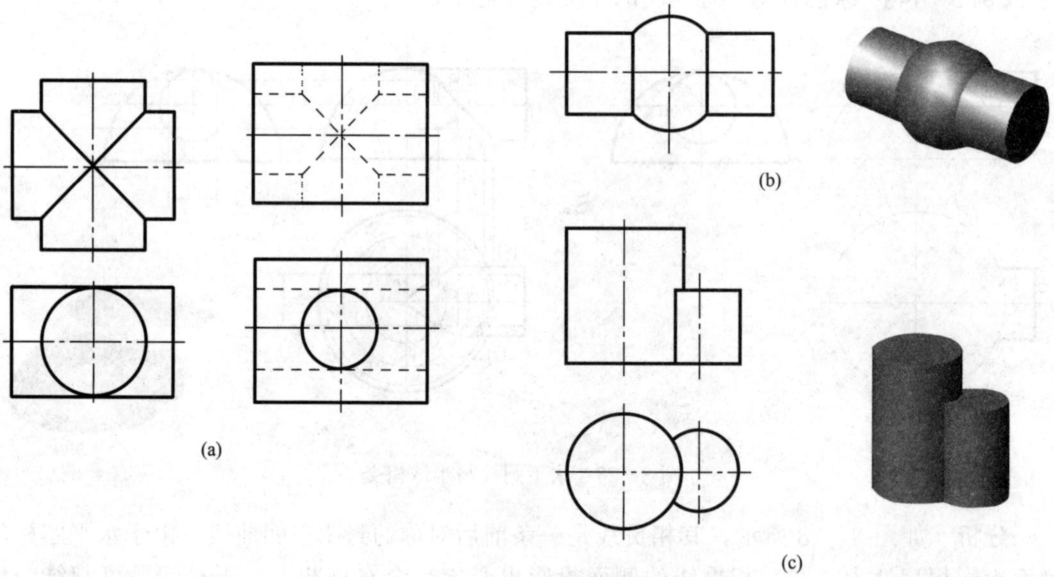

(a) (b) (c)

图 3－29　相贯线的特殊情况

（a）直径相等的两圆柱相交；（b）两个同轴回转体相交；（c）两轴线平行圆柱体相交

（2）两个同轴回转体相交（轴线在同一直线上的两个回转体），相贯线是垂直于轴线的圆。当轴线平行于某投影面时，这些圆在该投影面上的投影成为直线段，如图 3－29（b）所示。

（3）两轴线互相平行圆柱相交时，相贯线是两条平行于轴线的直线，如图 3－29（c）所示。

五、组合相贯线

多个回转体相交，其表面形成的交线称为组合相贯线。组合相贯线的各段相贯线分别是两个立体表面的交线；而两段相贯线的连接点则必定是相贯线上三个表面的共有点。求解时，既要分别求出相贯线，又要求出各条相贯线的分界点。

【例 3－15】 求图 3－30 中立体相交的组合相贯线。

分析　图 3－30 所示为水平圆柱、半圆球及直立圆柱相交。其组合相贯线是水平圆柱与半圆球的相贯线、水平圆柱与直立圆柱的相贯线、半圆球与直立圆柱的相贯线三部分组合而成。这三条相贯线的共有点（结合点）为 A、G。

作图　（1）水平圆柱与半圆球的相贯线。由于水平圆柱的轴线通过半圆球的球心（两个同轴回转体），因此相贯线在侧投影面与圆柱重合为一半圆，在正投影面、水平投影面的投

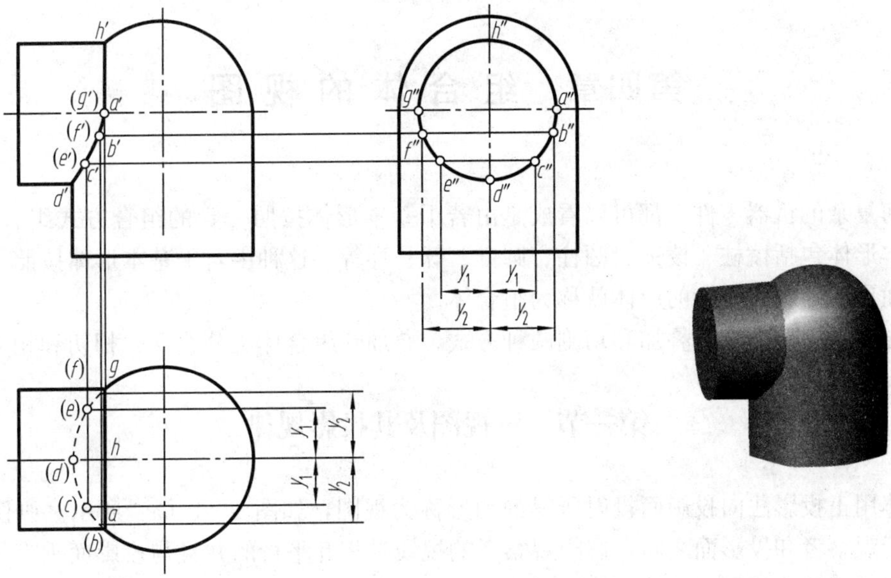

图 3-30 两个圆柱与半球的组合相贯线

影积聚为直线。

(2) 水平圆柱与直立圆柱的相贯线。水平圆柱与直立圆柱的相贯线是利用积聚性取点作出的，此处不再赘述。

(3) 半圆球与直立圆柱的相贯线。半圆柱与直立圆柱相切，由于相切处是光滑过渡，不必画出相切的圆。

(4) 依次光滑连接各点，并判断可见性。

正面投影中相贯线均可见，画成粗实线。h'、a'为直线，a'、b'、c'、d'、e'为曲线。

水平面投影中相贯线可见性的分界点为 a、g，a、h、g 为粗实线，a、b、c、d、e、f、g 为虚线（曲线）。

第四章　组 合 体 的 视 图

任何复杂的机器零件，都可以看成是由若干基本形体按照一定的组合方式组合而成的。这些基本形体包括棱柱、棱锥、圆柱、圆锥、球、环等。这种由若干基本形体按照一定的方式组合而形成的较为复杂的形体就称为组合体。

组合体的组合方式有叠加和切割两种方式，叠加式组合体又分叠合、相切和相交。

第一节　三视图及其投影规律

物体用正投影法向投影面投射所得的图形称为视图，如图 4－1（a）所示。画图时，将物体置于观察者和投影面之间，假想观察者的视线是相互平行的并且与投影面垂直，以这些假想的平行视线作为投射线进行投射得到物体的图形。

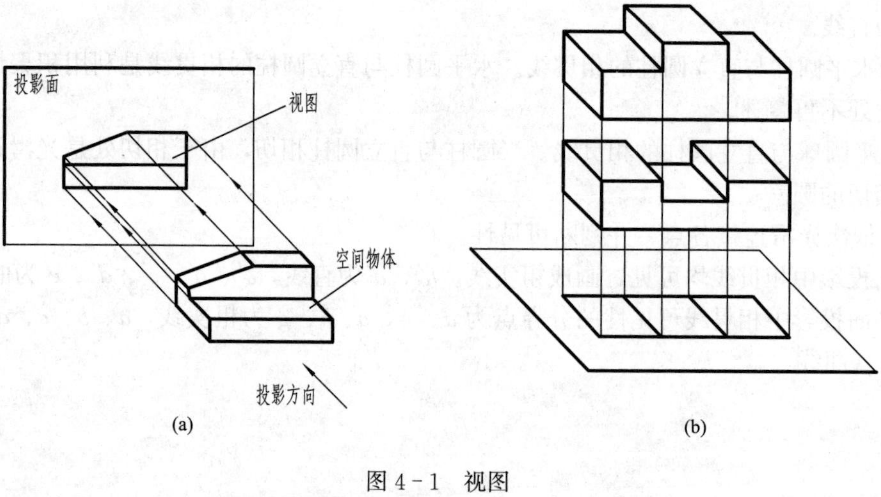

图 4－1　视图

（a）物体的一面视图；（b）不同物体的一面视图

如图 4－1（b）所示，两个不同形状的物体，在同一个投影面上的视图却是相同的。因此，只根据一面视图一般是不能确定一个物体的形状的。为了清楚表达一个物体，必须采用两个或两个以上的视图，通常采用的是三视图。

一、三视图的形成

如图 4－2（a）所示，将物体放在三投影面体系中，按正投影法分别向三个投影面投影，即可得物体的三面投影，即三视图。

（1）主视图：物体的正面投影，是由前向后投射所得的视图。

（2）俯视图：物体的水平投影，是由上往下投射所得的视图。

（3）左视图：物体的侧面投影，是由左往右投射所得的视图。

绘制视图时，用粗实线表达可见部分的轮廓，必要时，用细虚线将不可见部分的轮廓画出。

二、三投影面的展开

展开投影面时，规定正立面 V 保持不动，水平面 H 绕 OX 轴向下旋转 90°，侧立面 W 绕 OZ 轴向右旋转 90°，使它们和正面 V 处于同一平面上，如图 4-2（b）、（c）所示。投影面展开后 Y 轴分为两处，H 面上的用 Y_H 表示。W 面上的用 Y_W 表示。

在画三视图时，投影面的边框线和投影轴线不必画出，投影面和视图名称不必标出，如图 4-2（d）所示。

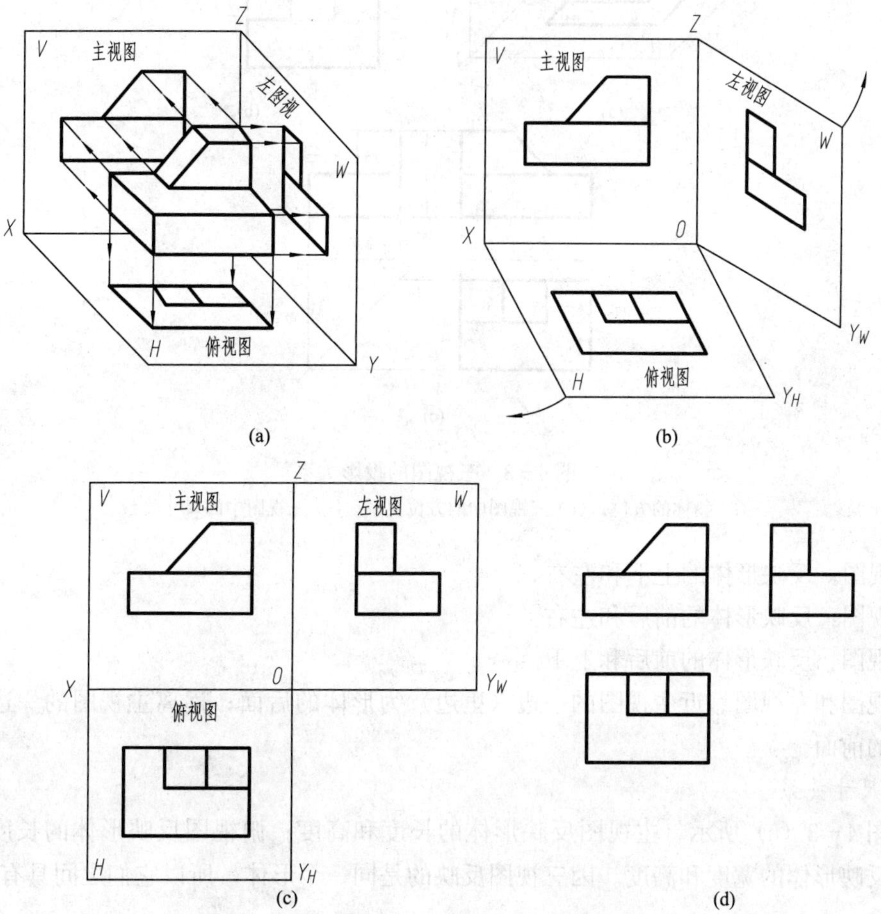

图 4-2　三视图的形成

(a) 三视图的形成；(b) 投影面的展开；(c) 展开后的三面视图；(d) 三视图的配置

三、三视图的投影关系

1. 位置关系

以主视图为准，俯视图应在主视图正下方；左视图应在主视图正右方，如图 4-2（d）所示。

2. 方位关系

如图 4-3（a）、（b）所示，从正面观察时，形体有上下、左右和前后六个方位。三视图对应地反映了形体的这六个方位关系：

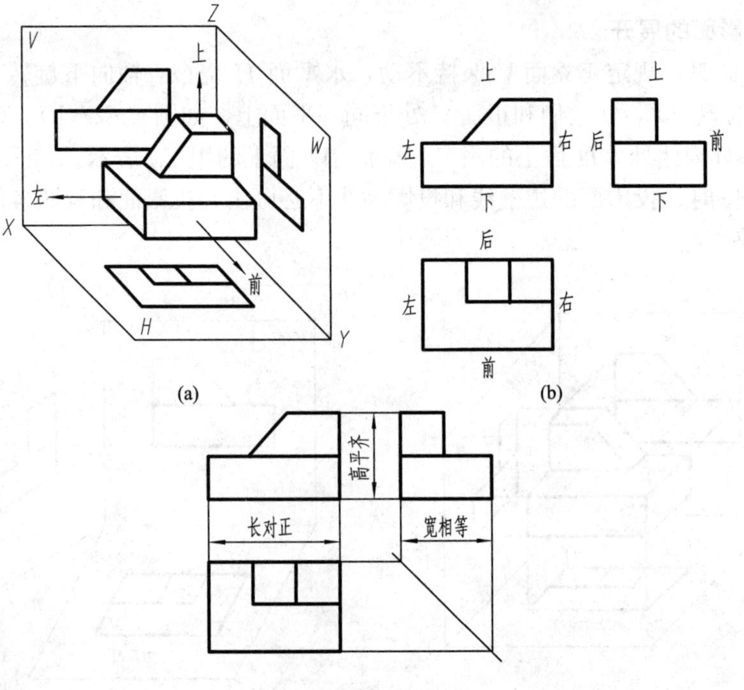

图 4-3　三视图的投影关系

(a) 物体的方位；(b) 三视图中的方位关系；(c) 三视图中的尺寸关系

主视图：反映形体的上下和左右。

俯视图：反映形体的前后和左右。

左视图：反映形体的前后和上下。

俯视图和左视图靠近主视图的一边（里边）为形体的后面；远离主视图的一边（外边）为形体的前面。

3. 尺寸关系

如图 4-3（c）所示，主视图反映形体的长度和高度；俯视图反映形体的长度和宽度；左视图反映形体的宽度和高度。因三视图反映的是同一个形体，所以它们之间具有如下“三等”关系；

主、俯视图：长对正（等长）。

主、左视图：高平齐（等高）。

俯、左视图：宽相等（等宽），前后对应。

“长对正，高平齐，宽相等”对于视图的整体或局部都是如此。它是画图和读图时必须遵循的规律，简称为三等规律。

【例 4-1】 如图 4-4（a）所示，根据形体的直观图和主、俯视图，画出左视图。

解　如图 4-4（a）所示，根据直观图想象物体的投影过程，并对照直观图看懂主、俯视图。按照三视图的投影关系，应用“三等关系”投影规律进行作图。因为左端和底部凹槽的投影分别在主、俯视图中为不可见的，所以按国家标准的规定将它们的轮廓线画成虚线。

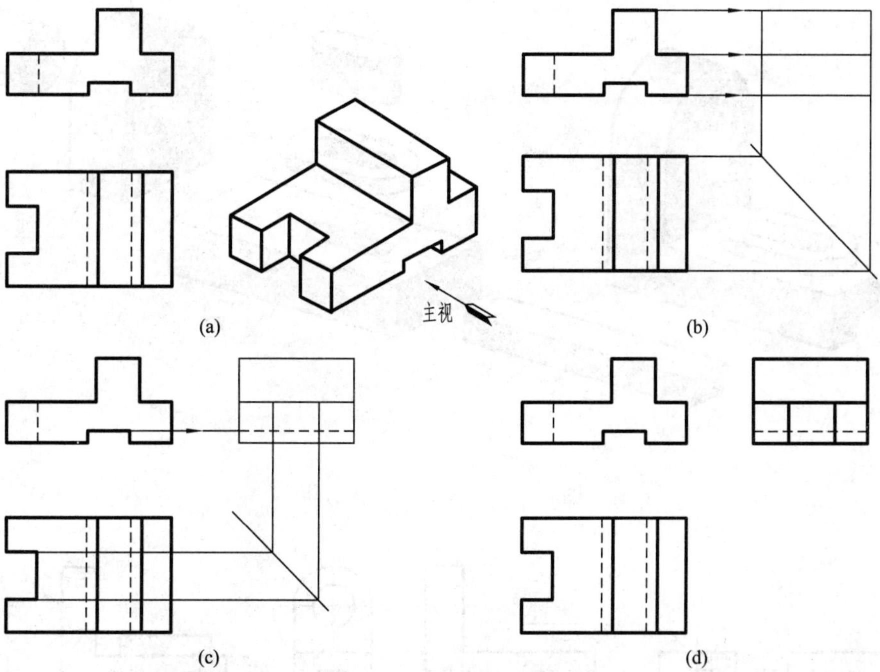

图 4-4 画形体的左视图

(a) 已知两视图；(b) 画主要部分；(c) 画细节部分；(d) 检查，加深

具体作图过程如图 4-4（b）、(c)、(d) 所示。

第二节 组合体视图的画法

一、组合体分析法

为了能完整地了解组合体的具体结构，正确地画图、读图及标注尺寸，必须对组合体进行分析。在工程制图中组合体的分析方法有两种，**形体分析法和线面分析法。**

1. 形体分析法

假想将机件分解为若干基本体，并逐个分析每一个基本体的具体结构（是原始的基本体、还是经切割的基本体）及其组合过程中的相对位置，从而产生对整个机件形状的完整概念，这种方法称为**形体分析法。**

如图 4-5 所示的支座，它可以分解为由底版Ⅰ、竖板Ⅱ和凸台Ⅲ所组成。竖板Ⅱ中间的孔可看成是从中挖出一个圆柱 P；底板Ⅰ的下部挖出一个棱柱 Q，一般称为开槽；底板Ⅰ和凸台Ⅲ结合后，从中挖出一个圆头长方体 R 而形成长圆形孔。

由此可见，形体分析的方法就是假想把物体分解成一些简单的基本形体并确定它们之间组合形式的一种思维方法。在学习画视图、看视图和标注尺寸时，经常要运用形体分析法，使复杂问题得以简化。

图 4-6 所示为如何运用形体分析法作出图 4-5 所示组合体的三视图。

首先画出底板Ⅰ的三视图，如图 4-6（a）所示。然后在底板右端加上竖板Ⅱ后的三视图，如图 4-6（b）所示。由于竖板与底板的宽度相同，它们的前后表面平齐而为同一个平

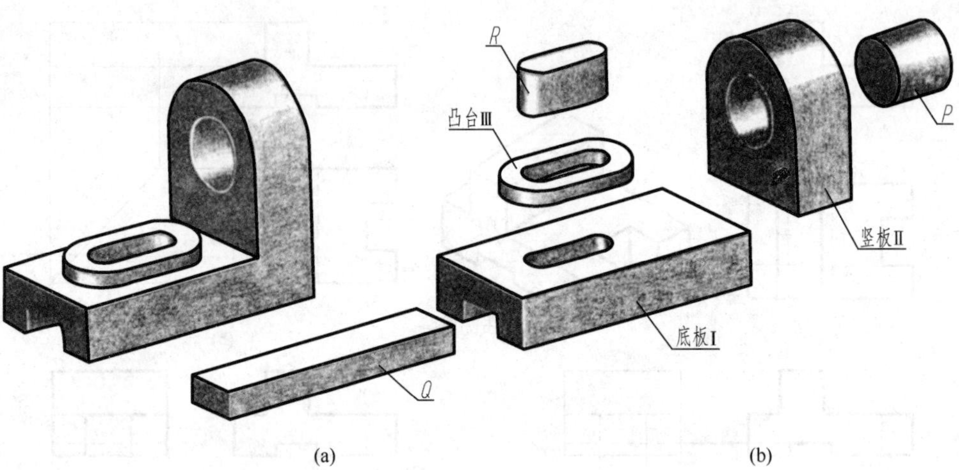

图 4-5 支座及其形体分析

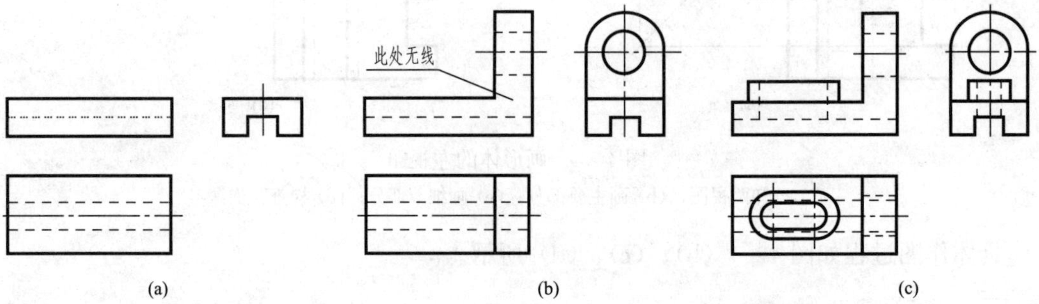

图 4-6 形体分析在画图中的应用

面，因此在主视图上两个形体的结合处就不应该画线。再在底板中部加上凸台、中间开一个长圆形通孔后的三视图，如图 4-6（c）所示。因为凸台的宽度比底板的宽度小，结合后它们的前、后表面不平齐，故在主视图上凸台与底板的结合处应有水平线分界，以表示在凸台前面的底板顶面部分的投影。

2. 线面分析法

对不易表达或读懂的局部，还要结合线、面的投影分析，如分析物体的表面形状、物体上面与面的相对位置、物体的表面交线等，来帮助表达或读懂这些局部的形状，这种方法称为**线面分析法**。

如图 4-7 所示，当基本体和不完整的基本体被投影面垂直面截切时，有些表面位置未作改变，仍然处于特殊位置面，如图 4-7（a）、（b）所示，分别是正平面、水平面。而其断面在与截平面相垂直的投影面上的投影积聚成直线，在另两个与截平面倾斜的投影面上的投影则是类似形。如图 4-7（c）、（d）所示，分别是一个“凹”字形的侧垂面和一般位置的平行四边形，在它们的三视图中除了在与截平面垂直的投影面上的投影积聚成一条直线外，在与截平面倾斜的投影面上的投影都是类似形。

在绘图或阅读组合体视图时，对比较复杂的组合体通常在运用形体分析法的基础上，还要结合运用线面分析法，以将其细部结构了解清楚。

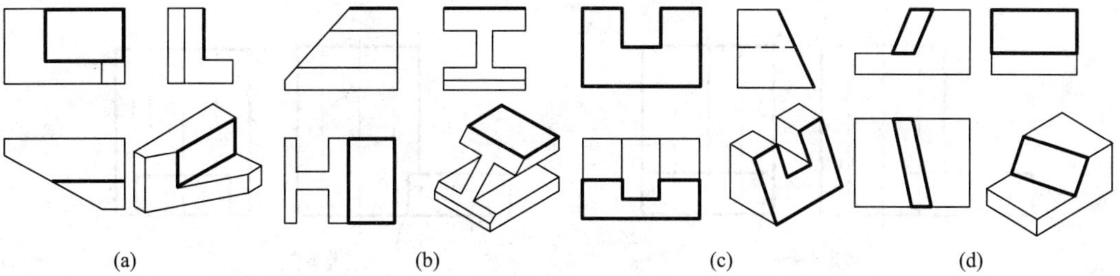

图 4-7　形体的线面分析

二、各种组合形式的图形表达方法

1. 叠加

叠加分为三种形式：叠合、相切和相交。

（1）叠合：两基本体的表面相互重合即为叠合。叠合的画法如图 4-8 所示。

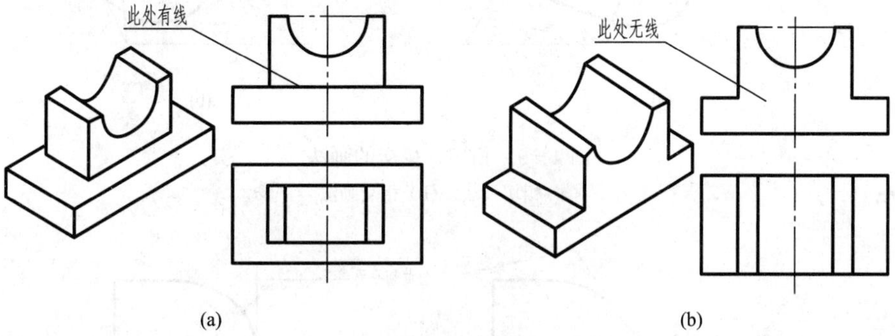

图 4-8　叠合的画法

1）当两个基本体除叠合面外，没有公共的表面时，在视图中两个基本体之间有分界线，即“不靠齐有交线”，如图 4-8（a）所示。

2）当两个基本体具有相互连接的一个面（共平面或共曲面）时，它们之间没有分界线，在视图上也就不可画出分界线，即“平靠齐无交线”，如图 4-8（b）所示。

（2）相切：两基本体的表面（平面与曲面、曲面与曲面）光滑过渡。相切的画法如图 4-9（a）所示，相切处不存在轮廓线，在视图上一般不画分界线，即“相切处不画线”。

（3）相交：两基本体的表面相交所产生的交线（截交线、相贯线）。相交的画法如图 4-9（b）所示，两立体相交表面必有交线，因此在画图时应画出交线的投影，即“相交处应画线”。

（4）相切画法特例：如图 4-10 中所示的两个压铁。

1）当两圆柱面相切时，若它们的公共切平面倾斜或平行于投影面，不画出相切的素线在该投影面上的投影，即两圆柱面间不画分界线，如图 4-10（a）中的俯视图所示。

2）当圆柱面的公共切平面垂直于某个投影面时，应画出相切的素线在该投影面上的投影，也就是两个柱面的分界线，如图 4-10（b）中的俯视图所示。

2. 切割

基本形体被切割（开槽与穿孔）时，随着截切面的位置不同，变化甚多。第三章中截交线部分已做介绍，此处不再赘述。

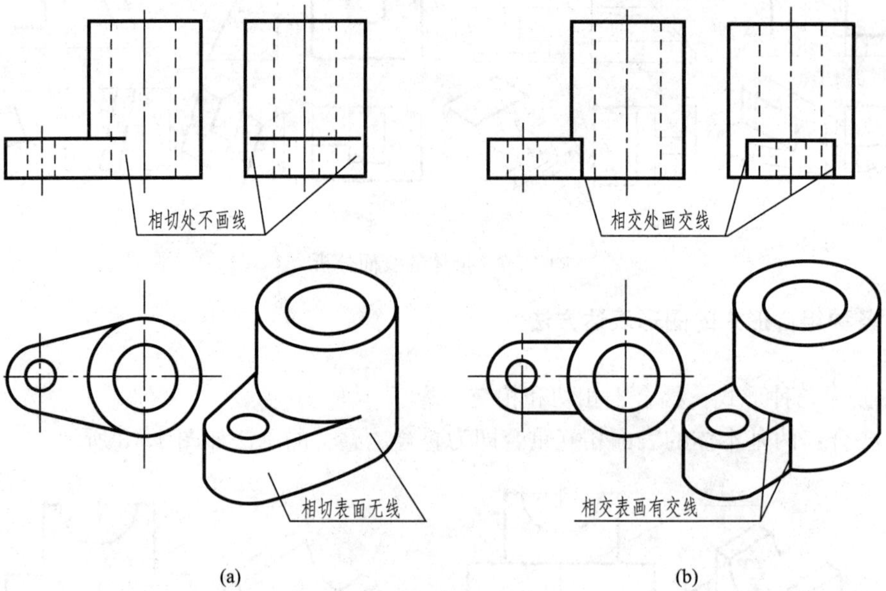

图 4-9　相切、相交的画法

（a）相切画法；（b）相交画法

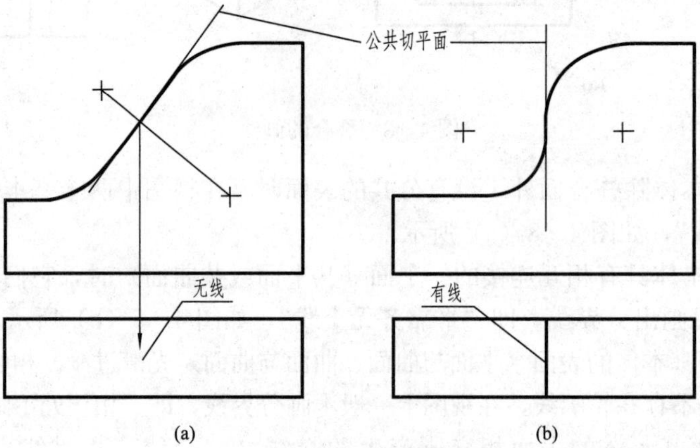

图 4-10　相切特例画法

三、组合体视图的画法

下面以轴承座为例来介绍绘制组合体视图的步骤和方法。

1. 形体分析

画图之前，首先应对组合体进行形体分析。分析组合体由哪几部分组成，各部分之间的相对位置，相邻两基本体的组合形式，是否产生交线等。图 4-11 所示的轴承座由上部的小圆柱筒、大圆柱筒轴承、支承板、底板及肋板组成。小圆柱筒和大圆柱筒是两个垂直相交的空心圆柱体，在外表面和内表面上都有相贯线。支承板、肋板和底板分别是不同形状的平板。支承板的左、右侧面都与大圆柱筒的外圆柱面相切，肋板的左、右侧面与大圆柱筒的外圆柱面相交，底板的顶面与支承板、肋板的底面相互重合。

2. 选择视图

选择视图首先要**确定主视图**。其**原则**一般是将组合体的主要表面或主要轴线放置在与投影

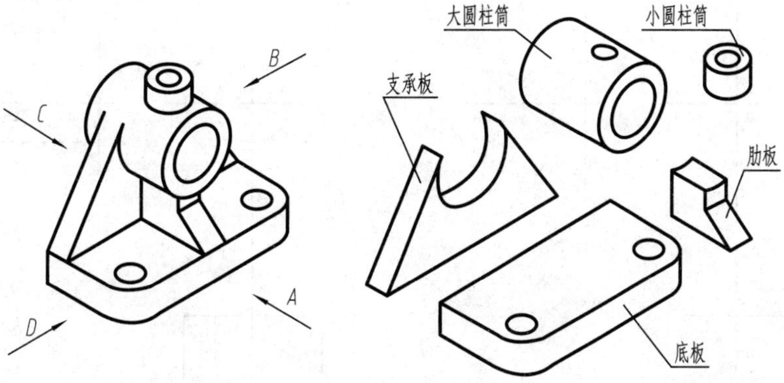

(a) (b)

图 4-11 轴承座

(a) 立体图；(b) 形体分析

面平行或垂直位置，并以最能反映该组合体各部分形状和位置特征的一个视图作为主视图。同时还应考虑到使其他两个视图上的虚线尽量少一些，并尽量使画出的三视图长大于宽。

后两点不能兼顾时，以前面所讲主视图的选择原则为准。于是，对于轴承座而言，沿 A 向观察，所得视图满足上述要求，可以作为主视图。主视图方向确定后，其他视图的方向则随之确定。

3. 选择图纸幅面和比例

根据组合体的复杂程度和尺寸大小，应选择国家标准规定的图幅和比例。在选择时，应充分考虑到视图、尺寸、技术要求及标题栏的大小、位置等。

4. 布置视图，画作图基准线

根据组合体的总体尺寸通过简单计算将各视图均匀地布置在图框内。各视图位置确定后，用细点画线或细实线画出作图基准线。作图基准线一般为底面、对称面、重要端面、重要轴线等，如图 4-12 步骤（1）所示。

5. 画底稿

依次画出每个简单形体的三视图，如图 4-12 步骤（2）～(6) 所示。画底稿时应注意以下两点：

(1) 在画各基本形体的视图时，应先画主要形体，后画次要形体，先画可见的部分，后画不可见的部分。如图中先画底板和轴承，后画支承板和肋板。

(2) 画每一个基本形体时，一般应该三个视图对应着一起画。先画反映实形或有特征的视图，再按投影关系画其他视图，如图中轴承先画主视图、小圆柱筒先画俯视图、支承板先画主视图等。尤其要注意，必须按投影关系正确地画出平行、相切和相交处的投影。

6. 检查、描深

检查底稿，改正错误，然后再描深，如图 4-12 步骤（6）所示。

四、过渡线的画法

1. 概念

机器中的许多零件是铸造或锻造出来的，在铸件或锻件的表面相交处，通常由铸造或锻造工艺而形成许多小圆角光滑过渡。由于圆角的影响，使机件表面的交线变得不很明显，将这种交线称为**过渡线**。

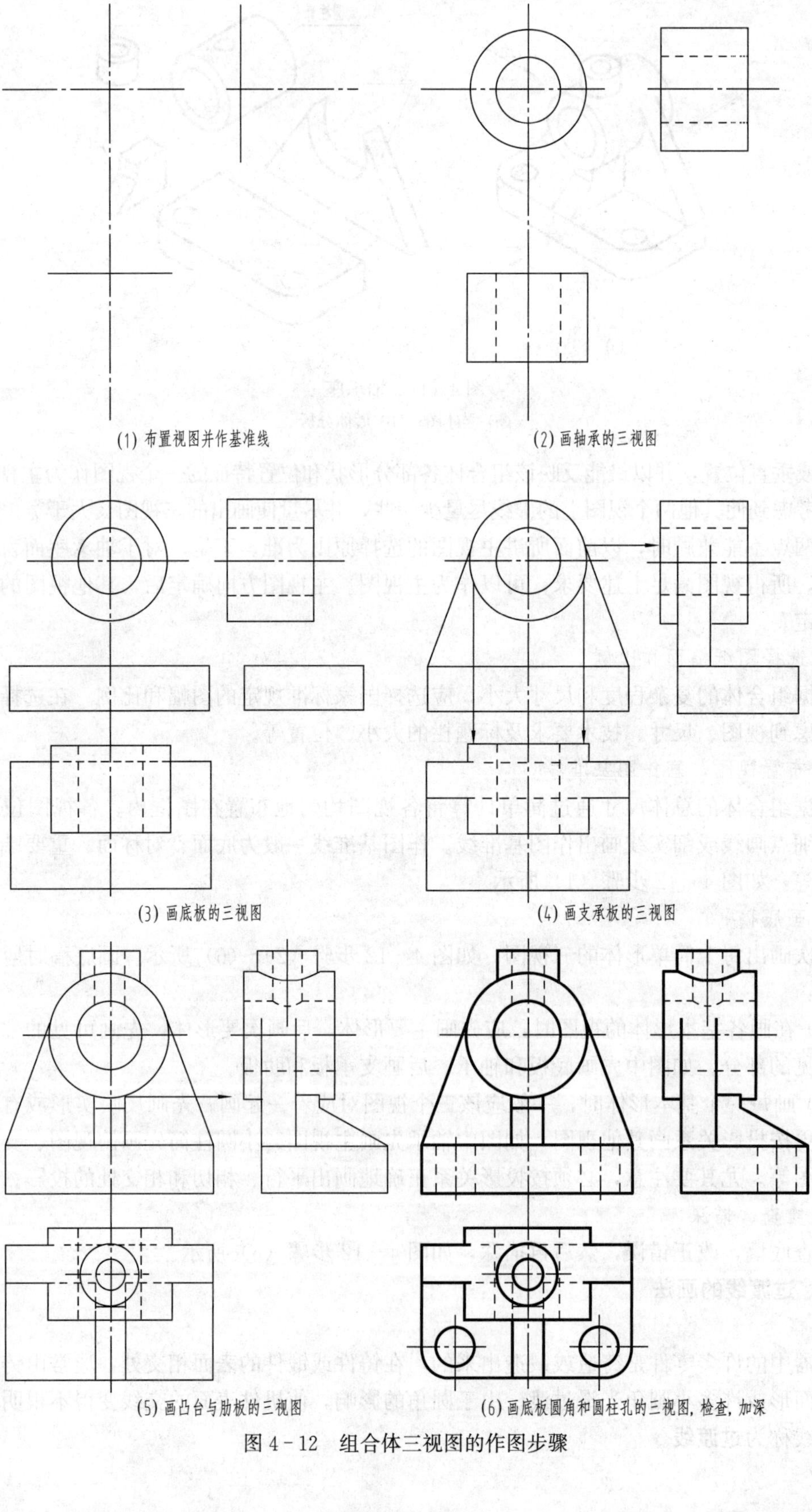

(1) 布置视图并作基准线

(2) 画轴承的三视图

(3) 画底板的三视图

(4) 画支承板的三视图

(5) 画凸台与肋板的三视图

(6) 画底板圆角和圆柱孔的三视图，检查，加深

图 4－12　组合体三视图的作图步骤

2. 画法

如图 4-13 所示，除了在圆角过渡处曲面投影的转向轮廓线相交处应画成圆角外，过渡线的画法与画相贯线、截交线一致，只是在过渡线的端部应留有空隙。根据国家标准规定，可见过渡线用细实线绘制。

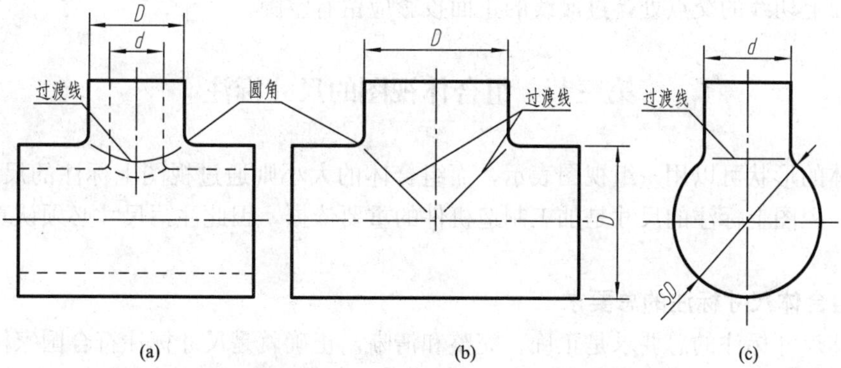

图 4-13　曲面与曲面相交处的过渡线

图 4-13（a）所示的三通管是铸件，外表面未经切削加工，外表面的交线应画过渡线，过渡线的画法如图中所示；而内孔则都是经过切削加工后形成的孔，所以孔壁的交线应画成相贯线。

图 4-13（b）、（c）分别是实心的铸件，前者是轴线垂直相交的两个直径相等的圆柱体，后者是同轴的圆柱与球相交，由于相交处都是圆角过渡，所以也都画成过渡线。

图 4-14 所示为零件上常见的板与圆柱相交或相切处的过渡线画法示例。对照立体图可

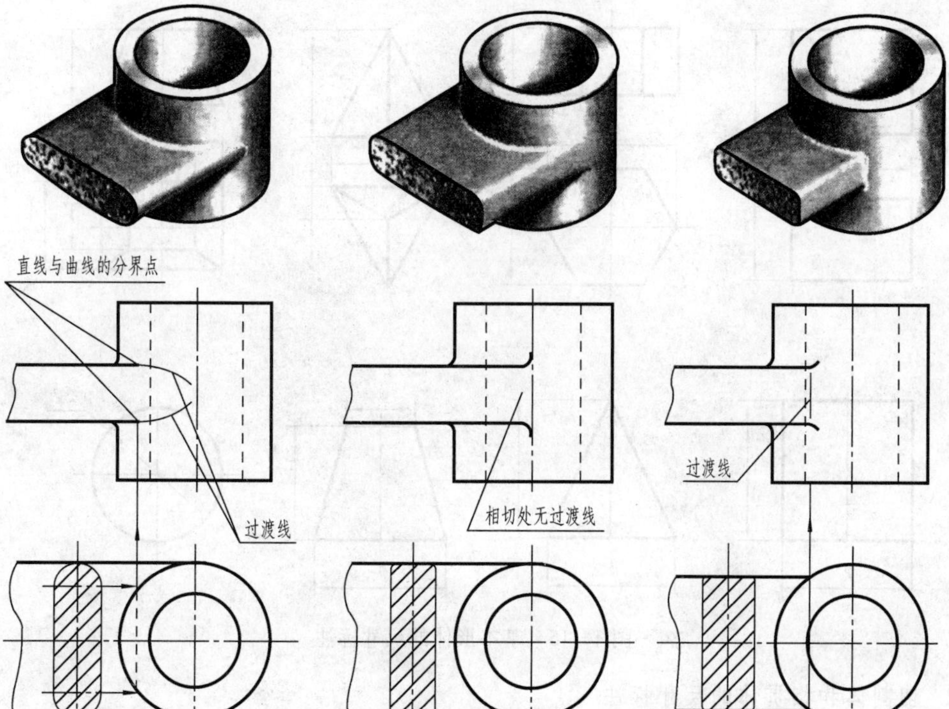

图 4-14　平面与曲面相交或相切的过渡线画法

知，俯视图中用细线画出的图形是板的断面真形，分别是长圆形或长方形；过渡线在主视图中的投影形状，主要取决于板的断面形状及板与圆柱的组合形式。值得注意的是，应该画出在长方形板的前、后表面与圆柱面相交处过渡线的正面投影；不能画出长方形板的前、后表面与圆柱面相切的正面投影，即在相切处没有过渡线；在长圆形板前，后端圆柱面和圆柱的公共切平面上切线的交点处，过渡线的正面投影应留有空隙。

第三节　组合体视图的尺寸标注

组合体的形状可以用一组视图表示，而组合体的大小则通过视图上标注的尺寸来确定。在生产中，视图上标注的尺寸是加工制造机件的重要依据，因此注写尺寸必须认真细致，一丝不苟。

一、组合体尺寸标注的总要求

组合体尺寸标注的总要求是正确、完整和清晰。正确就是尺寸标注符合国家标准的有关规定；完整就是尺寸必须注写齐全，不遗漏，不重复；清晰就是尺寸布置恰当，排列整齐、清楚，注写在最明显的地方，便于查找、阅读。

二、常见形体的尺寸标注

1. 基本形体的尺寸标注

形体分析法标注尺寸的基础是基本形体的尺寸注法。常见基本形体的尺寸数量和标注方法如图 4－15 所示。

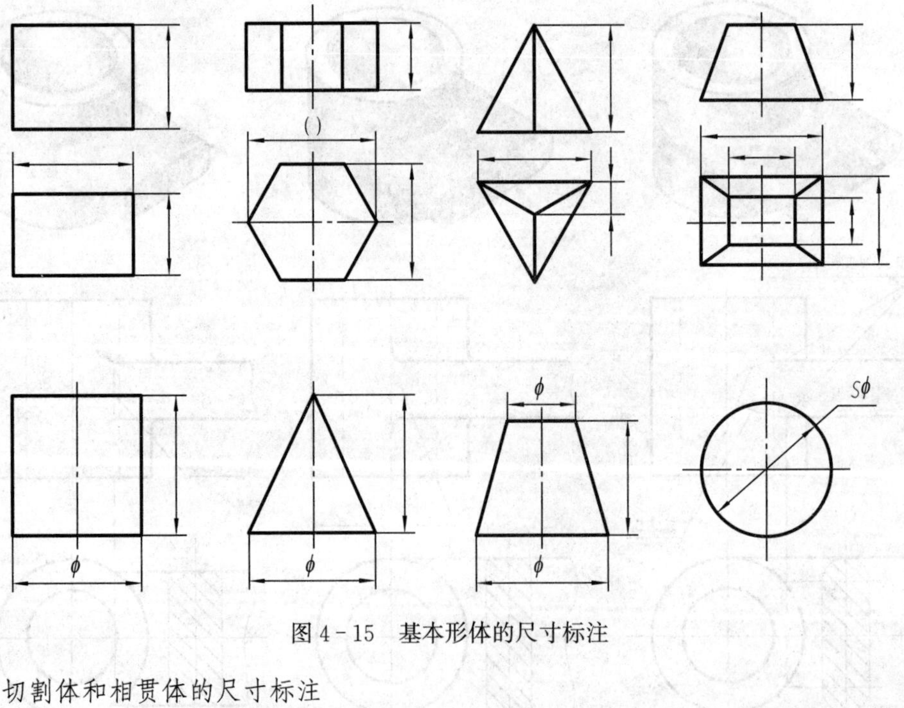

图 4－15　基本形体的尺寸标注

2. 切割体和相贯体的尺寸标注

标注被平面截断或带有切口的形体的尺寸时，除了注出基本形体的尺寸外，还应注出确定截平面位置的尺寸。标注两个相贯形体的尺寸时，应标注确定两相贯体大小的尺寸和确定两相贯体之间相对位置的尺寸。当组合体表面具有交线（截交线、相贯线）时，不应标注交线的尺寸，即截交线和相贯线的尺寸不能标。因为交线的位置、大小是由产生交线的形体或截面的定形尺寸和定位尺寸所确定的。常见切割体和相贯体的尺寸注法如图 4－16 所示。

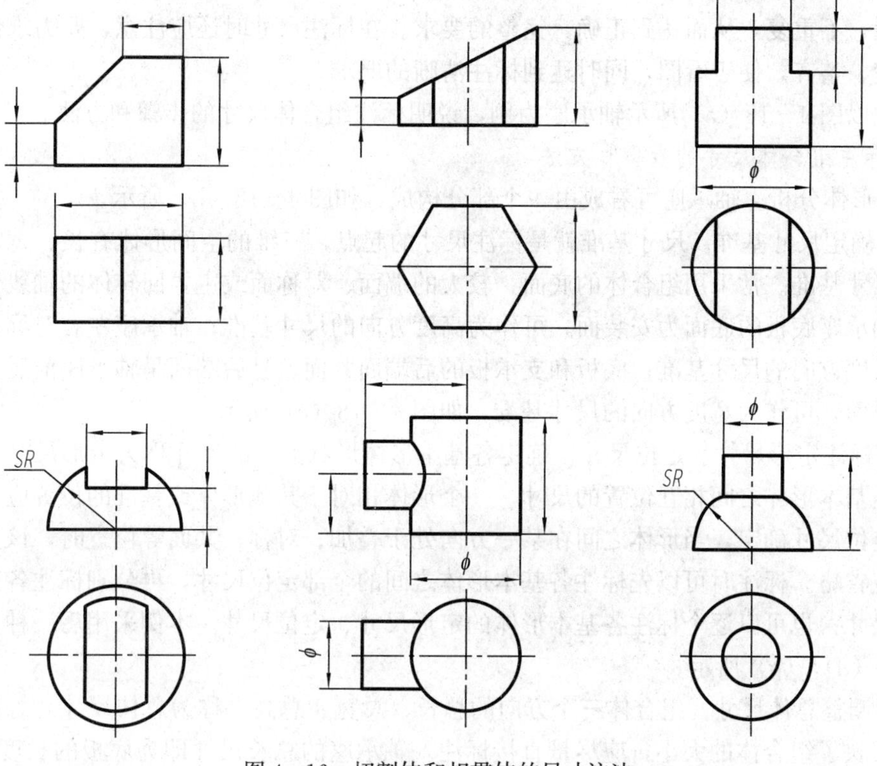

图 4－16 切割体和相贯体的尺寸注法

3. 常见底板的尺寸标注

常见底板的尺寸主要标注在反映底板特征的视图中，如图 4－17 所示。

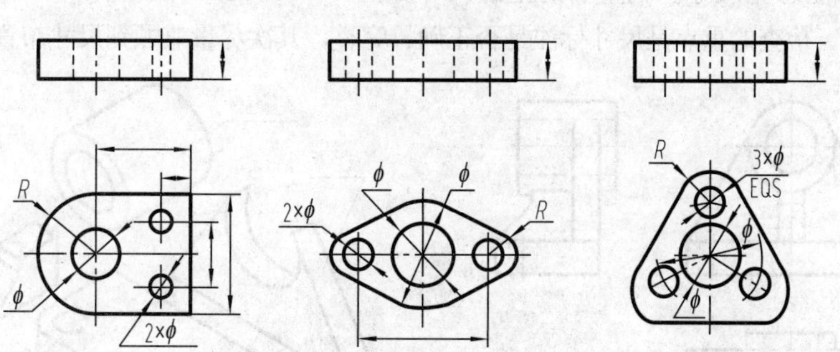

图 4－17 常见底板的尺寸标注

三、组合体的尺寸标注

形体分析法是标注组合体尺寸的基本方法。

通常可在形体分析的基础上，先确定这个组合体的长、宽、高三个方向的尺寸基准。然后，逐个注出组成组合体各基本形体的定形尺寸和定位尺寸。最后，标注总体尺寸，即总长、总宽、总高。标注总体尺寸时应注意：有时在标注各基本形体的定位尺寸和定形尺寸时，已经注出总体尺寸，即在图上已能比较明显看出的总体尺寸，可以不再另行标注；如因加注了总体尺寸而产生重复尺寸，则应调整尺寸标注，删去多余的尺寸，或在比较次要的尺寸数字上加括号，表示作为参考尺寸。根据上述步骤，按照国家标准规定标注尺寸，就能做到不遗漏、不重复，从而达到正确、完整的要求。在标注尺寸时还应注意，要力求做到尺寸布置清楚、整齐，便于看图，同时达到标注清晰的要求。

下面以图 4－18（a）所示轴承座为例，说明标注组合体尺寸的步骤和方法。

1. 标注组合体尺寸的步骤和方法

（1）形体分析。轴承座可看成由 4 个部分构成，如图 4－18（b）所示。

（2）确定尺寸基准。尺寸基准就是标注尺寸的起点，三维的空间形体有长、宽、高三个方向的尺寸基准。常采用组合体的底面、较大的端面、对称面或主要回转体的轴线作为尺寸基准。轴承座底板的底面为安装面，可作为高度方向的尺寸基准；轴承座左右对称，对称面可作为长度方向的尺寸基准；底板和支承板的后端面共面，且后端面是轴承座前后方向较大的一个平面，可作为宽度方向的尺寸基准，如图 4－18（c）所示。

（3）标注定形尺寸、定位尺寸。确定各基本形体形状大小的尺寸称为定形尺寸。定位尺寸是确定基本形体之间相互位置的尺寸。一个形体相对于其他形体或基准的位置应该由三个方向的定位尺寸确定，当形体之间在某一方向处于叠加、对称、共面等位置时，该方向的定位尺寸应省略。标注时可以先标注各基本形体之间的全部定位尺寸，再分别标注各基本形体的定形尺寸；也可以逐个标注各基本形体的定形尺寸、定位尺寸。本例采用后一种方式，如图 4－18（d）～（g）所示。

（4）调整总体尺寸。组合体三个方向的总长、总宽、总高，称为总体尺寸。总体尺寸从整体上反映了组合体的大小，应尽量直接标注。轴承座的总长尺寸即为底板的长度尺寸 62；由于轴承座顶部为圆柱面，故不直接标注总高尺寸，而应标注该圆柱面轴线至高度基准即底板底面的尺寸 36；在宽度方向，考虑到制作的需要，直接注定位尺寸 5 和定形尺寸 30 较为合适，故也未注总宽尺寸。调整后的全部尺寸如图 4－18（h）所示。

（5）检查。检查的重点是尺寸标注是否正确、完整，其次尽量兼顾到尺寸布置清晰的要求。

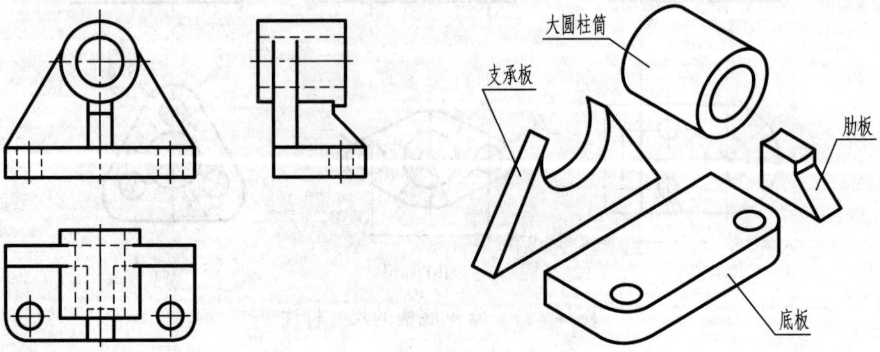

(a)　　(b)

图 4－18　标注轴承座的尺寸（一）

(a) 题目；(b) 形体分析；

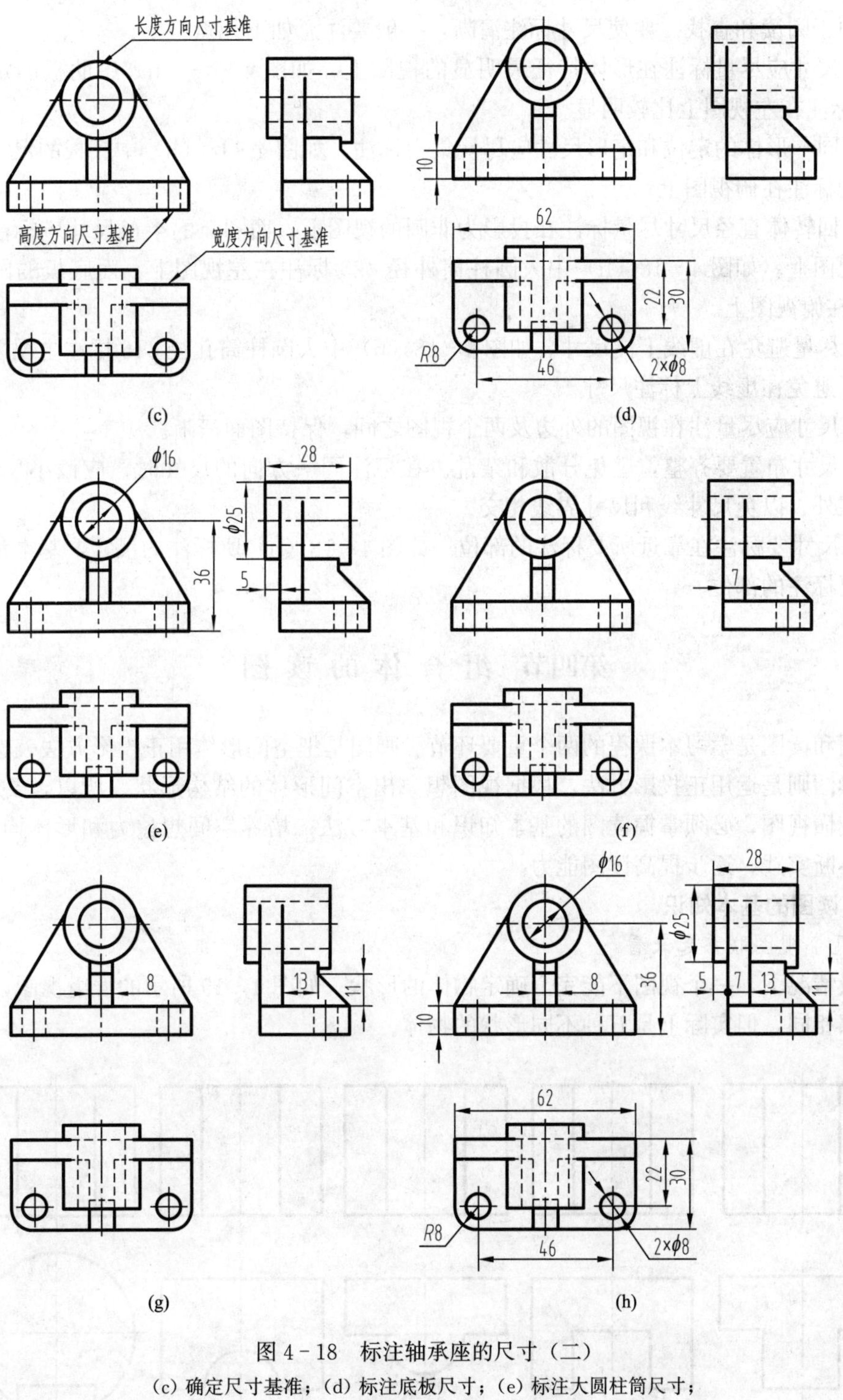

图 4-18　标注轴承座的尺寸（二）

(c) 确定尺寸基准；(d) 标注底板尺寸；(e) 标注大圆柱筒尺寸；

(f) 标注支承板尺寸；(g) 标注肋板尺寸；(h) 调整后的全部尺寸

2. 标注尺寸在正确、完整的前提下应力求清晰

在保证尺寸完整、正确的前提下，还应该综合考虑尺寸在视图中的布置。只有布置清晰

才能够便于阅读和查找。要使尺寸标注清晰，一般要注意如下几点：

(1) 尺寸应尽量标注在形体特征最明显的视图上。如图 4－18（h）中肋板的定形尺寸 11、13 标注在左视图上比较明显。

(2) 同一形体的定位和定形尺寸应尽量集中标注。如图 4－18（h）中底板的尺寸除厚度尺寸外均标注在俯视图上。

(3) 回转体直径尺寸尽量标注在投影为非圆的视图上，而圆弧的半径尺寸应标注在投影为圆的视图上。如图 4－18（h）中大圆柱筒外径 $\phi25$ 标注在左视图上，而底板的圆角半径 $R8$ 标注在俯视图上。

(4) 尽量避免在虚线上注尺寸。如图 4－18（h）中大圆柱筒孔径 $\phi16$ 标注主视图上，这样是为了避免在虚线上标注尺寸。

(5) 尺寸应尽量注在视图的外边及两个视图之间，保持图面清晰。

(6) 尺寸布置要齐整，避免分散和杂乱。在标注同一方向的尺寸时，应该小尺寸在内，大尺寸在外，以免尺寸线和尺寸界线相交。

(7) 尺寸要标注在靠近所要标注的部位。如图 4－18（h）所标注的尺寸，基本都标注在靠近所要标注的部位。

第四节　组 合 体 的 读 图

画图和读图是学习本课程的两个重要环节。画图是把空间形体用正投影方法表达在平面上；而读图则是运用正投影方法，根据视图想象出空间形体的结构形状。所以，要能正确、迅速地读懂视图，必须掌握读图的基本知识和基本方法，培养空间想象力和形体构思能力，并通过不断实践，逐步提高读图能力。

一、读图的基本知识

1. 几个视图联系起来看

一般情况下，一个视图不能完全确定物体的形状。如图 4－19 所示的五组视图，它们的主视图都相同，但实际上是五种不同形状的物体。

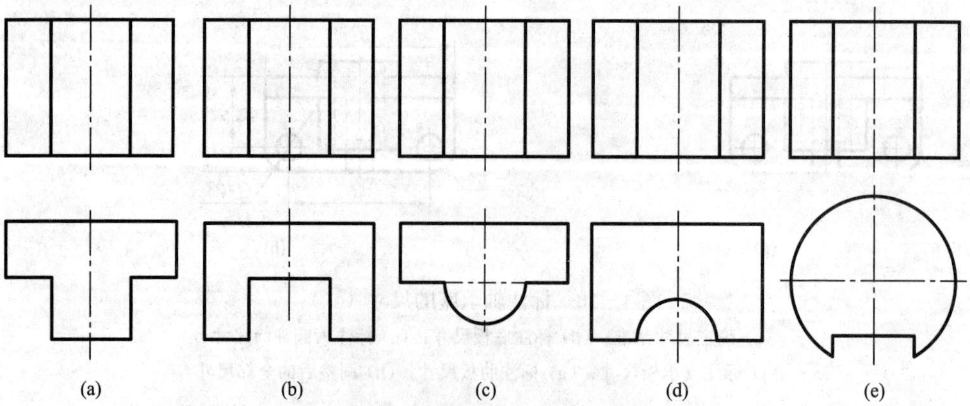

图 4－19　一个视图不能完全确定物体的形状

而图 4－20 所示的三组视图，它们的主、俯视图都相同，但也表示了三种不同形状的物体。因此，两个视图也不能完全确定物体的形状。

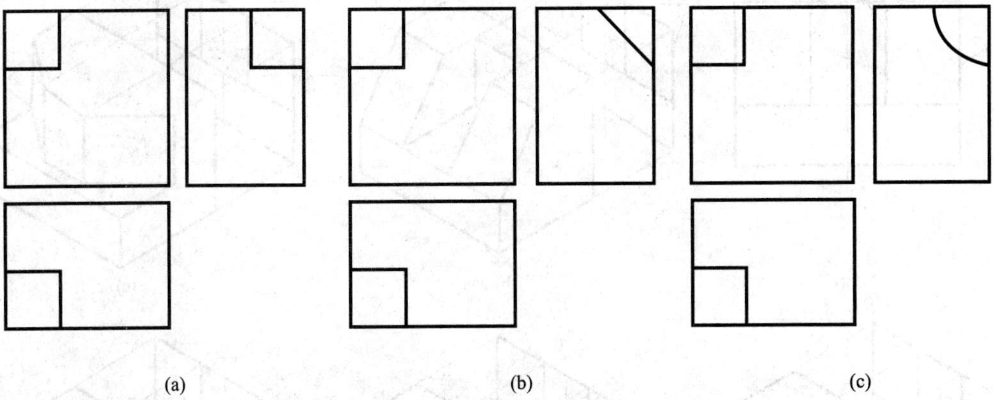

图 4-20　两个视图也不能完全确定物体的形状

由此可见，读图时，一般要将几个视图联系起来阅读、分析和构思，才能弄清物体的真实形状。

2. 寻找特征视图

所谓特征视图，就是把物体的形状特征及相对位置反映得最充分的那个视图。例如图 4-19 中的俯视图及图 4-20 中的左视图。找到这些视图，再配合其他视图，就能较快地认清物体的结构了。

但是，由于组合体的组成方式不同，物体的形状特征及相对位置并非总是集中在一个视图上，有时是分散于各个视图上的。例如，图 4-21 中的支架就是由四个形体叠加构成的。主视图反映物体 A、B 的特征，左视图反映物体 C 的特征，俯视图反映物体 D 的特征。所以在读图时，要抓住反映特征较多的视图，准确地读出物体的结构。

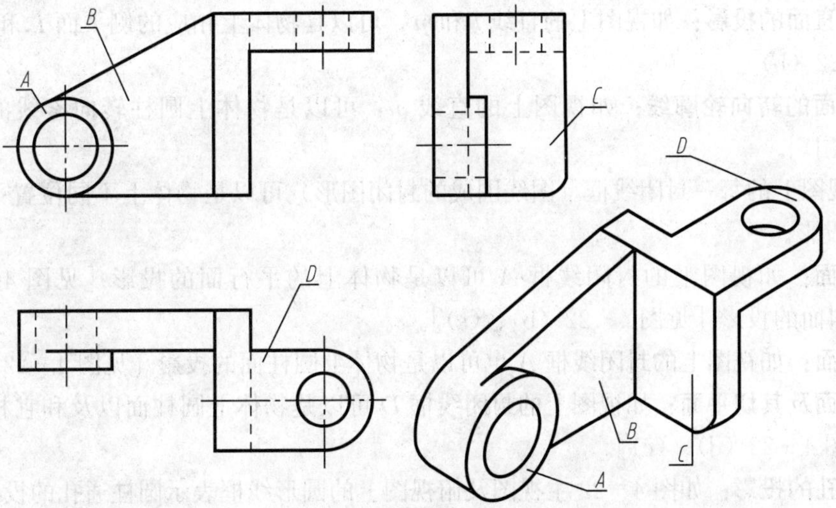

图 4-21　读图时应找出特征视图

3. 了解视图中的线和线框的含义

弄清视图中线和线框的含义，是看图的基础。下面以图 4-22 为例说明。

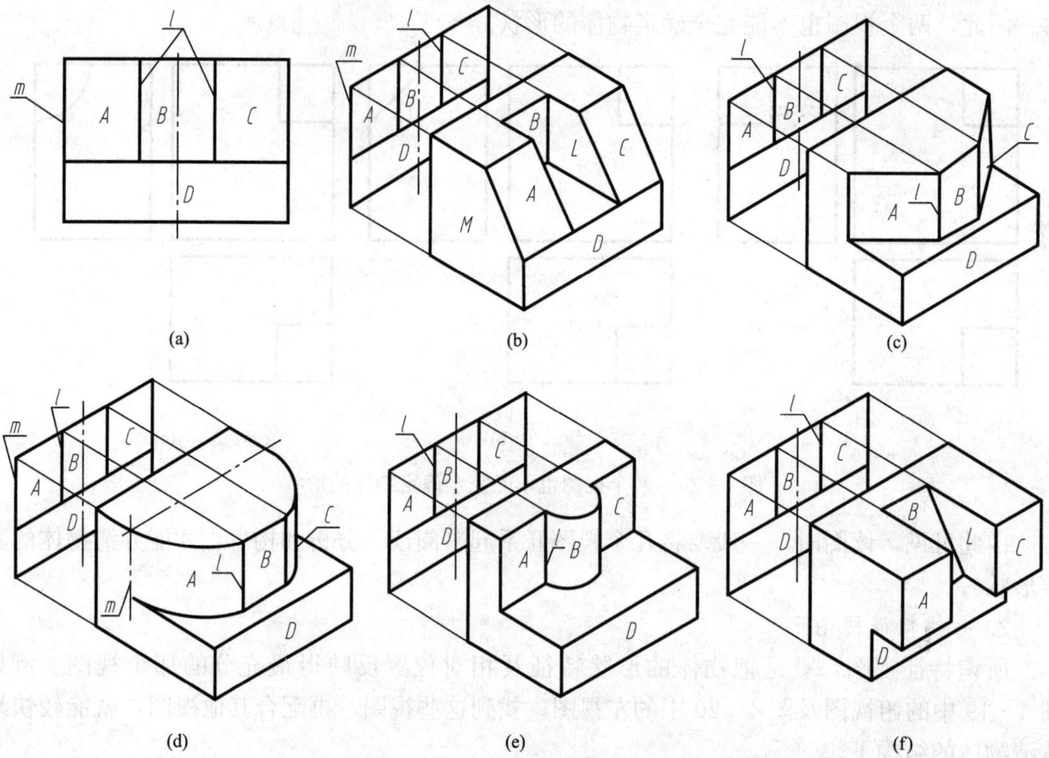

图 4-22 视图中线、线框的分析

(1) 视图上的每一条线可以是物体上、下列要素的投影。

1) **两表面的交线**：如视图上的直线 l，可以是物体上两平面交线的投影［见图 4-22 (c)］或平面与曲面交线的投影［见图 4-22 (d)、(e)］。

2) **垂直面的投影**：如视图上的直线 l 和 m，可以是物体上相应的侧平面 L 和 M 的投影［见图 4-22 (b)］。

3) **曲面的转向轮廓线**：如视图上的直线 m，可以是物体上圆柱转向素线的投影［见图 4-22 (d)］。

(2) 视图上的每一封闭线框（图线围成的封闭图形）可以是物体上不同位置平面、曲面或通孔的投影。

1) **平面**：如视图上的封闭线框 A 可以是物体上的平行面的投影［见图 4-22 (e)、(f)］，或斜面的投影［见图 4-22 (b)、(c)］。

2) **曲面**：如视图上的封闭线框 A 也可以是物体上圆柱面的投影［见图 4-22 (d)］。

3) **曲面及其切平面**：如视图上的封闭线框 D 可以是物体上圆柱面以及和它相切平面的投影［见图 4-22 (d)、(e)］。

4) **通孔的投影**：如图 4-22 主视图及俯视图上的圆形线框表示圆柱通孔的投影。

(3) 视图上任何相邻的封闭线框必定是物体上相交的或前后位置相错的两个面（或其中一个是通孔）的投影。

如图 4-22 (c)、(d)、(f) 中，线框 B 和 C 表示为相交的两个面（平面或曲面）；图 4-21 (b)、(f) 中，线框 B 和 C 表示为前、后的两个面（平行面或斜面）。

上述线、线框的性质可以在读图时帮助我们提高构思的能力，在下面分析看图的具体方法中还要进一步运用。

二、读图基本方法

1. 形体分析法

读图的基本方法与画图一样，也是运用形体分析法。一般是从反映组合体形状特征明显的视图着手，把视图划分为若干部分，然后逐一找出各部分在其他视图中的投影，根据其三面投影想象出各部分的形状，最后结合各部分之间的相对位置关系，综合想象出组合体的整体形状。

下面以图 4-23 为例，说明用形体分析法读图的步骤。

(1) 按线框分部分。一般从主视图入手按照线框将视图分解为几部分。如图 4-23 (a) 所示，可将视图分为Ⅰ～Ⅴ五个部分。

(2) 对投影想形状。根据投影的三等关系，借助绘图工具，将每一部分的其他两面投影划分出来，如图 4-23 (b)、(c)、(d) 中，分别表示出各部分的三面投影，根据每一部分的三面投影逐一想象出各部分的形状，如图 4-23 所示的立体图。

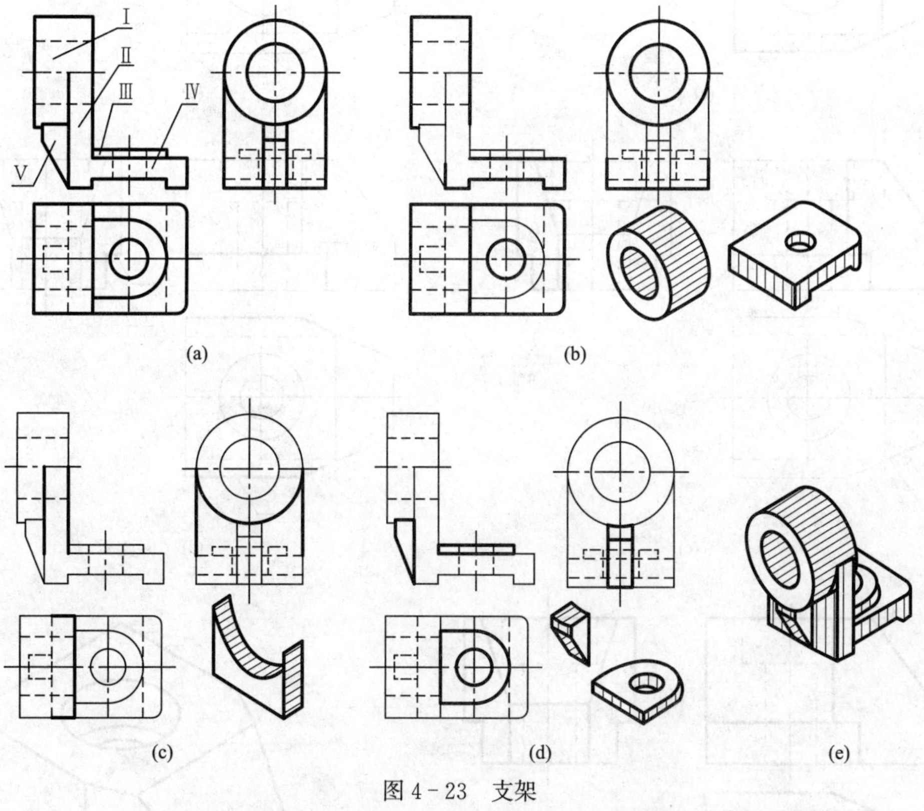

图 4-23　支架

(a) 支架三视图；(b) 圆筒和底板的投影分析；(c) 支承板的投影分析；
(d) 凸台和肋板的投影分析；(e) 支架的轴测图

(3) 综合起来想整体。分析各部分的形状以后，根据各部分的相互位置关系，综合想象出其整体形状。可以看出：圆筒在支承板的上方，肋板在支承板的左边，支承板和肋板连在一起共同支承着圆筒，凸台在底板的上方，底板在支承板的右下方，支架的整体形状如图 4-23 (e) 所示。

2. 线面分析法读图

当形体被多个平面切割、形体的形状不规则或在某视图中形体结构的投影重叠时，应用形体分析法往往难以读懂。这时，需要运用线、面投影理论来分析物体的表面形状、面与面的相对位置及面与面之间的表面交线，并借助立体的概念来想象物体的形状，即用线面分析法读图。

下面以图 4－24 所示压块为例，说明线面分析的读图方法。

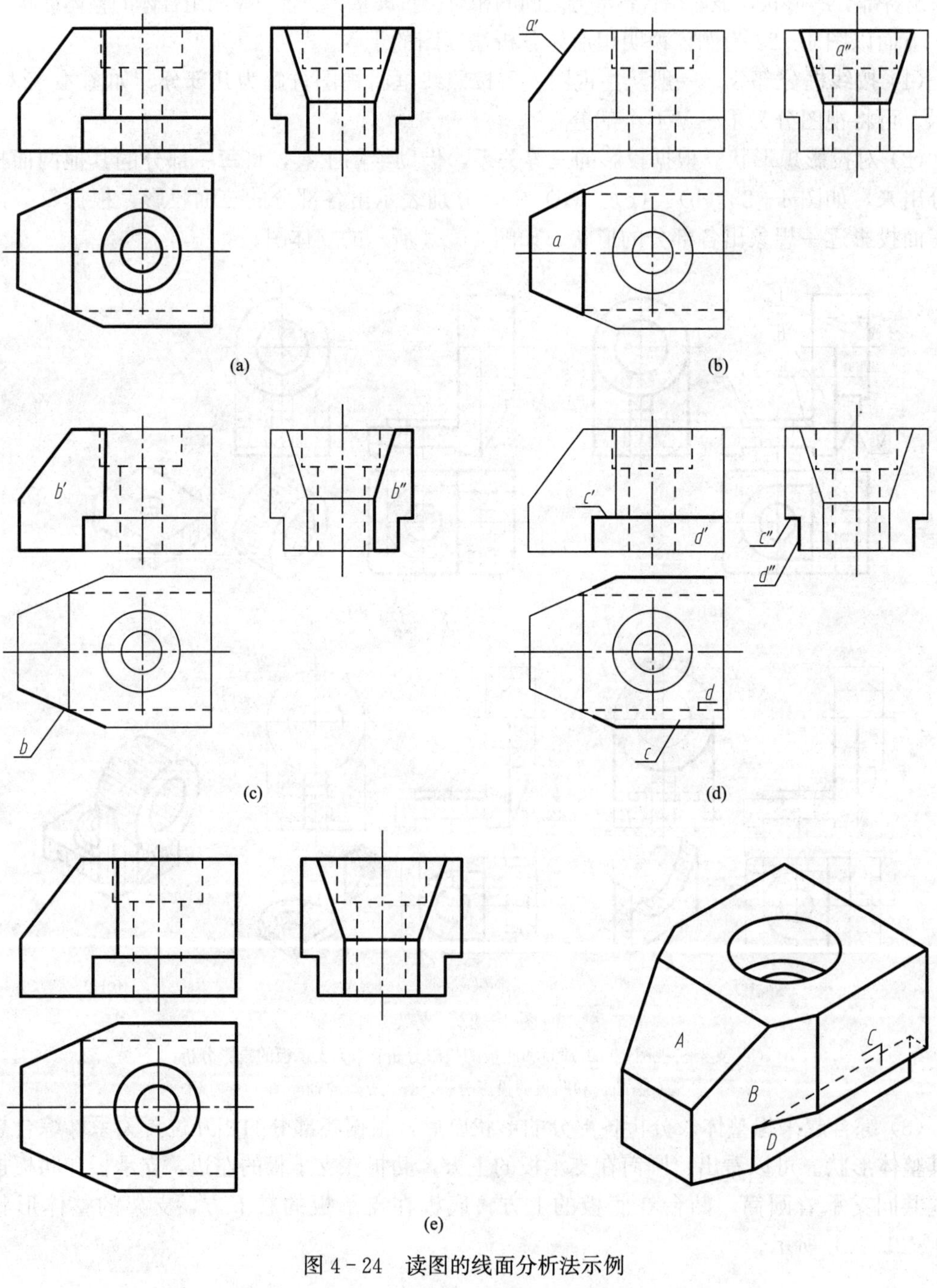

图 4－24　读图的线面分析法示例

(1) 确定物体的整体形状。根据图 4-24 (a)，压块三视图的外形均是有缺角和缺口的矩形，可初步认定该物体是由长方体切割而成，且中间有一个阶梯圆柱孔。

(2) 确定切割面的位置和面的形状。由图 4-24 (b) 可知，在俯视图中有梯形线框 a，而在主视图中可找出与它对应的斜线 a'，由此可见 A 面是垂直于 V 面的梯形平面。长方体的左上角是由 A 面切割而成，平面 A 对 W 面和 H 面都处于倾斜位置，所以它们的侧投影 a''和水平投影 a 是类似图形，不反映 A 面的真实形状。

由图 4-24 (c) 可知，在主视图中有七边形线框 b'，而在俯视图中可找出与它对应的斜线 b，由此可见 B 面是铅垂面。长方体的左端就是由这样的两个平面切割而成的。平面 B 对 V 面和 W 面都处于倾斜位置，因而侧面投影 b''也是类似的七边形线框。

由图 4-24 (d) 可知，从主视图上的长方形线框 d'入手，可找到 D 面的三个投影。由俯视图的四边形线框 c 入手，可找到 C 面的三个投影。从投影图中可知 D 面为正平面，C 面为水平面。长方体的前后两边就是由这样两个平面切割而成的。

(3) 综合想象其整体形状。搞清楚各截切面的空间位置和形状后，根据基本形体形状、各截切面与基本形体的相对位置，并进一步分析视图中的线、线框的含义，可以综合想象出整体形状，如图 4-24 (e) 所示。

读组合体的视图常常是两种方法并用，以形体分析法为主，线面分析法为辅。

3. 应用

根据两个视图补画第三视图，是培养读图和画图能力的一种有效手段。下面举例说明。

【例 4-2】 已知支座主、俯视图，求作其左视图，如图 4-25 (a) 所示。

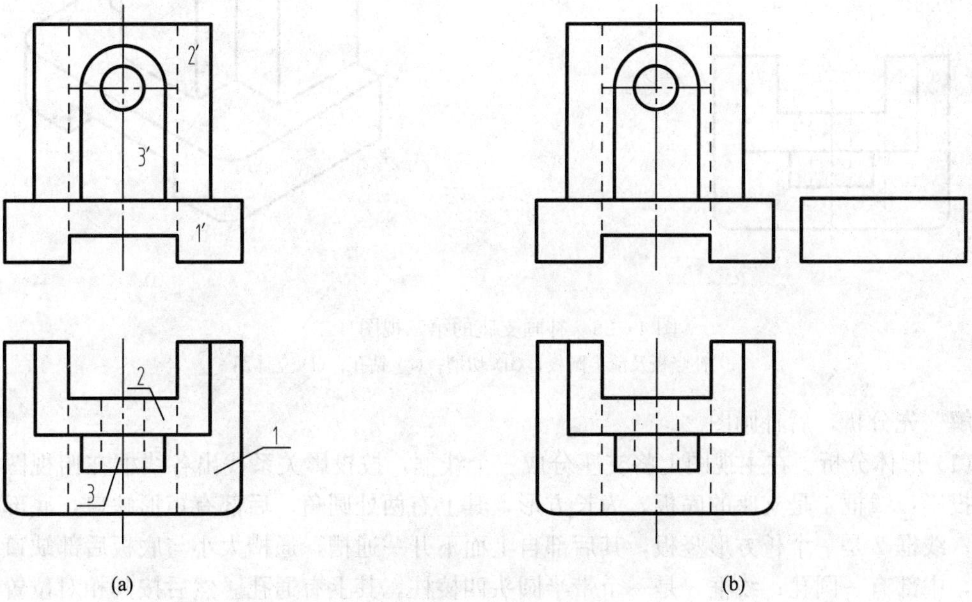

图 4-25　补画支座的第三视图（一）

(a) 已知条件；(b) 补底板

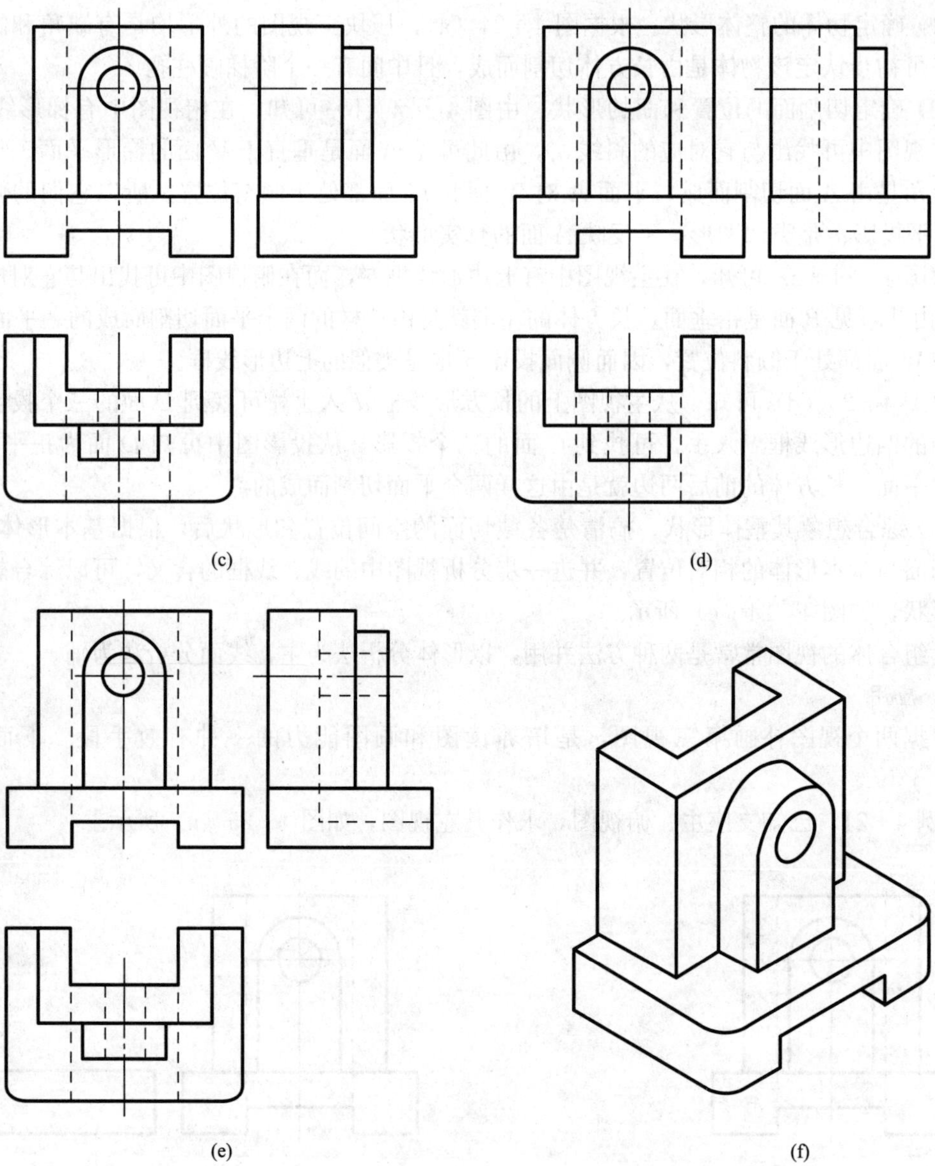

图 4－25 补画支座的第三视图（二）

(c) 补竖板及前半圆板；(d) 切槽；(e) 钻孔；(f) 立体图

解 先分析，后补画图。

(1) 形体分析。在主视图上将支座分成三个线框，按投影关系找出各线框在俯视图上的对应投影：线框 1 是支座的底板，为长方形，其上有两处圆角，后部有矩形缺口，底部有一通槽；线框 2 是一个长方形竖板，其后部自上而下开一通槽，通槽大小与底板后部缺口大小一致，中部有一圆孔；线框 3 是一个带半圆头四棱柱，其上有通孔。然后按其相对位置，想象出其形状，如图 4－25（f）所示。

(2) 补画支座左视图。根据给出的两视图，可看出该形体是由底板、前半圆板和长方形竖板叠加后，切去一通槽，钻一个通孔而形成的。具体作图步骤如图 4－25（b）～(e) 所示。最后加深，完成全图。

4. 组合体读图方法小结

由上述例题可以看出，组合体读图的一般步骤如下：

(1) 分线框，对投影。

(2) 想形体，辨位置。

(3) 线面分析攻难点。

(4) 综合起来想整体。

第五章 轴 测 图

采用正投影法绘制的多面正投影图是工程上应用最广泛的图样，它能完整、准确地表达出物体各部分的形状和大小，而且度量性好、作图也简单，如图 5－1（a）所示。但正投影法的立体感不强，在读图时需要对照几个视图和运用正投影原理进行阅读，才能够想象出物体的形状，对于缺乏读图基础的人是很难看懂的。在实际应用中常采用一种立体感较强的图，如图 5－1（b）所示。它能在一个投影上同时反映出物体长、宽、高三个方向的尺寸和形状，富有逼真感和立体感，这种图样称为轴测投影图，简称轴测图。轴测图补充了多面正投影图的立体感差、识图较难的不足，因此它是工程上常用的一种辅助图样，在读图时，可用轴测图帮助想象立体的形状和结构。本章主要介绍轴测图的基本知识和画法。

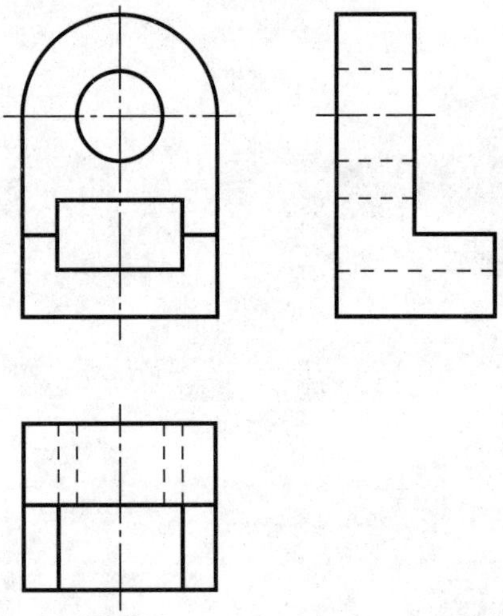
(a)

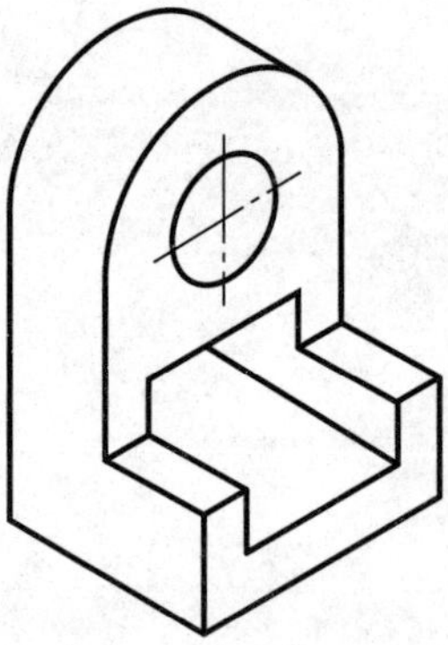
(b)

图 5－1　正投影图与轴测图的比较
（a）正投影图；（b）轴测图

第一节 轴测图概述

一、轴测图的形成

在适当的位置设置一个投影面 P，将物体连同确定物体的直角坐标系，沿不平行于任一坐标面的方向，用平行投影法将其投射到 P 平面上所得到的具有立体感的图形，称为轴测投影图（简称轴测图），如图 5－2 所示。

二、轴间角和轴向伸缩系数

在轴测投影中，把空间直角坐标轴 OX、OY、OZ 在轴测投影面上的投影 O_1X_1、O_1Y_1、O_1Z_1 称为轴测轴。把相邻两轴测轴之间的夹角$\angle X_1O_1Y_1$、$\angle Y_1O_1Z_1$、$\angle Z_1O_1X_1$，称为轴间角。

轴测轴上的单位长度与相应投影轴上单位长度的比值，称为轴向伸缩系数。OX、OY、

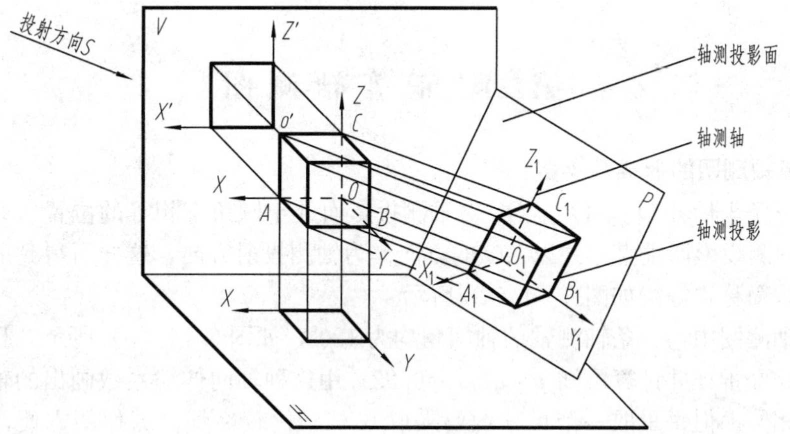

图 5-2　轴测图的形成

OZ 轴上的轴向伸缩系数分别用 p_1、q_1、r_1 表示。

为了便于作图，轴向伸缩系数之比应采用简单的数值，而且各个系数的数值也宜简化，简化后的系数称为简化伸缩系数，分别用 p、q、r 表示。

三、轴测图的基本性质

由于轴测投影属于平行投影，因此轴测投影仍具有平行投影的基本性质。

(1) 物体上凡与空间坐标轴平行的线段，在轴测图中也应平行于相应的轴测轴，且具有和相应轴测轴相同的轴向伸缩系数（沿轴量）。

(2) 物体上互相平行的线段，在轴测图中也应互相平行（平行性）。

由以上基本性质可知，若已知各轴的轴向伸缩系数，在轴测图中即可画出平行于轴测轴的各线段的长度。若所画线段与坐标轴不平行时，决不可在图上直接量取，而应先作出两端点的轴测图，然后连线才能得到线段的轴测图。

四、轴测图的分类

(1) 根据投射方向与轴测投影面的夹角不同，轴测图可分为正轴测图和斜轴测图两类。

1) 正轴测图——轴测投射方向（投射线）与轴测投影面垂直投射所得到的轴测图。

2) 斜轴测图——轴测投射方向（投射线）与轴测投影面倾斜投射所得到的轴测图。

由此可见，正轴测图是由正投影法得到的，而斜轴测图是由斜投影法得到的。

(2) 若根据轴向伸缩系数的不同，又分为以下三种：

1) 若 $p=q=r$，称为正（或斜）等轴测图。

2) 若 $p=q\neq r$ 或 $q=r\neq p$ 或 $r=p\neq q$，称为正（或斜）二等轴测图。

3) 若 $p\neq q\neq r$，称为正（或斜）三等轴测图。

由于正等轴测图和斜二轴测图作图相对简单且立体感强，在工程上应用广泛，如图5-3所示。本章仅介绍这两种轴测图

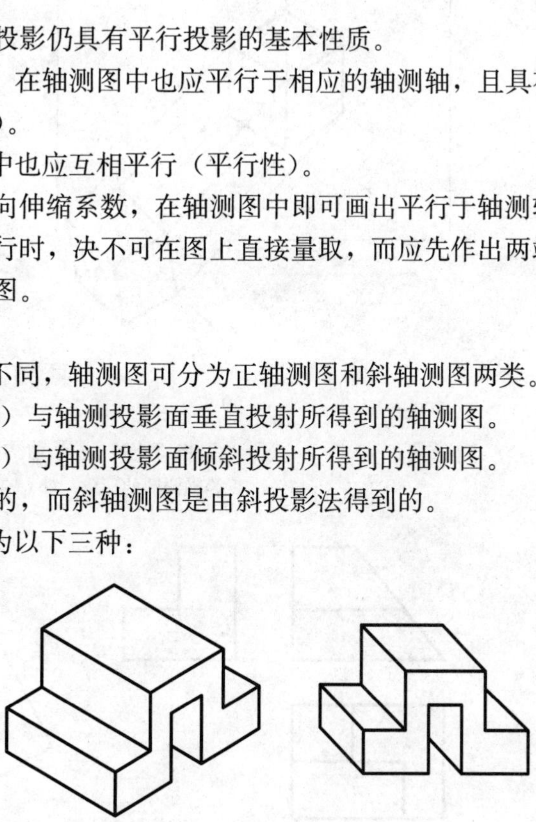

(a)　(b)

图 5-3　工程上常见的轴测图

(a) 正等轴测图；(b) 斜二轴测图

的画法。

第二节 正等轴测图

一、正等轴测图的形成及参数

如果使三条坐标轴 OX、OY、OZ 对轴测投影面处于倾角都相等的位置，即使图中的对角线 AO 与轴测投影面垂直，并以 AO 的方向作为轴测投射方向，这样所得到的轴测图就是正等测轴图，简称正等测如图 5-4（a）所示。

在正等轴测图中，三条轴测轴的轴间角均为 120°，如图 5-4（b）所示，且三个轴向伸缩系数相等。经推证并计算可知 $p=q=r=0.82$。用这种轴向伸缩系数画出的轴测图与立体的大小基本相同，但每量取一个尺寸均要乘以 0.82，比较麻烦。为作图方便，通常采用简化伸缩系数 $p=q=r=1$ 来画图，即沿各轴向的所有尺寸均按物体实际长度绘制。按简化伸缩系数画出的图形比实际物体放大了 1/0.82≈1.22 倍，但并不影响理解物体的形状。

图 5-5 所示为两种伸缩系数画出的正等轴测图及其比较。

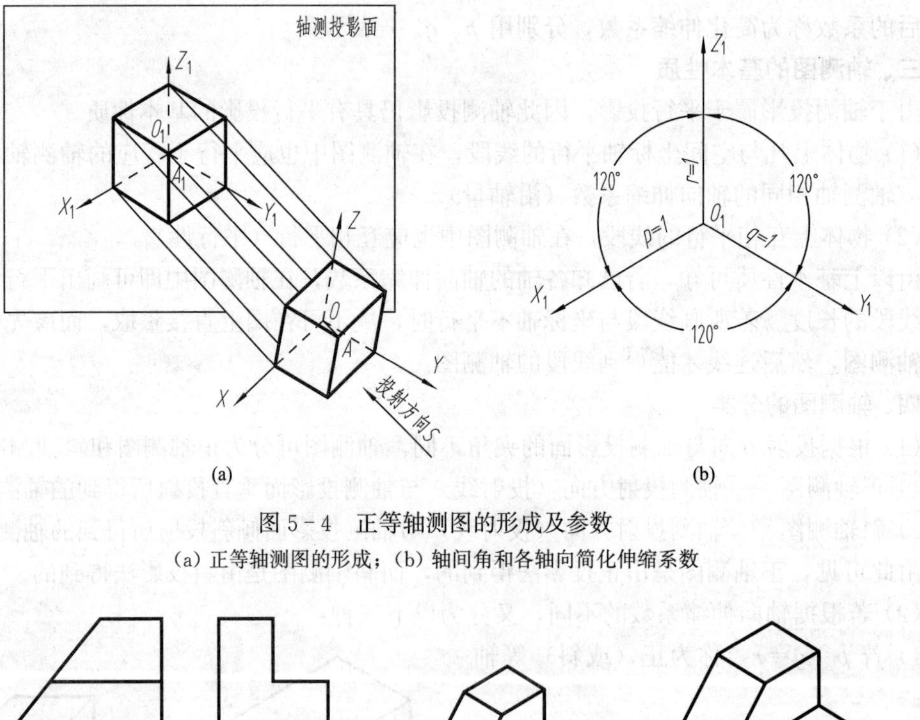

图 5-4 正等轴测图的形成及参数

（a）正等轴测图的形成；（b）轴间角和各轴向简化伸缩系数

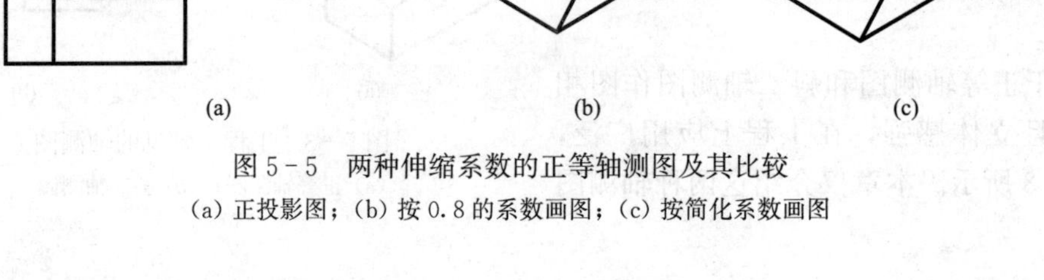

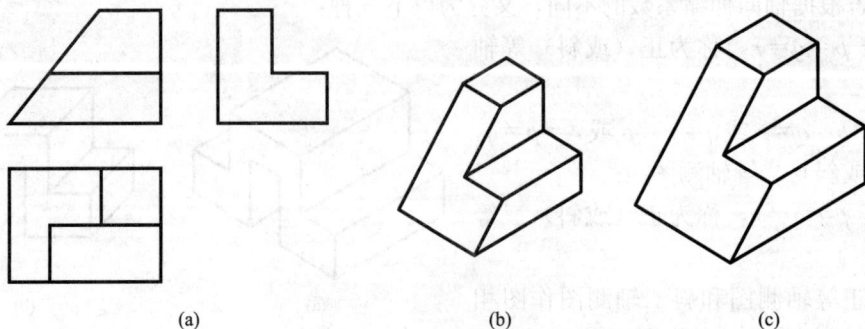

图 5-5 两种伸缩系数的正等轴测图及其比较

（a）正投影图；（b）按 0.8 的系数画图；（c）按简化系数画图

二、平面立体正等轴测图的画法

平面立体的作图方法根据立体的组合形式不同而不同，一般有坐标法、切割法和叠加法三种。这三种方法都需要定出坐标原点，然后根据各点坐标在轴测坐标系中确定其位置，所以坐标法是画轴测图的最基本方法。下面举例说明不同形状特点的平面立体轴测图的具体作图方法。

【例 5-1】 画长方体及其切割的正等轴测图（见图 5-6）。

分析 由图 5-6（a）所示的三视图通过形体分析可知，它的原形是一个长方体，用一个正垂面将左上角切去一角，左前方被一个正平面和一个侧平面切去一个缺口，右边则被两个正平面和一个侧平面切去一个方槽。在作轴测图时，可先画出长方体，然后按这个切割顺序切去各部分。在画图时，应注意沿轴向量取尺寸。具体作图步骤如下：

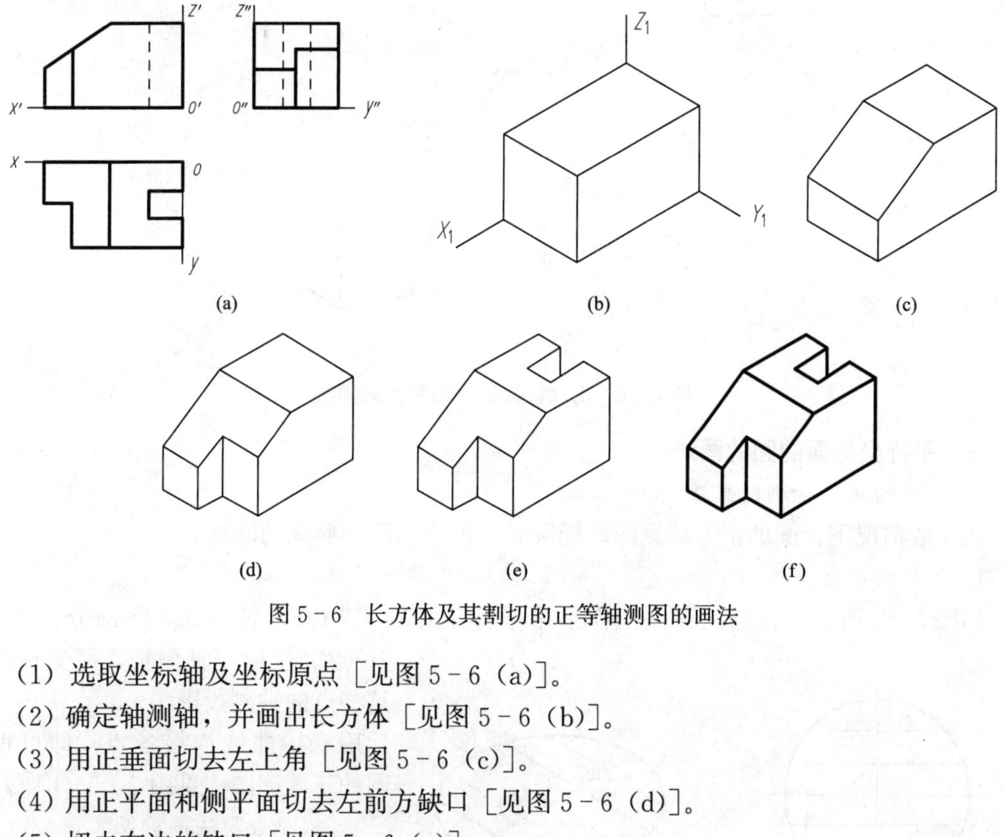

图 5-6 长方体及其割切的正等轴测图的画法

（1）选取坐标轴及坐标原点［见图 5-6（a）］。

（2）确定轴测轴，并画出长方体［见图 5-6（b）］。

（3）用正垂面切去左上角［见图 5-6（c）］。

（4）用正平面和侧平面切去左前方缺口［见图 5-6（d）］。

（5）切去右边的缺口［见图 5-6（e）］。

（6）整理加粗，即得切割体的轴测图［见图 5-6（f）］。

【例 5-2】 绘制正六棱柱的正等轴测图（见图 5-7）。

分析 对于平面立体，它的作图要点是根据各顶点的坐标分别作出轴测图，然后按顺序将各顶点的轴测图连接起来，即得到立体的轴测图。因正六棱柱上、下底面都是处于水平位置的正六边形，其前后左右均对称。可取顶面的对称中心 O 作为坐标原点，作出顶面和底面，并将顶面和底面上的对应顶点连接起来即可。具体作图步骤如下：

（1）选取坐标轴及坐标原点［见图 5-7（a）］。

（2）确定轴测轴，画出顶面和底面对称中心线的轴测图［见图 5-7（b）］。

（3）按各顶点的坐标作出顶面和底面的轴测图［见图 5-7（c）］。

(4) 将顶面和底面的对应点连接起来［见图 5－7（d）］。

(5) 加粗，得到正六棱柱的轴测图［见图 5－7（e）］。

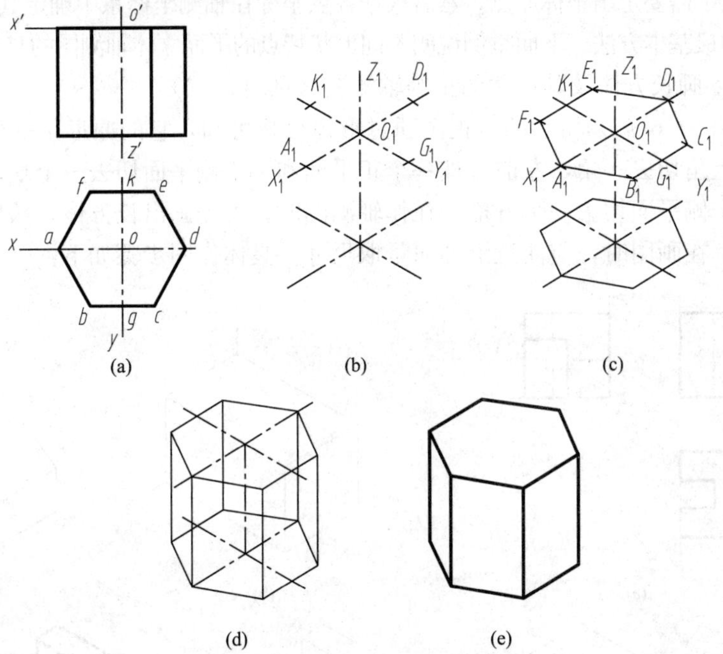

图 5－7　正六棱柱正等轴测图的画法

三、平行坐标面的圆的画法

（一）圆的正等轴测图画法

在一般情况下，圆的正等轴测图是椭圆。下面介绍两种椭圆的画法。

1. 坐标法画椭圆

如图 5－8 所示，在圆的视图上作适量平行于 OX（或 OY）轴的弦，将圆分成 1、2、3…点，然后作轴测轴，用坐标找到这些点的轴测投影 1_1、2_1、3_1…，最后用光滑曲线连接各点，即可得该圆的正等测图［见图 5－8（b）］。

2. 四心圆法画椭圆

用四心圆法画圆的正等测图（椭圆）快捷、方便、美观，但精确度不如坐标法。其作图方法与步骤如图 5－9 所示。

用四心圆法画椭圆的作图过程如下：

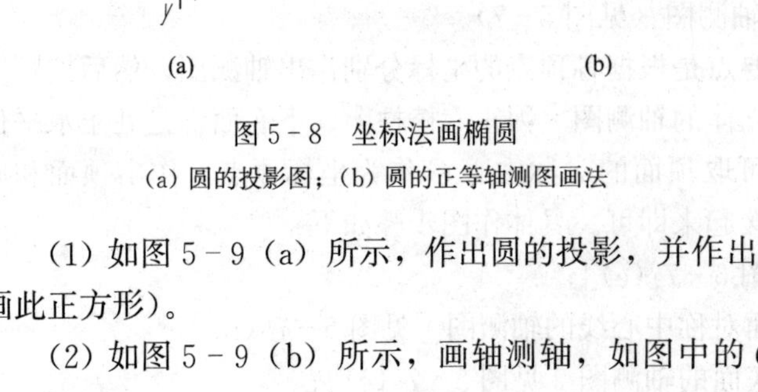

图 5－8　坐标法画椭圆

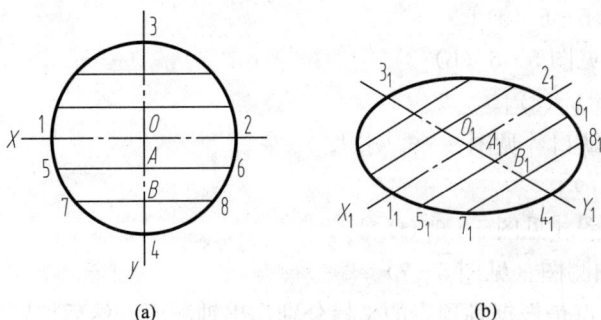

（a）圆的投影图；（b）圆的正等轴测图画法

(1) 如图 5－9（a）所示，作出圆的投影，并作出该圆的外切正方形（画轴测图时不必画此正方形）。

(2) 如图 5－9（b）所示，画轴测轴，如图中的 O_1X_1 和 O_1Y_1 轴，在轴上截取 $O_11=$

$O_1 2 = O_1 3 = O_1 4 = R$（圆的半径），过1、2、3、4点分别作两轴测轴的平行线，得圆的外切正方形的轴测图（四心扁圆的外切菱形）。

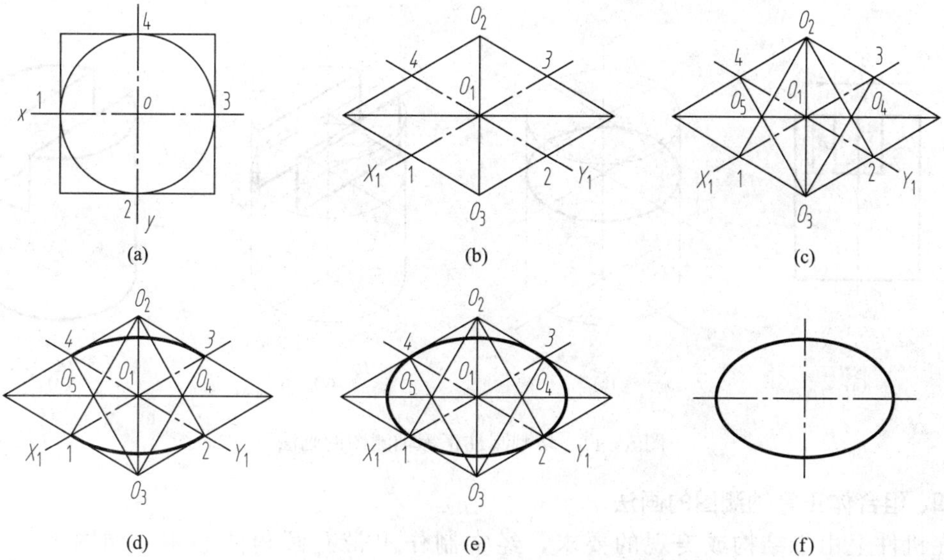

图5-9　四心圆法画圆的正等轴测图

（3）如图5-9（c）所示，分别连接 $O_2 1$、$O_2 2$、$O_3 3$、$O_3 4$，得交点 O_4 和 O_5，则 O_2、O_3、O_4、O_5 四点就是四段圆弧的圆心，$O_2 1 = O_2 2 = O_3 3 = O_3 4$ 是大圆弧的半径，$O_4 2 = O_4 3 = O_4 1 = O_5 4$ 是小圆弧的半径。

（4）如图5-9（d）所示，分别以 O_2、O_3 为圆心，画两段大圆弧。

（5）如图5-9（e）所示，分别以 O_4、O_5 为圆心，画两段小圆弧。

（6）擦掉多余作图线并加粗即得如图5-9（f）所示的圆的轴测图。

（二）平行于各坐标面圆的正等测图画法

平行于各坐标面的圆，其正等测均为椭圆。由于其方向不同，因此椭圆的画法也不尽相同，这是由椭圆长短轴方向的变化引起的，如图5-10所示。在作图时只要首先弄清圆所处的坐标面，确定该坐标面椭圆的长、短轴方向，按四心圆法先作出相应圆的外切正方形的轴测图，就能作出平行于该坐标面圆的正等测图。

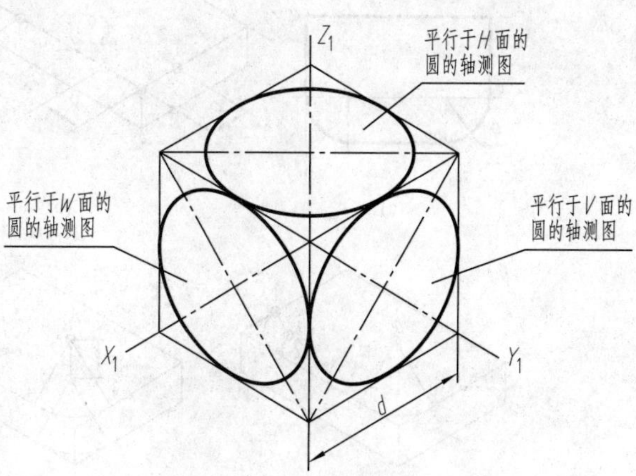

图5-10　平行于各坐标面圆的正等轴测图画法

【例5-3】 求作切割圆柱的正等测图（见图5-11）。

具体作图步骤如下：

（1）选取坐标轴及坐标原点［见图5-11（a）］。

（2）确定轴测轴，画出上、下两圆的轴测椭圆。采用圆心平移法，画出距上面圆为 a 的切割圆［见图5-11（b）］。

（3）画出圆柱被切割部分［见图 5-11（c）］。

（4）整理加粗，即得切割圆柱体的轴测图［见图 5-11（d）］。

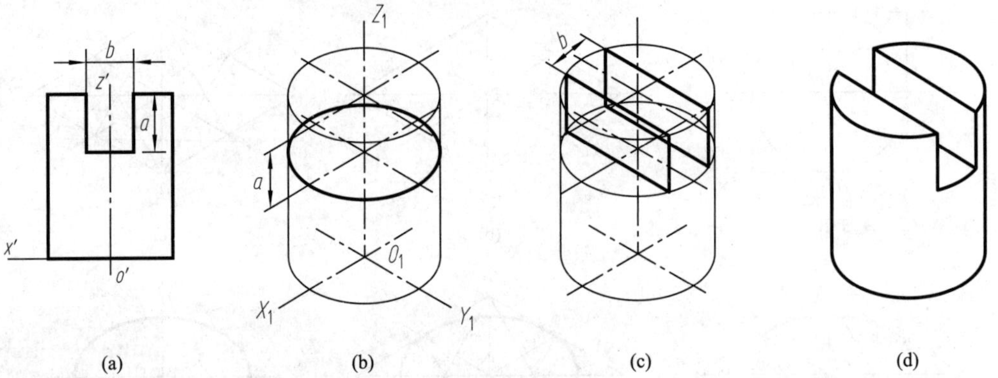

图 5-11 切割圆柱正等轴测图的画法

四、组合体正等轴测图的画法

在机件上由于结构或美观的要求，经常制作出带有圆角的底板，如图 5-12（a）所示的板左右各有一个圆角，在画轴测图时，需要画出圆角的轴测图。圆角是圆柱的一部分，但在画轴测图时采用一种较简单的画图方法——用一段圆弧代替。具体作图步骤如下：

（1）选取坐标轴及坐标原点［见图 5-12（a）］。

（2）先画出无圆角的矩形板的轴测图，由圆角半径 R 找出 1 和 2 点［见图 5-12（b）］。

（3）过 1 和 2 点分别作所在边的垂线，得到的交点 O 即为所求圆弧的圆心［见图 5-12（c）］。

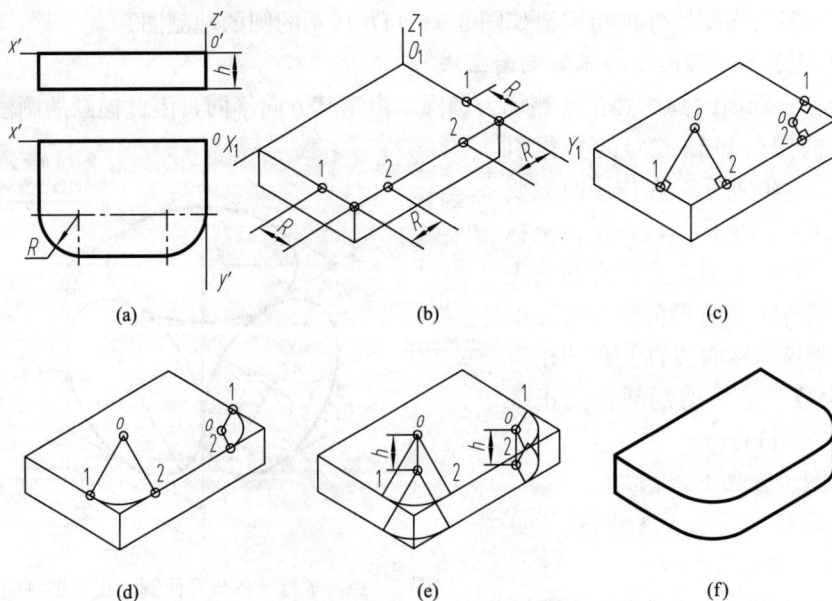

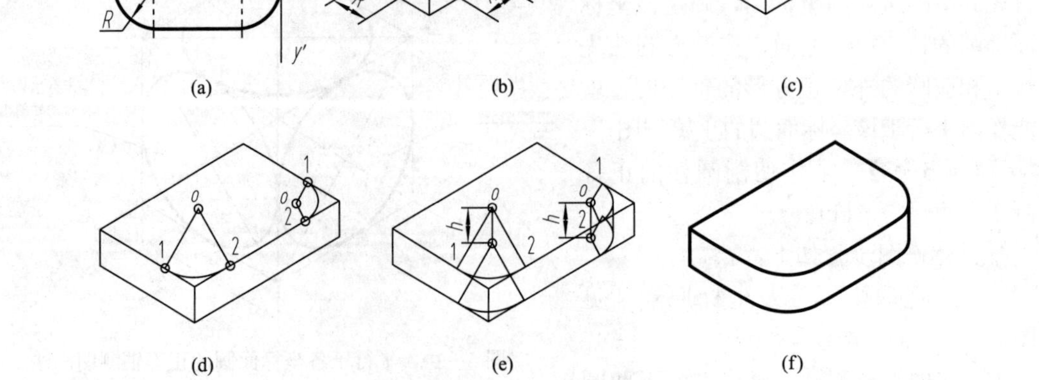

图 5-12 圆角正等轴测图的画法

(4) 以 O 为圆心，O_1 为半径作弧，即得顶面圆角的轴测图［见图 5-12（d)］。

(5) 用圆心平移法画出底面圆角的轴测图，并作两圆弧的公切直线［见图 5-12（e)］。

(6) 擦掉多余作图线，将可见轮廓线加粗，即完成作图［见图 5-12（f)］。

【例 5-4】 如图 5-13 所示，根据组合体的三视图画轴测图。

画组合体的轴测图是将前面所学内容的综合应用，因此在画图前应首先用形体分析法分析组合体由哪些基本体组合而成，然后用相应的画法画出各部分的轴测图。

分析 该组合体可看成是由底板、U 形柱及斜支承板叠加而成。画图时先画底板，再画 U 形柱，最后画出斜支承板的轴测图，然后将各部分的轴测图按其相对位置叠加起来，即得组合体的轴测图。

作图方法与步骤如图 5-13（b)～(f）所示。

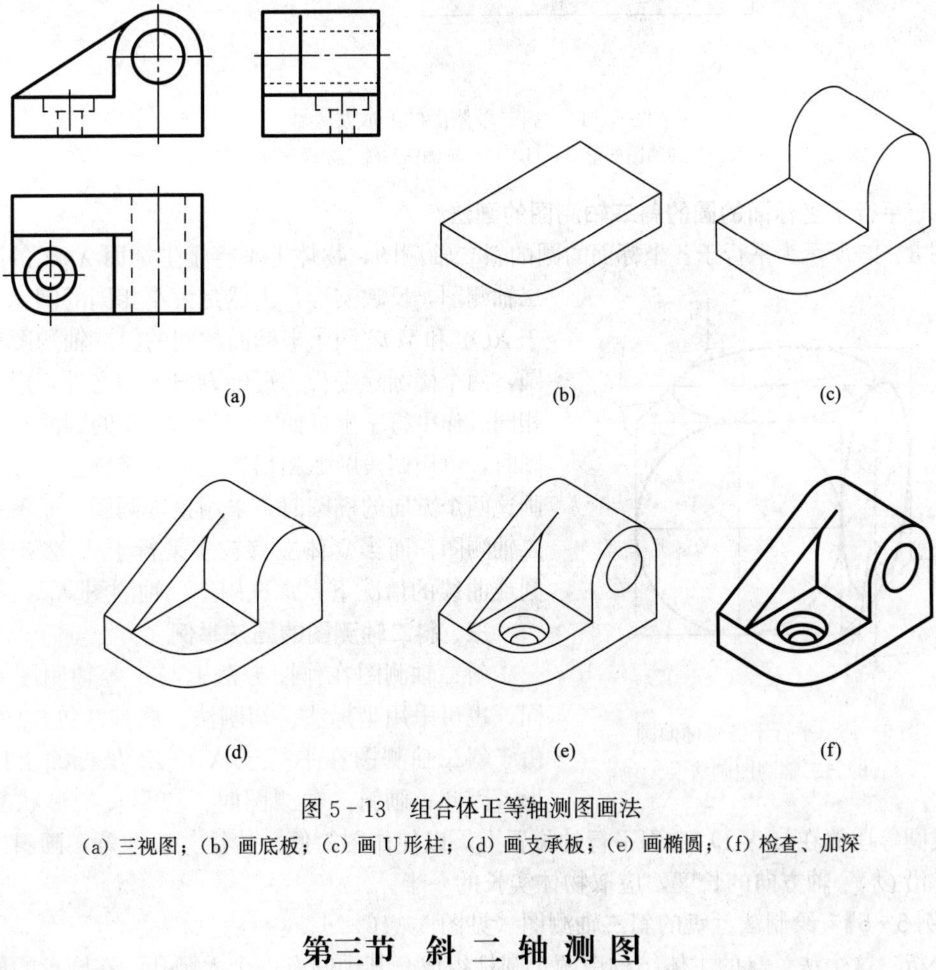

图 5-13 组合体正等轴测图画法

(a) 三视图；(b) 画底板；(c) 画 U 形柱；(d) 画支承板；(e) 画椭圆；(f) 检查、加深

第三节 斜 二 轴 测 图

一、斜二轴测图的形成及参数

如果使确定物体在空间位置直角坐标系中的 XOZ 坐标面平行于轴测投影面，当投射方向与三个坐标面都倾斜时得到的轴测图称为斜轴测图。当所选择的投射方向使 O_1Y_1 轴与 O_1X_1 轴之间的夹角为 135°，$O_1X_1 \perp O_1Z_1$ 轴并使 O_1Y_1 轴的轴向伸缩系数为 0.5 时，所得到

的轴测图就称为斜二轴测图，简称斜二测，如图 5-14（a）所示。

斜二轴测图的轴测轴、轴间角及轴向伸缩系数如图 5-14（b）所示。

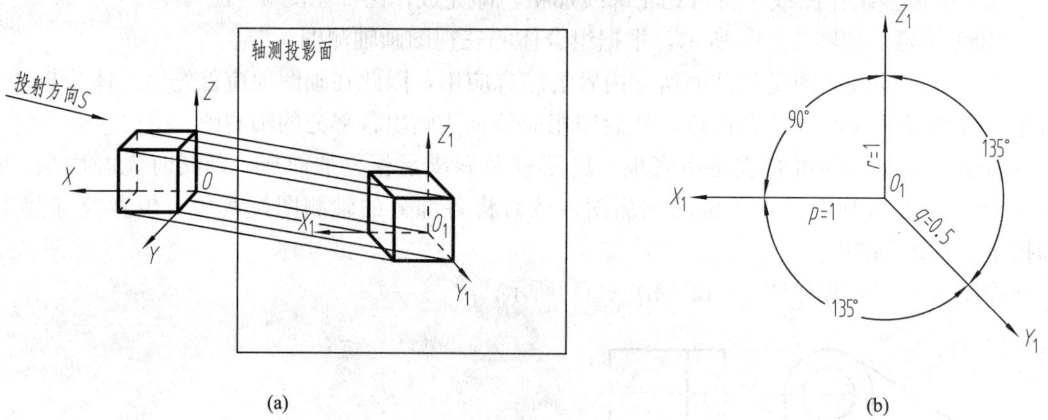

图 5-14 斜二轴测图的形成及参数

（a）斜二轴测图的形成；（b）斜二轴测图的轴间角及轴向伸缩系数

二、平行于坐标面的圆的斜二轴测图的画法

图 5-15 所示为平行于各坐标面的圆的斜二轴测图，物体上平行于坐标面 XOZ 的圆的斜二轴测图，反映实形，仍然是大小相同的圆。而平行于 XOY 和 YOZ 两个坐标面的圆的斜二轴测图都是椭圆，两个椭圆除了长、短轴方向不同之外，形状完全相同。作平行于坐标面 XOY 或 YOZ 的圆的斜二轴测图时，可用四段圆弧相切拼成近似椭圆。一般在需要画这两个方向的椭圆时，采用正等测图，而不采用斜二轴测图；而当立体上有较多平行于 XOZ 坐标面的圆或曲线的情况下，常选用斜二轴测图。

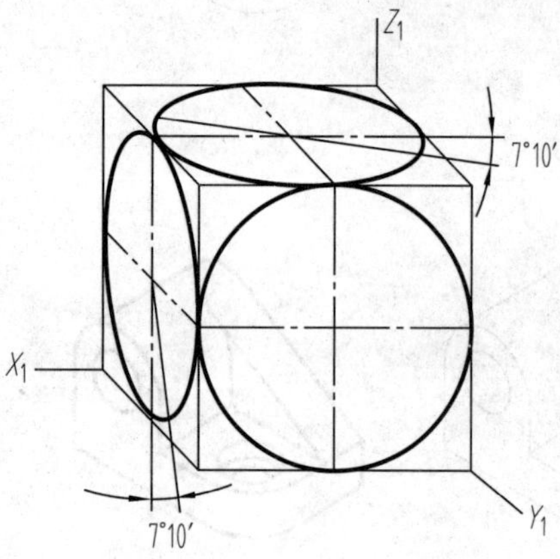

图 5-15 平行于各坐标面圆的斜二轴测图画法

三、斜二轴测图的画法举例

斜二轴测图在作图方法上与正等轴测图基本相同，也可采用坐标法、切割法、叠加法等作图方法。由于斜二轴测图在平行于 $X_1O_1Z_1$ 坐标面上反映实形，因此，画斜二轴测图时，应尽量把形状复杂的平面或圆等摆放在与 $X_1O_1Z_1$ 面平行的位置上，以使作图简便、快捷。应注意，画斜二轴测图时，沿 O_1Y_1 轴方向的长度，应取物体实长的一半。

【例 5-5】 绘制法兰盘的斜二轴测图（见图 5-16）。

分析 这个法兰盘的主体结构由两个圆柱组成，其中间有一个大圆孔，在圆盘的周围有四个小孔，由图 5-16 可知，圆盘上所有的圆都平行于侧面，可使这些圆与 $X_1O_1Z_1$ 平行，使它们的轴测图反映实形（圆）。作图步骤如下：

（1）在视图上确定坐标轴及坐标原点［见图 5-16（a）］。

（2）画轴测轴，确定后端面大圆和前端面小圆的圆心位置［见图 5-16（b）］。

（3）画出大圆和小圆的前、后两端面的圆［见图 5-16（c）、（d）］。

(4) 画出圆盘上的圆孔 [见图 5-16 (e)]。

(5) 整理、加深，完成法兰盘的斜二轴测图 [见图 5-16 (f)]。

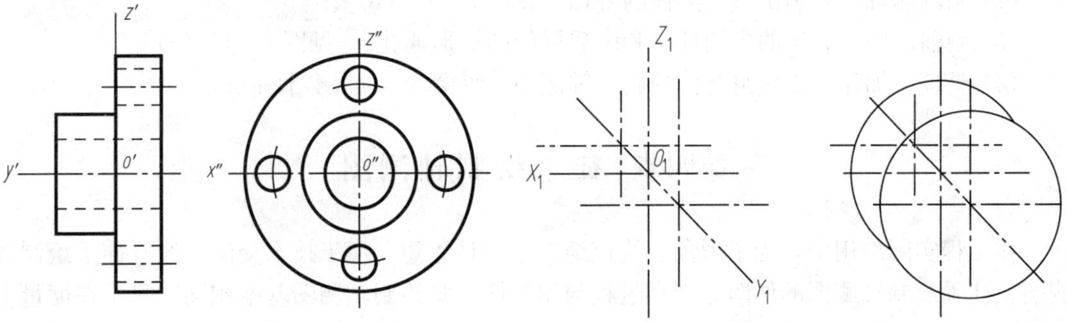

(a) (b) (c)

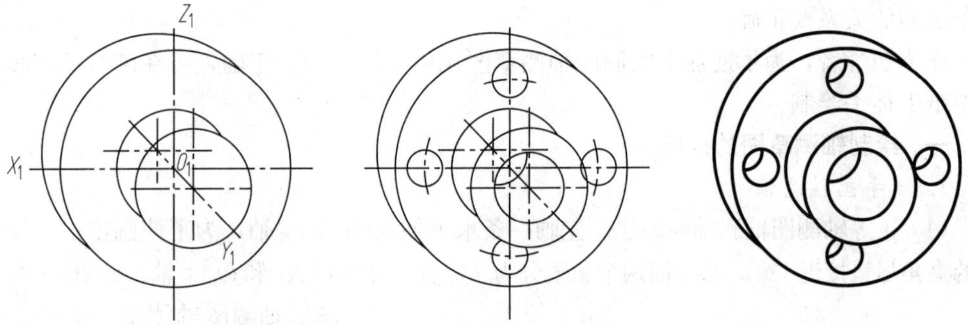

(d) (e) (f)

图 5-16 法兰盘斜二轴测图的画法

【例 5-6】 绘制图 5-17 (a) 所示组合体的斜二轴测图。

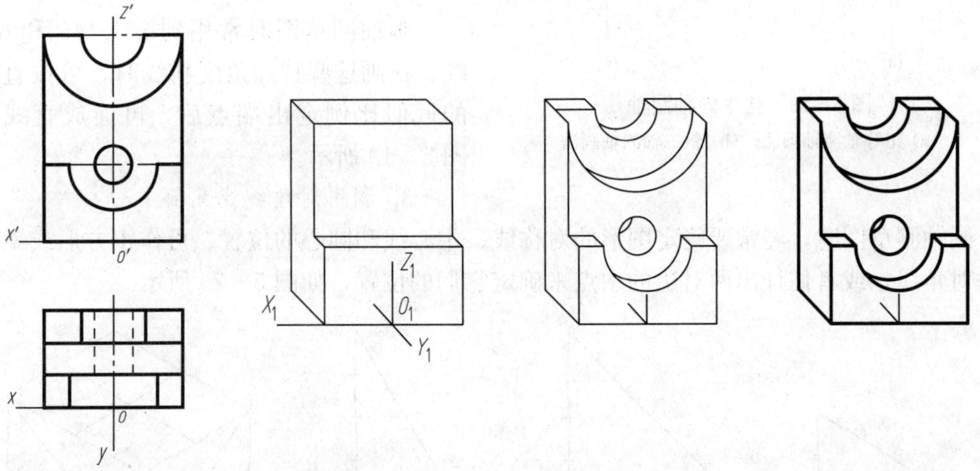

(a) (b) (c) (d)

图 5-17 组合体斜二轴测图的画法

分析 从图 5-17 (a) 可知，该组合体是在长方体的基础上挖切而形成的架体。对照主视图和俯视图可见，这个架体分前、中、后三层：前层、中层、后层各切割出一个半圆柱槽（直径各不相等），另外，中层和后层有一个圆柱形通孔。具体作图方法与步骤如下：

（1）在视图上确定坐标轴及坐标原点［见图 5-17（a）］。

（2）画轴测轴，先画出整个架体的外形［见图 5-17（b）］。

（3）画前、中、后层的半圆柱槽和中后层的圆柱形通孔。［见图 5-17（c）］。

（4）整理、加深，完成组合体的斜二轴测图［见图 5-17（d）］。

第四节 徒手绘制轴测图

在工程实际应用中，为了形象、快速地表达设计思想，便于技术交流，经常徒手绘制轴测图。徒手绘制轴测图的作图原理和过程与用绘图工具绘制轴测图基本相同，只是在度量上依靠目测，徒手绘制。在画图时仍应基本做到图形正确，线型分明，比例匀称，图面整洁，线条之间的关系要正确。

作为初学者，为了使徒手绘制的轴测草图比例协调、图形正确，可在画有轴测轴方位的网格纸上徒手绘制。

一、绘制轴测草图的技巧

1. 徒手画轴测轴

（1）正等轴测图轴测轴的画法。先画一条水平横线和 O_1Z_1 轴，为了使画出的三条轴线之间的夹角尽量接近 120°，将下面两个象限分为三等分，即得 O_1X_1 和 O_1Y_1 轴，见图 5-18（a）。

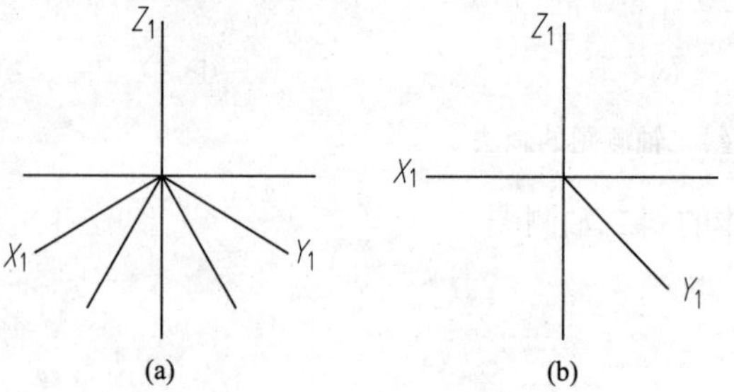

图 5-18 徒手画轴测轴

（a）正等轴测轴画法；（b）斜二轴测轴画法

（2）斜二轴测图轴测轴的画法。先画互相垂直的轴测轴 O_1X_1 轴和 O_1Z_1 轴，然后将下面右象限二等分，即得 O_1Y_1 轴，见图 5-18（b）。

2. 徒手画斜线

画轴测草图时常用到 30°、45°和 60°斜线。在画这些特殊角度斜线时，可按直角边的近似比例定出端点后，再连成直线，如图 5-19 所示。

3. 利用对角线找几何中心

画轴测草图时，经常要确定图形的对称线、中心线和圆心的位置。可作正方形或矩形的两条对角线，或者估计出两对边的中点来确定它们的位置，如图 5-20 所示。

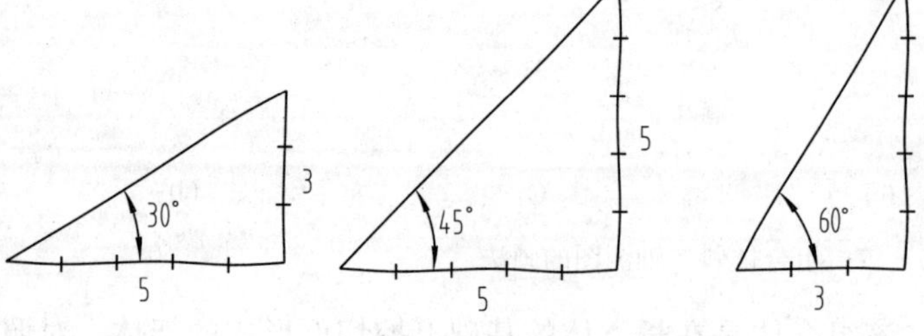

图 5-19 30°、45°、60°斜线的画法

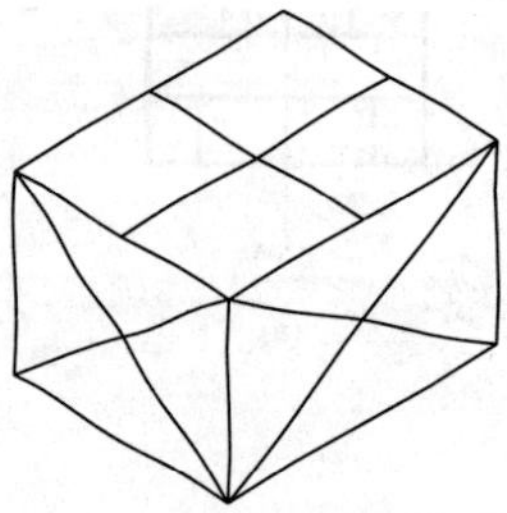

图 5-20 确定几何中心的方法

4. 圆的轴测草图的画法

由于圆在轴测图中一般为椭圆，所以画圆的轴测草图也就是徒手画椭圆。下面以正等测椭圆为例说明其画图步骤。

(1) 先画 O_1X_1 和 O_1Y_1 轴测轴，在轴测轴上量取约等于圆直径的长度，得 1、2、3、4 点，过这些点分别作两轴测轴的平行线，得边长约等于圆直径的菱形，见图 5－21 (a)。

(2) 用细线勾画出四段弧，使之与菱形各边的中点相切，见图 5－21 (b)。

(3) 光滑连接四段圆弧，即得椭圆，见图 5－21 (c)。

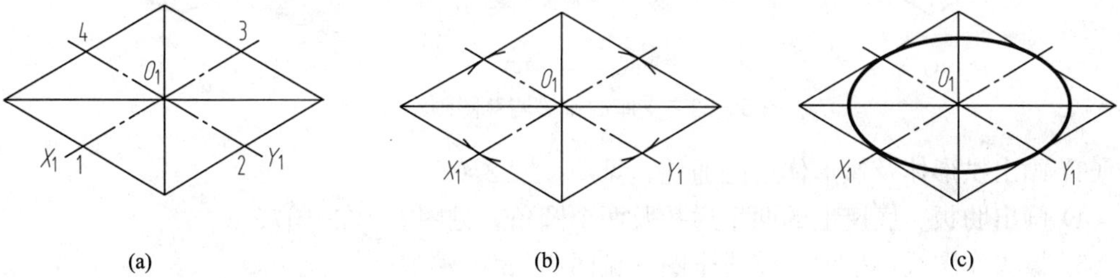

图 5－21　徒手画椭圆

二、绘制轴测草图的一般步骤

画轴测草图时，应特别注意图形各部分的比例应协调、斜线的倾斜角度误差不要太大。否则就会使图形严重失真，从而影响其立体感。

画轴测草图的一般步骤如下：

(1) 选择应采用的轴测图种类。

(2) 以清楚地表达出物体的形状、结构为原则，选择合适的轴测投射方向。

(3) 进行具体绘图。

【例 5－7】 徒手绘制图 5－22 (a) 所示立体的斜二轴测图。

作图步骤：

(1) 在三视图上确定坐标轴和坐标原点，见图 5－22 (a)。

(2) 画出底座、拱形体的外形，见图 5－22 (b)。

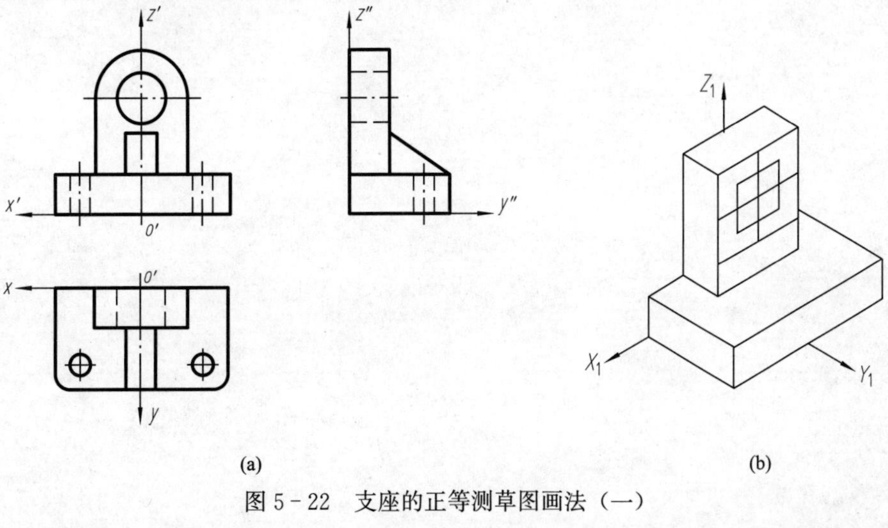

图 5－22　支座的正等测草图画法（一）

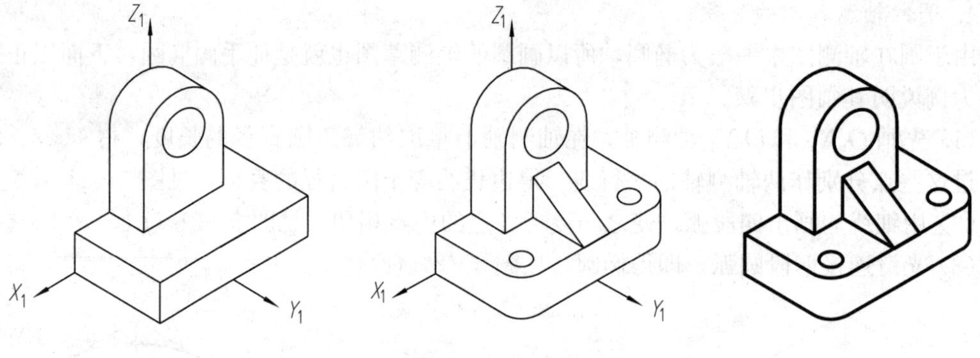

(c) (d) (e)

图 5 - 22 支座的正等测草图画法（二）

(3) 画出拱形体及拱形体上的通孔，见图 5 - 22（c）。

(4) 画出肋板、底座上的两个通孔及两个圆角，见图 5 - 22（d）。

(5) 擦去作图线，描深，完成全图，见图 5 - 22（e）。

第六章　机件常用的表达方法

在生产实际中，当机件的形状和结构比较复杂时，如果仍用前面所讲的两视图或三视图，很难将其内外形状准确、完整、清晰地表达出来，因此还需要采用其他的表示方法。GB/T 4458.1—2002《机械制图　图样画法　视图》、GB/T 4458.6—2002《机械制图　图样画法　剖视图和断面图》、GB/T 17451—1998《技术制图　图样画法　视图》、GB/T 17452—1998《技术制图　图样画法　剖视图和断面图》、GB/T 17453—2005《技术制图　图样画法　剖面区域的表示法》，以及 GB/T 16675.1—2012《技术制图　简化表示法　第 1 部分：图样画法》等国家标准规定了视图、剖视图、断面图、局部放大图、简化画法和其他规定画法等各种画法，本章着重介绍一些常用的基本表示法。

第一节　视　　图

按 GB/T 17451—1998 的规定，视图有基本视图、向视图、局部视图和斜视图四种，可按需选用，现分别介绍如下。

一、基本视图

基本视图是机件向基本投影面投射所得的视图。对于形状比较复杂的机件，用两个或三个视图尚不能完整、清晰地表达其内外形状时，则可根据国家标准规定，在原有三个投影面的基础上，再增设三个投影面，组成一个正六面体，这六个投影面称为基本投影面，如图 6-1 所示。除了前面已介绍的主视图、俯视图和左视图三个视图以外，还包括由右向左投射所得的右视图，由下向上投射所得的仰视图，由后向前投射所得的后视图，投影图按图 6-1 展成同一平面后，基本视图的配置关系如图 6-2 所示，各视图之间仍应符合“长对正、高平齐、宽相等”的投影关系。在同一张图纸内按 6-2 配置视图时，一律不标注视图名称。

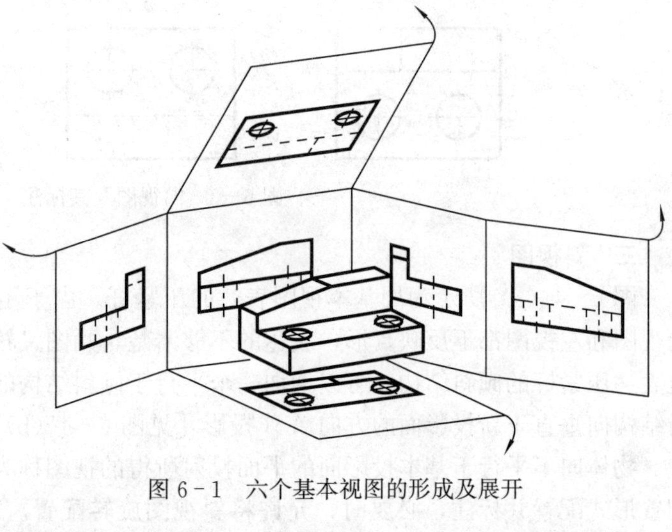

图 6-1　六个基本视图的形成及展开

在表达机件的图样时，不必六个视图都画，在明确表示机件的前提下，应使视图（包括后面所讲的剖视图和断面图）的数量最少。

二、向视图

向视图是可自由配置的视图。若一个机件的基本视图不按基本视图的规定配置，或不能

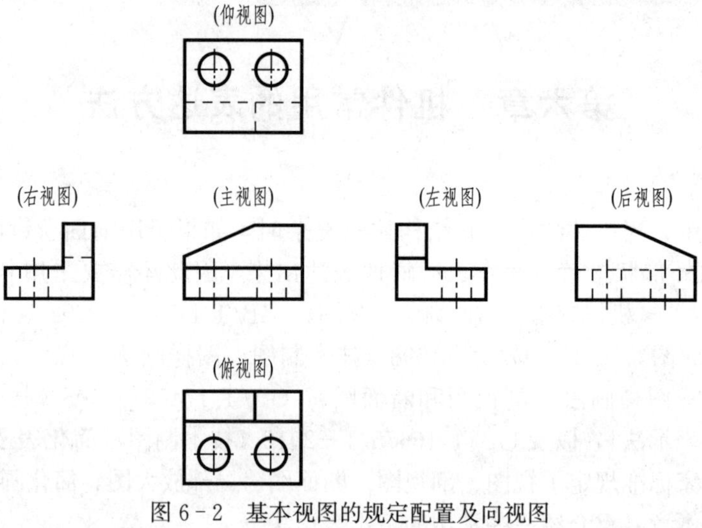

图 6－2　基本视图的规定配置及向视图

画在同一张图纸上，则可画向视图。这时，应在视图上方标注大写拉丁字母“×”，称为×视图，在相应的视图附近用箭头指明方向，并注写相同的字母，如图 6－3 所示。

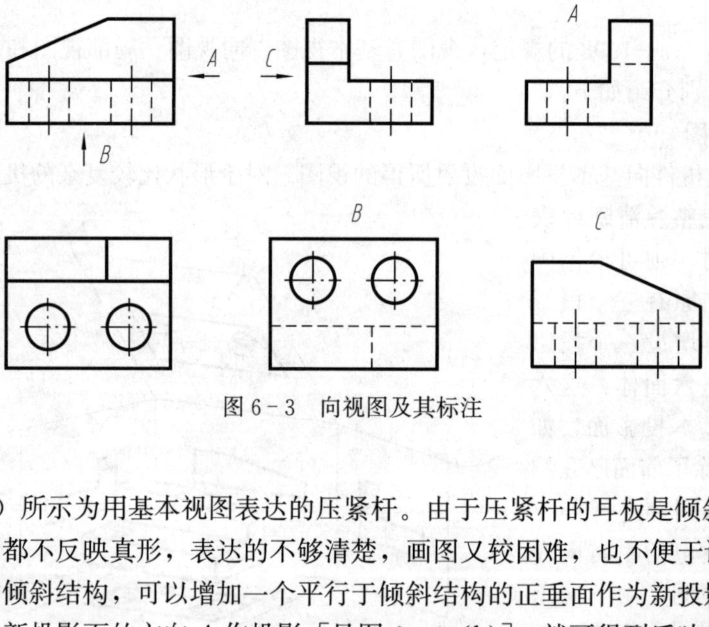

图 6－3　向视图及其标注

三、斜视图

图 6－4（a）所示为用基本视图表达的压紧杆。由于压紧杆的耳板是倾斜的，所以它的俯视图和左视图都不反映真形，表达的不够清楚，画图又较困难，也不便于识读。为了清晰地表达压紧杆的倾斜结构，可以增加一个平行于倾斜结构的正垂面作为新投影面，然后将倾斜结构向垂直于新投影面的方向 A 作投影［见图 6－4（b）］，就可得到反映它真形的视图。

物体向不平行于基本投影面的平面投射所得的视图称为斜视图，斜视图通常按向视图的配置形式配置并标注，必要时，允许将斜视图旋转配置。表示该视图名称的大写拉丁字母“×”应靠近旋转符号的箭头端，也允许将旋转角度标注在字母之后。标注形式为“↷×”或“↷×旋转角度”。如图 6－5（b）中的↷A 或↷$A45°$，箭头为旋转方向。因为画压紧杆的斜视图只是为了表达其倾斜结构的局部形状，所以画出真形后，就可以用双折线或波浪线断开，不画其他部分的视图，成为一个局部的斜视图，如图 6－5（a）所示。注意双折线和波浪线的画法，双折线的两端应超出图形的轮廓线；波浪线应画到轮廓线为止，且只能画在表示物体的实体的图形上。

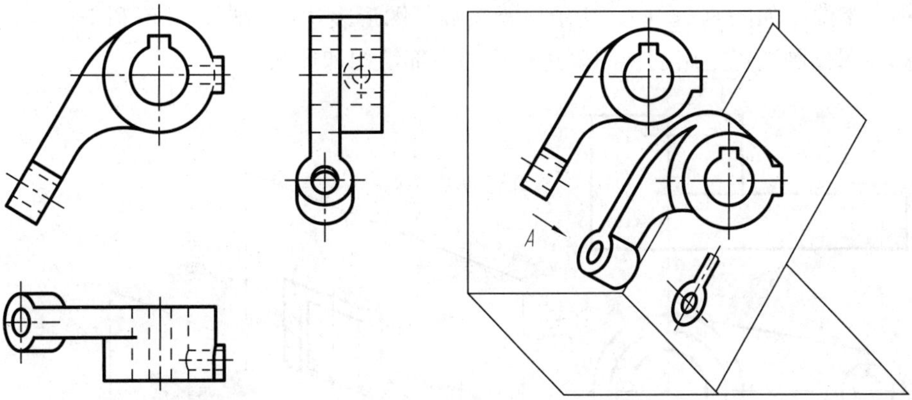

(a)　(b)

图 6-4　压紧杆的基本视图和斜视图的形成

(a) 用基本视图的压紧杆；(b) 压紧杆的斜视图的形成

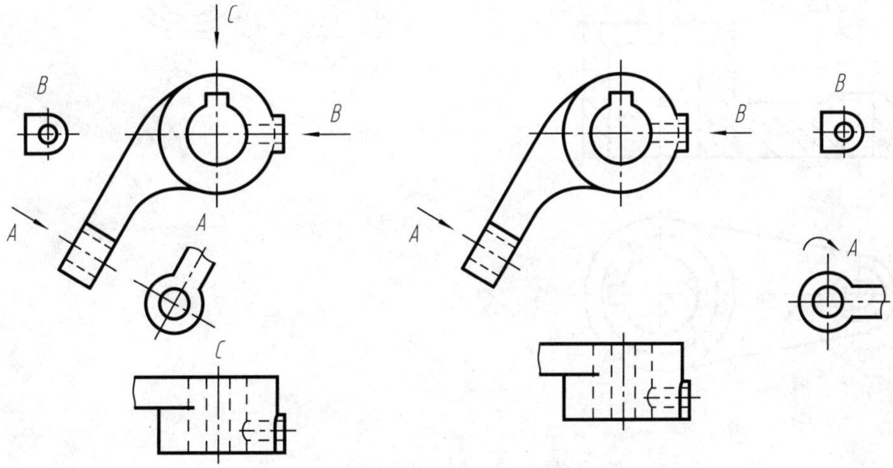

(a)　(b)

图 6-5　用主视图和斜视图、局部视图清晰表达的压紧杆

(a) 一种表达形式；(b) 另一种表达形式

四、局部视图

局部视图是将物体的某一部分向基本投影面投射所得的视图。局部视图可按基本视图的配置形式配置，也可按向视图的配置形式配置并标注，如图 6-5（a）所示。

画局部视图时应注意：当局部视图按基本视图的规定位置配置，中间又没有其他图形隔开时，可省略标注，如图 6-5（a）中的 C 向视图和图 6-5（b）中的俯视图；局部视图用波浪线或双折线表示断裂边界，当局部视图表示的局部结构是完整的，且外轮廓线又成封闭时，波浪线可省略不画，如图 6-5（a）中的 C 向视图和 6-5（b）中的 B 向视图。

第二节　剖　视　图

用视图表达机件时，其不可见部分由虚线来表示。当机件的内部结构较复杂时，在图中会出现很多虚线，如图 6－6（a）所示，既影响了图形表达的清晰，又不利于标注尺寸。为此国家标准图样画法规定用剖视图表达机件的内部结构和形状。

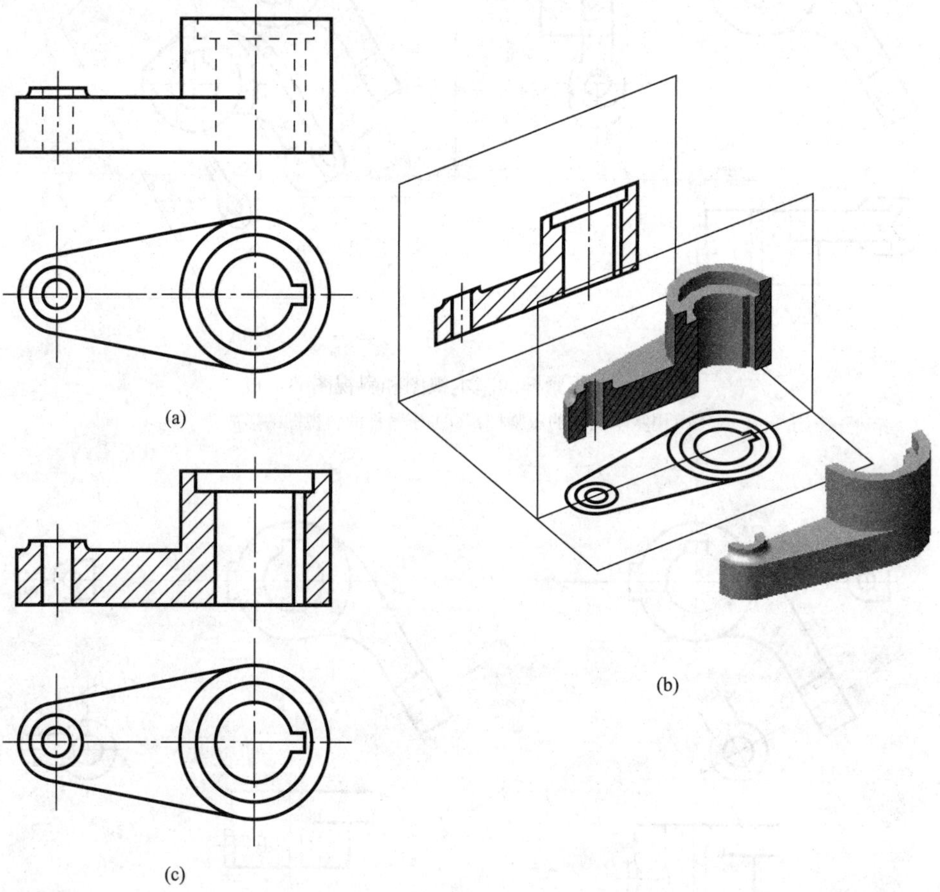

图 6－6　剖视图的形成

一、剖视图的概念

1．剖视图的概念

假想用剖切面从适当的位置剖开物体，将处在观察者和剖切面之间的部分移去，而将其余部分向投影面投射所得的图形，称为剖视图，简称剖视。由于剖切后机件的内部轮廓由不可见变为可见而改画成粗实线，因而图形清晰，便于画图和读图。

如图 6－6（b）所示，假想用与正面平行的机件的对称平面为剖切面切开机件后，移去观察者和剖切面之间的部分。将剩余部分向正立投影面投射，就得到图 6－6（c）中处于主视图位置上的剖视图。

2．剖视图的画法

（1）确定剖切面的位置。画剖视图时，应首先选择最合适的剖切位置，以便充分地表达机件的内部形状，剖切平面一般应平行于基本投影面，并通过机件上孔的轴线、槽的对称面等结构。

（2）画剖视图。剖切平面与机件实体接触部分，称为断面（也称剖面区域）。画剖视图时，应把断面轮廓和其后面的可见轮廓线都用粗实线画出，如图 6－6（c）所示。

(3) 画剖面符号。按照 GB/T 4458.6—2002《技术制图　图样画法　剖视图和断面图》规定，在断面上要画剖面符号，各种材料的剖面符号见表 6-1。金属材料的剖面符号又称剖面线，一般画成与水平呈 45°角的等距细实线，剖面线向左或向右倾斜均可，但同一金属材料的零件图中，剖面线的方向和间隔必须一致。当图形中的主要轮廓线与水平呈 45°时，该图形的剖面线也可画成与水平呈 30°或 60°的平行线，其倾斜方向仍与其他图形的剖面线一致。

表 6-1　　剖　面　符　号

金属材料	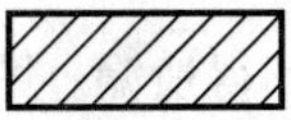	木质胶合板	
线圈绕组元件	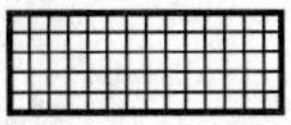	基础周围的泥土	
转子、电枢、变压器和电抗器等迭钢片	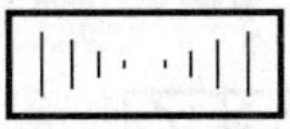	型砂、粉末冶金、陶瓷刀片、硬质合金刀片等	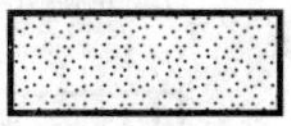
非金属材料		混凝土	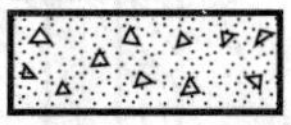
砖	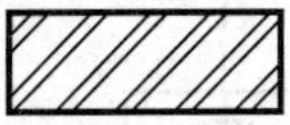	钢筋混凝土	
玻璃及供观察用的其他透明材料	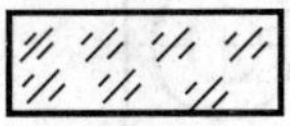	格网（筛网、过滤网等）	
木材　纵剖面		液体	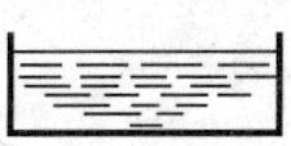
木材　横剖面			

(4) 剖视图的标注。

1）一般在剖视图的上方用一对同名大写字母标出剖视图的名称“×—×”，在相应的视图上用剖切符号表示剖切位置和投射方向（粗短线表示剖切位置，箭头表示投射方向），并注上相同的字母。具体标注方法见图 6-7（a）。

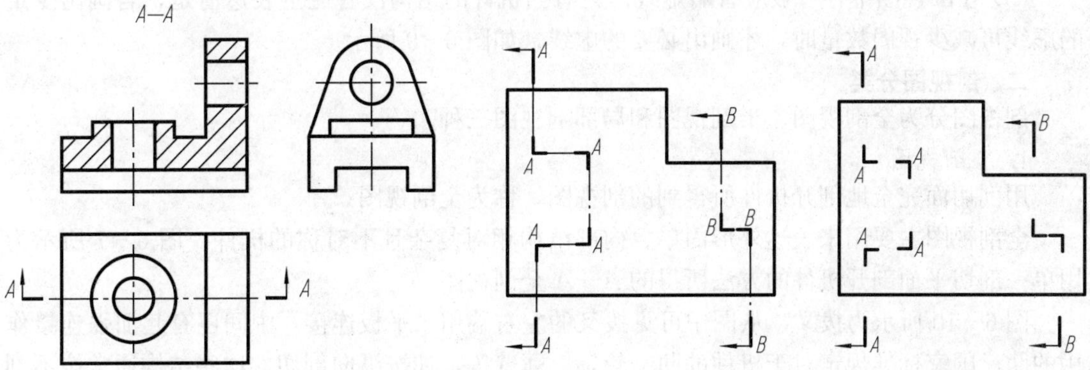

图 6-7　剖视图标注

2）当剖视图按投影关系配置，中间又没有其他图形隔开时，可省略箭头。

3）当单一剖切平面通过机件的对称平面或基本对称平面，且中间又没有其他图形隔开时，可省略标注，见图 6－7（c）。

4）剖切符号、剖切线和字母的组合标注如图 6－7（b）所示；剖切线也可省略不画，如图 6－7（c）所示。

3. 画剖视图需注意的问题

(1) 剖切面是假想的，因此，当机件的某一个视图画成剖视图之后，其他视图仍应完整地画出。

(2) 剖切面后方的可见轮廓线应全部画出，不得遗漏。图 6－8 所示为几种孔、槽剖视图正误对照。

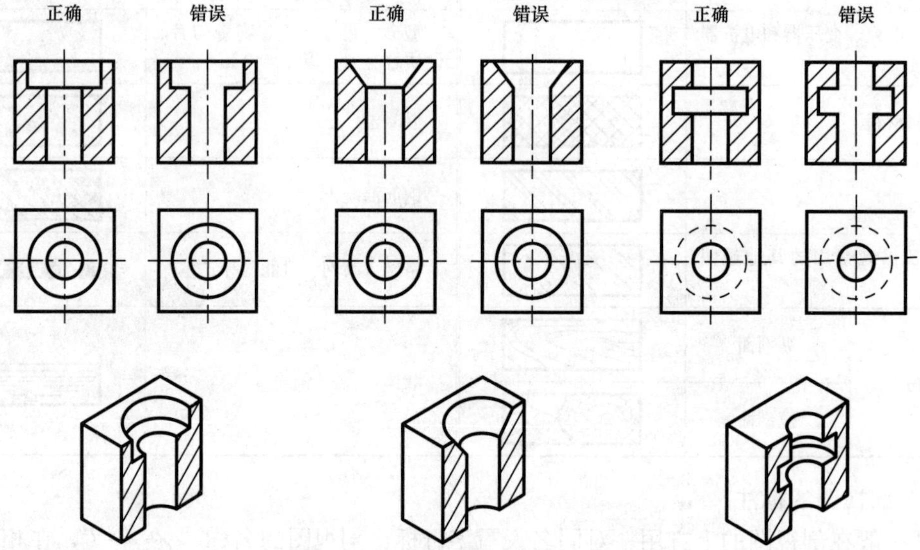

图 6－8　孔、槽剖视图的正误对照

(3) 在剖视图中，一般应省略虚线。只有当机件的结构没有完全表达清楚，若画出少量的虚线可减少视图数量时，才画出必要的虚线，如图 6－9 所示。

二、剖视图分类

剖视图分为全剖视图、半剖视图和局部剖视图三种。

1. 全剖视图

用剖切面完全地剖开机件所得到的剖视图，称为全剖视图。

全剖视图主要用来表达外形简单、内部结构相对复杂且不对称的机件。图 6－7 所示为用单一剖切平面剖开机件的方法所得的 $A—A$ 全剖视图。

图 6－10 所示为拨叉，从图中可见拨叉的左右端用水平板连接，中间还有起加强连接作用的肋。国家标准规定对于机件的肋、轮辐、薄壁等，如按纵向剖切，这些结构通常按不剖绘制，即不画剖面符号，而用粗实线将它与邻接部分分开。图 6－10 所示的拨叉全剖视图中的肋，就是按上述规定画出的。

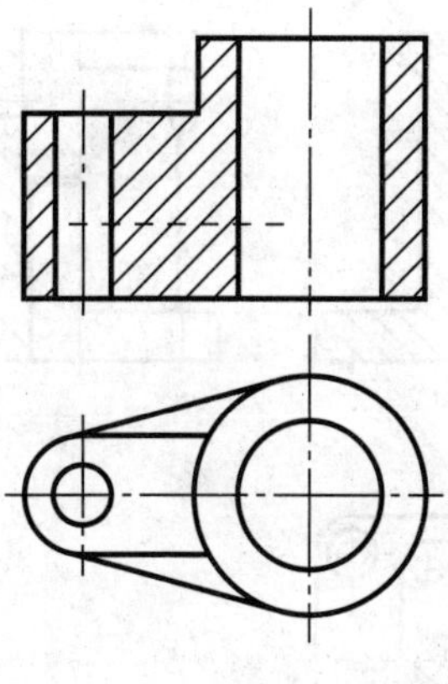

图 6-9　应画虚线的剖视图

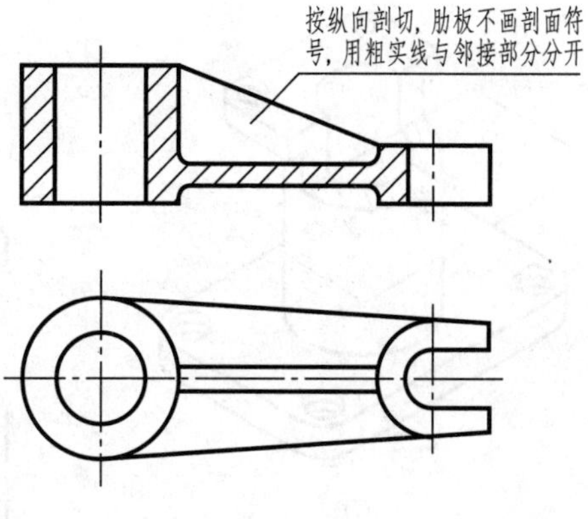
按纵向剖切，肋板不画剖面符号，用粗实线与邻接部分分开

图 6-10　剖视图中肋的规定画法

2. 半剖视图

当机件具有对称平面时，向垂直于对称平面的投影面上投射所得的图形，可以以对称中心线为界，一半画成剖视图（表达内形），另一半画成视图（表达外形），这种剖视图称为半剖视图。

画半剖视图时，应注意以下几点：

(1) 在半剖视图中，剖视图和视图的分界线为点画线。

(2) 由于半剖视图的图形对称，可同时兼顾到内、外形状的表达。所以，在表达外形的视图中就不必再画出表达内部形状的虚线。

(3) 半剖视图的标注，原则上同于用单一剖切平面剖切的全剖视图，见图 6-11 (d)。

(4) 标注机件的内部形状尺寸时，由于另一半未被剖出，其尺寸线仅画一个箭头，且略超过中心点画线，如图 6-11 (d) 中的 $\phi 16$。

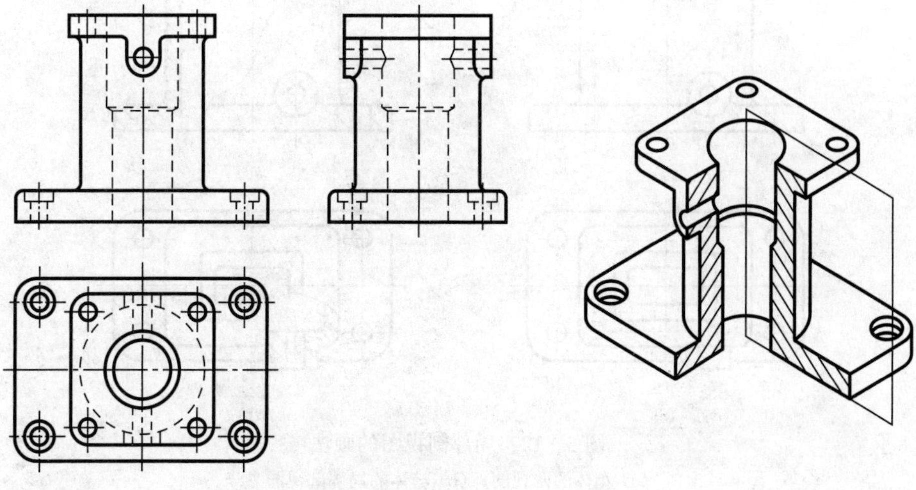

(a)　(b)

图 6-11　半剖视图的画法（一）

(a) 支架的三视图；(b) 剖切后将主视图画成半剖视图

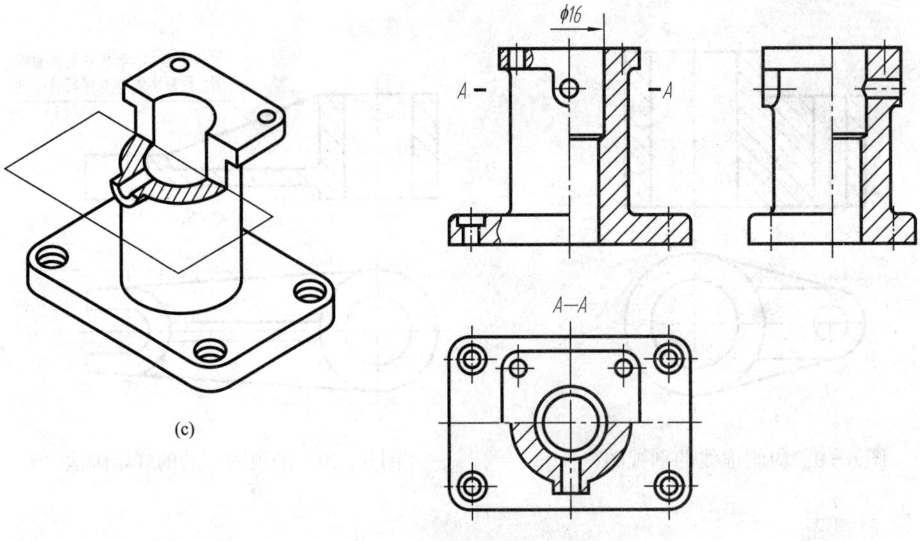

(c)　　　　(d)

图 6-11　半剖视图的画法（二）

（c）剖切后将俯视图画成半剖视图；（d）主、俯、左视图都画成半剖视图后的支架图

3. 局部剖视图

用剖切平面局部地剖开物体所得到的剖视图，称为局部剖视图。

图 6-12（a）所示为箱体的两视图。根据对箱体的形体分析可以看出，其顶部有一个矩形孔，底部是一块具有四个安装孔的底板，左下方是一个轴承孔。从箱体所表达的两个视图可以看出其上下、左右、前后都不对称。为了使箱体的内部和外部都能表达清楚，它的两视图既不宜用全剖视图表达，也不能用半剖视图来表达，而以局部剖开箱体表达为宜。图 6-12（b）所示即为箱体的局部剖视图。

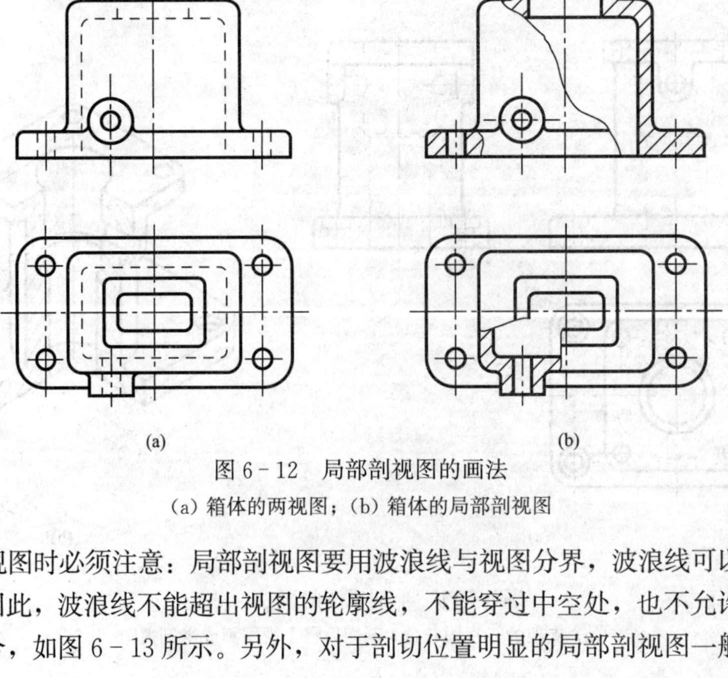

(a)　　　　(b)

图 6-12　局部剖视图的画法

（a）箱体的两视图；（b）箱体的局部剖视图

画局部剖视图时必须注意：局部剖视图要用波浪线与视图分界，波浪线可以看作是机件断裂面的投影，因此，波浪线不能超出视图的轮廓线，不能穿过中空处，也不允许波浪线与图样上其他图线重合，如图 6-13 所示。另外，对于剖切位置明显的局部剖视图一般不加标注。局

部剖视是一种比较灵活的表达方法，当在剖视图中既不宜采用全剖视图，也不宜采用半剖视图时，则可采用局部剖视图表达。如图 6-14 所示的手柄，由于两侧都是实心杆并想要保留主视图中的过渡线，因而就不宜采用全剖视图；同时，中间的方孔虽然左右对称，但由于在主视图的对称中心线与孔壁交线的投影相重合，也不宜采用半剖视图，因而在主视图中采用局部剖视，就既能保留左侧的过渡线，又能将这条孔壁交线表达出来，显得清晰明了。

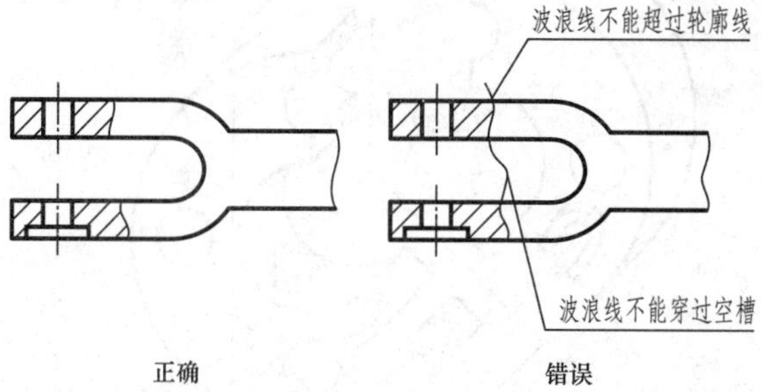

图 6-13　波浪线的画法

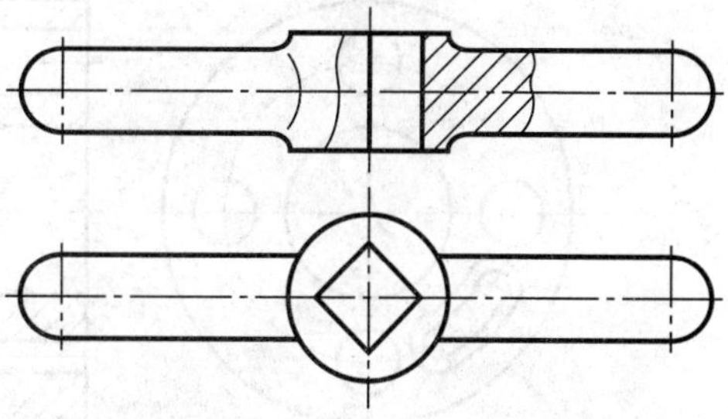

图 6-14　手柄

三、剖切面的种类和剖切方法

1. 单一剖切面

(1) 用平行于某一基本投影面的平面剖切。前面所讲的全剖视图、半剖视图和局部剖视图，都是用平行于某一基本投影面的剖切平面剖开机件后所得的，用平行于某一基本投影面的平面剖切，是最常用的剖切方法。

(2) 用不平行于任何基本投影面的剖切平面剖切。用不平行于任何基本投影面的剖切平面剖开机件的方法，如图 6-15 中的 *B*—*B* 全剖视图所示。

画剖视图时，必须进行标注，剖视图可如图 6-15 所示，按投影关系配置在与剖切符号相对应的位置，也可将剖视图平移至图纸的适当位置；在不致引起误解时，还允许将图形旋转，但旋转后的图形应在“×—×”后（也可在前）加旋转方向的符号。

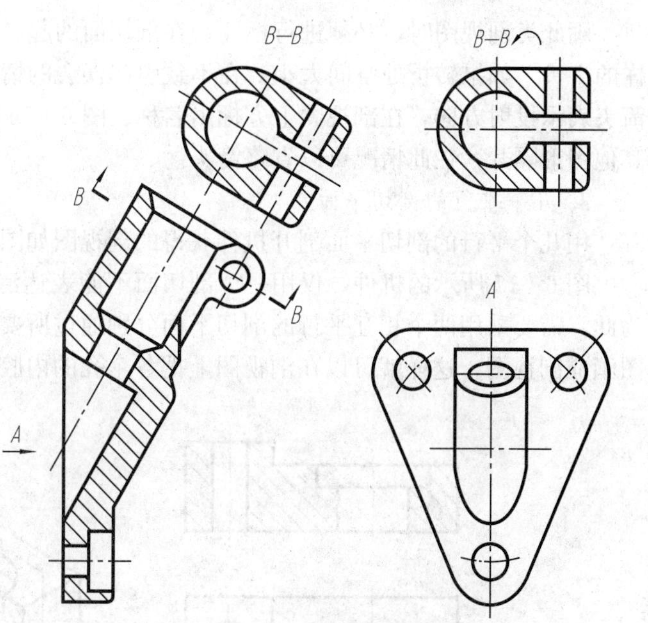

图 6-15　斜剖视图

2. 几个相交的剖切面（交线垂直于某一投影面）

用几个相交的剖切面（交线垂直于某一投影面）剖开机件的方法画剖视图时，先假想按剖切位置剖开机件，然后将被剖切面剖开的结构及其有关部分旋转到与选定的投影面平行后，再进行投射。在剖切平面后面的其他结构，一般仍按原来位置投射。

如图 6-16 所示的机件，为了能表达凸台内的长圆孔、沿圆周分布的四个小孔、中间的大孔等内部结构，仅用一个剖切平面不能都剖到，但是由于该机件具有回转轴线，可以采用两个相交的剖切平面，并让其交线（正垂线）与回转轴重合，使两个剖切平面通过所要表达的孔、槽剖开机件，然后将与投影面倾斜的部分绕回转轴旋转到与侧立投影面平行，再进行投射。这样，在剖视图上就把所要表达的孔、槽的内部情况表达清楚了。

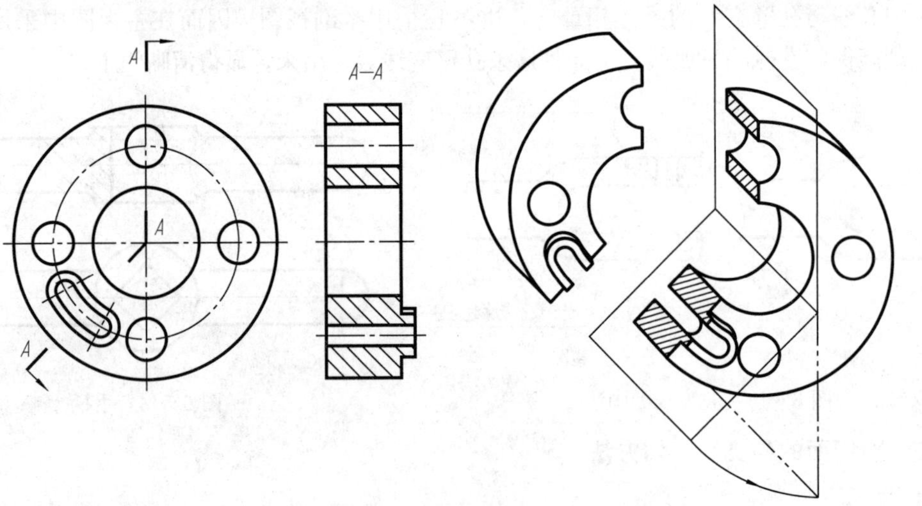

图 6-16　相交剖切平面获得的剖视图

画此类剖视图时，必须进行标注，在剖切面的起、止和转折处要画出剖切符号，注上同样的字母。如果转折处空间太小，在不致引起误会的情况下可以省略字母。在起、止处画出箭头表示投射方向，在剖视图上方标出名称。图 6-16 所示是按投影关系配置，中间又没有其他图形隔开，在此情况可以省略箭头。

3. 几个平行的剖切平面

用几个平行的剖切平面剖开机件获得的剖视图如图 6-17 所示。

图 6-17 所示的机件，仅用一个剖切面不能表达清楚左边的台阶孔和右边小孔的内腔，为此，需要采用两个相互平行的剖切平面分别通过所要表达孔的轴线剖开机件，然后把主视图画成剖视图，这样就可以在剖视图上把各个孔的内腔均表达清楚。

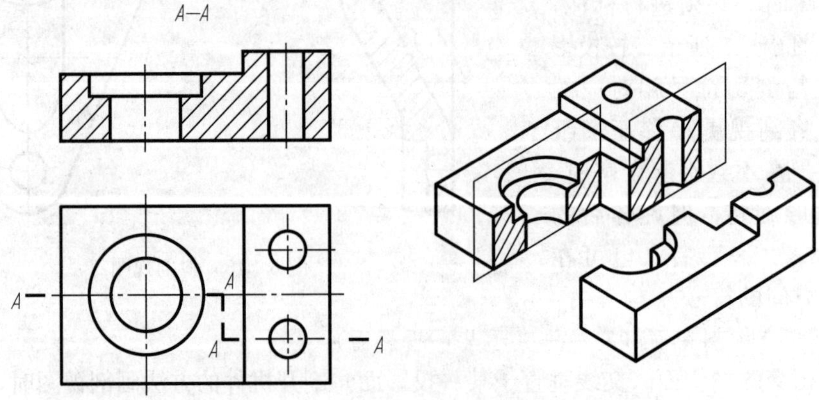

图 6-17　两个平行剖切平面获得的剖视图

画剖视图时要注意以下几点：

(1) 剖视图中不应画出剖切平面转折处的界线，如图 6-18 所示。

（2）剖视图中不应出现机件的不完整要素，如图 6－18 所示。仅当两个要素在图形上具有公共对称中心线或轴线时，才可以出现不完整要素，此时应各画一半，并以对称中心线或轴线为界，如图 6－19 所示。

（3）画平行剖切面获得的剖视图时，必须进行标注，在剖切面的起、止和转折处要画出剖切符号，注上同样的字母，如果转折处空间太小，在不致引起误会的情况下可以省略字母。在起、止处画出箭头表示投射方向，在剖视图上方标出名称。在图 6－17 中，由于按投影关系配置，中间又没有其他图形隔开，因此可以省略箭头。

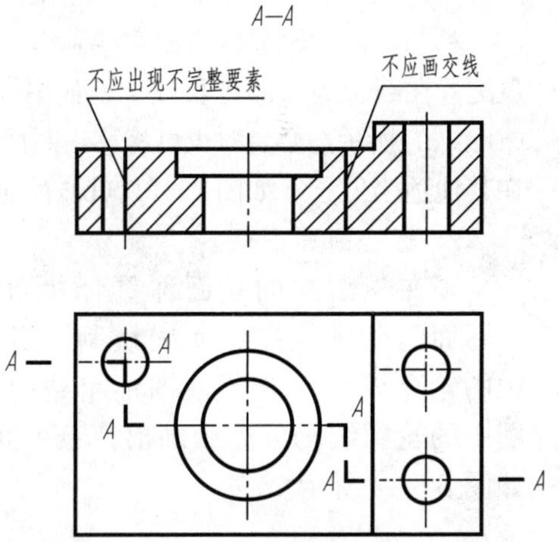

图 6－18　剖视图中的错误画法

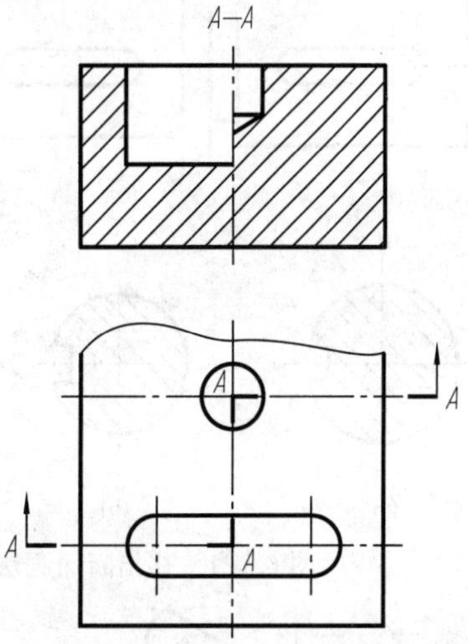

图6－19　允许出现不完整要素的剖视图

第三节　断　面　图

一、断面图的概念

假想用剖切平面将物体的某处切断，仅画出该剖切平面与物体接触部分的图形称为断面图，简称断面。通常在断面上画出剖面符号，断面图常用来表示机件上某一局部的断面形状，如机件上的肋、轮辐，轴上的键槽、孔等。

在图 6－20（a）中，假想用一个垂直与轴线剖切平面 A 从键槽处将轴切断，然后画出断面的实形，就能清楚地表达出断面的形状和键槽的深度。

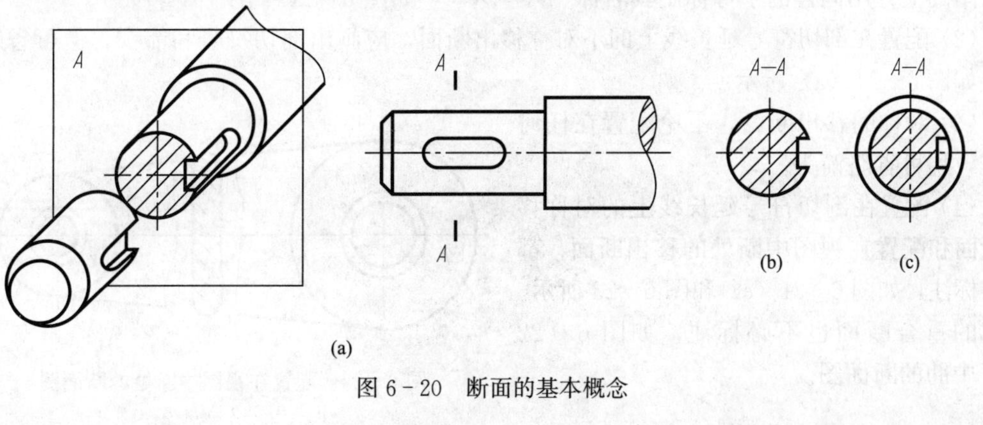

图 6－20　断面的基本概念

断面图和剖视图的区别是：断面图只画出机件的断面形状，而剖视图除表示剖切面切到的截断面形状外，还要画出剖切面后面的可见的结构形状。图 6 - 20（b）所示为断面图，6 -20（c）所示为剖视图。

二、断面图的种类

断面图分移出断面图和重合断面图，简称移出断面和重合断面。

1. 移出断面图

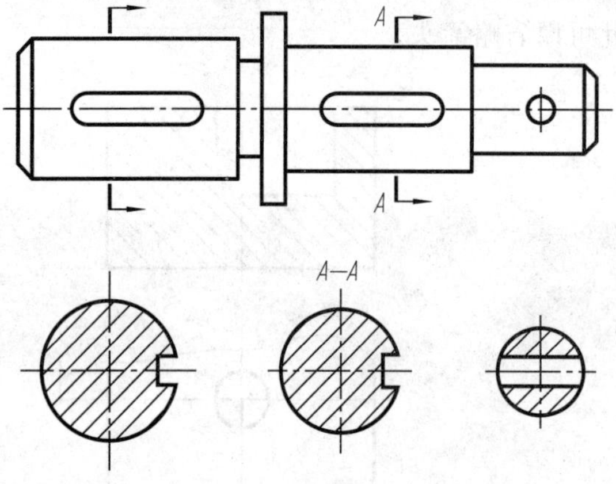

(a)　　(b)　　(c)

图 6 - 21　移出断面画法

画在视图外的断面，称为移出断面。图 6 - 21 所示的三个断面均为移出断面。

移出断面的轮廓线用粗实线画出，并尽量配置在剖切迹线的延长线上，如图 6 - 21（a）、（c）所示。必要时也可将移出断面配置在其他适当位置，如图 6 - 21（b）所示。

2. 重合断面图

画在视图内的断面称重合断面，重合断面的轮廓线用细实线绘制。当视图中的轮廓线与重合断面图形重叠时，视图中的轮廓线仍应连续画出，不可间断，如图 6 - 22 所示。

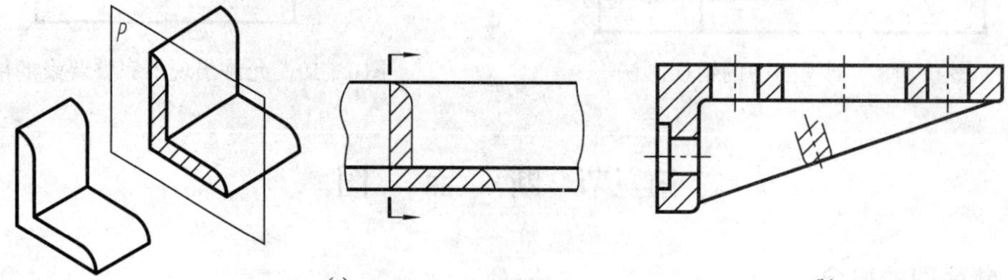

(a)　　(b)

图 6 - 22　重合断面

(a) 角钢；(b) 支架

三、断面图的标注

（1）移出断面一般应用剖切符号表示剖切位置，用箭头表示投影方向，并注上字母，在断面图的上方用同样的字母标出其名称“×—×”，如图 6 - 21 中的“*A*—*A*”。

（2）配置在剖切符号延长线上的不对称移出断面，应画出剖切符号和箭头，但可省略字母，如图 6 - 21（a）所示。

（3）对称的移出断面，不论配置在任何地方，均可省略箭头。

（4）配置在剖切符号延长线上的对称移出断面和配置在视图中断处的移出断面，都不必标注，如图 6 - 21（c）和图 6 - 23 所示。对称的重合断面也不必标注，如图 6 - 22（b）中肋的断面图。

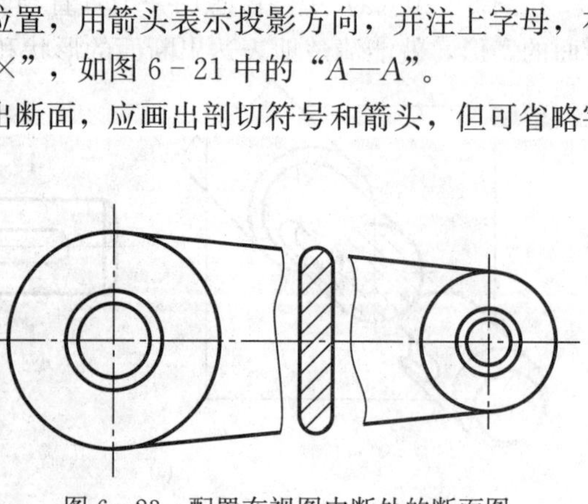

图 6 - 23　配置在视图中断处的断面图

(5) 按投影关系配置的移出断面，可省略箭头，如图 6－20（b）所示。

(6) 重合断面，可省略标注字母，不对称的重合断面，需标箭头，如图 6－22（a）角钢的重合断面。

四、画断面图的一些规定

(1) 当剖切平面通过回转面形成的孔和凹坑的轴线时，这些结构按剖视绘制。如图 6－21（c）所示，这个断面在圆孔通过处，圆周轮廓线画成封闭的。

(2) 由两个或多个相交平面剖切所得的移出断面，中间应断开，如图 6－24 所示。

(3) 为了正确表达断面实形，剖切平面要垂直于所需表达机件结构的主要轮廓线或轴线，如图 6－24 所示。

(4) 当剖切平面通过非圆孔会导致出现完全分离的两个剖面时，则这些结构按剖视绘制，如图 6－25 所示。

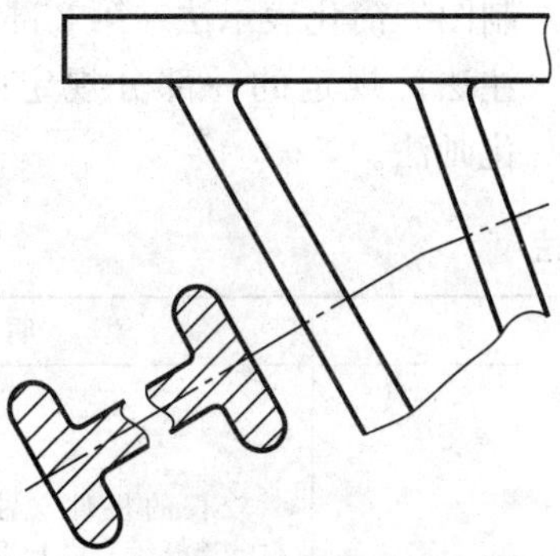

图 6－24　两个剖切平面剖切的移出剖面

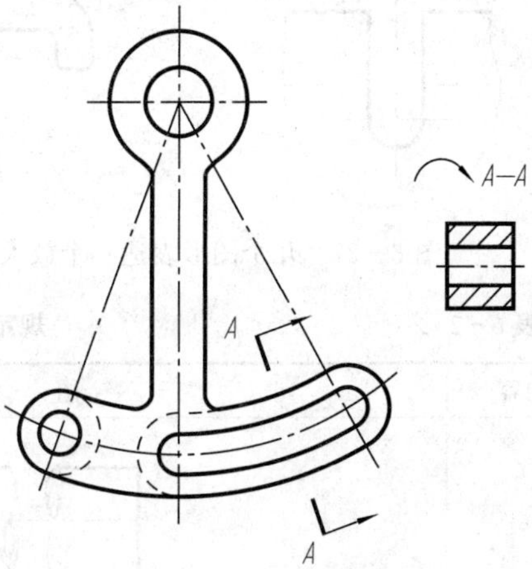

图 6－25　移出断面画法

(5) 在不致引起误解时，允许将移出断面旋转，如图 6－25 所示。

第四节　其他规定画法

一、局部放大图

如图 6－26 所示，将机件的部分结构，用大于原图所采用的比例画出的图形，称为局部放大图。GB/T 4458.1—2002 规定了局部放大图的画法和标注。

局部放大图可画成视图、剖视图、断面图，它与被放大部分的表达方式无关。

局部放大图应尽量配置在被放大部分的附近。

如图 6－26 所示，当机件有几个被放大部分时，必须用罗马数字依次标明被放大的部位，并在局部放大图

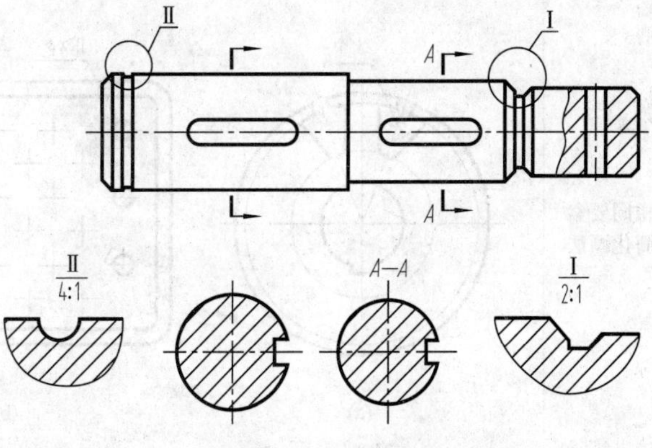

图 6－26　局部放大图

的上方标出相应的罗马数字和所采用的比例。

当机件上被放大部分仅一个时，在局部放大图上方只需标明所采用的比例。同一机件上不同部位的局部放大图，当图形相同或对称时，只需要画出一个。

如图 6 - 27 所示，必要时可用几个图形表达同一被放大结构。

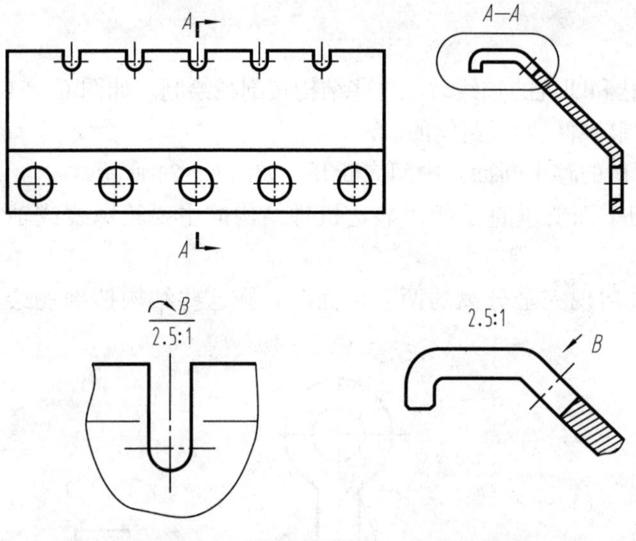

图 6 - 27　几个图形表达一个放大结构

二、简化画法和规定画法

在表 6 - 2 中扼要地介绍了 GB/T 4458.1—2002、GB/T 4458.6—2002、GB/T 4458.4—2003 和 GB/T 16675.1—2012《技术制图　简化表示法　第 1 部分：图样画法》、GB/T 16675.2—2012《技术制图　简化表示法　第 2 部分：尺寸注法》规定的一部分规定画法和简化画法。

表 6 - 2　　**规定画法和简化画法**

内容	图　例	说　明
断开画法	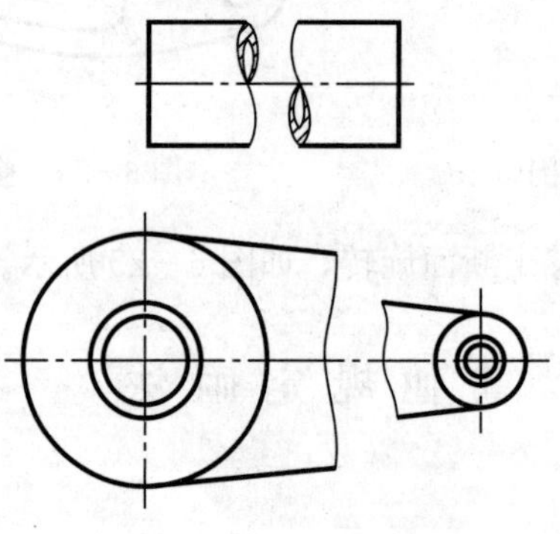	较长的机件（轴、杆、型材、连杆等）沿长度方向的形状一致或按一定的规律变化时，可断开后缩短绘制，但标注长度尺寸时，应按未缩短时的实际尺寸标注，上述各种较长的机件（包括实心和空心的圆柱）的断裂处，都可用波浪线或双折线表示
相同要素简化画法	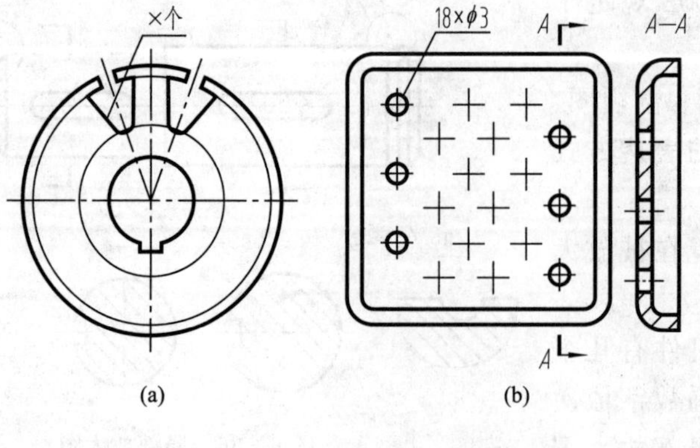 (a)　(b)	机件中成规律分布的重复结构，允许只绘制出其中一个或几个完整结构，并反映其分布情况，重复结构的数量和类型的表示应遵循 GB/T 4458.4—2003 中的有关要求。对称的重复结构用点画线表示各对称结构要素的位置，见图（b）；不对称的重复结构，则用相连的细实线代替，见图（a）

续表

内容	图　例	说　明
机件上的肋、轮辐等的剖切	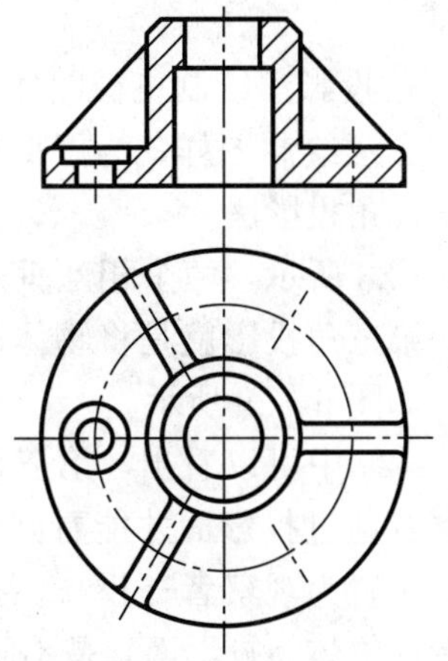	机件上的肋、轮辐，紧固件、轴，其纵向剖视图通常按不剖绘制，如图中的肋不画剖面符号，用粗实线与邻接部分分开；带有规则分布结构要素的回转零件，需要绘制剖视图时，可以将其旋转到剖切平面上绘制，如图中的肋和孔，由于旋转后的剖视图中的孔是相同一侧的孔，可以简化成只画一条轴线
平面的表示法	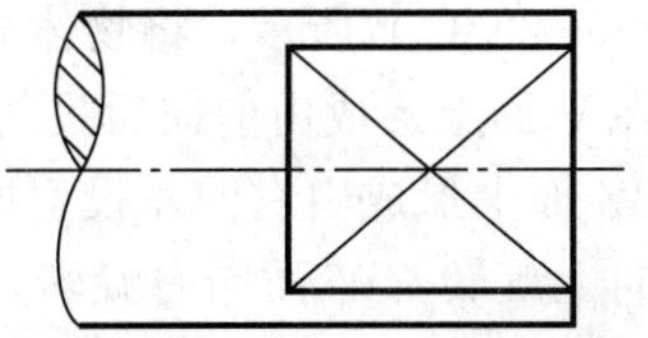	当回转体被平面所截，为了避免增加视图和剖视图，可用细实线绘出对角线表示平面
较小结构的简化画法	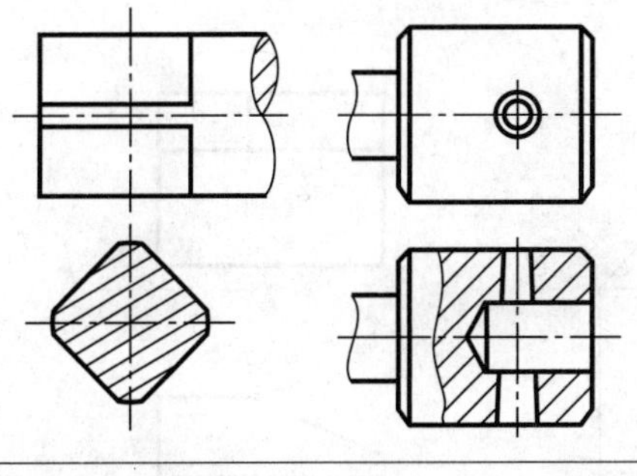	机件上的较小结构（如截交线、相贯线）在一个图形上已表达清楚时，其他图形则可简化画出
对称机件的省略画法	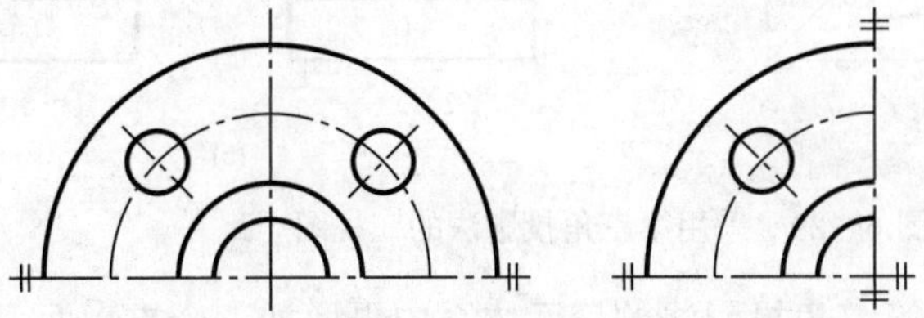	在不致引起误解时，对称机件的视图可只画一半或四分之一，并在对称中心线的两端画出两条与其垂直的平行细实线，作为对称符号
较小圆角或 45°小倒角省略画法	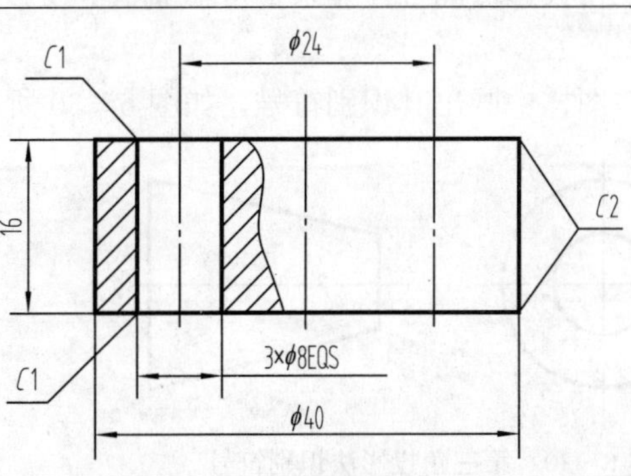	在不致引起误解时，零件图中的小圆角或 45°小倒角允许省略不画，但必须注明尺寸或另加说明。 如图仅用一个局部剖视图，就清晰完整地表达了这个零件的形状和大小。如图所示的具有三个均布孔的圆盘，在圆盘的顶边和底边处，各有 2×45° 的倒角，而在三个均布孔的顶边和底边处，分别各有 1×45° 的小倒角

第五节 第三角投影法简介

《机械制图》国家标准规定，采用第一角投影法绘制机械图样，但世界上有些国家则采用第三角投影法绘制图样，为了促进国际的技术交流，本节简略介绍第三角投影法。

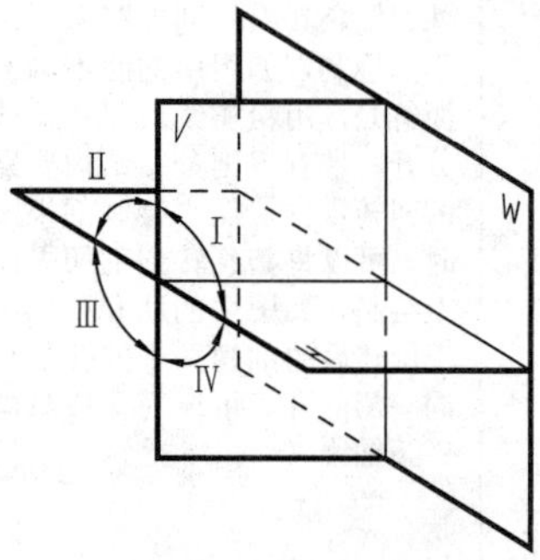

图 6-28 四个分角

如图 6-28 所示，两个相互垂直的投影面，将空间分为四个分角，第三角投影就是将物体放置在第三分角内进行投射的方法，如图 6-29 所示。

从图 6-29 中可以看出，第三角投影法假想投影面是透明的。观察者透过投影面才能看到物体，观察者、物体和投影面的相对位置为观察者→投影面→物体，这和第一角投影法（观察者→物体→投影面）是不同的。

如图 6-29（a）所示，将物体放置在第三分角内，使投影面处于观察者与物体之间进行投射，在 V 面上形成由前向后投射所得的前视图，在 H 面上形成由上向下投射所得的顶视图，在 W 面上形成由右向左投射所得的右视图。然后投影面展开，也是 V 面保持不动，但 H 面向上旋转，W 面向右旋转，使三个面展成同一个平面，得到物体的三视图如图 6-29（b）所示。

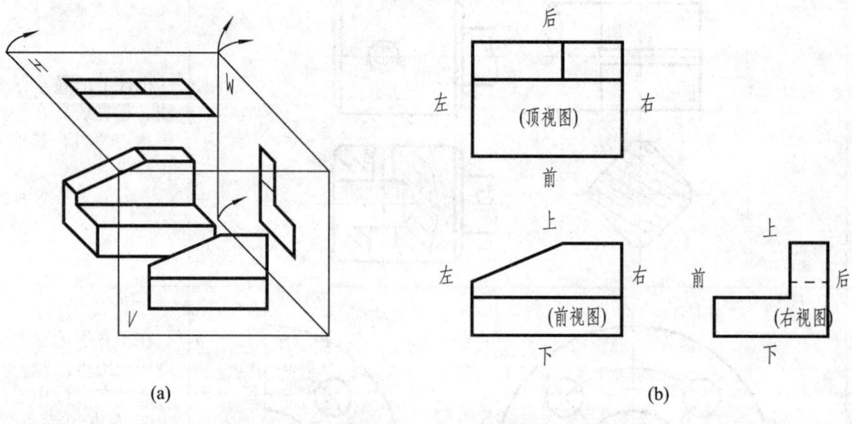

图 6-29 采用第三角投影法的三视图

与第一角投影法类似，在第三角投影法的三面体系中再增加三个投影面，构成一个正六面体，得到六个基本视图。

采用第三角投影法时，必须在图样中画出其识别符号，如图 6-30 所示。

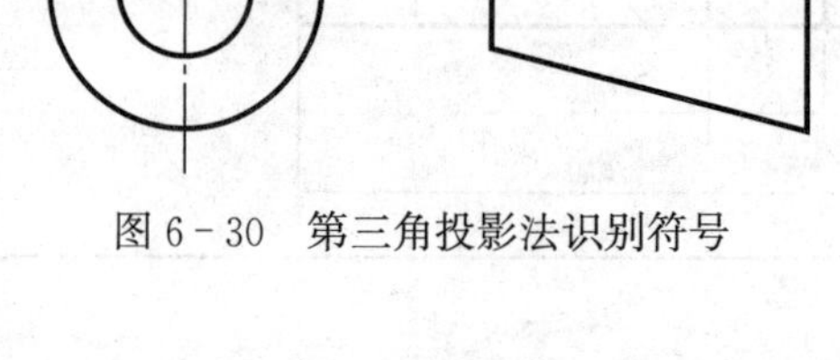

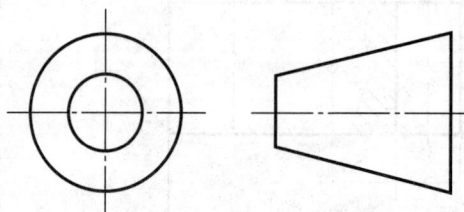

图 6-30 第三角投影法识别符号

第七章　标准件和常用件

各种机器设备的装配、安装都是由一些紧固件、其他连接件装配起来的。紧固件是指在机器或部件的装配中起连接作用的零件，如螺栓、螺钉、螺母、垫圈、键、销等。为了便于使用和制造，国家标准对它们的结构形式、尺寸、代号、图示画法和标记都制订了统一的标准，称为标准件。

在机器中，除了一般零件和紧固件外，还有一些广泛应用的零件如齿轮、弹簧等，称为常用件。它们的部分结构要素及其尺寸参数已实行标准化，加工时可以应用标准的切削工具或专用机床，甚至由专业化的工厂组织大量生产，大大提高了生产率和产品质量。

本章主要介绍一些标准件和常用件的基本知识、规定画法、代号和标记、连接画法。

在绘图时，对这些零件的结构则不必画出真实形状，而只要按照机械制图国家标准的规定画法绘制，并作适当的标注即可，使制图效率大大提高。

第一节　螺　　纹

一、螺纹的基本知识

1. 螺纹的形成

当平面图形（如三角形、梯形、矩形等）绕着圆柱面、圆锥面等做螺旋运动时，形成的螺旋体称为螺纹。

在圆柱、圆锥外表面形成的螺纹称为外螺纹。

在圆柱、圆锥内表面形成的螺纹称为内螺纹。

2. 螺纹的加工方法

螺纹的加工方法很多，图 7－1 所示为车床加工内、外螺纹的示意图，工件绕轴线做等速回转运动，刀具沿轴线做等速移动且切入工件一定深度便能切削出螺纹。

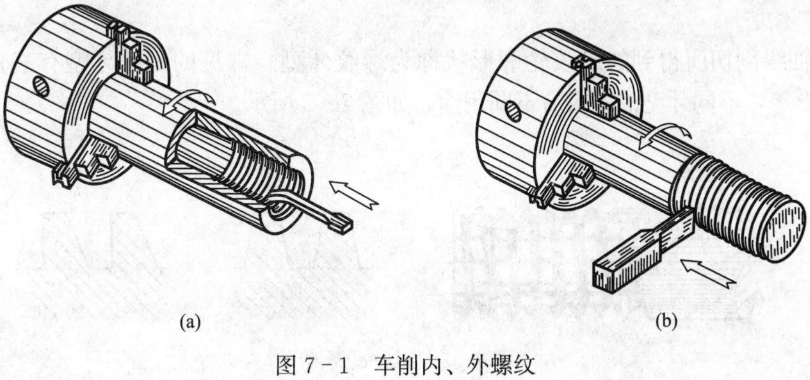

(a)　(b)

图 7－1　车削内、外螺纹

在箱体、底座等零件上制出的内螺纹，用丝锥攻螺纹的方法：先用钻头钻孔，再用丝锥攻螺纹，钻孔深度大于螺纹长度。钻孔时钻头顶部形成一个锥坑，锥顶角按 120°画出，如

图 7-2 所示。

3. 螺纹的工艺结构

为了加工和装配的需要，在螺纹的起始处有倒角、倒圆，车削螺纹的时候有螺纹的收尾和退刀槽。

(1) 螺纹的倒角或倒圆。为了防止螺纹起始部分损坏和便于安装，通常在螺纹的起始处加工出圆锥形的倒角或球形的倒圆，如图 7-3 所示。

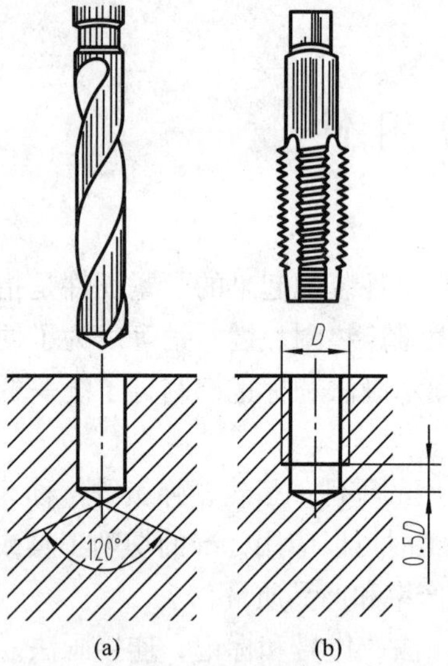

图 7-2　内螺纹加工

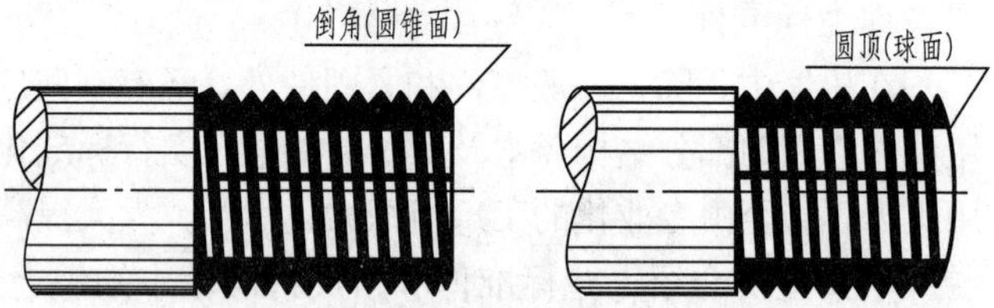

图 7-3　螺纹倒角和倒圆

(2) 螺纹的收尾和退刀槽，当车削螺纹的刀具接近螺纹终止处时要逐渐离开工件，因此螺纹终止处附近的牙型逐渐变浅，形成不完整的牙型，这段牙型不完整的收尾部分称为螺尾，如图 7-4 (a) 所示。加工到要求深度的螺纹才具有完整的牙型，是有效螺纹。为了避免出现螺尾，可在螺纹终止处预先车削出一个槽，以便于刀具退出，这个槽称为螺纹退刀槽，如图 7-4 (b) 所示。图 7-4 (c) 所示 b 为内螺纹的退刀槽。

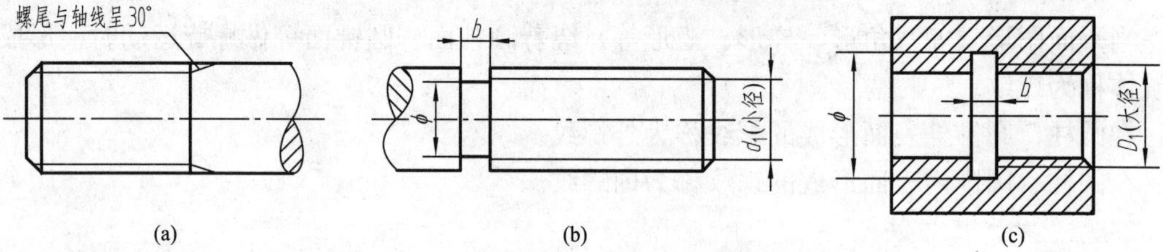

图 7-4　螺纹收尾和退刀槽

二、螺纹的要素和分类

1. 螺纹牙型

沿螺纹轴线剖切所得到的螺纹轮廓形状称为螺纹牙型。常见的螺纹牙型有三角形、梯形、锯齿形、方形等，不同牙型的螺纹有不同用途，如图 7-5 所示。

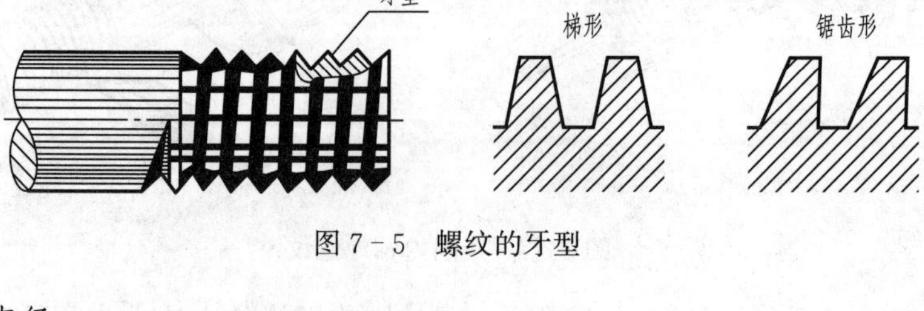

图 7-5　螺纹的牙型

2. 螺纹的直径

螺纹的直径包括大径、中径、小径。

螺纹的大径是指与外螺纹牙顶或内螺纹牙底相重合的假想圆柱面的直径，也称公称直径。

螺纹的小径是指与外螺纹牙底或内螺纹牙顶相重合的假想圆柱面的直径。

螺纹的中径是指在大径和小径之间有一假想圆柱，在其母线上牙型的沟槽和凸起宽度相等，此假想圆柱的直径称为中径。

外螺纹的大径、小径、中径分别用符号 d、d_1、d_2 表示；内螺纹的大径、小径、中径分别用符号 D、D_1、D_2 表示，如图 7-6 所示。

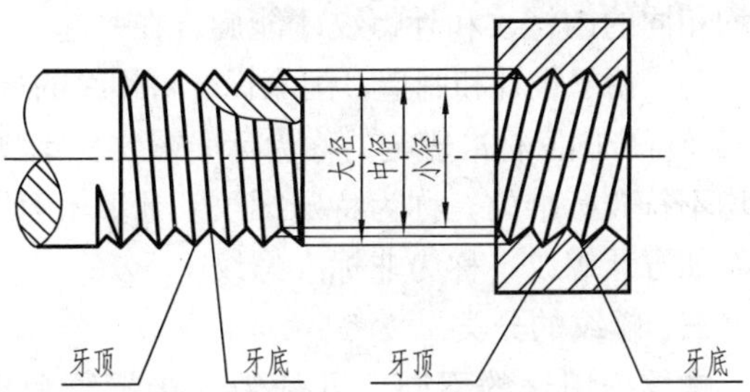

图 7-6　螺纹的大径、小径和中径

3. 旋向

螺纹有右旋和左旋之分。顺时针旋转时旋入的螺纹，称右旋螺纹，螺旋线表现为左低右高的特征；逆时针旋转时旋入的螺纹，称左旋螺纹，螺旋线表现为左高右低的特征如图 7-7 所示。工程上常用右旋螺纹。

4. 线数 n

螺纹有单线和多线之分。沿一根螺旋线形成的螺纹称单线螺纹，如图 7-8（a）所示；沿两根以上螺旋线形成的螺纹称多线螺纹，图 7-8（b）所示为双线螺纹。连接螺纹大多为单线螺纹。

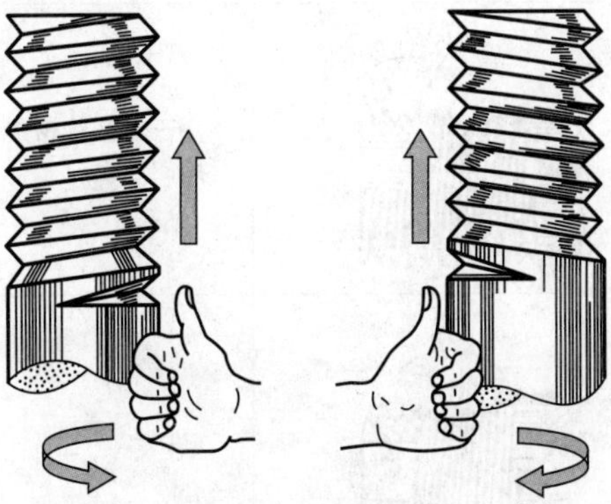

图 7-7　螺纹旋向

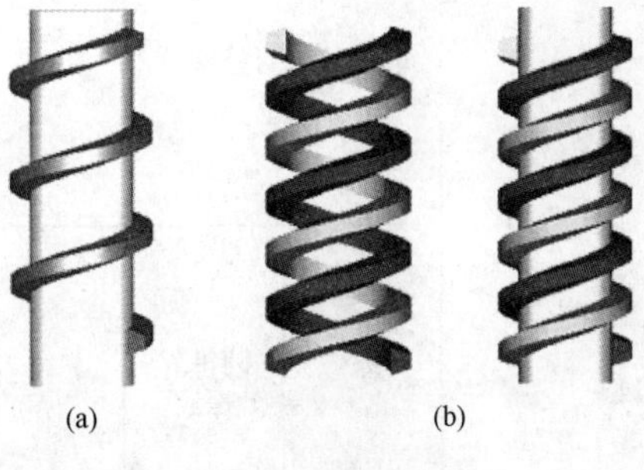

图 7-8　螺纹线数

（a）单线；（b）双线

5. 导程 P_h 与螺距 P

螺纹相邻两牙在中径线上对应两点间的轴向距离称为螺距，用 P 表示。同一条螺旋线上对应两点间的轴向距离称为导程，用 P_h表示。单线螺纹的螺距等于导程 $P_h = P$，如图 7-9（a）所示。多线螺纹的螺距乘线数等于导程，即 $P_h = nP$。图 7-9（b）所示的

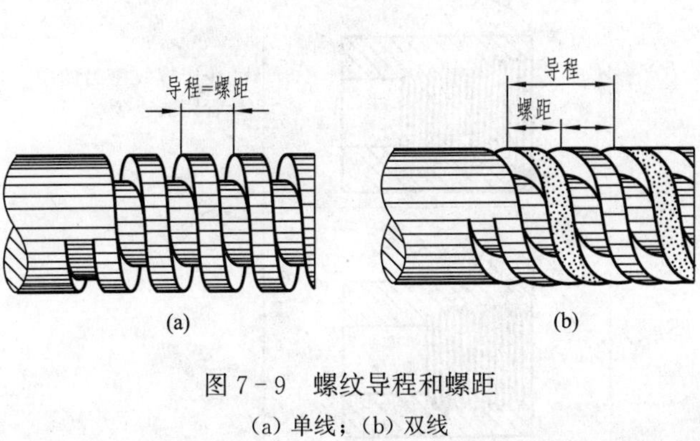

图 7-9　螺纹导程和螺距

（a）单线；（b）双线

双线螺纹，则 $P_h=2P$。

螺纹由牙型、公称直径、螺距、线数和旋向五个要素组成，称为螺纹五要素。只有五要素均相同的内螺纹和外螺纹才能旋合在一起。

为了便于设计和制造，国家标准对螺纹的牙型、大径和螺距三个要素都做了统一规定。凡这三项符合国家标准规定的称为标准螺纹。牙型符合标准，而大径和螺距中某一项不符合或两项均不符合标准的，称为特殊螺纹。牙型不符合标准的，如方牙螺纹，称为非标准螺纹。

三、螺纹的分类

螺纹按用途的不同，可分为连接螺纹和传动螺纹，如图 7－10 所示。

常用标准螺纹特征代号及用途见表 7－1。

- 螺纹
  - 连接螺纹
    - 普通螺纹
      - 粗牙普通螺纹
      - 细牙普通螺纹
    - 管螺纹
      - 非螺纹密封管螺纹
      - 用螺纹密封的管螺纹
  - 传动螺纹
    - 梯形螺纹
    - 锯齿形螺纹

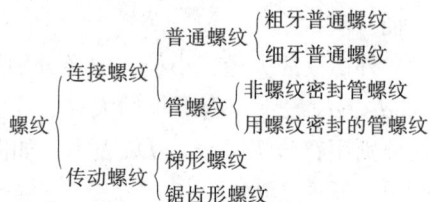

图 7－10　螺纹的分类

表 7－1　　常用标准螺纹的特征代号及用途

螺纹种类				牙型符号	外形	用途
连接螺纹	普通螺纹	细牙		M	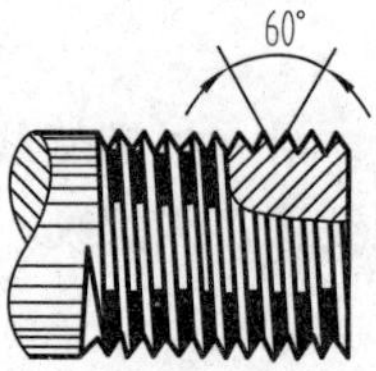	最常用的连接螺纹，一般连接多用粗牙，在相同的大径下，细牙螺纹的螺距较粗牙小，切深较浅，多用于细小的精密或薄壁零件
		粗牙				
	管螺纹	非螺纹密封管螺纹		G	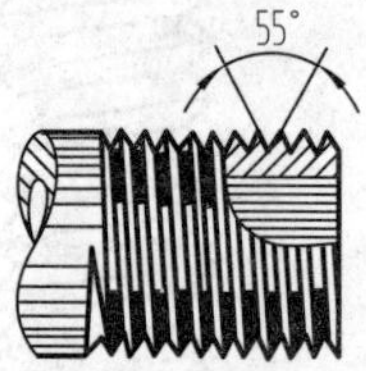	用于非螺纹密封的低压管路的连接
		用螺纹密封的	圆锥外螺纹	R	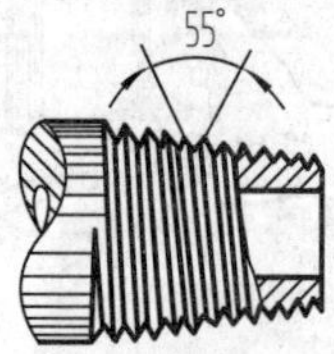	用于螺纹密封的中、高压管路的连接
			圆锥内螺纹	Rc	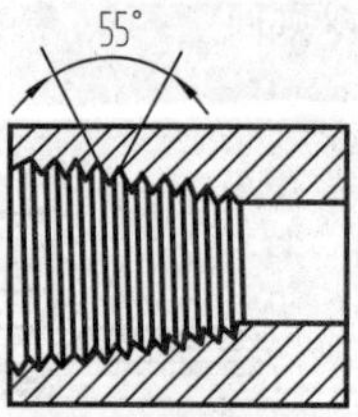	
			圆柱内螺纹	Rp	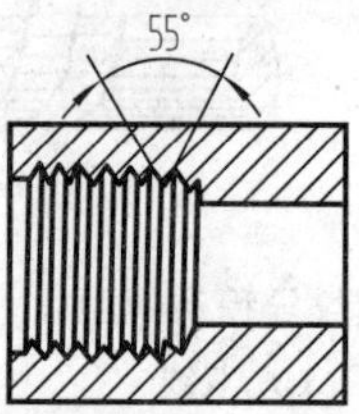	

续表

螺纹种类		牙型符号	外　形	用　途
传动螺纹	梯形螺纹	Tr	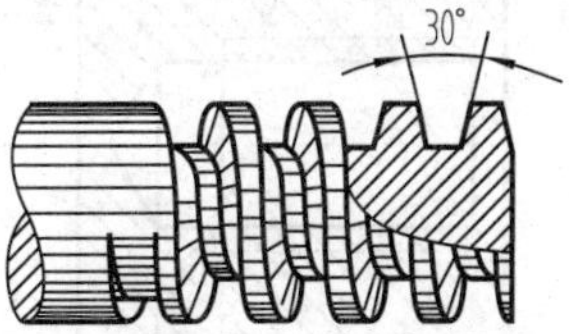	用于传递运动和动力，如各种机床的丝杠，尾架的丝杆，可作传动用
	锯齿形螺纹	B	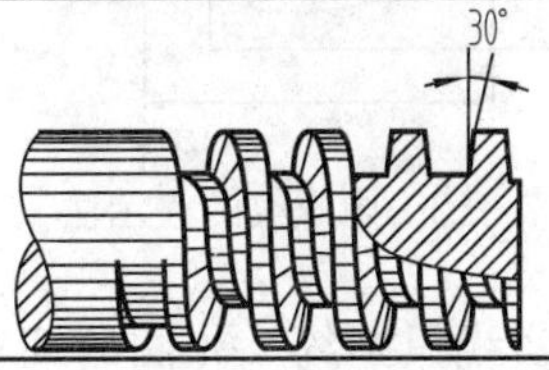	只能传递单方向的动力，如千斤顶螺杆

四、螺纹的规定画法和标注

(一) 螺纹的规定画法

GB/T 4459.1—1995《机械制图　螺纹及螺纹紧固件表示法》规定了螺纹及紧固件的画法。按此方法作图并加以标注，就能清楚地表示螺纹的类型、规格和尺寸。

1. 外螺纹的规定画法（见图 7-11）

(1) 外螺纹不管牙型如何，螺纹牙顶圆的投影（外螺纹的大径线）用粗实线画出；牙底（外螺纹的小径）用细实线画出。画图时一般近似的取小径≈0.85 大径。

(2) 螺纹的终止线在视图中用粗实线表示；在剖视图中则按 7-11（b）主视图的画法（即终止线只画螺纹牙型高度的一小段），剖面线必须画到表示牙顶圆投影的粗实线为止。

(3) 在垂直于螺纹轴线的投影面的视图（即投影为圆的视图）中，螺纹牙顶用粗实线表示，牙底的细实线只画约 3/4 圈的细实线表示，倒角省略不画。

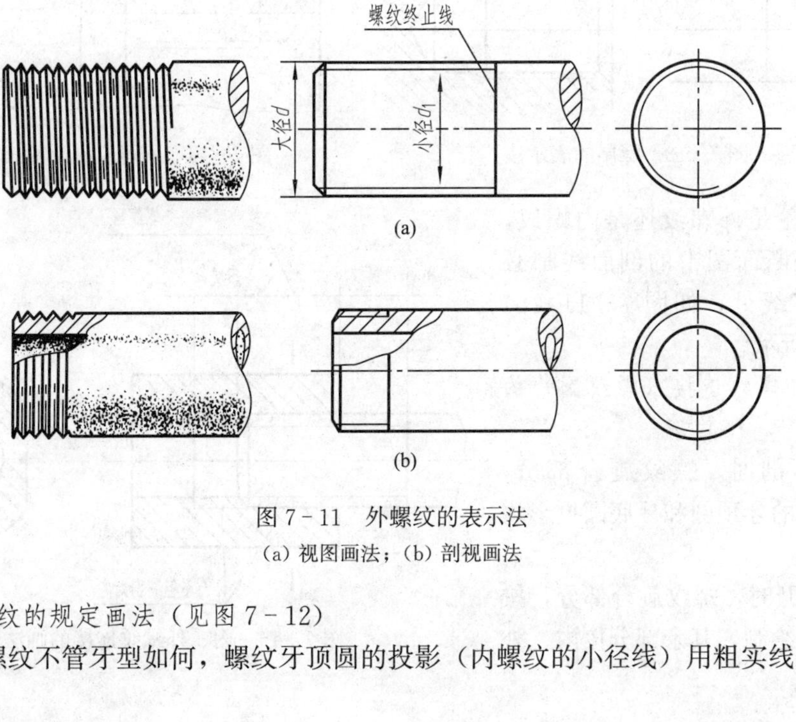

图 7-11　外螺纹的表示法
(a) 视图画法；(b) 剖视画法

2. 内螺纹的规定画法（见图 7-12）

(1) 内螺纹不管牙型如何，螺纹牙顶圆的投影（内螺纹的小径线）用粗实线画出；牙底

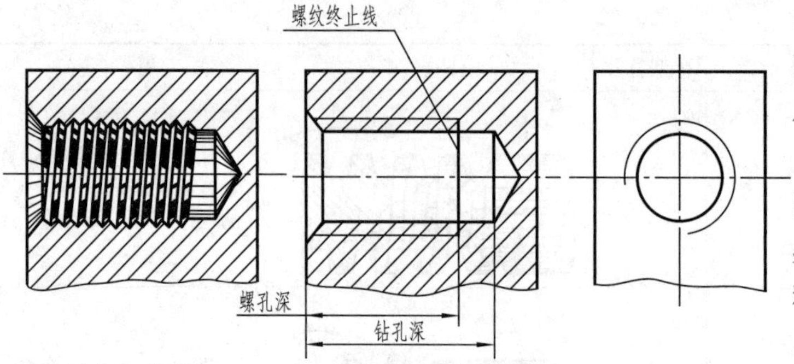

图 7-12 内螺纹的表示法

（内螺纹的大径）用细实线画出。画图时一般近似的取小径≈0.85 大径。

（2）螺纹的终止线在视图中用粗实线表示，剖面线必须画到表示牙顶圆投影的粗实线为止。

（3）在垂直于螺纹轴线的投影面的视图（即投影为圆的视图）中，螺纹牙顶用粗实线表示，牙底的细实线只画约 3/4 圈的细实线表示，倒角省略不画。

3. 其他规定画法

（1）螺纹的长度指的是完整螺纹的长度，即不包含螺尾在内的有效螺纹的长度。螺尾部分一般不需画出，当表示螺纹收尾时，螺尾部分的牙底用与轴线呈 30°的细实线绘制。如图 7-13 所示。

（2）绘制未穿通的内螺纹时（即盲孔），一般应将钻孔深度和螺纹深度分别画出。钻孔深度 H 一般比螺纹深度大 $0.5D$。由于钻头端部有一圆锥，锥顶角为 118°，钻孔底部的锥角应画成 120°，如图 7-13 所示。

（3）当螺纹为不可见时，除螺孔的轴线是点画线外，其所有图线都用虚线绘制，如图 7-14 所示。

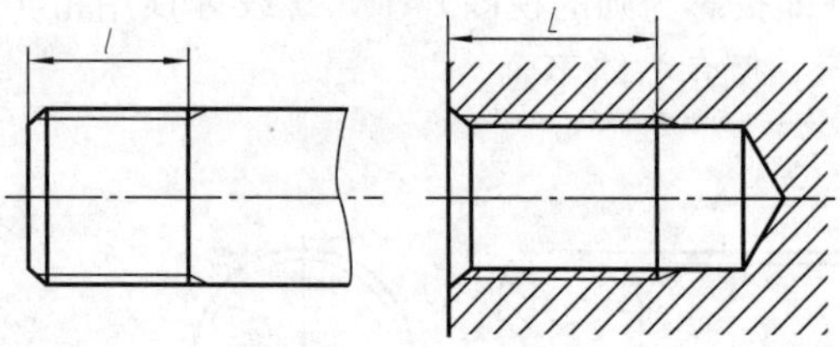

图 7-13 螺尾的表示法

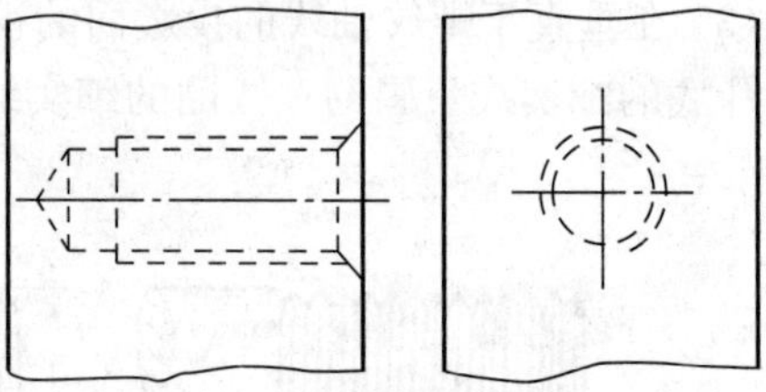

图 7-14 不可见螺纹的表示法

（4）无论是外螺纹还是内螺纹，在剖视还是断面图中的剖面线都必须画到粗实线处，如图 7-11（b）和图7-12所示。

4. 内外螺纹连接（螺纹副）的画法（见图 7-15）

（1）不剖时，螺纹旋合部分，内、外螺纹的牙顶圆和牙底圆投影均为虚线。

（2）剖开时，螺纹旋合部分，按外螺纹画法绘制，其余部分按内、外

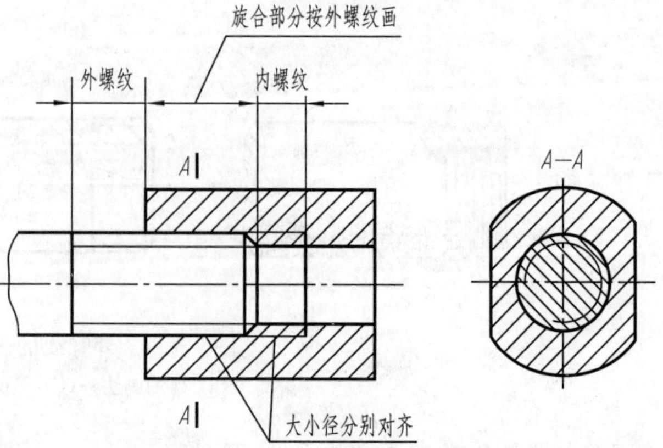

图 7-15 内、外螺纹连接的画法

螺纹各自的规定画法表示。

内、外螺纹连接的绘制一般按剖视绘制，画图时需要注意：表示外螺纹牙顶圆投影的粗实线、牙底圆投影的细实线，必须分别与表示内螺纹牙底圆投影的细实线、牙顶圆投影的粗实线对齐。与倒角大小无关，表明内、外螺纹具有相同的大径和小径。

（二）螺纹的标注

螺纹按国家标准的规定画法画出后，为识别螺纹的种类和要素，需要按规定格式进行标注。各种常用螺纹的标注示例见表 7-2。

表 7-2　　标准螺纹的标注示例

螺纹种类		标注图例	说明
普通螺纹	粗牙内螺纹	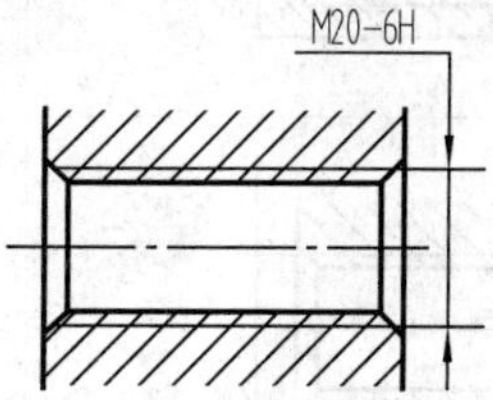	粗牙螺纹螺距不标注，右旋不标注。中径和顶径公差带相同，只注一个代号 6H
	细牙外螺纹	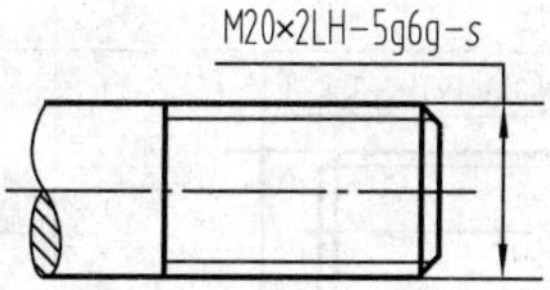	细牙螺纹螺距应该标注，左旋螺纹要标注“LH”。中径与顶径公差带不同，则分别标注 5g 与 6g
		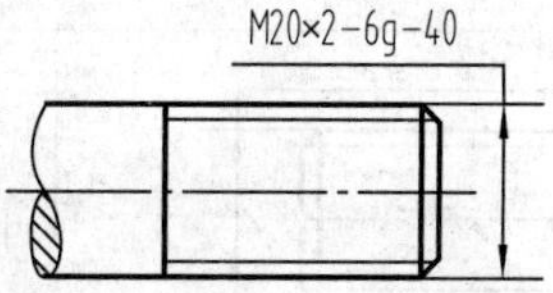	外螺纹中径与顶径公差带相同，只标注一个代号 6g，旋合长度用数值 40mm 标注
	内、外螺纹旋合标记	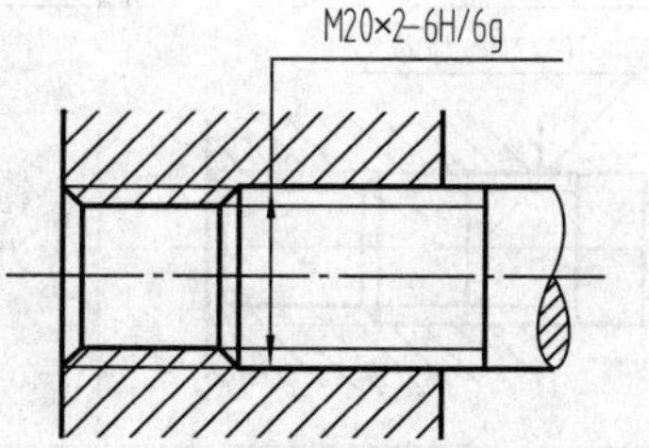	内、外螺纹旋合时，公差带代号用斜线分开，左侧为内螺纹公差带代号，右侧为外螺纹公差带代号，旋合长度 N 省略标注
非螺纹密封的管螺纹	内螺纹	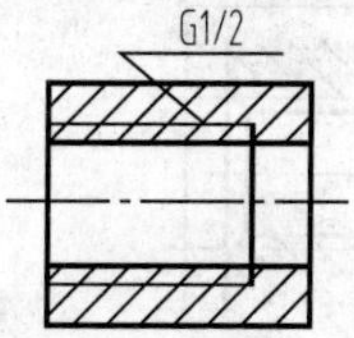	管螺纹的尺寸代号用管口通径“吋”的数值表示，G1/2 指用于管口通径为 1/2in 管子上的螺纹。内管螺纹的中径公差等级只有一种，省略标注
	A 级外螺纹	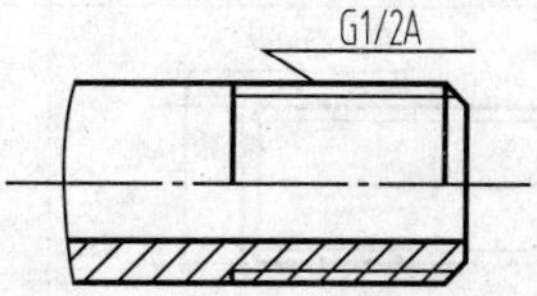	外管螺纹中径的公差等级为 A 级。管螺纹为右旋，省略标注

续表

螺纹种类		标注图例	说明
非螺纹密封的管螺纹	B级外螺纹	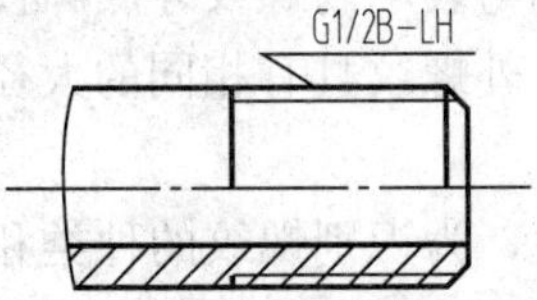	外管螺纹中径的公差等级为B级。管螺纹为左旋，用“LH”标注
	内、外螺纹旋合标记	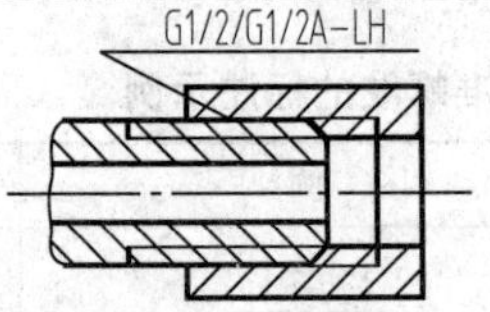	圆柱管螺纹旋合时，管螺纹的标记用斜线分开，左侧为内管螺纹标记，右侧为外管螺纹标记
梯形螺纹	内螺纹	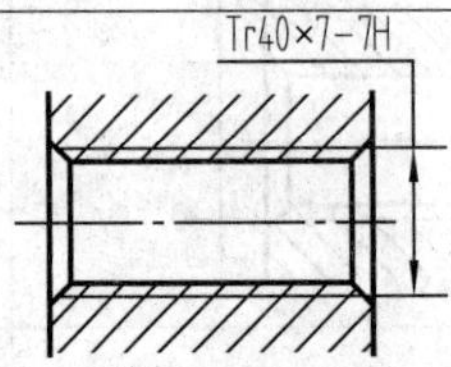	梯形螺纹的中径公差为7H。旋合长度为N，省略标注
	外螺纹	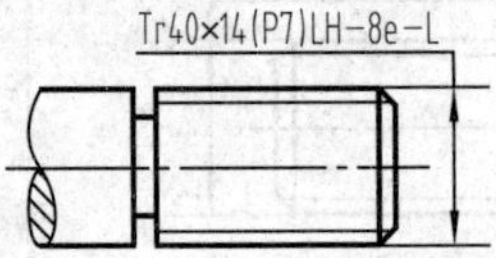	梯形螺纹导程14，螺距7，线数为2。旋向为左旋。中径公差为8e，旋合长度为L
		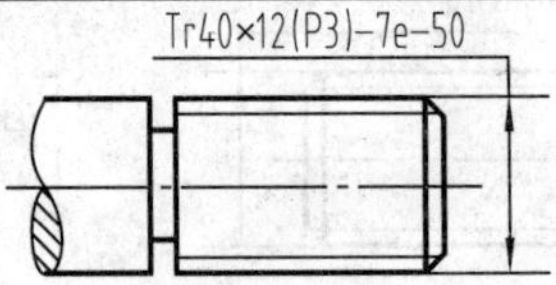	梯形螺纹导程12，螺距3，线数为4。中径公差为7e，旋合长度为50mm
	内、外螺纹旋合标记	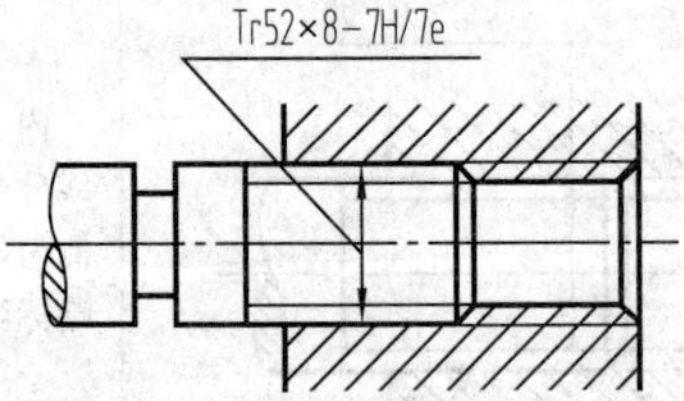	梯形螺纹，螺距8，单线。内螺纹公差为7H，外螺纹公差为7e
锯齿形螺纹	内螺纹	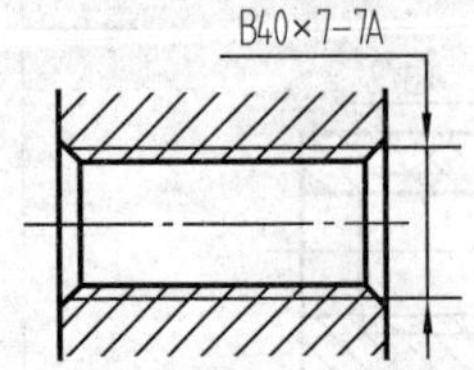	锯齿形螺纹，螺距7，中径公差为7A
	外螺纹	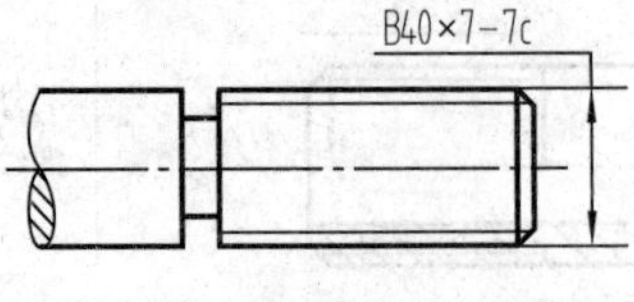	锯齿形螺纹，螺距7，中径公差为7c

1. 普通螺纹的标注

普通螺纹的直径、螺距见附表 1。同一公称直径的普通螺纹，其螺距分为一种粗牙的及一种、两种或两种以上的细牙的。因此，在标注细牙螺纹时，必须标注螺距。由于细牙螺纹的螺距比粗牙螺纹的螺距小，所以细牙螺纹多用于细小的精密零件和薄壁零件上。细牙螺纹的螺距与小径的关系见附表 2。

普通螺纹的完整标记，由螺纹代号、螺纹公差带代号和螺纹旋合长度代号三部分组成。普通螺纹从大径处引出尺寸线，按标注尺寸的形式进行标注。具体的标记格式是：

螺纹代号：(牙型符号)(公称直径)×(螺距)(旋向)

螺纹公差带代号：(中径公差带代号)(顶径公差带代号)

(牙型符号)(公称直径)×(螺距)(旋向)－(中径公差带代号)(顶径公差带代号)－(旋合长度代号)

(1) 螺纹代号。普通螺纹的牙型符号用“M”表示。粗牙普通螺纹的螺纹代号用牙型符号 M 和公称直径（大径）表示（不标注螺距），例如 M16；细牙普通螺纹用牙型符号 M 和“公称直径×螺距”表示，例如 M16×1.5。右旋螺纹为常用螺纹，不标注旋向；左旋螺纹需要在尺寸规格之后加注“LH”，例如 M16×1LH。

(2) 螺纹公差带代号。螺纹公差带代号包括中径公差带代号和顶径公差带代号。它由表示其大小的公差等级数字和表示其位置的基本偏差的字母（内螺纹用大写字母、外螺纹用小写字母）组成，例如 6H、6g。如果中径公差带代号和顶径公差带代号不同，则分别注出代号，中径公差带代号在前，顶径公差带代号在后，如 M10-5g6g；如果中径和顶径公差带相同，则只注一个代号，如 M10×1-6H。内、外螺纹旋合成螺纹副时，其配合公差带代号用斜线分开，左边表示内螺纹公差带代号，右边表示外螺纹公差带代号，例如 M10-6H/6g（见表 7-2）。

(3) 旋合长度代号。国家标准对普通螺纹的旋合长度，规定为短（S）、中（N）、长（L）三组。螺纹的精度分为精密、中等和粗糙三级。螺纹的旋合长度和精度等级不同，对应的公差带代号也不一样，可按 GB/T 197—2003 选用。

在一般情况下不标注螺纹的旋合长度，其螺纹公差带按中等旋合长度（N）确定。必要时在螺纹公差带代号之后加注螺纹的旋合长度代号 S 或 L，如 M10-5g6g-S，螺纹代号、公差带代号、旋合长度代号之间分别用“-”分开。

2. 梯形螺纹的标注

梯形螺纹用来传递双向动力，如机床的丝杠。梯形螺纹的直径和螺距系列、基本尺寸，见附表 4。

梯形螺纹的完整标记，由螺纹代号、螺纹公差带代号和螺纹旋合长度代号三部分组成。梯形螺纹从大径处引出尺寸线，按标注尺寸的形式进行标注。具体的标记格式分单线和双线两种情况：

单线梯形螺纹：

螺纹代号：(牙型符号)(公称直径)×(螺距)(旋向代号)

(牙型符号)(公称直径)×(螺距)(旋向代号)－(中径公差代号)－(旋合长度代号)

多线梯形螺纹：

螺纹代号：(牙型符号)(公称直径)×(导程〈螺距代号 P 和数值〉)(旋向代号)

(牙型符号)(公称直径)×(导程〈螺距代号 P 和数值〉)(旋向代号)－(中径公差代号)－(旋合长度代号)

（1）梯形螺纹的牙型符号为“Tr”。

（2）单线梯形螺纹应标注“公称直径×螺距”表示，多线梯形螺纹应标注“公称直径×导程（P螺距）”。

（3）右旋螺纹不标注，左旋螺纹标注代号“LH”。

（4）梯形螺纹只标注中径公差带代号。

（5）梯形螺纹按公称直径和螺距的大小将旋合长度，规定为中（N）、长（L）两组。螺纹的精度分为中等和粗糙两级。旋合长度为中等时，可省略旋合长度代号（N）。

3. 锯齿形螺纹的标注

锯齿形螺纹用来传递单向动力，如千斤顶中的螺杆。锯齿形螺纹标注的格式与梯形螺纹完全相同。

符合GB/T 13576.1—2008标准的锯齿形螺纹，其牙型符号为“B”，除此项与梯形螺纹不同外，其余各项的含义和标注方法均与梯形螺纹相同。例如，B40×7-7A，表示公称直径为40、螺距为7、中径公差带代号为7A、中等旋合长度的右旋锯齿形内螺纹；B40×7LH-7c，表示公称直径为40、螺距为7、中径公差带代号为7c、中等旋合长度左旋锯齿形外螺纹；B40×14（P7）-8c-L，表示公称直径为40、导程为14、螺距为7、中径公差带代号为8c、长旋合长度右旋双线锯齿形外螺纹。

螺纹副的标记如B40×7-7A/7c。

梯形螺纹和锯齿形螺纹的标注见表7-2。

4. 管螺纹的标注

管螺纹常用在水管、油管、煤气管的管道连接中，它们是英寸制的。管螺纹的标注见表7-2。

管螺纹分为55°密封管螺纹和55°非密封管螺纹。螺纹标注的内容和格式如下：

55°密封管螺纹

| 螺纹特征代号 | 尺寸代号 | 旋向代号 |

55°非密封管螺纹

| 螺纹特征代号 | 尺寸代号 | 公差等级代号 - 旋向代号 |

以上框格对非螺纹密封的外管螺纹适用。

| 螺纹特征代号 | 尺寸代号 | 旋向代号 |

以上框格对非螺纹密封的内管螺纹适用。

（1）上述螺纹标记中的螺纹特征代号分为两类。

1）55°密封管螺纹：Rp表示圆柱内螺纹，Rc表示圆锥内螺纹；R表示用螺纹密封的圆锥外管螺纹。

2）55°非密封管螺纹特征代号：G。

（2）两类螺纹中的尺寸代号见附表3，如G11/2，Rc1/2等。

（3）公差等级代号只对55°非密封的外管螺纹，分为A、B两个等级，在尺寸代号后标注。对内螺纹不标注公差等级代号。例如，G2A，G2B，G2。

（4）右旋螺纹不标注，左旋螺纹标注代号“LH”。

(5) 表示螺纹副时，对 55°非密封管螺纹，仅标注外螺纹的标记代号；对 55°密封管螺纹，其标记用斜线分开，左边表示内螺纹，右边表示外螺纹。

管螺纹必须采用从大径轮廓线上引出的标注方法，各种管螺纹的尺寸代号都不是螺纹的大径，而近似地等于外螺纹管子的孔径。作图时，可根据尺寸代号查出螺纹的大径。如尺寸代号为“1”时，螺纹的大径为 33.249mm。

下面举例说明：

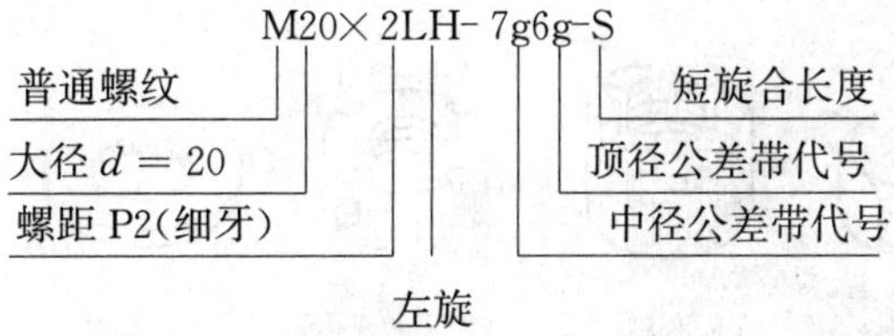

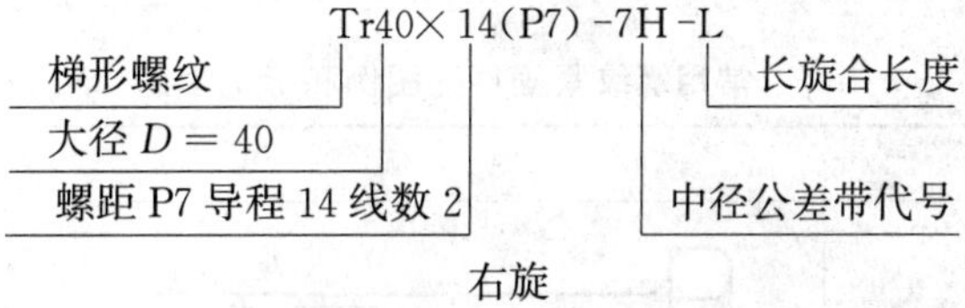

5. 特殊螺纹的标注

特殊螺纹应在牙型符号前注写“特”字，并注出大径和螺距，如图 7-16 (a) 所示。

6. 非标准螺纹的标注

非标准螺纹必须画出牙型并标注全部尺寸（如螺纹的大径、小径、螺距和牙型的尺寸），如图 7-16 (b) 所示。

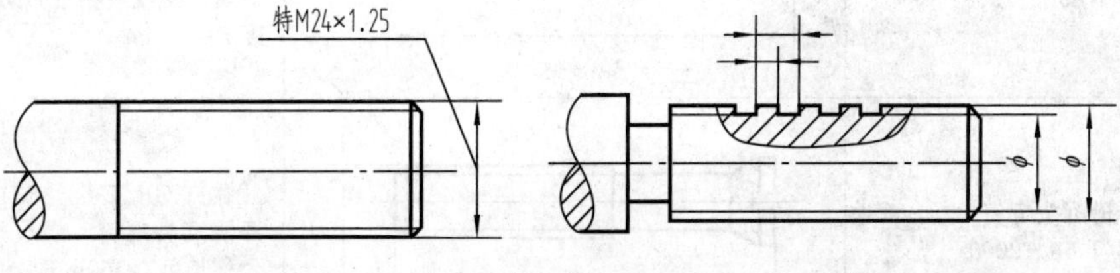

图 7-16　特殊螺纹的标注

第二节　螺纹紧固件及其连接

螺纹紧固件就是运用一对内、外螺纹的连接作用来连接和紧固一些零部件。常用的螺纹紧固件种类很多，这类零件的结构、尺寸都已标准化，并有专业工厂大量生产。常用的螺纹紧固件有螺栓、螺母、螺柱、螺钉、垫圈等，见图 7-17。根据螺纹紧固件的规定标记，就能在相应的标准中，查出有关的尺寸。

螺纹紧固件的结构形式及尺寸已标准化。各紧固件均有相应规定的标记，其完整的标记由名称、标准编号、螺纹规格或公称尺寸、公称长度、性能等级或材料等级、热处理、表面处理组成，一般标记前四项。常用的螺纹紧固件的图例和标记示例见表 7-3，在装配图中可采用简化画法。

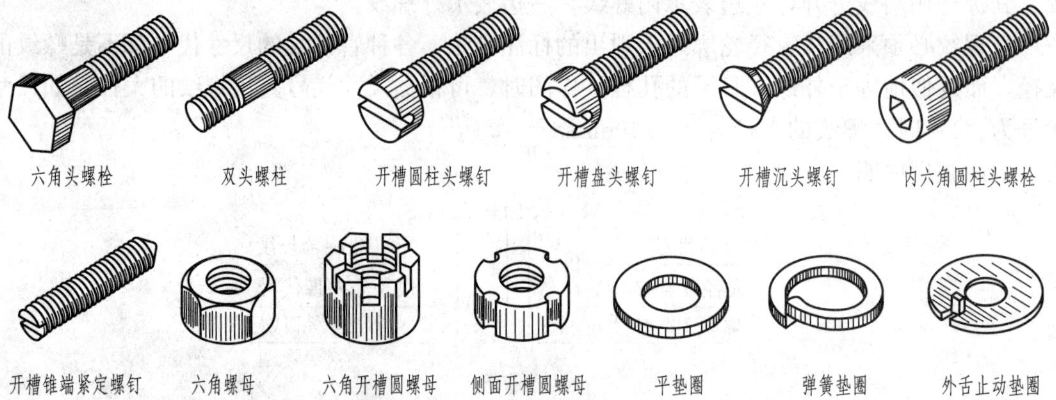

图 7-17 螺纹紧固件

表 7-3 常用螺纹紧固件的图例和标记示例

名称及国家标准号	图 例	标记及说明
六角头螺栓 A 和 B 级 GB/T 5782—2000	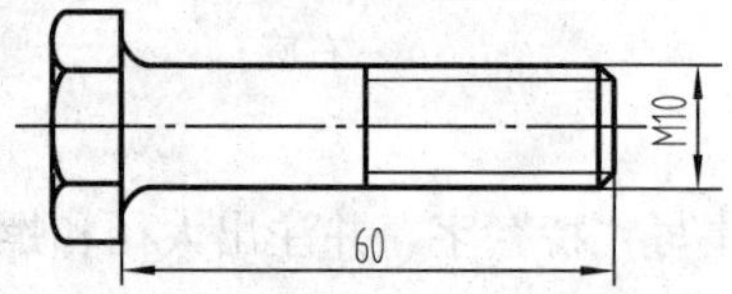	螺栓 GB/T 5782 M10×60 表示 A 级六角头螺栓，螺纹规格 d=M10，公称长度 l=60mm
双头螺柱（b_m=1.25d） GB/T 898—1988	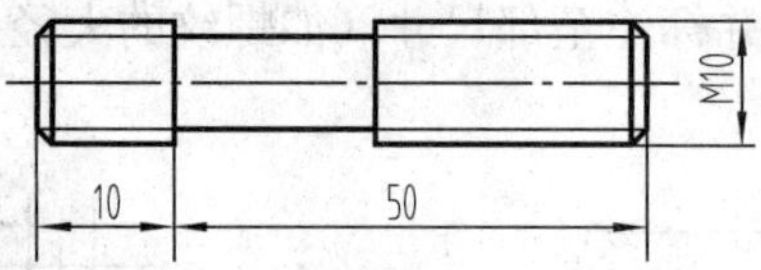	螺柱 GB/T 898 M10×50 表示 B 型双头螺柱，两端均为粗牙普通螺纹，螺纹规格 d=M10，公称长度 l=50mm
开槽沉头螺钉 GB/T 68—2000	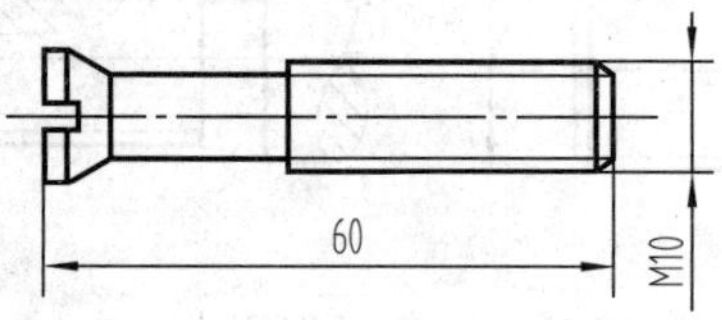	螺钉 GB/T 68 M10×60 表示开槽沉头螺钉，螺纹规 d=M10，公称长度 l=60mm
开槽长圆柱端紧定螺钉 GB/T 75—1985	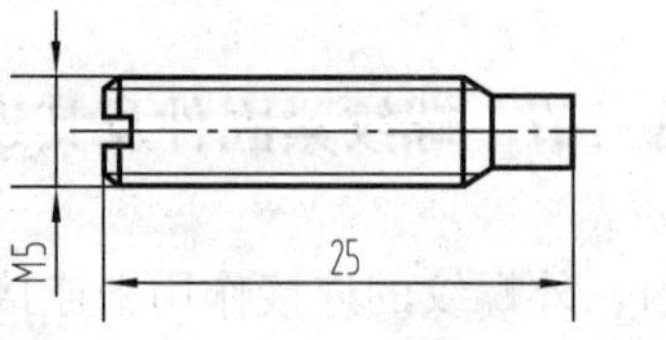	螺钉 GB/T 75 M5×25 表示长圆柱端紧定螺钉，螺纹规格 d=M5，公称长度 l=25mm
1 型六角头螺母号 A 和 B 级 GB/T 6170—2000	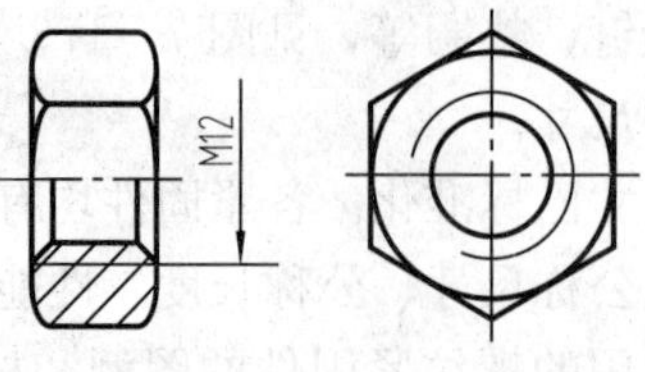	螺母 GB/T 6170 M12 表示 A 级 1 型六角螺母，螺纹规格 D=M12

续表

名称及国家标准号	图　例	标记及说明
1 型六角开槽螺母 A 和 B 级 GB 6178—1986	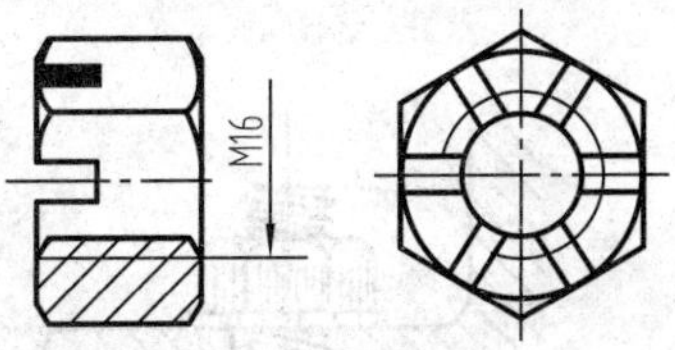	螺母 GB/T 6178　M16 表示 A 级 1 型六角开槽螺母，螺纹规格 D=M16
平垫圈 A 级 GB/T 97.1—2002	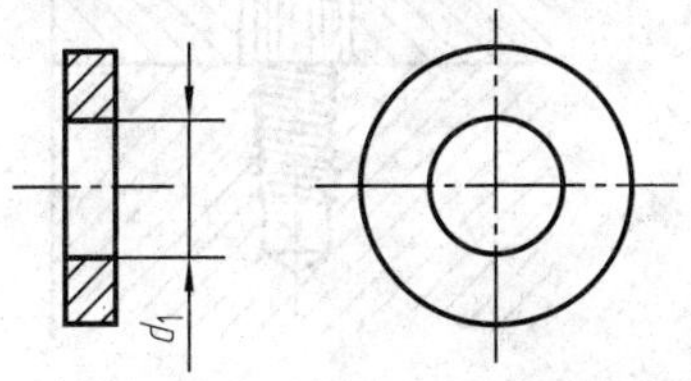	垫圈 GB/T 97.1　12 - 140HV 表示 A 级平垫圈，公称尺寸（螺纹规格）d＝12mm，性能等级为 140HV 级
标准型弹簧垫圈 GB 93—1987	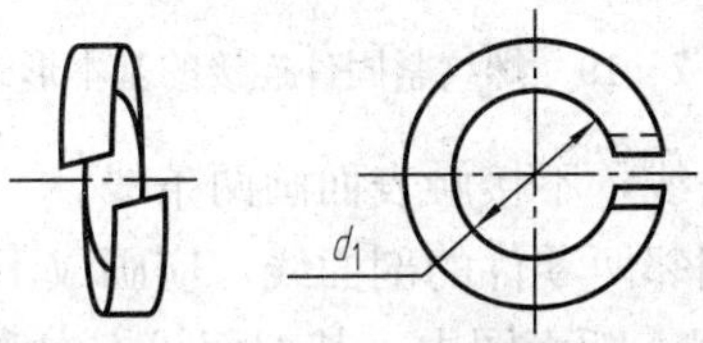	垫圈 GB/T 93 20 表示标准型弹簧垫圈，规格（螺纹大径）为 20mm

一、常用螺纹紧固件的比例画法

螺纹紧固件尺寸的确定有查表法和比例法两种。

查表法就是根据螺纹紧固件的规定标记可根据公称直径查阅附表 5～附表 14 或有关标准，查出各紧固件的具体尺寸。

比例画法通常在绘制螺母、螺栓和垫圈时，除公称长度需查表外，螺栓的螺纹规格 d、螺母的螺纹规格 D、垫圈的公称尺寸 d 进行比例折算，得出各部分尺寸后按近似画法画出，如图 7 - 18 所示。

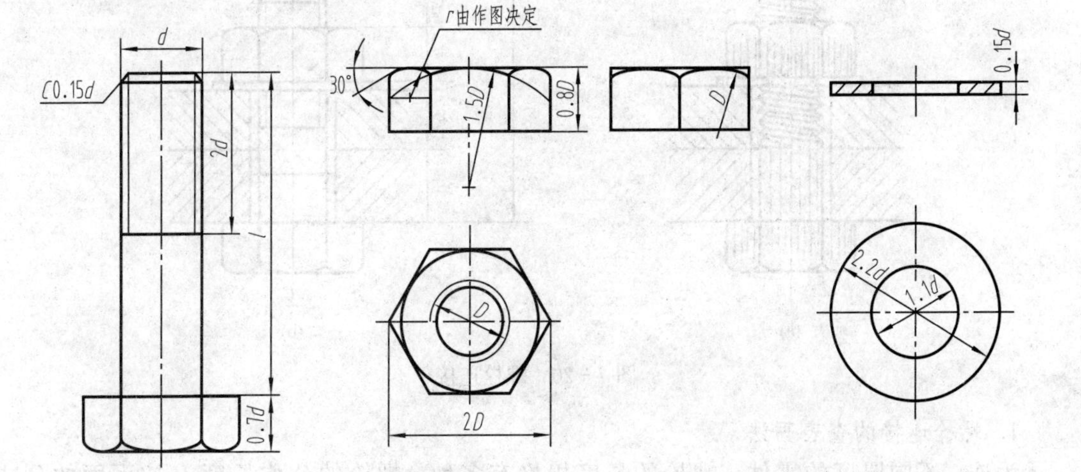

(a)　(b)　(c)

图 7 - 18　单个螺纹紧固件的比例画法

(a) 螺栓；(b) 螺母；(c) 垫圈

二、螺纹紧固件的连接画法

螺纹紧固件连接的基本形式有螺栓连接、螺柱连接、螺钉连接，如图 7－19 所示。画装配图时应遵循以下规定：

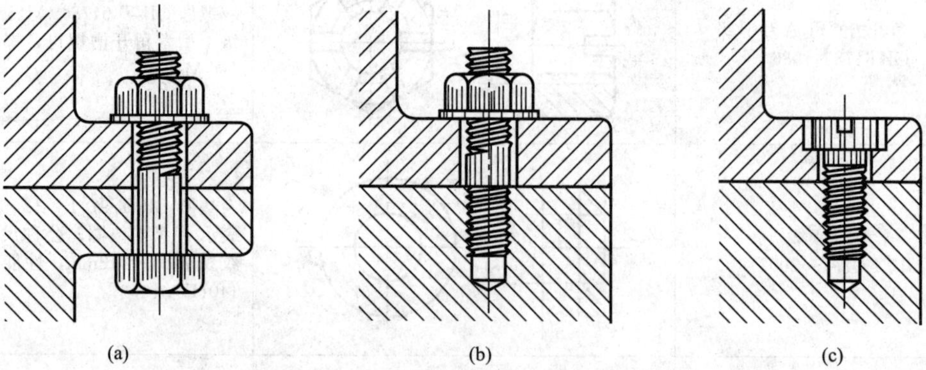

图 7－19 螺纹紧固件连接的基本形式

（1）两零件的接触面画一条线，不接触表面画两条线。

（2）在剖视、断面图中，相邻两零件的剖面线，应画成不同方向或同方向而不同间隔加以区别。且同一零件在各个剖视、断面图中，其剖面线方向和间隔必须相同。

（3）若剖切平面通过紧固件和实心零件（如螺钉、螺栓、螺母、垫圈、键、销、球、轴等）的基本轴线时，则这些零件都按不剖绘制，仍画外形；需要时，可采用局部剖视。

（一）螺栓连接

螺栓连接是由螺母、垫圈和螺栓组成，用于连接两个不太厚并能钻成通孔的零件，如图 7－20 所示。被连接的两块板上钻有的直径比螺栓大径大 1.1 倍，螺栓穿过此通孔并在切有螺纹的一端套上垫圈后，拧紧螺母。垫圈用以增加支承面和防止损伤零件表面。

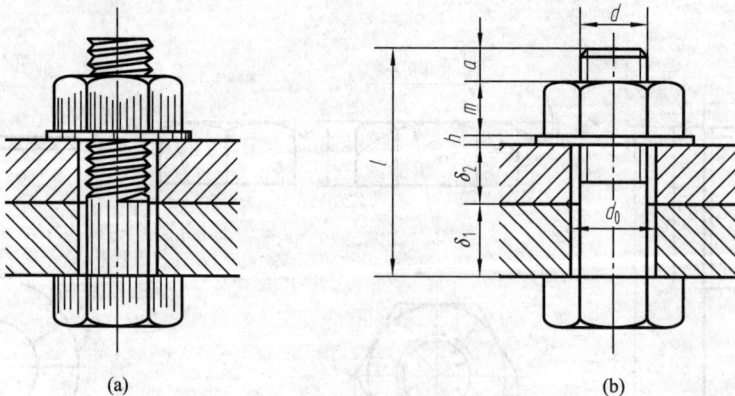

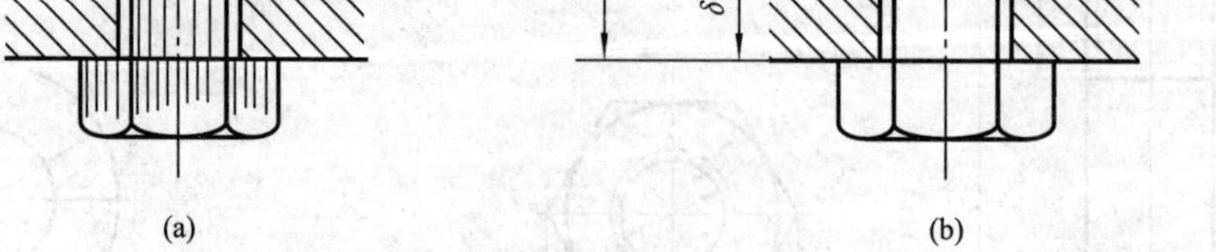

图 7－20 螺栓连接

1. 螺栓连接的查表画法

为连接不同厚度的零件，螺栓的长度规格有多种。螺栓的公称长度 L 按下面的公式估算：

$$l=\delta_1+\delta_2+h+m+a$$

式中：δ_1、δ_2 为被连接件的厚度；h 为垫圈厚度；m 为螺母厚度；a 为螺栓伸出螺母的长度。h、m 可查阅垫圈、螺母的表格或以 d 为参数按比例画出，$a\approx(0.2\sim0.3)\ d$，d 为螺栓的公称直径。

根据上式计算出螺栓的长度，再从相应的螺栓标准所规定的长度系列中，选取合适的 L。

【例 7-1】 已知螺纹紧固件的标记为：螺栓 GB/T 5782　M20×L

螺母 GB/T 6170　M20

垫圈 GB/T 97.1　20

被连接件的厚度 $\delta_1=26$，$\delta_2=27$

解 由附录查表得 $h=3$，$m=18$，取 $a=0.3\times20=6$，则

$$L=26+27+3+18+6=80$$

根据 GB/T 5782—2000 查得最接近的标准长度为 80，即为螺栓的有效长度，查得螺栓的螺纹长度 b 为 46。

螺栓连接的画图步骤如图 7-21 所示。

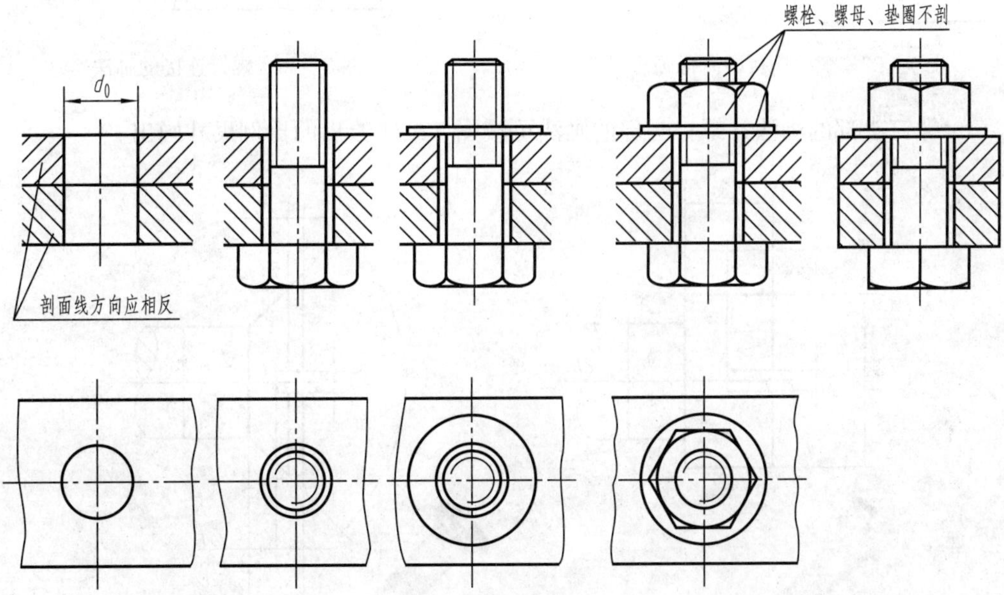

图 7-21　螺栓连接的画图步骤

2. 螺栓连接的简化画法

在部件装配图中，螺栓连接允许按简化画法绘制，如图 7-22 所示。

(二) 螺钉连接及画法

螺钉按用途可分为连接螺钉和紧定螺钉两类。前者用来连接零件，后者用来固定零件。

1. 连接螺钉

螺钉连接多用于受力不大的零件的连接，且不经常拆装的情况。它的被连接件之一（较薄的零件）为通孔，通孔直径稍大于螺钉的大径 d，孔径≈1.1d。设计时通孔或沉孔的尺寸可按附表 28 选用，而另一零件（较厚的零件）一般为不通的螺纹孔，如图 7-23 所示。

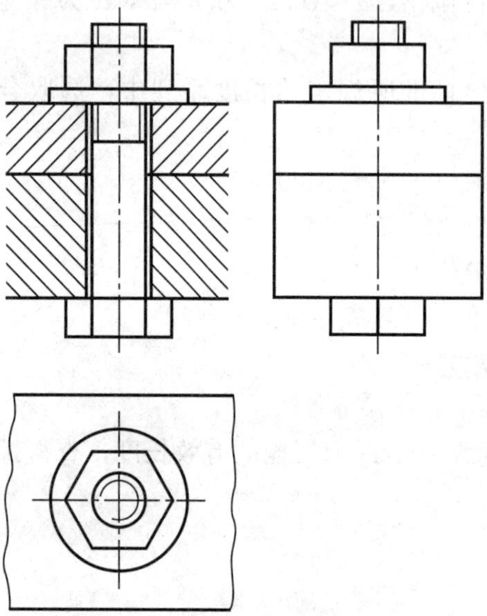

图 7 - 22　螺栓连接的简化画法

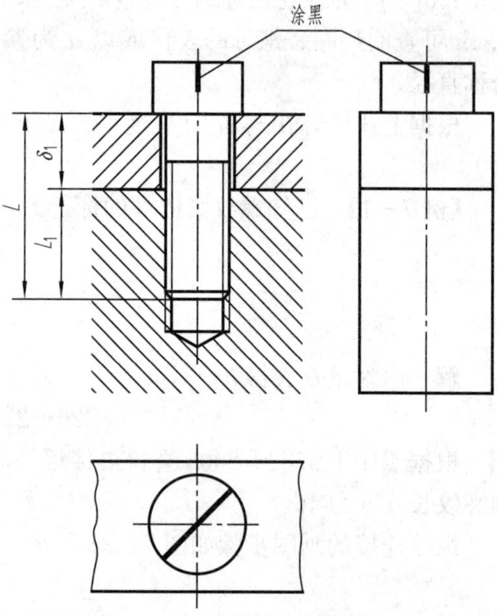

图 7 - 23　螺钉连接的画法

（1）螺钉头部的画法。螺钉头部的画法可按图 7 - 24 给出的比例尺寸画出。

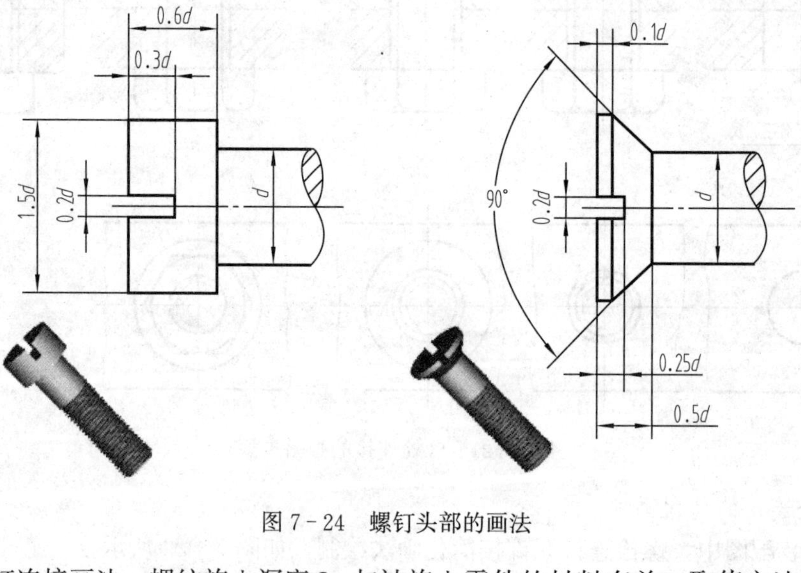

图 7 - 24　螺钉头部的画法

（2）螺钉连接画法。螺纹旋入深度 L_1 与被旋入零件的材料有关，取值方法与双头螺柱的 b_m 相同，查表 7 - 4。螺钉的公称长度 L 可先按下式估算，然后根据估算值查表选用相近的标准值，即

$$L > L_1 + \delta_1$$

其中，δ_1 为通孔零件的厚度。

螺钉连接在连接图上允许不画出 0.5d 的钻孔余量，如图 7 - 23 中螺孔的下部画法。

图 7 - 25 所示为常见的螺钉连接图。

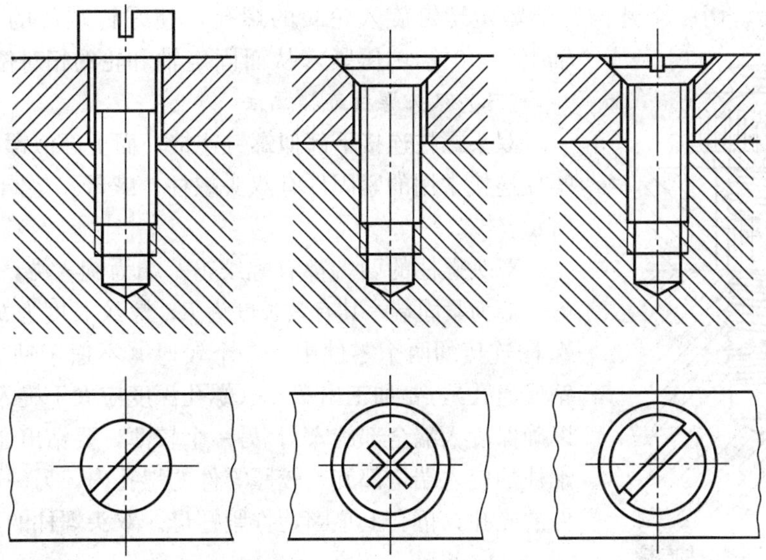

图 7 - 25　常见的螺钉连接图

画螺钉连接图时应注意以下几点：

(1) 螺纹终止线应高出螺孔的端面或螺杆全长上都有螺纹。

(2) 螺钉头部的槽在投影为圆的视图中画成与中心线倾斜 45°，如图 7 - 23 所示。

(3) 螺钉头部与沉孔（见图 7 - 26）、螺钉杆与通孔（见图 7 - 23）之间都有间隙，应画两条轮廓线。

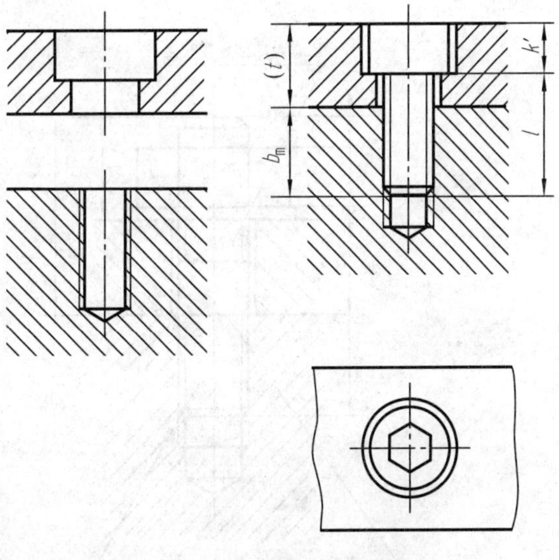

图 7 - 26　内六角螺钉连接

2. 紧定螺钉

紧定螺钉常用于定位、防松且受力较小的情况，图 7 - 27 所示为紧定螺钉的连接画法。欲将轴、轮固定在一起，可先在轮毂的适当位置加工出螺孔，然后将轮、

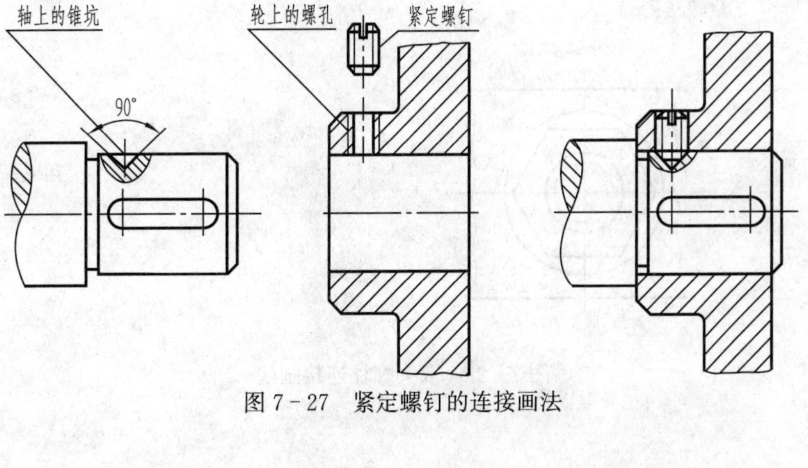

图 7 - 27　紧定螺钉的连接画法

轴装配在一起，用一个开槽锥端紧定螺钉旋入轮毂的螺孔，使螺钉端部的 90°锥顶角与轴上的 90°锥坑压紧，从而固定轴和轮的相对位置。

（三）双头螺柱连接画法

双头螺柱连接下部似螺钉连接，而上部似螺栓连接。双头螺柱连接常用的紧固件有双头螺柱、螺母、垫圈，如图 7－28 所示。

双头螺柱的两端都有螺纹，一端为旋入端，其长度为 b_m，另一端为紧固端，其有效长度为 L，螺纹长度为 b，如图 7－27 螺柱连接的两个零件中，一个较厚（不适于钻成通孔或不能钻成通孔），要加工出螺孔（螺孔深度应大于旋入螺纹的长度，以确保旋入端全部旋入）；另一个较薄，要钻出通孔。连接时，螺柱的旋入端全部旋入较厚零件的螺孔内，另一端通过较薄零件的光孔，再套上垫圈，拧紧螺母。双头螺柱的连接画法，如图 7－29 所示。

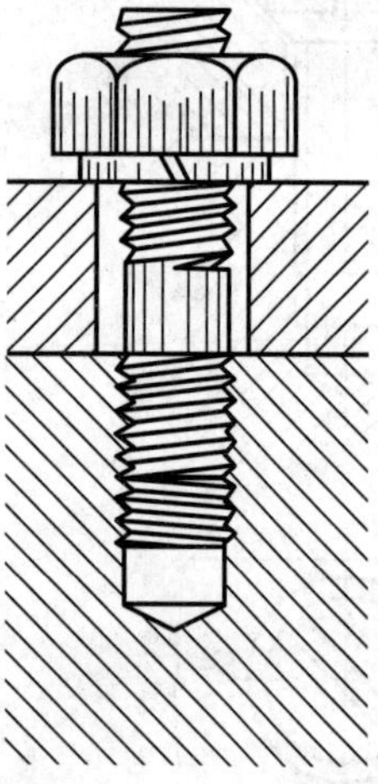

图 7－28　双头螺柱连接

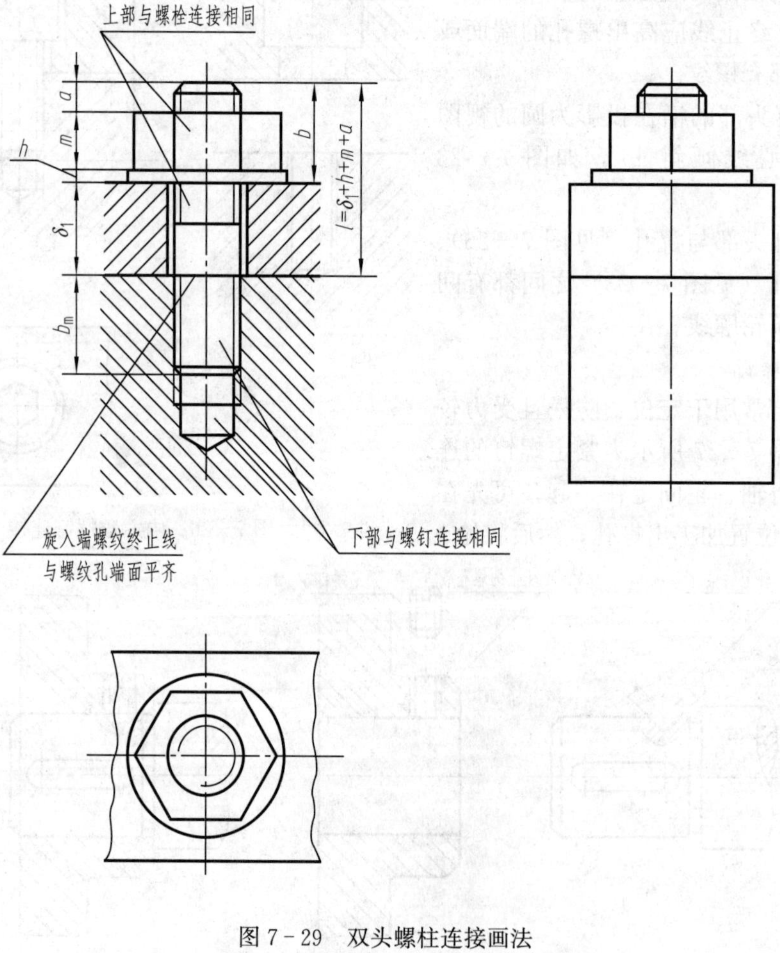

图 7－29　双头螺柱连接画法

双头螺柱有效长度的计算与螺栓有效长度的计算类似，L 初算后的数值与相应的标准长度系列核对，如不符，应选取标准值。旋入端 b_m 查表 7-4 选取。

表 7-4 双头螺柱旋入深度参考值

被旋入零件的材料	旋入端长度 b_m	国 标
钢、青铜	$b_m=d$	GB/T 897—1988
铸铁	$b_m=1.25d$ $b_m=1.5d$	GB/T 898—1988 GB/T 899—1988
铝	$b_m=2d$	GB/T 900—1988

为保证连接牢固，应使旋入端完全旋入螺纹孔，即在图上旋入端的终止线与螺纹孔口的端面平齐，如图 7-30 所示。

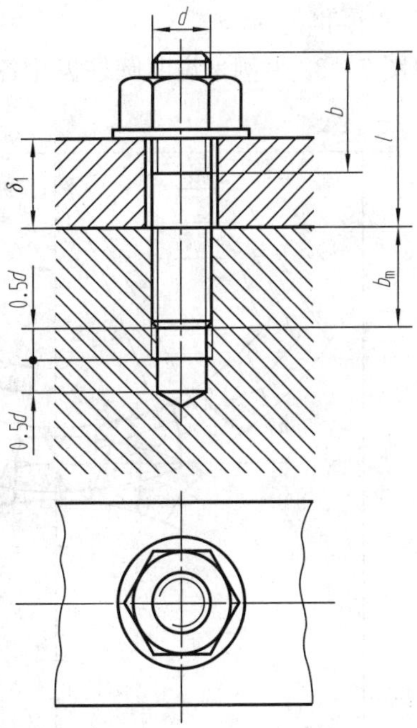

图 7-30 双头螺柱连接画法

第三节 圆柱齿轮和弹簧

齿轮是应用非常广泛的传动件，作用是用以传递运动和动力，并具有改变转速和转向的作用。根据两啮合齿轮轴线在空间的相对位置不同，常见的齿轮传动可分为以下三种形式：

(1) 圆柱齿轮传动——用于两平行轴之间的传动，如图 7-31 (a) 所示。

(2) 圆锥齿轮传动——用于两相交轴之间的传动，如图 7-31 (b) 所示。

(3) 蜗轮蜗杆传动——用于两交叉轴之间的传动，如图 7-31 (c) 所示。

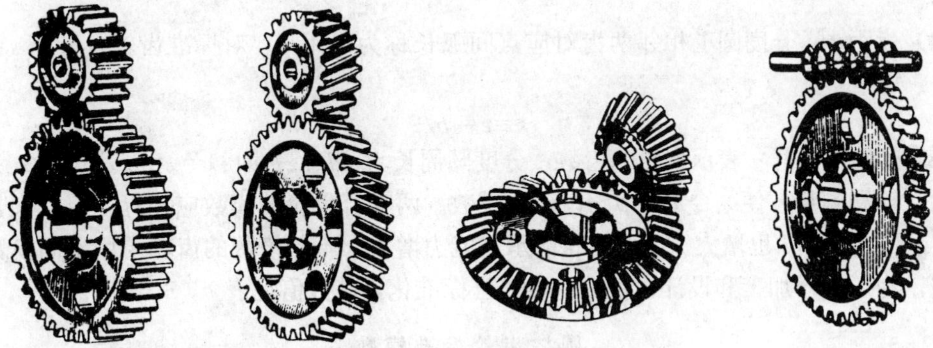

(a) (b) (c)

图 7-31 常见的齿轮传动

(a) 圆柱齿轮；(b) 圆锥齿轮；(c) 蜗轮蜗杆

一、圆柱齿轮

(一) 圆柱齿轮名称和尺寸关系

圆柱齿轮有直齿、斜齿、人字齿等。本节主要介绍直齿圆柱齿轮的几何要素和规定画法。

1. 名称和代号

以图 7－32 为例来说明圆柱齿轮各部分的几何要素。

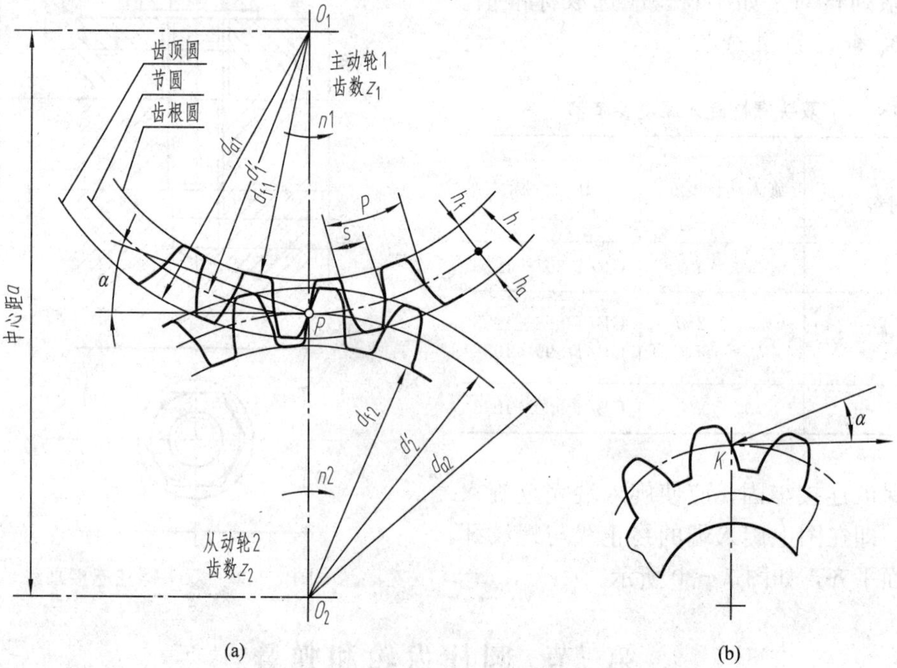

图 7－32 直齿圆柱齿轮各部分名称和代号

（1）齿顶圆：齿顶圆柱面与端平面的交线，称为齿顶圆，用 d_a 表示。

（2）齿根圆：齿根圆柱面与端平面的交线，称为齿根圆，用 d_f 表示。

（3）分度圆 d：标准齿轮的齿厚（s）和槽宽（e）相等处的圆周直径。分度圆是设计制造齿轮时，计算齿轮各部分尺寸的依据之一。在分度圆上，齿厚 s（弧长）等于槽宽 e（弧长）。

（4）齿距 p：分度圆上相邻两齿对应点间弧长称为齿距 p。对标准齿轮，齿厚 s＝槽宽 e，则

$$s=e=p/2$$

（5）模数 m：若 z 表示齿轮的齿数，分度圆周长为 $\pi d=zp$ 即 $D=zp/\pi$。式中 π 为无理数，为计算和测量方便，令 $m=p/\pi$，m 为模数。两啮合齿轮的模数应相等。模数大，齿距 p 增大，随之齿厚 s 也增大。因此齿轮的承载能力增大。不同模数的齿轮要用不同模数的刀具制造。为了便于加工和设计，模数的数值已标准化，其数值见表 7－5。

表 7－5 圆柱齿轮标准模数

第一系列	1 5 25	1.25 6 32	1.5 8 40	2 10 50	2.5 12	3 16	4 20
第二系列	1.75 5.5 22	2.25 (6.5) 28	2.75 7 36	(3.25) 9 45	3.5 (11)	(3.75) 14	4.5 18

选用模数时应优先选用第一系列，其次选用第二系列，括号内的模数尽量不用。

(6) 压力角 α：两啮合齿轮齿廓在接触点处的公法线（即齿廓受力方向）与该点内公切线（即该点瞬时运动方向）所夹的锐角称为压力角，我国国家标准规定压力角为 20°，如图 7－32（b）所示。

(7) 传动比 i：主动齿轮转速 n_1（r/min）与从动齿轮转速 n_2（r/min）之比称为传动比，即 $i=\frac{n_1}{n_2}$，$n_1z_1=n_2z_2$，可得

$$i=\frac{n_1}{n_2}=\frac{d_2}{d_1}=\frac{z_2}{z_1}$$

(8) 中心距 a：两圆柱齿轮轴线之间的最短距离，称为中心距，有

$$a=\frac{1}{2}(d_1+d_2)=\frac{m}{2}(z_1+z_2)$$

(9) 齿高 h：齿顶圆与齿根圆之间的径向距离，$h=h_a+h_f$，齿顶高 h_a 是从齿轮圆到分度圆间的径向距离；齿根高 h_f 是从分度圆到齿根圆间的径向距离。

2. 几何要素的尺寸计算

齿顶高、齿根高、齿高等都与模数有关系，计算公式见表 7－6。设计齿轮时，需先确定模数，齿数，其他部分尺寸均可根据齿数和模数计算求出。

表 7－6　　直齿圆柱齿轮各部分计算公式

名称	代号	计算公式
模数	m	根据设计或测绘定出（应选用标准数值）
齿数	z	根据运动要求选定。z_1 为主动轮齿数，z_2 为从动轮齿数
分度圆直径	d	$d_1=mz_1$，$d_2=mz_2$
齿顶高	h_a	$h_a=m$
齿根高	h_f	$h_f=1.25m$
齿高	h	$h=2.25m$
齿顶圆直径	d_a	$d_{a1}=m(z_1+2)$ $d_{a2}=m(z_2+2)$
齿根圆直径	d_f	$d_{f1}=m(z_1-2.5)$ $d_{f2}=m(z_2-2.5)$
齿距	p	$p=\pi m$
中心距	a	$a=\frac{1}{2}(d_1+d_2)=\frac{m}{2}(z_1+z_2)$
传动比	i	$i=\frac{n_1}{n_2}=\frac{d_2}{d_1}=\frac{z_2}{z_1}$ n_1 为主动齿轮的每分钟转数，n_2 为从动齿轮的每分钟转数

(二) 圆柱齿轮、齿条的规定画法

1. 单个圆柱齿轮的画法

如图 7－33 所示，在视图中，齿顶圆和齿顶线画粗实线，分度圆和分度线画点画线。齿根圆和齿根线画细实线或省略不画。

在剖视图中，当剖切平面通过齿轮的轴线时，齿根圆在剖视图中画粗实线，在非圆投影的剖视图中轮齿部分不画剖面线。

如果需要表示轮齿（斜齿、人字齿）的方向时，可用三条与轮齿方向一致的细实线表示，如图 7－33（c）、（d）所示。

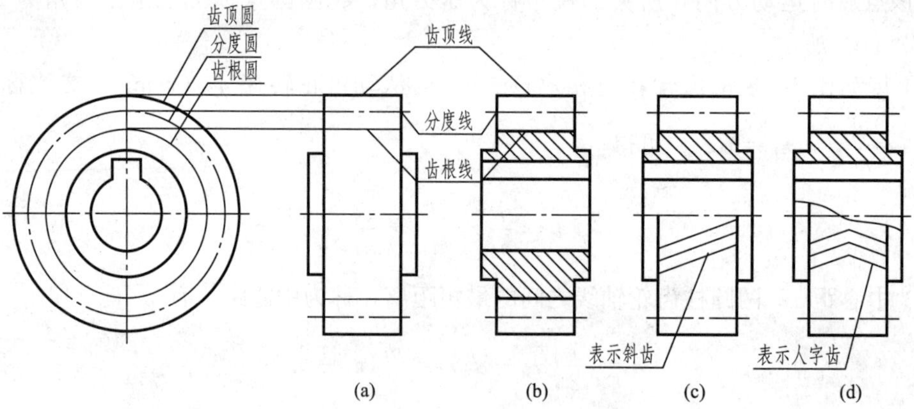

图 7－33 单个圆柱齿轮的画法

（a）直齿（外形视图）；（b）直齿（全剖视图）；（c）斜齿（半剖视图）；（d）人字齿（局部剖视图）

2. 两圆柱齿轮啮合的画法

如图 7－34 所示，两标准齿轮互相啮合时，它们的分度圆处于相切位置，此时分度圆称为节圆。啮合部分画法如下：在非圆投影的剖视图中，当剖切平面通过两啮合齿轮轴线时，两轮节线重合，画点画线。齿根线画粗实线。齿顶线画法为一个轮齿为可见，画粗实线，一个轮齿被遮住，画虚线。

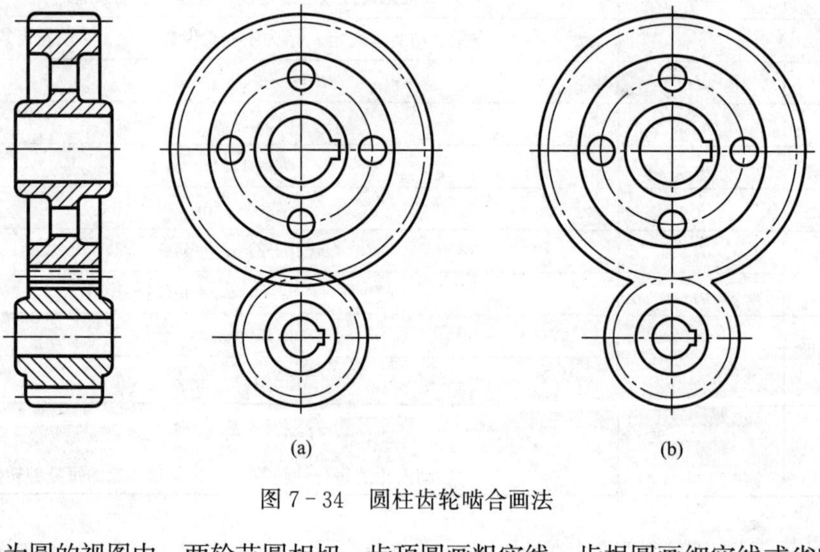

图 7－34 圆柱齿轮啮合画法

在投影为圆的视图中，两轮节圆相切，齿顶圆画粗实线，齿根圆画细实线或省略不画。如图 7－34 所示，省略画法如图 7－34（b）所示。如果需要表示轮齿的方向，画法如图 7－36（b）、（c）所示。

如图 7－35 所示，在齿轮啮合的剖视图中，由于齿根高和齿顶高相差 0.25m，因此一个齿轮的齿顶线和另一个齿轮的齿根线之间，应有 0.25m 的间隙。

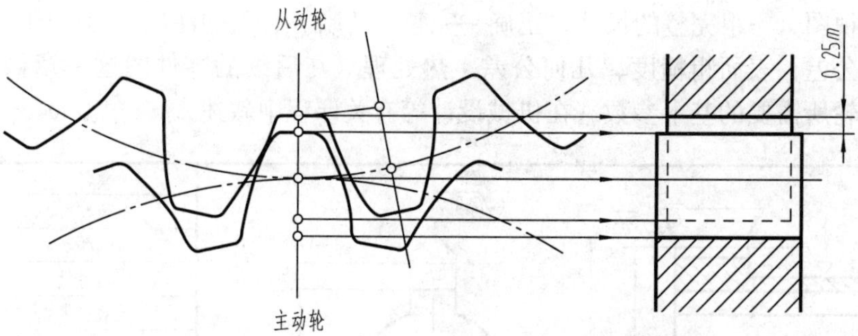

图 7-35 啮合齿轮的间隙

3. 齿轮与齿条啮合的画法

当齿轮的直径无限大时，齿轮成为齿条，如图 7-37（a）所示。此时，齿顶圆、分度圆、齿根圆和齿廓曲线（渐开线）都成为直线。绘制齿轮、齿条啮合图时，在齿轮表达为圆的外形视图中，齿轮节圆和齿条节线应相切。在剖视图中，应将啮合区内齿顶线之一画成粗实线，另一轮齿被遮部分画成虚线或省略不画，如图 7-37（b）所示（图中省略不画被遮的部分）。在图 7-37（b）中，齿条的主视图只画了一个轮齿的齿廓，其余的齿根线用细实线画出。

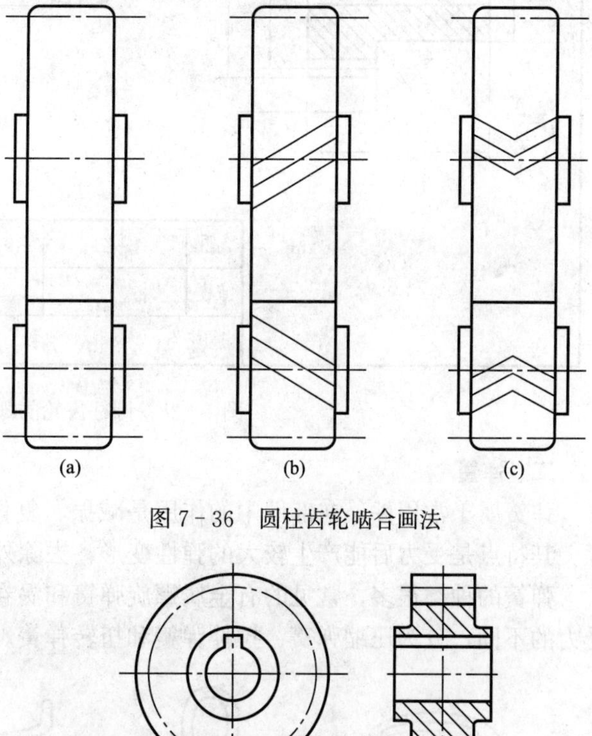

图 7-36 圆柱齿轮啮合画法

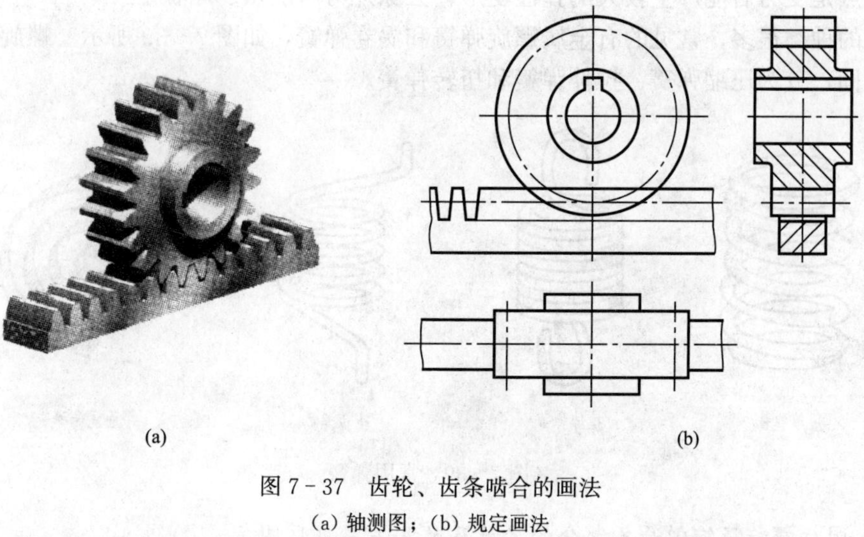

图 7-37 齿轮、齿条啮合的画法

（a）轴测图；（b）规定画法

（三）圆柱齿轮的零件图

图 7-38 所示为圆柱齿轮的零件图。它包括一组视图，图中主视图采用了全剖，轮孔

采用了局部视图；一组完整的尺寸，正确、完整、清晰、合理的注出了齿轮的尺寸，技术要求，如尺寸公差、表面粗糙度、几何公差、热处理（在后续的零件图这一章做简要介绍），以及制造齿轮所需要的基本参数（在机械设计等有关课程中叙述）。

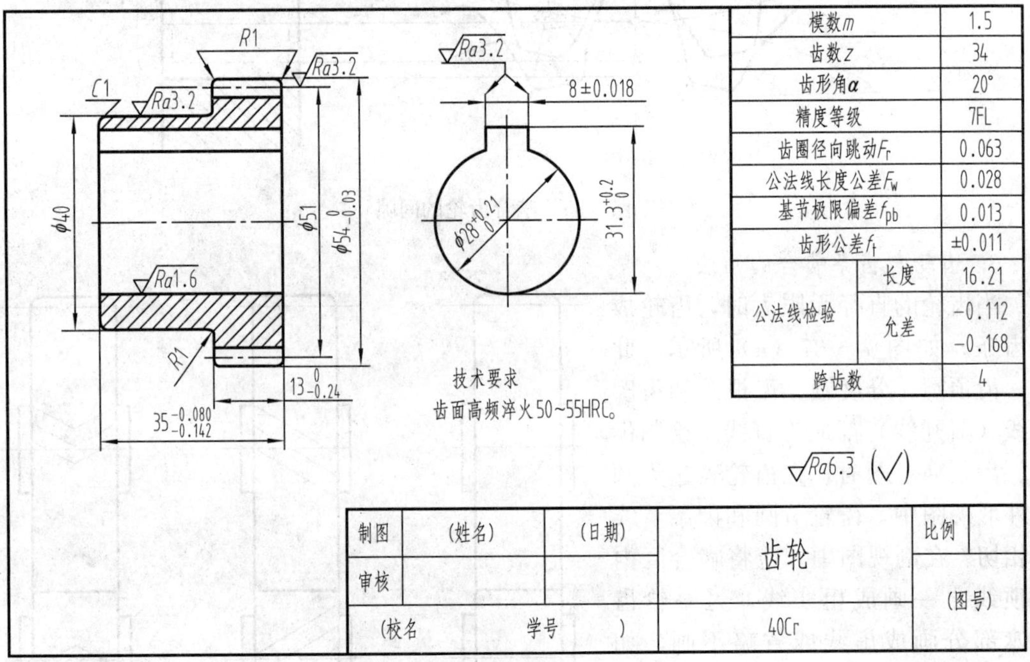

图 7-38 圆柱齿轮的零件图示例

二、弹簧

弹簧属于常用件，在部件中的作用是减振、复位、夹紧、测力、储能（如钟表的发条）等。其特点是受力后能产生较大的弹性变形，去除外力后能恢复原状。

弹簧的种类很多，常见的有金属螺旋弹簧和涡卷弹簧，如图 7-39 所示。螺旋弹簧根据受力的不同，分为压缩弹簧、拉伸弹簧和扭转弹簧。

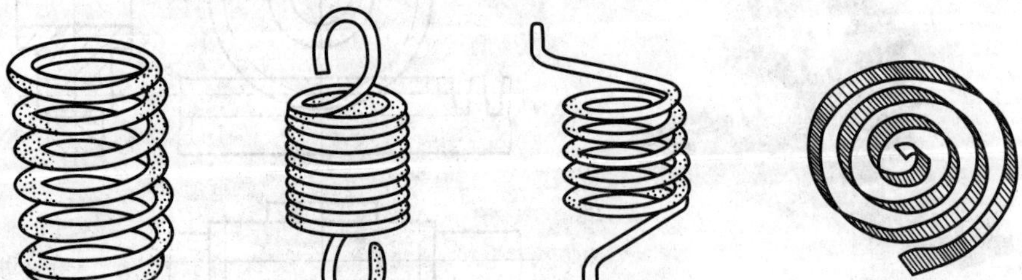

图 7-39 常用弹簧

（一）圆柱螺旋压缩弹簧各部分的名称及尺寸关系（见图 7-40）

（1）弹簧节距 t：除支承圈外，相邻两圈的轴向距离。

（2）支承圈数 n_2：为使螺旋弹簧工作时受力均匀，增加弹簧的平稳性，弹簧的两端并紧、磨平。这段弹簧用于支承或固定，称为支承圈数。

(3) 有效圈数 n：保持节距相等参加工作的圈数（计算弹簧刚度时的圈数）。

(4) 总圈数 n_1：有效圈数与支承圈数之和，$n_1=n+n_2$。

(5) 簧丝直径 d：弹簧钢丝的直径。

(6) 弹簧外径 D：弹簧的最大直径。

(7) 弹簧内径 D_1：$D_1=D-2d$。

(8) 弹簧中径 D_2：弹簧的内径和外径的平均直径。

(9) 自由高度 H_0：弹簧在不受外力作用时的高度，$H_0=nt+(n_2-0.5)d$ 当支承圈数 $n_2=1.5$、2 时，H_0 分别为 $nt+d$、$nt+1.5d$。

(10) 展开长度 L：制造弹簧时坯料的长度，$L\approx n_1\sqrt{(\pi D_2)^2+t^2}$。

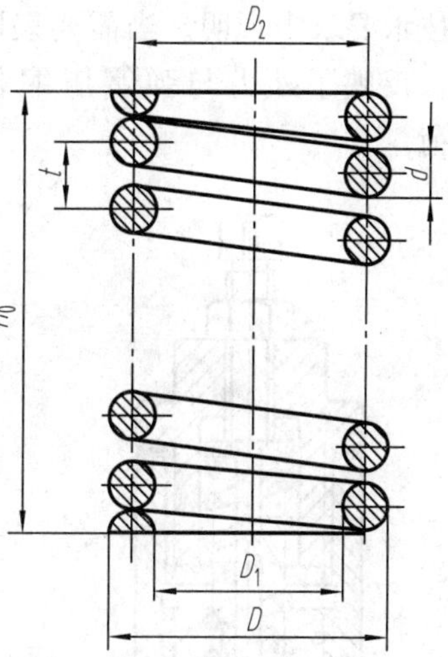

图 7-40　圆柱螺旋弹簧各部分名称

（二）弹簧的画法

1. 单个弹簧的画法

(1) 在平行于轴线的投影面上，可画成视图［见图 7-41 (a)］，也可画成剖视图［见图 7-41 (b)］，弹簧各圈的轮廓线画成直线。

(2) 螺旋弹簧均可画成右旋，但左旋弹簧不论画成左旋还是右旋，都要加注“左”字。

(3) 四圈以上的弹簧，中间各圈可省略不画，而用通过中径线的点画线连接起来。

(4) 弹簧两端的支承圈，不论多少，都按支承圈 2.5 圈画出。

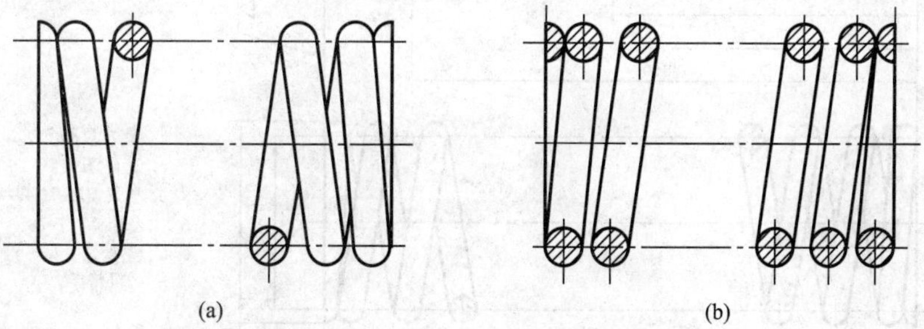

图 7-41　圆柱螺旋弹簧的画法

2. 在装配图中弹簧的画法

在装配图中，弹簧各圈取省略画法后，被弹簧挡住的结构按不可见处理。可见轮廓线只画到弹簧钢丝的断面轮廓或中心线上，如图 7-42 (a) 所示。

簧丝直径不大于 2mm 的断面可用涂黑表示，如图 7-42 (b) 所示。簧丝直径小于 1mm 时，可采用示意画法，如图 7-42 (c) 所示。

三、螺旋压缩弹簧零件图

圆柱螺旋压缩弹簧的零件图如图 7-43 所示，弹簧的参数直接标注在图形上，在轴线水平放置的弹簧主视图上，注出了完整的尺寸和尺寸公差、几何公差；一些不易标出的，在技术要求中说明。当需要表明弹簧的机械性能时，用图解表示。图中直角三角形的斜边，反映了外力与弹簧压缩长度之间的关系，P_1、P_2 为工作负荷，P_j 为工作极限负荷。

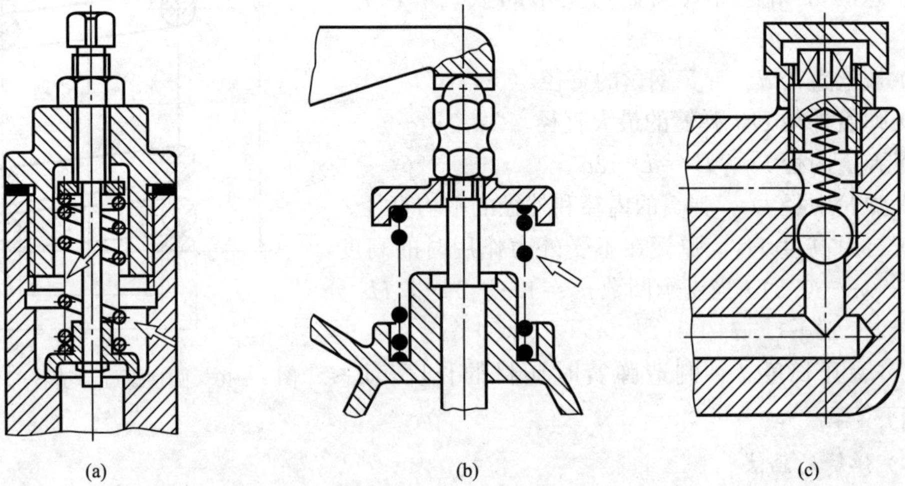

图 7－42　圆柱螺旋弹簧在装配图中的画法

(a) 不画遮住部分的零件轮廓；(b) 簧丝剖面涂黑；(c) 簧丝示意画法

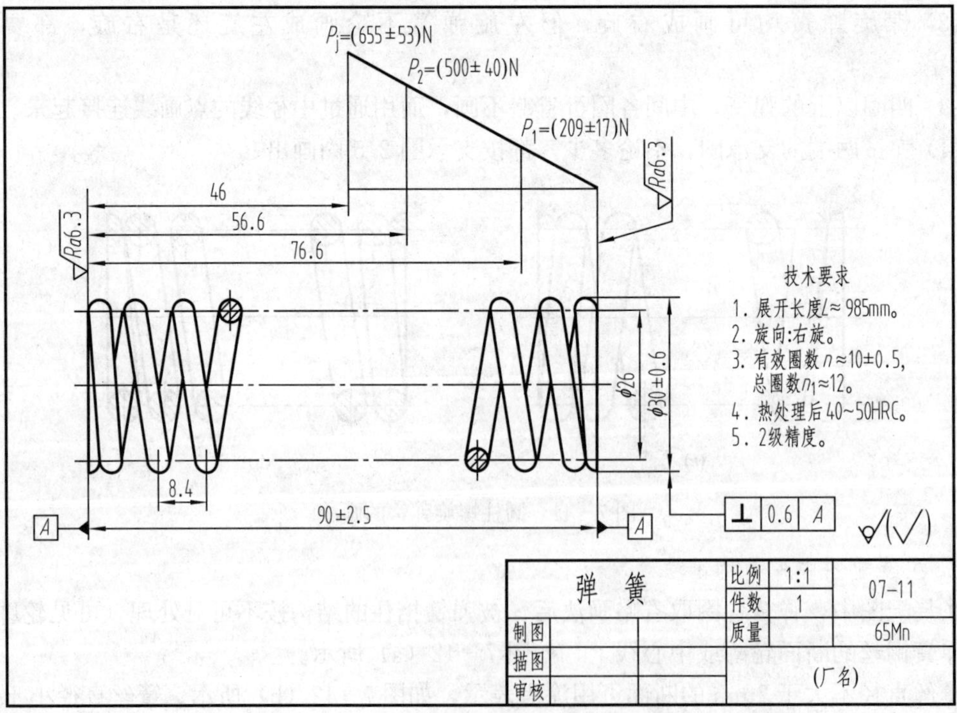

图 7－43　圆柱螺旋压缩弹簧零件图

四、螺旋压缩弹簧画法举例

已知一圆柱螺旋压缩弹簧的 H_0、d、D_2、n_1、n_2，画图步骤见图 7－44。

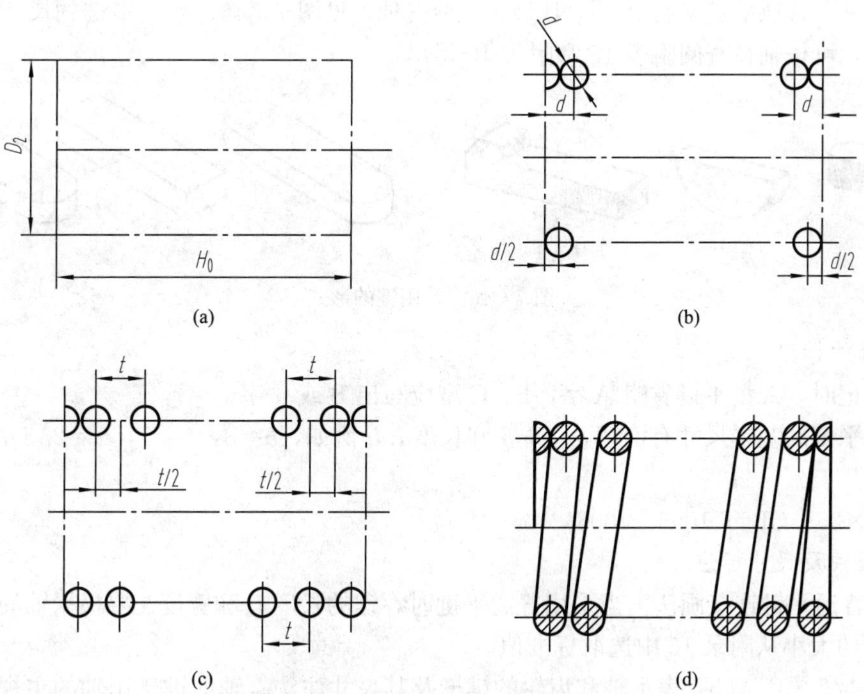

图 7-44　圆柱螺旋压缩弹簧的画图步骤

作图步骤如下：

(1) 根据 D_2、H_0 画矩形，见图 7-44 (a)。

(2) 画出支承圈部分的圆和半圆。直径＝簧丝直径，见图 7-44 (b)。

(3) 根据节距 t 画出有效圈部分的圆，见图 7-44 (c)。

(4) 按右旋方向作相应圆的公切线，见图 7-44 (d)。

(5) 加深并画剖面线。

第四节　键　和　销

一、键连接

1. 用途

键用来连接轴与轴上的传动件（如齿轮、皮带轮等），使它们不产生相对运动，从而起到传递扭矩和运动的作用。如图 7-45 所示，在被连接的轴上和轮毂孔中制出键槽，先将键嵌入轴上的键槽内，再对准轮毂孔中的键槽（该键槽是穿通的），将它们装配在一起，便可达到连接的目的。

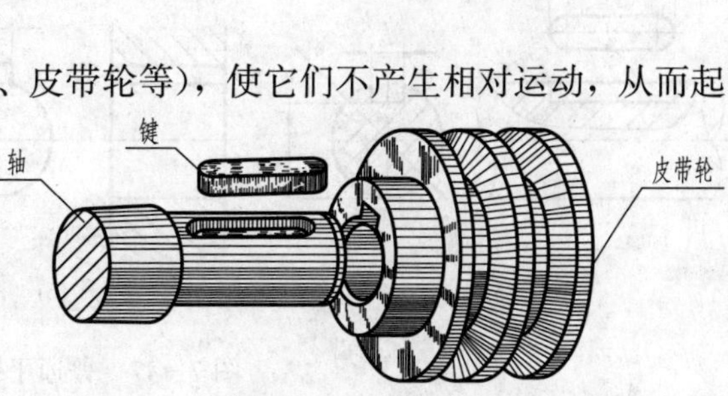

图 7-45　键的用途

2. 种类

键的种类很多，常用的键有普通平键、半圆键和钩头楔键。键也是标准件，其中普通平键最为常见。普通平键又有 A 型，B 型、C 型三种，见图 7－46。普通平键的尺寸和键槽的剖面尺寸，可按轴径查阅附表 15 和附表 16 得出。

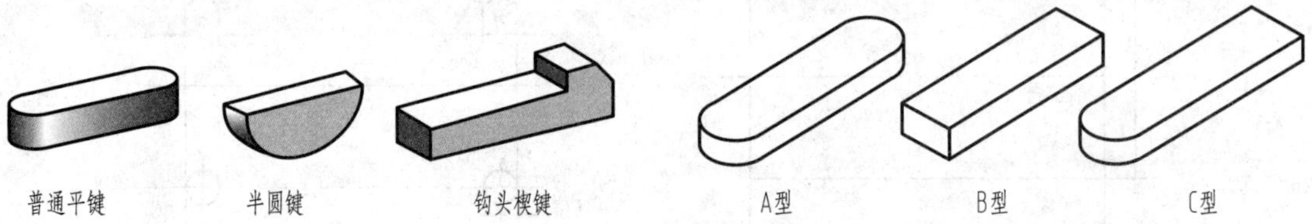

图 7－46　常用键的形式

3. 键的标记

在标记时，A 型平键省略 A 字，B、C 型应写出 B 或 C 字。

普通平键的基本尺寸有键宽 b、高 h 和长度 L，例如，$b=8$，$h=7$，$L=25$，A 型平键，则标记为

键 8×25　GB/T 1096—2003

4. 画法及尺寸标注

（1）普通平键连接画法。当采用普通平键时，键的长度 L 和宽度 b 要根据轴的直径 d 和传递扭矩的大小从附录 16 中选取标准值。

图 7－47（a）、（b）表示轴和齿轮的键槽及其尺寸注法。轴的键槽用轴的主视图（局部剖视）和在键槽处的移出断面表示，见图 7－47（a）。轴上的键槽若在前面，局部视图可以省略不画，键槽在上面时，键槽和外圆柱面产生的截交线可用圆柱面的转向轮廓线代替。尺寸则要注明键槽的长度 L、键槽的宽度 b 和 $d-t$（t 为轴上的键槽深度）。齿轮的键槽采用全剖和局部视图表示，尺寸应标注 b 和 $d+t_1$（t_1 为齿轮的键槽深度）。b、t、t_1 均可按轴径由附表 16 查出，L 则根据设计要求按 b 由附表 15、附表 16 选定。

在装配图中，键连接的画法如图 7－47（c）所示。当剖切平面通过轴和键的轴线或对称面时，轴和键均按不剖形式画出。为了表示轴上的键槽采用了局部剖视。键的顶面和轮毂上键槽的底面为非接触面，所以应画两条线。轮、轴和键剖面线的方向要遵守装配图中剖面线的规定。

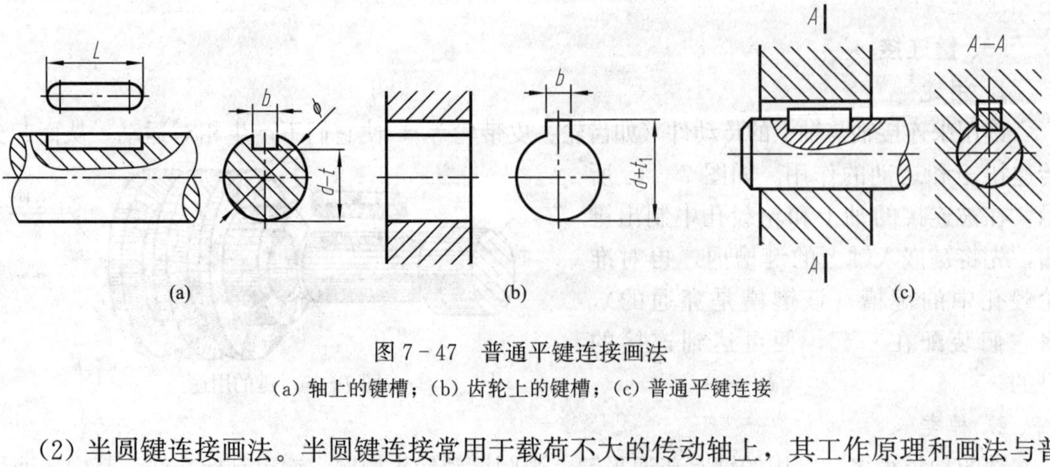

图 7－47　普通平键连接画法

（a）轴上的键槽；（b）齿轮上的键槽；（c）普通平键连接

（2）半圆键连接画法。半圆键连接常用于载荷不大的传动轴上，其工作原理和画法与普通平键相似，键槽的表示方法和装配画法如图 7－48 所示。

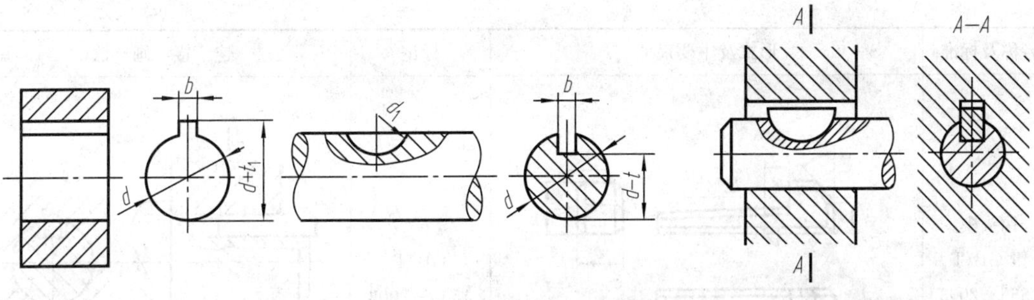

图 7 - 48　半圆键连接画法

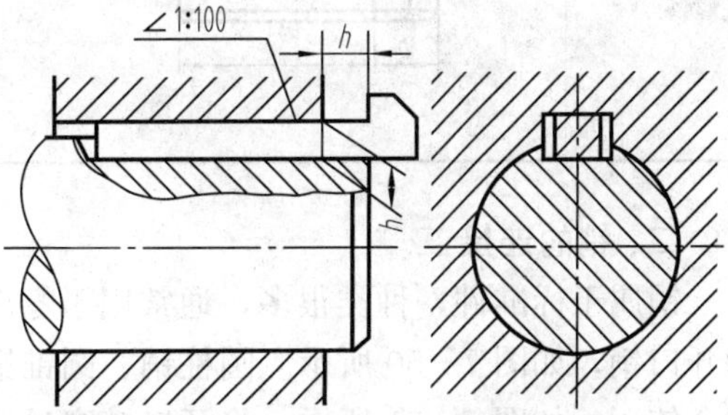

图 7 - 49　钩头楔键连接画法

(3) 钩头楔键连接画法。钩头楔键的上顶面有 1 : 100 的斜度，装配时将键沿轴向嵌入键槽内，靠键的上、下面在轴和轮毂键槽之间接触挤压的摩擦力连接在一起，因此键的上、下底面是工作面，各画一条线，而两侧面为非工作面，应画两条线。钩头供拆卸用，轴上的键槽常制在轴端，拆装方便。其装配图的画法如图 7 - 49 所示。

常用键的种类、形式、标记和连接画法见表 7 - 7。

表 7 - 7　常用键的种类、形式、标记和连接画法

名称及标准	形式及主要尺寸	标记	连 接 画 法
普通平键 A 型 GB/T 1096—2003	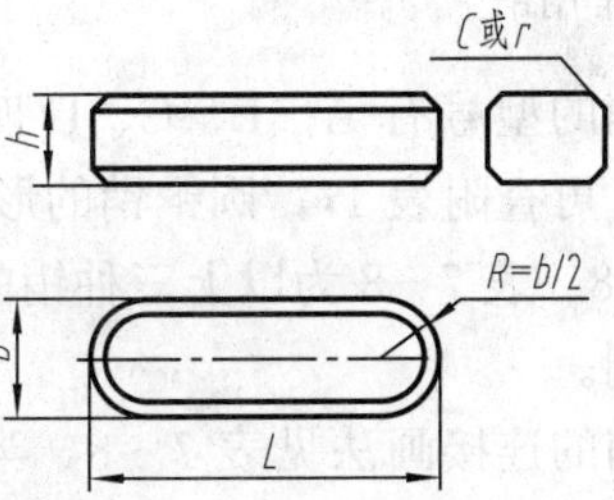	键 $b \times L$ GB/T 1096—2003	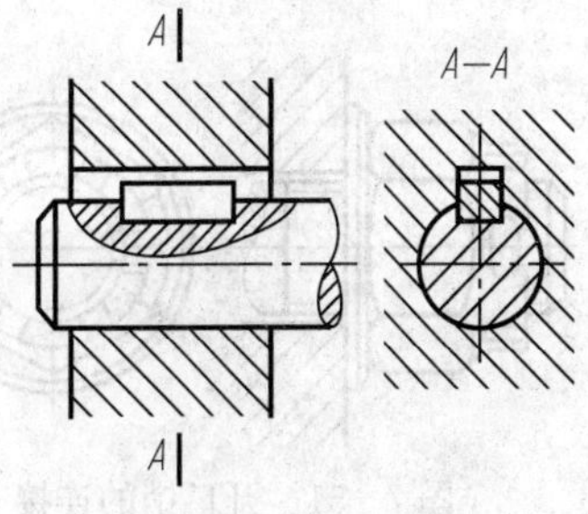
半圆键 GB/T 1099.1—2003	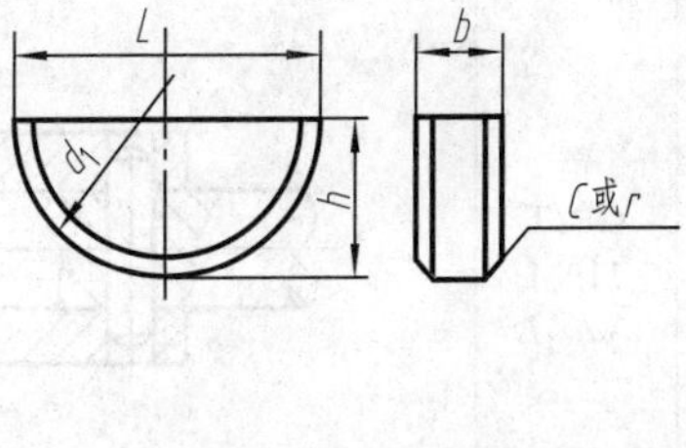	键 $b \times d_1$ GB/T 1099.1—2003	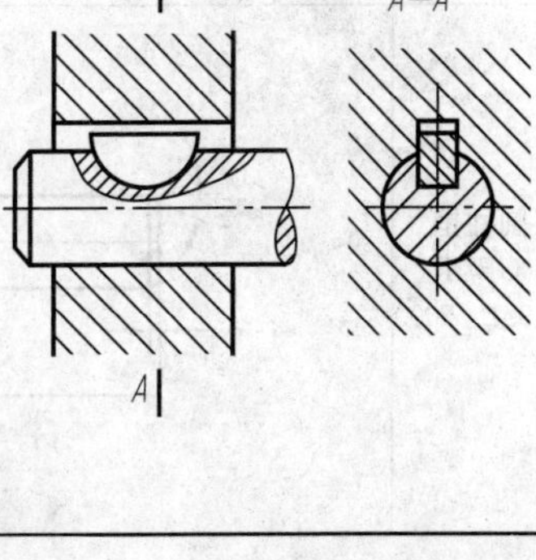

续表

名称及标准	形式及主要尺寸	标记	连 接 画 法
钩头楔键 GB/T 1565—2003	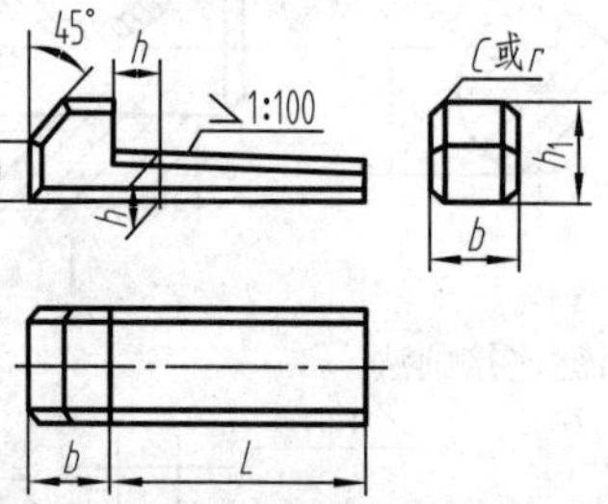	键 $b\times L$ GB/T 1565—2003	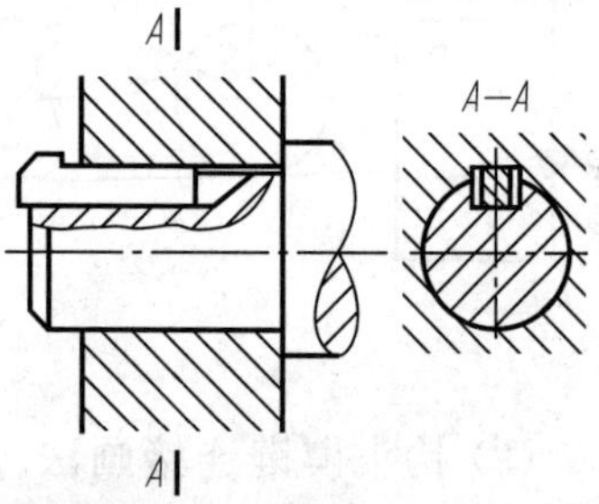

二、销的连接

销属于标准件，种类很多，通常用于零件间的连接或定位。常用的销有圆柱销、圆锥销和开口销，如图 7－50 所示。圆柱销、圆锥销用作零件间的连接和定位；开口销与槽形螺母配合使用，如图 7－51 所示，将开口销穿过槽形螺母的槽口和带孔螺栓的孔，并在销的尾部叉开，起到防止松脱的作用。

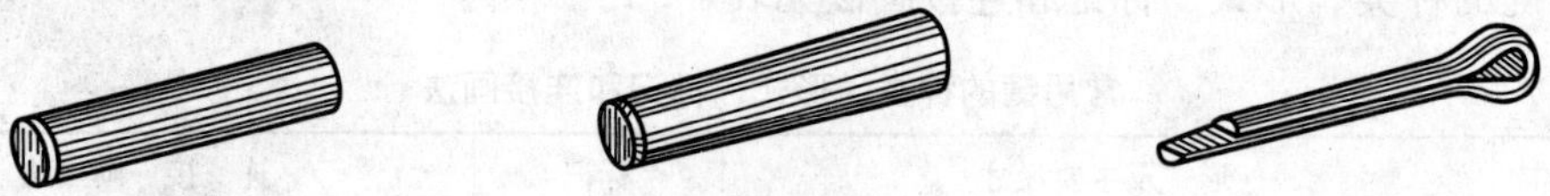

图 7－50 常用销

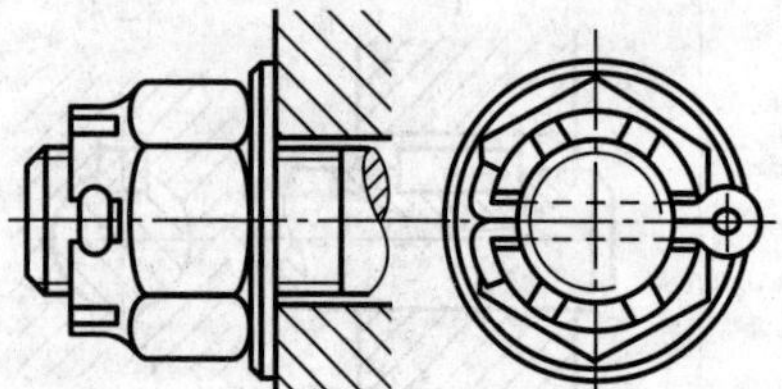

图 7－51 开口销的连接

圆柱销的型号有 A、B、C、D 四种，它的具体尺寸和标记，可查附表 17，圆锥销的形式、尺寸和标记，可查附表 18。表 7－8 为以上三种销的标准编号、画法和标记示例。

圆柱销的连接画法见表 7－8，当剖切平面通过销的基本轴线时，销作不剖处理。

表 7－8　销的种类、形式、标记和连接画法

名称及标准	形式及主要尺寸	标记	连 接 画 法
圆柱销 GB/T 119.1—2000	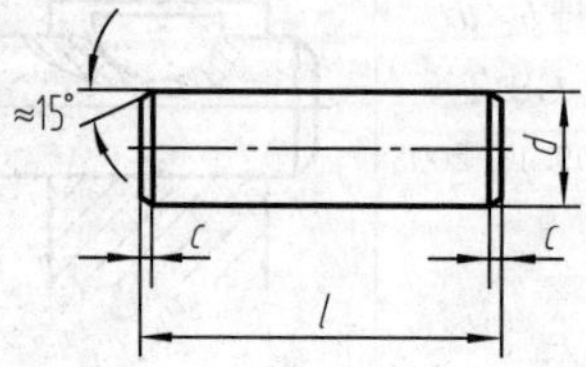	销 GB/T 119.1 A$d\times L$	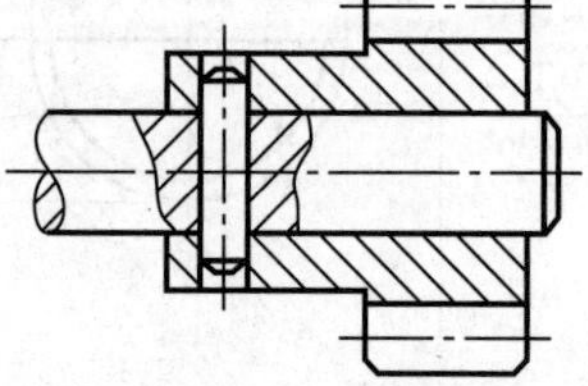

续表

名称及标准	形式及主要尺寸	标记	连 接 画 法
圆锥销 GB/T 117—2000	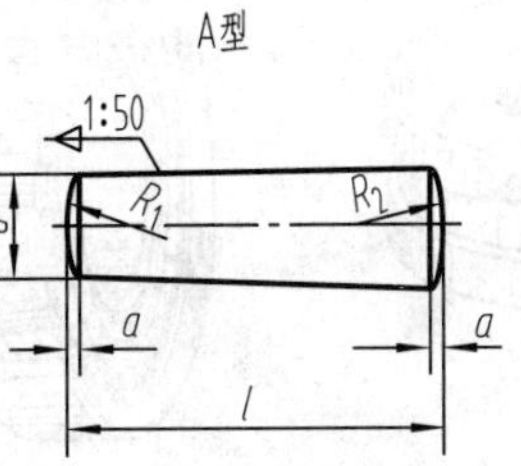	销 GB/T 117 A$d\times L$	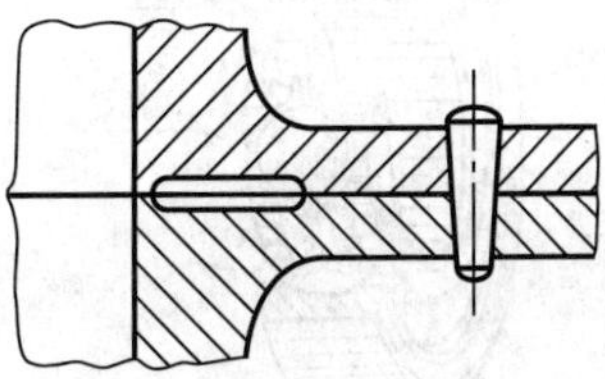
开口销 GB/T 91—2000	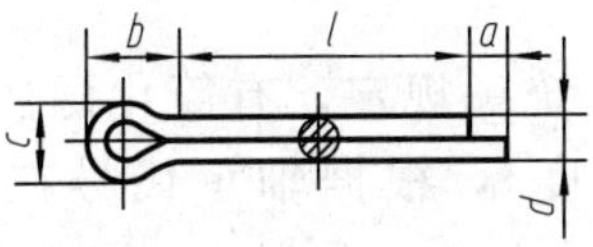	销 GB/T 91 $d\times L$	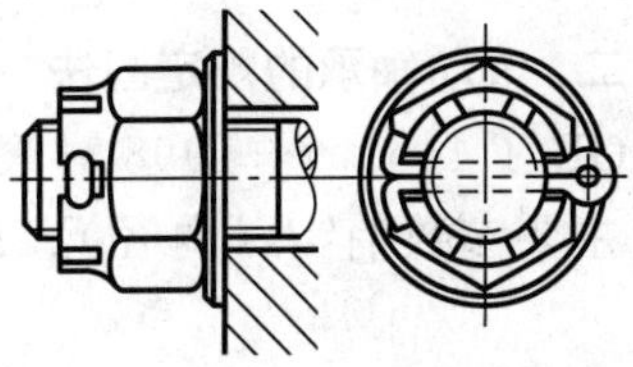

第五节　滚　动　轴　承

滚动轴承也是标准件，由专门工厂生产，是一种支承旋转轴的组件。具有结构紧凑、摩擦力小的优点，被广泛使用在机器和部件中。本节主要介绍三种常用的滚动轴承。其形式和尺寸可查阅附表 19～附表 21。

一、滚动轴承的结构和种类

1. 结构

滚动轴承的种类很多，但其结构大体相同。一般由四部分组成。现以图 7－52 所示的球轴承为例来说明。

外（上）圈——装在机座孔中，一般固定不动。

内（下）圈——套装在轴上，随轴一起转动。

滚动体——排列在内（上）、外（下）圈之间的滚道中。滚动体有钢球、圆柱滚子、圆锥滚子等。

保持架——用以均匀地隔开滚动体，又称隔离圈。

一般情况下，外圈装在机器的孔内，固定不动；内圈套在轴上，随轴转动。

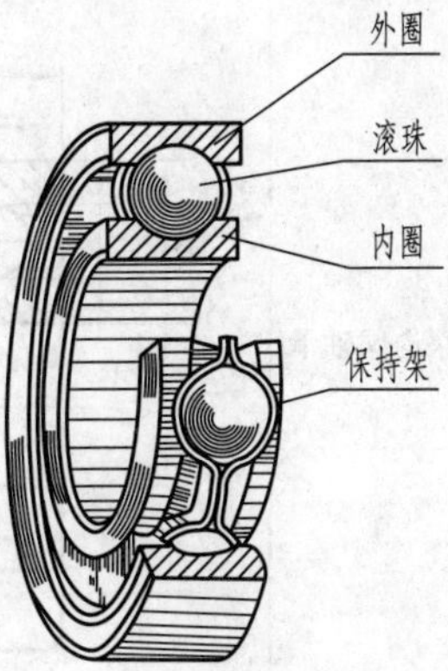

图 7－52　滚动轴承的结构

2. 种类

滚动轴承的种类很多，按其受力情况可分为三类。

向心轴承：主要承受径向载荷，如深沟球轴承，见图 7－53（a）。

推力轴承：只承受轴向载荷，如推力球轴承，见图 7－53（b）。

向心推力轴承：同时承受径向和轴向载荷，如圆锥滚子轴承，见图 7－53（c）。

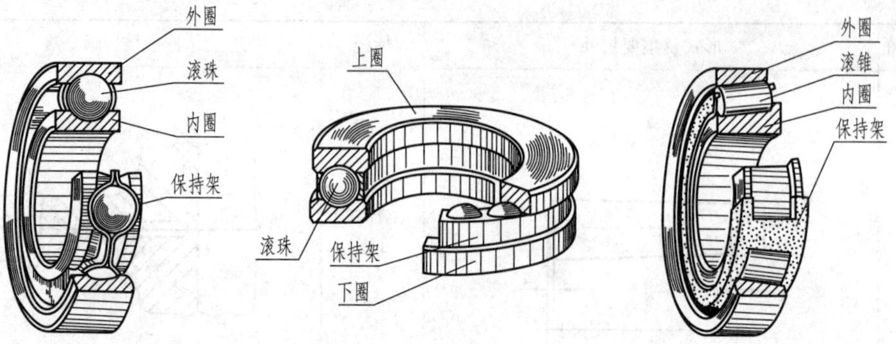

(a) (b) (c)

图 7-53 滚动轴承的种类

二、滚动轴承的规定画法

GB/T 4459.7—1998 对滚动轴承的画法做了统一规定，有简化画法和规定画法之分。主要参数有 d（内径）、D（外径）、B（宽度），根据轴承代号在画图前查标准确定。

采用规定画法绘制滚动轴承的剖视图时，轴承的滚动体不画剖面线；其各套圈应画成方向和间隔相同的剖面线；滚动轴承的保持架、倒角等可省略不画。规定画法一般绘制在轴的一侧，另一侧按通用画法绘制，见表 7-9。规定画法中各种符号、矩形线框和轮廓线均采用粗实线绘制。

表 7-9 滚动轴承的画法

名称	规定画法	简化画法	
		特征画法	通用画法
深沟球轴承	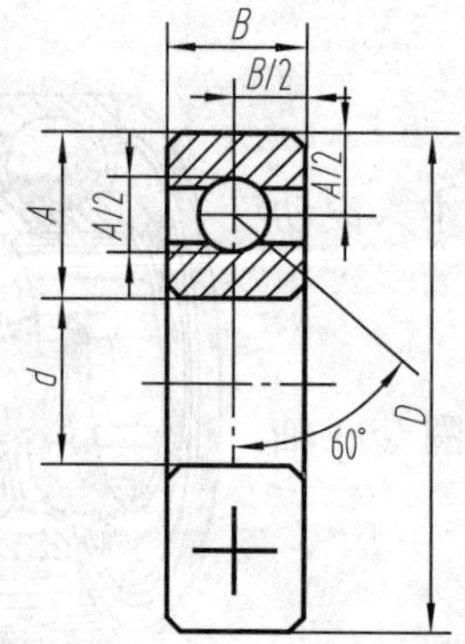	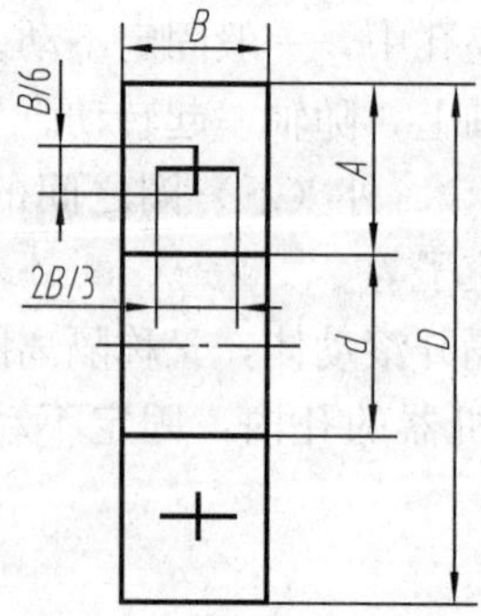	当不需要确切地表示外形轮廓、载荷特性、结构特征时 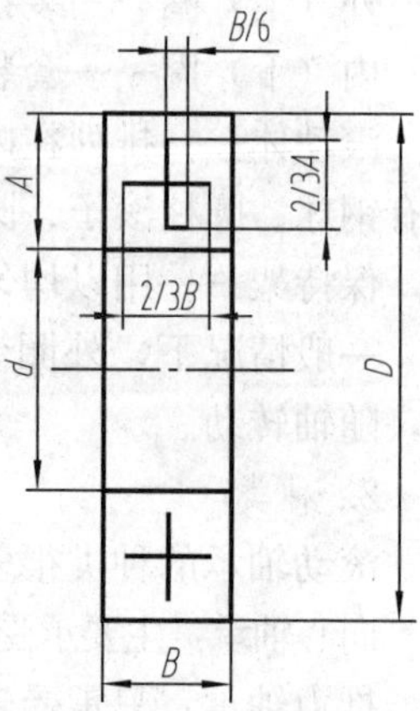

续表

名称	规定画法	简化画法	
		特征画法	通用画法
推力球轴承	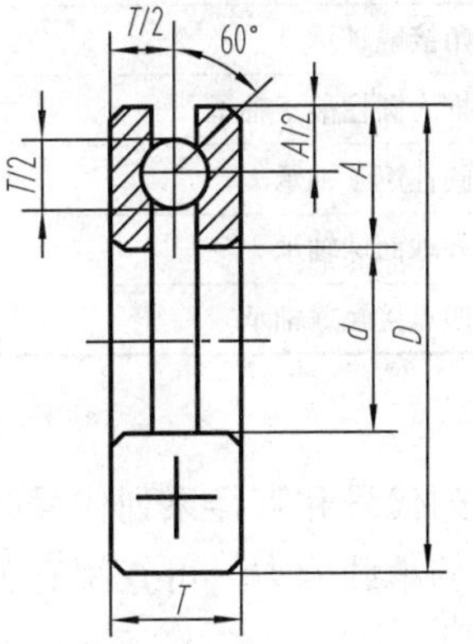	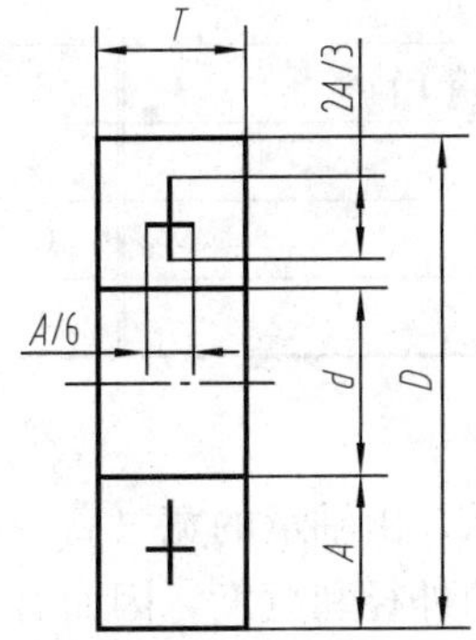	当不需要确切地表示外形轮廓、载荷特性、结构特征时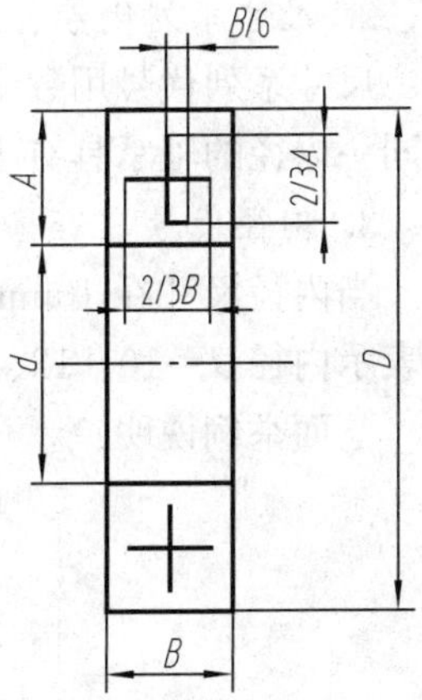
圆锥滚子轴承	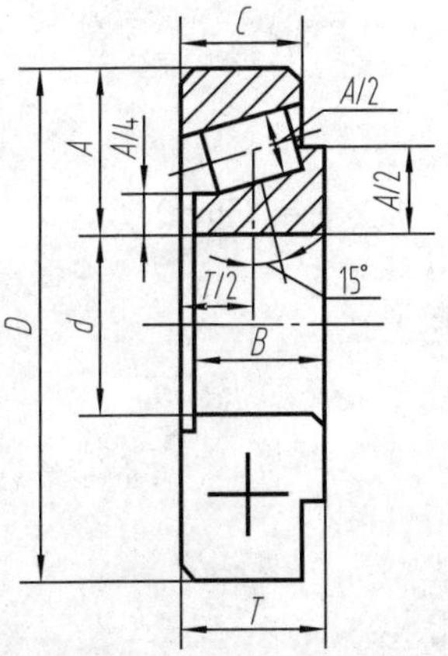	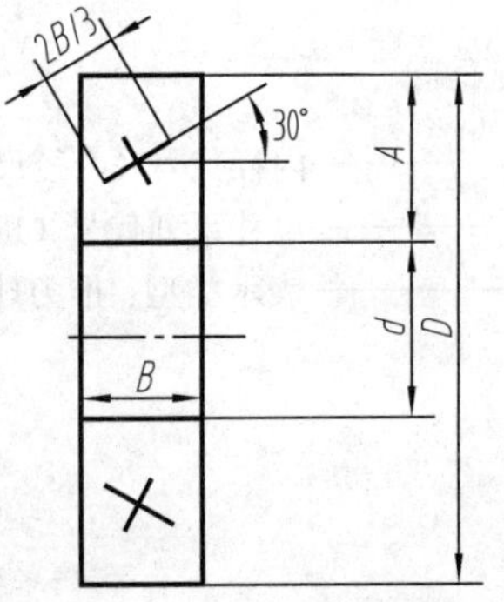	

三、滚动轴承的代号（GB/T 272—1993）

滚动轴承代号使用字母加数字表示滚动轴承的结构、尺寸、公差等级、技术性能等特征的产品符号。

滚动轴承代号由基本代号、前置代号和后置代号组成，排列如下：

前置代号　基本代号　后置代号

前置代号和后置代号是轴承在结构形状、尺寸、公差、技术要求等有所改变时添加的补充代号。现着重介绍轴承的基本代号。

基本代号表示轴承的基本类型、结构和尺寸，是轴承代号的基础。滚动轴承基本代号由轴承类型代号、尺寸系列代号和内径代号构成。基本代号从左往右依次为轴承类型代号、尺寸系列代号、内径代号。

1. 轴承类型代号

轴承类型代号见表 7-10。

表 7-10　　轴承类型代号

代号	轴承类型	代号	轴承类型
0	双列角接触轴承	6	深沟球轴承
1	调心球轴承	7	角接触轴承
2	调心滚子轴承和推力调心滚子轴承	8	推力圆柱滚子轴承
3	圆锥滚子轴承	N	圆柱滚子轴承
4	双列深沟球轴承	U	外球面球轴承
5	推力球轴承	QJ	四点接触球轴承

2. 尺寸系列代号

尺寸系列代号用数字表示，由轴承的宽（高）度系列代号和直径系列代号组合而成，是指同一内径的轴承具有不同的外径和宽度，因而有不同的承载能力。可查阅有关标准。

3. 内径代号

当内径尺寸在 10mm＜d＜495mm 范围内时，代号数字小于 04，即 00、01、02、03 分别表示内径 d=10、12、15、17mm；当代号数字不小于 04 时，内径尺寸=内径代号×5。

下面举例说明：

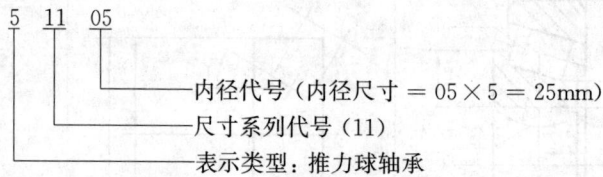

5　11　05

05——内径代号（内径尺寸 = 05 × 5 = 25mm）

11——尺寸系列代号（11）

5——表示类型：推力球轴承

第八章　零　　件　　图

任何一台机器或一个部件，都是由若干零件按一定的装配关系和技术要求装配而成。因此零件是组成机器和部件的基本单元。表达机器或部件的图样称为装配图（见图 9－1）。而制造设备时，除了装配图外，还必须有除了标准件以外的所有零件的零件图。表达零件结构、大小及技术要求的图样称为零件工作图，简称零件图。

第一节　零件图的作用与内容

一、零件图的作用

零件图是指导生产机器零件的重要技术文件之一，也是技术交流的重要资料。它表达了设计人员的设计思想，是制造和检验零件的技术依据。

二、零件图的内容

如图 8－1 所示，一张完整的零件图应具备以下内容：

1. 一组视图

综合运用机件的各种表达方法，完整、清晰地表达出零件的结构形状。

2. 全部尺寸

正确、完整、清晰、合理地标注出制造和检验零件所需的全部尺寸。

3. 技术要求

用规定的代号和文字注明零件在制造和检验时所应达到的技术指标与要求，如尺寸公差、几何公差、表面结构要求、热处理及表面处理等。

4. 标题栏

图框的右下角有标题栏，填写零件的名称、材料、数量、绘图比例、图样代号、单位名称及设计、审核、批准者的签名、日期等。

第二节　零件的视图选择

一、视图选择的原则

零件图中选用的一组视图，应能完整、清晰地表达零件的内外结构形状，并考虑画图和读图的方便。要达到这些要求，关键在于分析零件的结构特点，恰当地选取一组视图。

1. 主视图的选择

主视图是表达零件的最主要的视图，选好主视图对画图和读图都非常重要。主视图的选择应考虑以下两点：

（1）主视图的投射方向。选择能最明显地反映零件的形状结构特征和各组成部分相对位置的方向作为主视图的投射方向，这个原则称为形体特征原则。

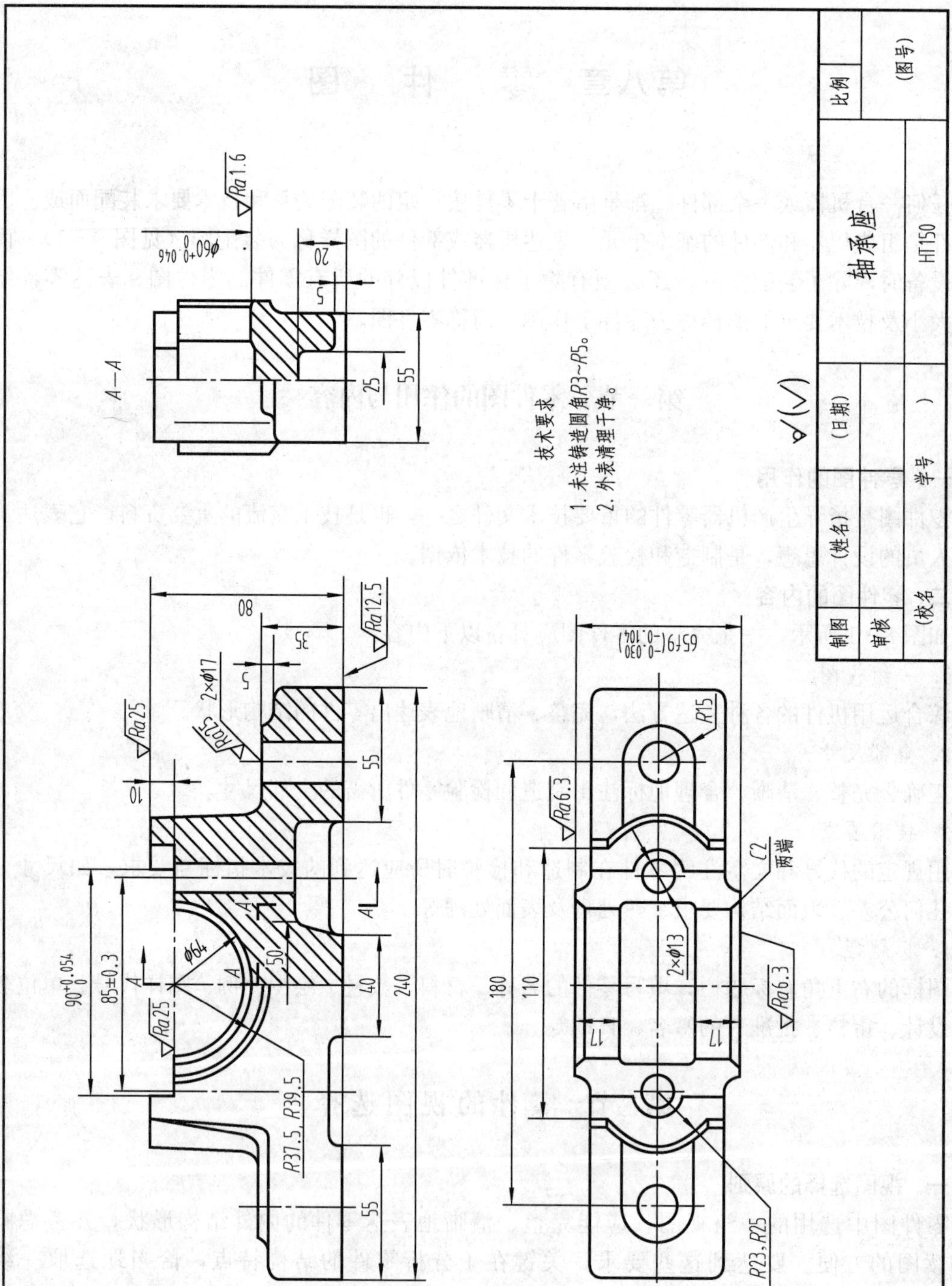
A—A
技术要求
1. 未注铸造圆角R3~R5。
2. 外表清理干净。
轴承座
HT150
比例
(图号)
制图 (姓名) (日期)
审核
(校名) 学号)
两端
C2
2×ϕ17
2×ϕ13
ϕ64
ϕ60
R15
R23, R25
R37.5, R39.5
Ra1.6
Ra12.5
Ra25
Ra6.3
65f9
85±0.3
240
180
110
80
55
50
40
35
25
20
10
17
5

图 8-1 轴承座零件图

(2) 零件的安放位置。零件的安放位置应尽量符合它的工作位置（即零件在工作时所处的位置）和加工位置（即零件在机械加工时主要工序的位置或加工前在毛坯上划线时的主要位置）。按工作位置放置，便于装配时看图和想象其工作情况，对于加工工序较多的零件常按此放置。按加工位置放置，便于生产时看图。图 8-2 所示轴的主视图就是按主要加工位置放置而绘制的。

但是，由于机器中的一些运动件没有固定的工作位置；有些零件在制造过程中需经多道不同位置的加工工序。对于这样的零件，是在满足形体特征的前提下，按习惯位置放置的。此外，选择主视图时，还应考虑图纸的合理利用，如长、宽相差悬殊的零件，应使零件的长度方向与图纸的长度方向一致。

2. 其他视图的选择

主视图确定后，其他视图的选择应根据零件的内外结构形状及相对位置是否表达清楚来确定。一般遵循的原则是：在完整、清晰地表达零件的内外结构形状和便于读图的前提下，尽量减少视图的数量，各视图表达的重点明确，简明易懂。

二、典型零件的视图选择

零件的结构形状、大小，都是由它在机器或部件中的作用和工艺要求决定的。为便于研究零件，按照其结构特点，大致可以分为轴套类、盘盖类、叉架类、箱体类等。这些零件需要画出零件图以供制造。

1. 轴套类零件

轴套类零件多用于传递运动、动力或支承其他零件，如轴、套筒、衬套、螺杆等。

轴套类零件大多由同轴回转体组成，主要在车床和磨床上加工。由于设计与工艺的需要，此类零件上常有倒角、螺纹、键槽、销孔、退刀槽、砂轮越程槽等结构。

轴套类零件一般只需一个基本视图，即主视图。并将其轴线按加工位置侧垂放置，再采用适当的断面图、局部剖视图、局部放大图等表达方法将其结构形状表达清楚。如图 8-2 所示轴的零件图。

2. 盘盖类零件

盘盖类零件多用于传递动力和扭矩，或起支承、轴向定位、密封等作用，主要包括端盖、手轮、皮带轮、法兰盘、齿轮等，如图 8-3 所示。

大多数盘盖类零件的主要形状为回转体，其上常有一些沿圆周分布的孔、肋、槽、齿等其他结构。此类零件主要在车床和插床上加工，或采用铸造毛坯再经过机械加工。有些零件的形状并非回转体，但它的三个外形尺寸有两个较大且接近，而另一个尺寸则小得多，也可认为是盘类零件。盘盖类零件通常采用两个基本视图，一般取非圆视图作为主视图，并使轴线按主要加工工序水平放置。主视图采用全剖视，若圆周上均匀分布的肋、孔等结构不在对称平面上时，则采用简化画法或旋转剖视，另一视图表达外形和各组成部分，如孔、轮辐等的相对位置。

3. 叉架类零件

叉架类零件包括各种用途的拨叉、支架、中心架、连杆等。拨叉和连杆多用于机械操纵系统和传动机构上，而支架主要起支承和连接作用。其结构形状多由工作部分、安装固定部分、连接部分三部分构成。叉架类零件一般都是铸件或锻件毛坯，毛坯形状较为复杂，需经

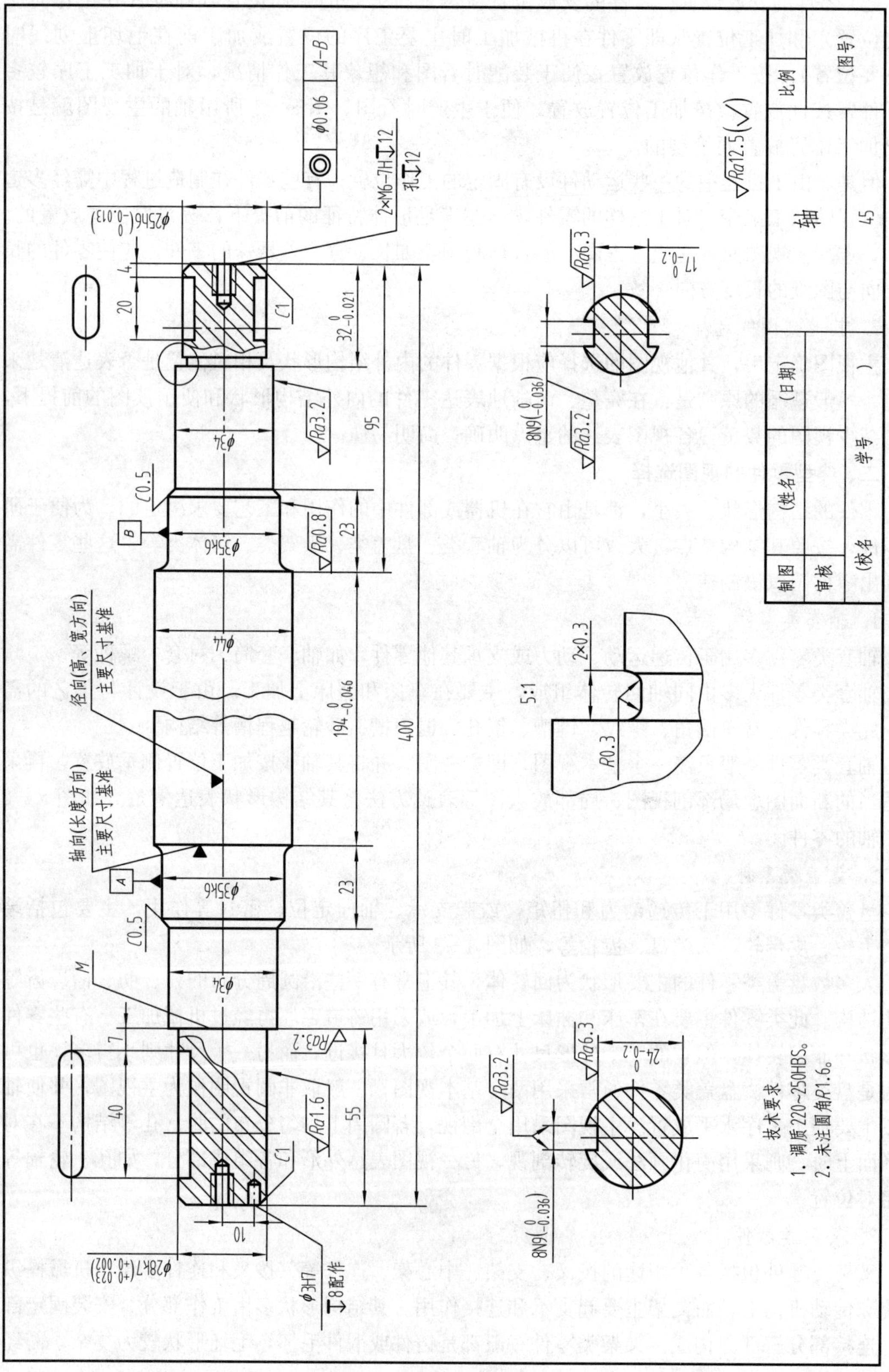
技术要求
1. 调质220~250HBS。
2. 未注圆角R1.6。
制图 (姓名) (日期)
审核
(校名 学号)
轴
比例
(图号)
45
径向(高、宽方向)主要尺寸基准
轴向(长度方向)主要尺寸基准
2×M6-7H⊥12
孔⊥12
5:1
2×0.3
R0.3
400

图 8－2 轴的零件图

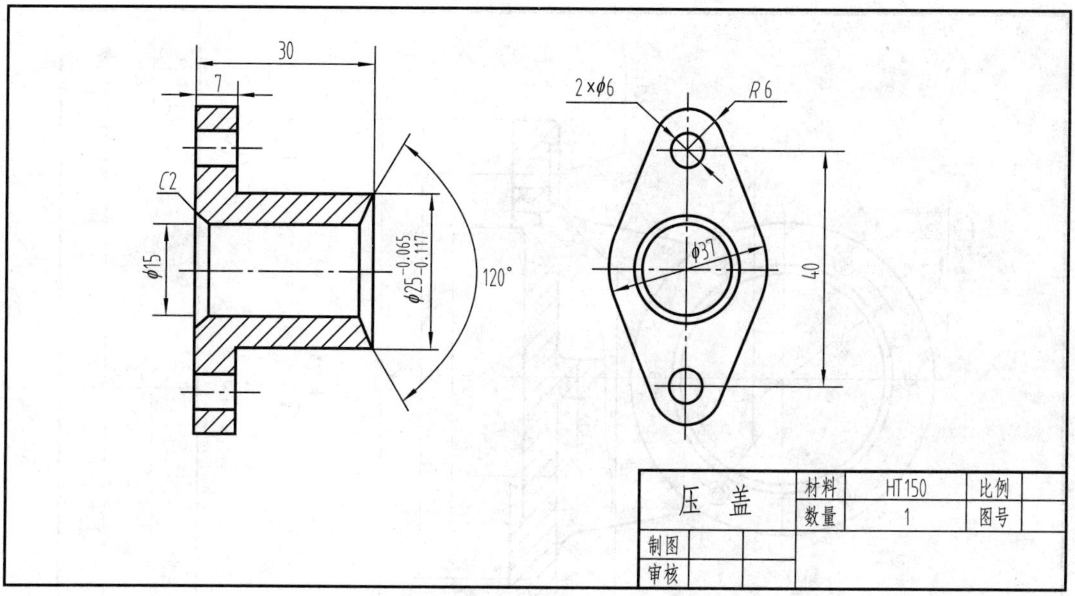

图 8-3　压盖的视图

多工序加工。所以选择主视图时，主要考虑工作位置和形状特征。一般需两个或两个以上基本视图来表达。有时还须采用旋转剖视图、斜视图、局部剖视图和断面图来协助表达。图 8-4 所示脚踏座的两种表达方案，显然表达方案一要比表达方案二好。

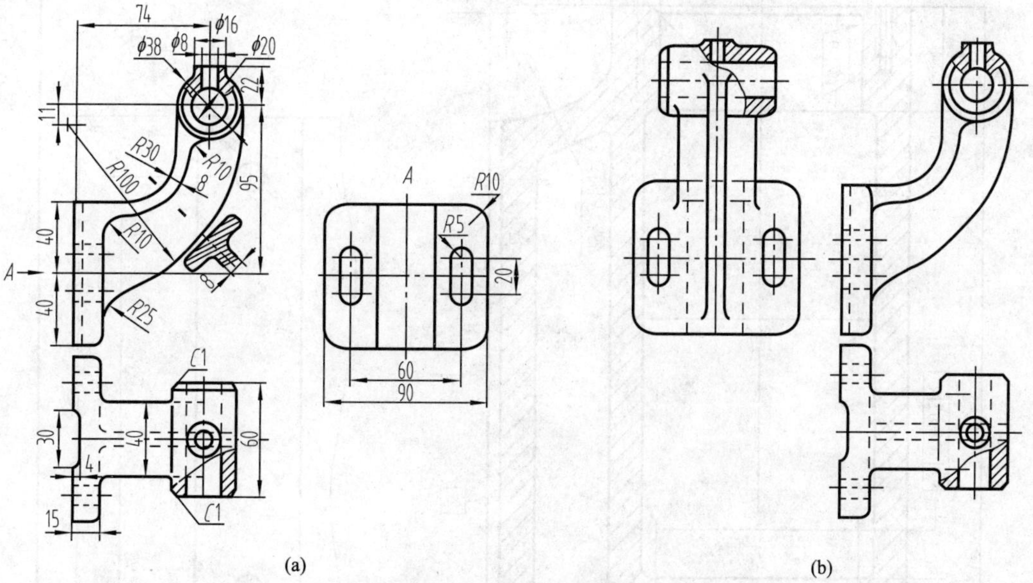

图 8-4　脚踏座的视图

(a) 表达方案一；(b) 表达方案二

4. 箱体类零件

箱体类零件一般多用于支承、容纳其他零件，主要包括泵体、阀体、机座、减速箱体等，如图 8-5 所示的座体。

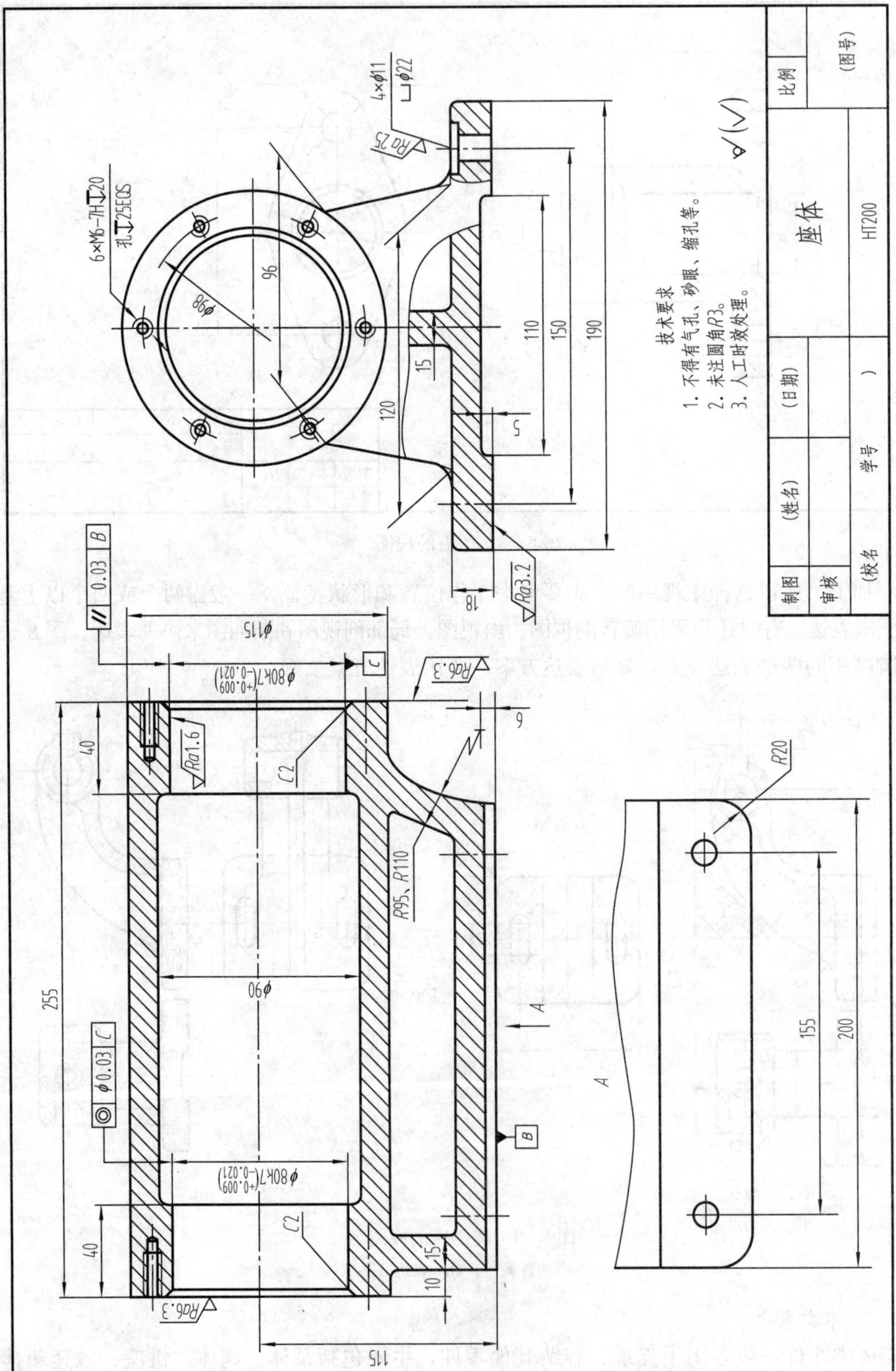
6×M6-7H↧20
孔↧25EQS
4×ϕ11
⌴ϕ22
Ra 25
ϕ98
96
120
110
150
190
15
5
18
Ra3.2
255
40
40
ϕ115
ϕ80k7(+0.009 -0.021)
ϕ90
Ra1.6
Ra6.3
C2
R95、R110
9
15
10
115
A
B
C
R20
155
200
0.03 B
ϕ0.03 C
技术要求
1. 不得有气孔、砂眼、缩孔等。
2. 未注圆角R3。
3. 人工时效处理。
座体
HT200
比例
(图号)
制图
(姓名)
(日期)
审核
(校名
学号
)

图 8-5 壳体的视图

箱体类零件结构形状较为复杂，需经多种机械加工，各工序的加工位置不尽相同，因而主视图按形状特征和工作位置确定。一般需三个或三个以上基本视图和必要的其他视图。其内形一般采用剖视图表示。如果外形简单、内形复杂，且具有对称平面，可采用半剖视或全剖视；如果内、外结构形状都较复杂，且投影不重叠时，可采用局部剖视，若投影重叠，内、外形状应分别表达；对于局部的内、外结构形状可采用局部视图、局部剖视图和断面图来表示。

第三节　零件图的尺寸标注

在零件图中，除了用一组视图表达零件的内外结构外，还必须标注全部的尺寸，以表达零件的大小。零件图上的尺寸是加工和检验零件的重要依据。零件图上的尺寸除了要注得完整、正确、清晰的要求外，还要尽量注得合理。

所谓合理地标注尺寸是指所注尺寸既能满足零件的设计要求，又要符合加工、测量的工艺要求。要满足这些要求，正确地选择尺寸基准很重要。

一、零件图的尺寸基准

基准是指零件在机器中或在加工及测量时，用以确定其位置的一些面、线或点。简单地说尺寸基准就是标注或度量尺寸的起点。

在标注尺寸时，首先应合理的选择尺寸基准，以减少加工误差，提高加工质量。零件在长、宽、高三个方向上至少应各有一个尺寸基准，称为主要基准，有时为了加工、测量的需要，在同一方向上还增加一个或几个辅助基准。主要基准和辅助基准之间应有尺寸联系。

选择尺寸基准应考虑零件的结构特点、工作性能和设计要求，还要结合零件的加工和测量等方面的要求。常用的基准如图 8-6 所示。

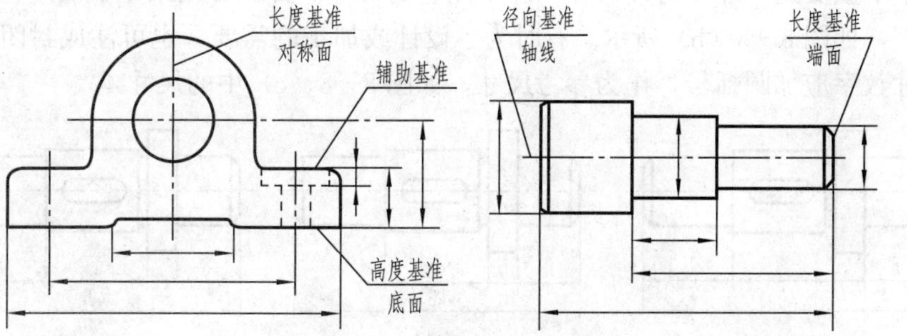

图 8-6　尺寸基准的选择

基准面——有底板的安装面、重要的端面、装配结合面、零件的对称面等。

基准线——有回转体的轴线等。

二、尺寸标注的形式

零件图上的尺寸标注一般有以下三种形式：

(1) 链式：零件同一方向上的尺寸彼此首尾相接，前一尺寸的终止处即为后一尺寸的起点，如图 8-7 (a) 所示。其优点是保证每一段尺寸的精度，前一段尺寸的误差不会影响到后一段，常用于标注一系列孔的中心距；缺点是各段误差积累在总长上。

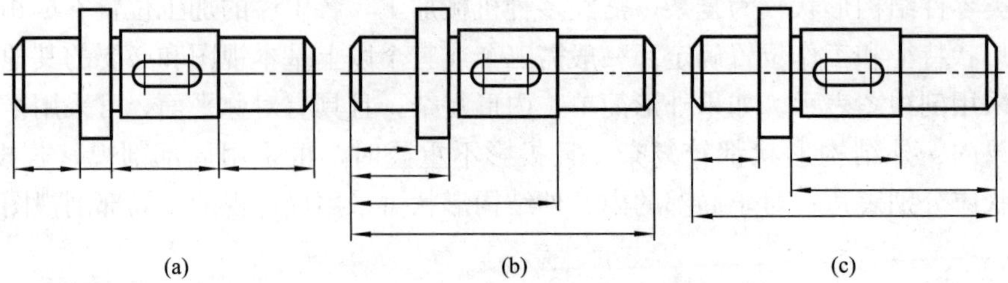

图 8-7　尺寸标注的形式

(a) 链式；(b) 坐标式；(c) 综合式

(2) 坐标式：零件同一方向上的一组尺寸从同一基准出发标注，如图 8-7（b）所示。其优点是任一尺寸的加工精度，只取决于本段加工误差，不受其他尺寸误差的影响。但小轴中段的尺寸精度难于保证。只有当零件需要从一个基准决定一组精确的尺寸时才采用此法。

(3) 综合式：综合式就是链式和坐标式的综合，如图 8-7（c）所示。这种形式兼有前两种形式的优点，标注零件的尺寸时，多用此法。

三、合理标注尺寸的注意事项

要合理标注尺寸，除恰当地选择尺寸基准、标注形式之外，还需注意以下几个问题。

1. 考虑设计要求

(1) 重要尺寸直接注出。由于重要尺寸是指零件上对机器（或部件）的使用性能和装配质量有影响的尺寸。如反映零件所属机器（或部件）性能规格的尺寸，有装配要求的配合尺寸、连接尺寸，为保证正确安装的定位尺寸等。直接注出它们才能保证设计要求。

(2) 不能注成封闭的尺寸链。零件图中，如同一方向有几个尺寸构成封闭的尺寸链时，应选取其中不重要的一环作为开口环，即不注它的尺寸。开口环用来累积误差，而保证其他尺寸的精度，如图 8-8（b）所示。有时为了设计或加工的需要，也可注成封闭形式，但封闭环的尺寸数字应加圆括号，作为参考尺寸，如图 8-8（c）中的尺寸 40。

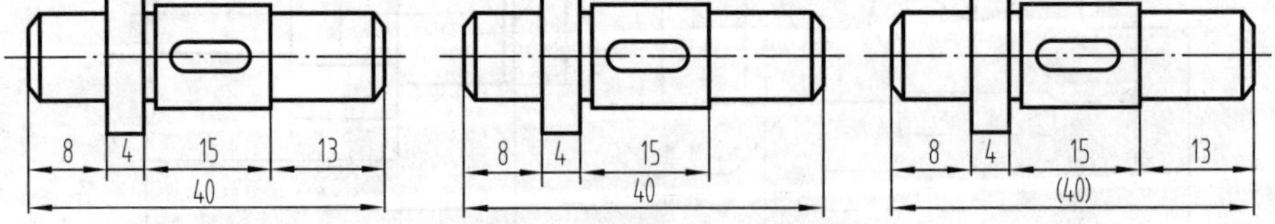

图 8-8　不能注封闭尺寸链

(a) 封闭尺寸链；(b) 开口环；(c) 参考尺寸

2. 考虑工艺要求

(1) 尽量符合加工顺序。按加工顺序标注尺寸，符合加工过程，便于加工和测量，如图 8-9（a）所示。

(2) 不同加工方法所用的尺寸尽量分开来注。例如，轴上的键槽是在铣床上加工的，与车削尺寸分开标注在上下两边，有利于加工时看图。

（3）应便于测量。尺寸标注在满足设计要求前提下，应考虑测量方便，如图 8－9（a）便于测量，而图 8－9（b）则不便于测量。

（4）毛坯面的尺寸标注。零件上毛坯面尺寸和加工面尺寸要分开注，在同一个方向上，毛坯面和加工面只标注一个联系尺寸，如图 8－10（a）所示。图 8－10（b）的多个毛坯面与加工面有尺寸联系，很难同时保证这些尺寸的精度。

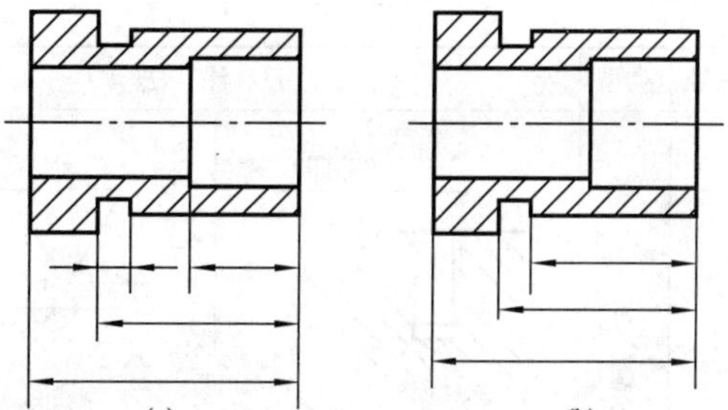

(a)　(b)

图 8－9　标注尺寸应符合加工顺序、便于测量

（a）正确；（b）不正确

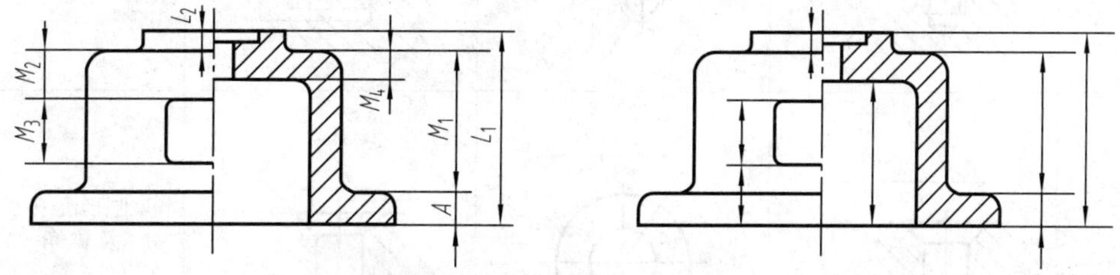

(a)　(b)

图 8－10　毛面尺寸和加工面的尺寸标注

（a）合理；（b）不合理

四、零件上常见孔的尺寸注法

零件上常见孔的尺寸注法见表 8－1。

表 8－1　零件上常见孔的尺寸注法

序号	类型	旁注法		普通注法	说　明
1	光孔	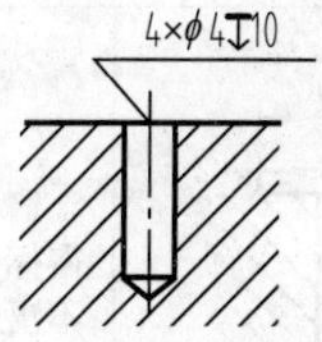	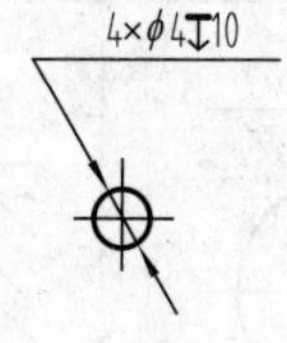	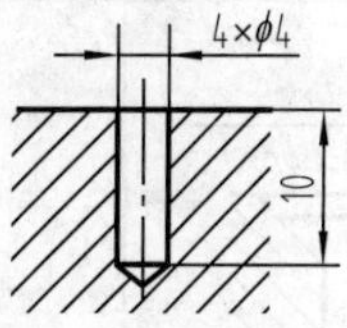	4×ϕ4 表示直径为 4，均匀分布的 4 个光孔
2	光孔	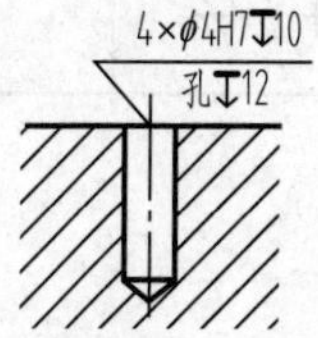	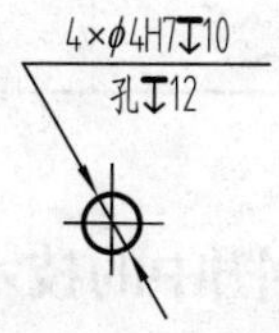	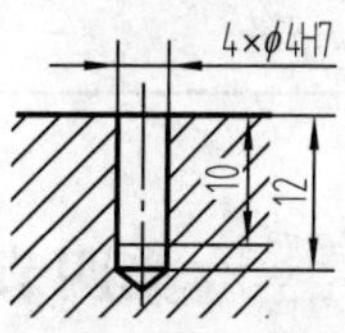	光孔深为 12；钻孔后需精加工至 ϕ4H7，深度为 10
3	螺孔	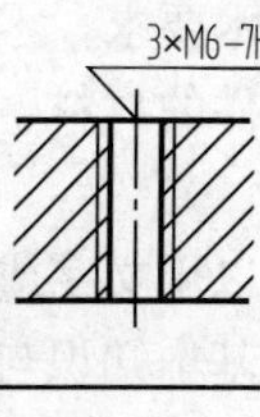	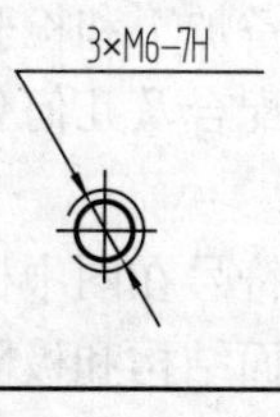	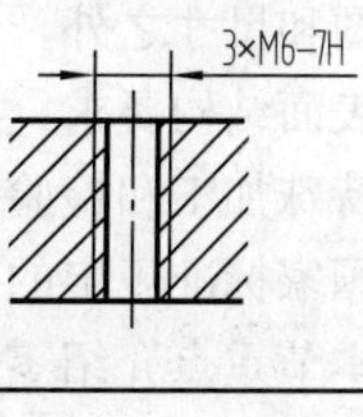	3×M6 表示直径为 6，均匀分布的 3 个螺孔，7H 为中径和小径的公差带

续表

序号	类型	旁注法		普通注法	说明
4	螺孔	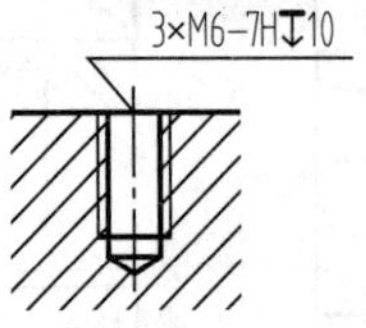		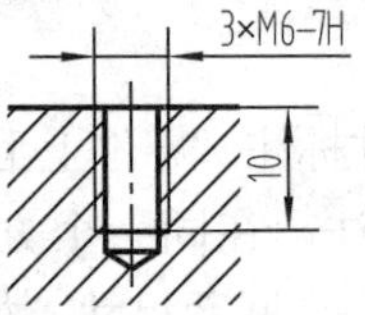	深 10 是指螺孔的深度
5		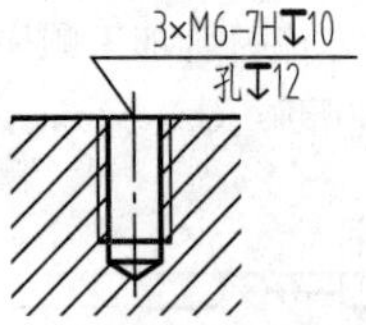	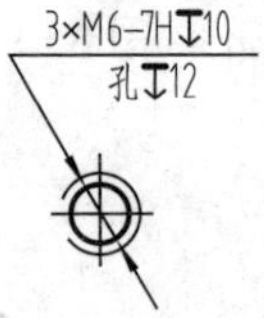	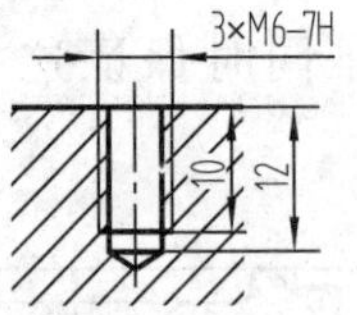	需要注出钻孔深度时，应明确标出孔深尺寸
6	沉孔	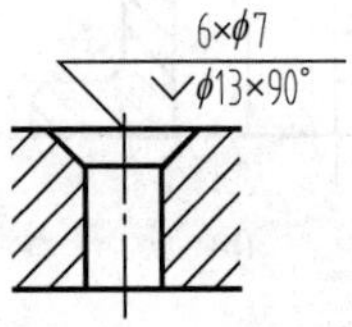	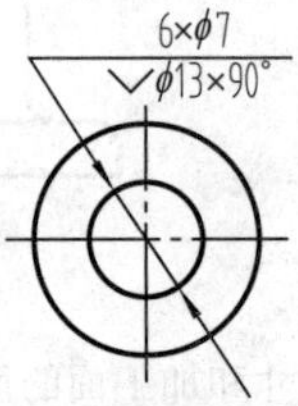	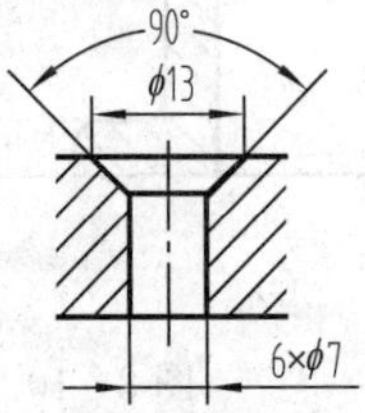	锥形沉孔的直径 ϕ13 及锥角 90° 均需注出
7		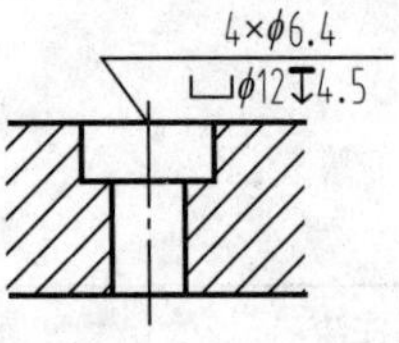	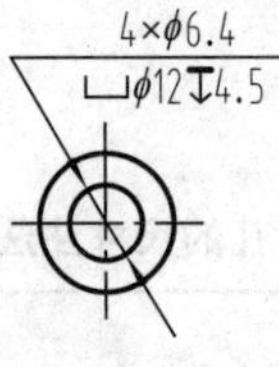	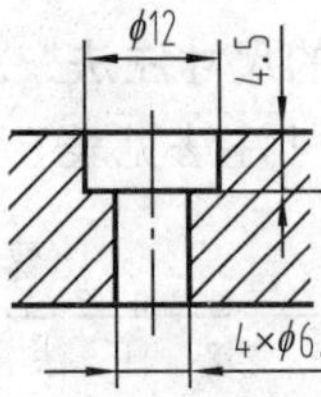	柱形沉孔的直径 ϕ12 及深度 4.5 均需标注
8		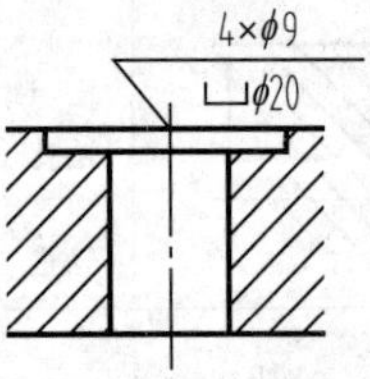	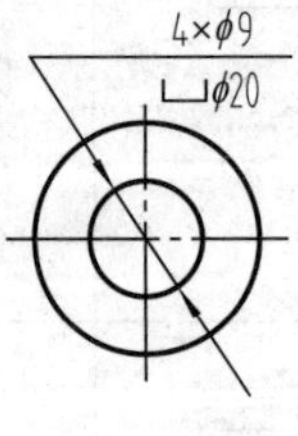	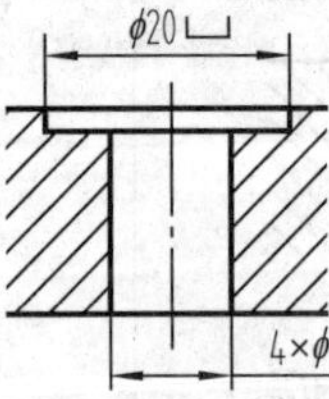	锪平 ϕ20 的深度不需标出，一般锪平到不出现毛坯面为止

第四节　零件图中的技术要求

零件图中除了视图和尺寸之外，还应具备加工和检验零件的技术要求，零件图的技术要求主要包括：零件的表面结构要求，极限与配合及几何公差，对零件的材料、热处理和表面修饰的说明，以及对特殊加工和检验的说明。

上述内容可以用国家标准规定的代号或符号在图中标注，也可以用文字或数字等在标题栏上方空位处写明。本节重点介绍零件的表面结构和极限与配合的基本知识与标注方法。

一、表面结构表示法

表面结构是表面粗糙度、表面波纹度、表面缺陷、表面纹理和表面几何形状的总称。表面结构的各项要求在图样上的表示法在 GB/T 131—2006 中均有具体规定。本节主要介绍常用的表面粗糙度表示法。

1. 基本概念及术语

(1) 表面粗糙度。零件的加工表面即使看起来很光滑，在放大镜或显微镜下观察，也可以看到凹凸不平的加工痕迹，如图 8－11 所示。这种加工表面上所具有较小间距的凸峰和凹谷所组成的微观几何形状特性就称为表面粗糙度。它与加工方法、刀具刀刃形状、走刀量等因素有关。

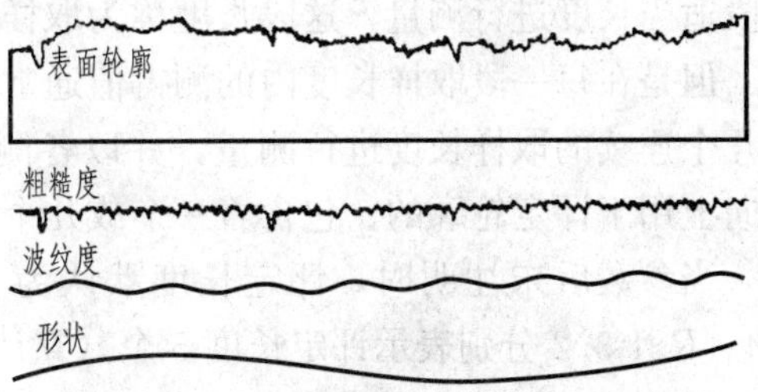

图 8－11　粗糙度、波纹度和形状误差综合影响的表面轮廓

表面粗糙度是评定零件表面质量的一项重要技术指标。它对零件的配合性能、耐磨性、抗腐蚀性、接触刚度、抗疲劳强度、密封性、外观等都有显著影响。凡是零件上有配合要求或有相对运动的表面，表面粗糙度参数值要小。而对这项指标的要求越高，加工成本就越高。因此，应根据零件的工作状况和需要，合理地确定零件各表面粗糙度参数要求。

(2) 表面波纹度。在机械加工工程中，由于机床、工件和刀具系统的振动，在工件被加工表面所形成的间距比粗糙度大得多的表面不平度称为波纹度。如图 8－11 所示，零件表面地波纹度是影响零件使用寿命和引起振动的重要因素。

表面粗糙度、表面波纹度及表面几何形状总是同时生成并存在于同一表面的。

(3) 评定表面结构常用的轮廓参数。按照 GB/T 3505—2009、GB/T 18618—2009、GB/T 18778.2—2003 和 GB/T 18778.3—2006 的规定，评定零件表面结构的参数有轮廓参数、图形参数和支承率曲线参数三大类。其中轮廓参数是我国机械图样中最常用的评定参数。本节主要介绍评定粗糙度轮廓（*R* 轮廓）中的两个高度参数算术平均偏差 *Ra* 和轮廓最大高度 *Rz*。

1) 算术平均偏差 *Ra* 是指在一个取样长度内纵坐标值 $Z(x)$ 绝对值得算术平均值（见图 8－12）。

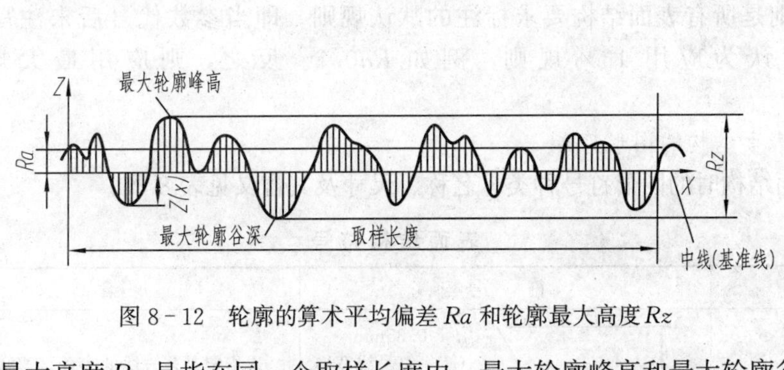

图 8－12　轮廓的算术平均偏差 *Ra* 和轮廓最大高度 *Rz*

2) 轮廓最大高度 *Rz* 是指在同一个取样长度内，最大轮廓峰高和最大轮廓谷深之和的高度（见图 8－12）。

（4）有关检验规范的基本术语。检验评定表面结构的参数值必须在特定的条件下进行，国家标准规定，图样中注写参数代号及其数值要求的同时，还应明确其检验规范。

该方面的基本术语有取样长度、评定长度、滤波器和传输带以及极限值判断规则。

1）取样长度和评定长度。以粗糙度高度参数的测量为例，由于表面轮廓的不规则性，测量结果与测量段的长度密切相关。当测量段过短，各处的测量结果会产生很大差异，但当测量段过长，则测得的高度值中将不可避免地包含了波纹度的幅值。因此，在 *X* 轴上选取一段适当长度进行测量，这段长度称为取样长度。

但是在每一段取样长度内的测得值通常是不等的，为取得表面粗糙度最可靠的值，一般取几个连续的取样长度进行测量，并以各测量值的平均值作为测得的参数值。这段在 *X* 轴方向上用于评定轮廓的、包含着一个或几个取样长度的测量段称为评定长度。

当参数后未注明时，评定长度默认为 5 个取样长度，否则应注明个数。*Rz*0.8、*Ra*3 0.4、*Rz*1 3.2 分别表示评定长度 5 个（默认）、3 个、1 个取样长度。

2）轮廓滤波器和传输带。粗糙度的三类轮廓各有不同的波长范围，又同时叠加在同一表面轮廓上。因此，在测量评定三类轮廓上的参数时，必须先将表面轮廓在特定仪器上进行滤波，以便分离获得所需波长范围的轮廓。这种将轮廓分成长波和短波成分的仪器称为滤波器。由两个不同截止波长的滤波器分离获得的轮廓波长范围则称为传输带。

按滤波器的不同截止波长值，由小到大顺次分为 λ_s、λ_c 和 λ_f 三种。前述三类轮廓就是分别应用这些滤波器修正表面轮廓后获得的：应用 λ_s 滤波器修正后的轮廓称为原始轮廓（*P* 轮廓）；在 *P* 轮廓上再应用 λ_c 滤波器修正后形成的轮廓即为粗糙度轮廓（*R* 轮廓）；对 *P* 轮廓连续应用 λ_f 和 λ_c 滤波器后形成的轮廓则称为波纹度轮廓（*W* 轮廓）。

3）极限值判断规则。完工零件的表面按检验规范测得轮廓参数后，需与图样上给定的极限比较，以判定其是否合格。极限值判断规则有 16％规则和最大规则两种。

16％规则：运用本规则时，被检表面测得的全部参数值中，超过极限值的个数不多于总个数的 16％时，该表面是合格的。

此处，超过极限值有两种含义：当给定上限值时，超过是指大于给定值；当给定下限值时，超过是指小于给定值。

最大规则：运用本规则时，被检的整个表面上测得的参数值一个也不应超过给定的极限值。

16％规则是所有表面结构要求标注的默认规则。即当参数代号后未注写“max”字样时，均默认为应用 16％规则，例如 *Ra*0.8。反之，则应用最大规则，例如 *Ra*max 0.8。

2. 标注表面结构的图形符号

标注表面结构时的图形符号种类、名称、尺寸及其含义见表 8-2。

表 8-2　　表面结构符号

符号名称	符号	含　义
基本图形符号	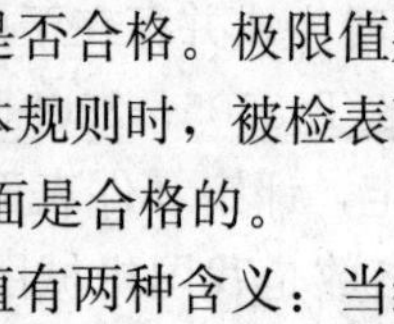 $d'=0.35mm$ （d'—符号线宽） $H_1=3.5mm$ $H_2=7mm$	未指定工艺方法的表面，当通过一个注释解释时可单独使用

续表

符号名称	符　号	含　义
扩展图形符号	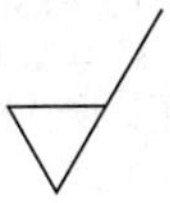	用去除材料方法获得的表面；仅当其含义是“被加工表面”时可单独使用
	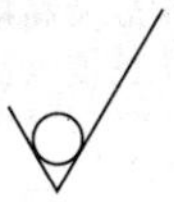	不去除材料的表面；也可用于表示保持上道工序形成的表面，不管这种状况是通过去除或不去除材料形成的
完整图形符号	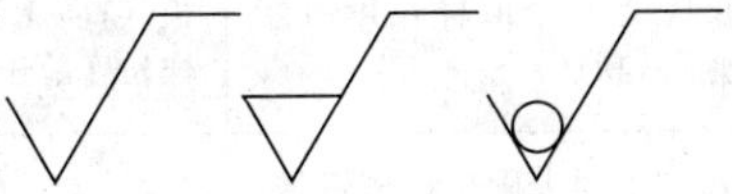	在以上各种符号的长边上加一横线，以便注写对表面结构的各种要求

注　表中 d'、H_1 和 H_2 的大小是当图样中尺寸数字高度选取 $h=3.5$mm 时按 GB/T 131—2006 的相应规定给定的。表中 H_2 是最小值，必要时允许加大。

当在图样某个视图上构成封闭轮廓的各表面有相同的表面结构要求时，在完整图形符号上加一圆圈，标注在图样中工件的封闭轮廓线上，如图 8－13 所示。

图 8－13 所示的表面结构符号是指对图形中封闭轮廓的六个面的共同要求（不包括前后面）。

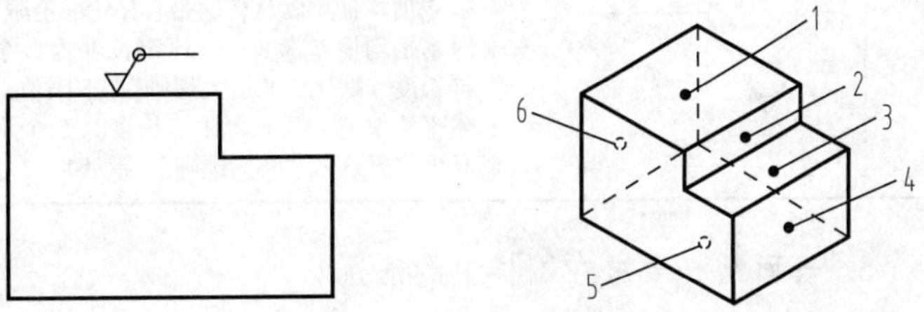

图 8－13　对周边各面有相同的表面结构要求的注法

3．表面结构要求在图形符号中的注写位置

为了明确表面结构要求，除了标注表面结构参数和数值外，必要时应标注补充要求，包括传输带、取样长度、加工工艺、表面纹理及方向、加工余量等。这些要求在图形符号中的注写位置如图 8－14 所示。

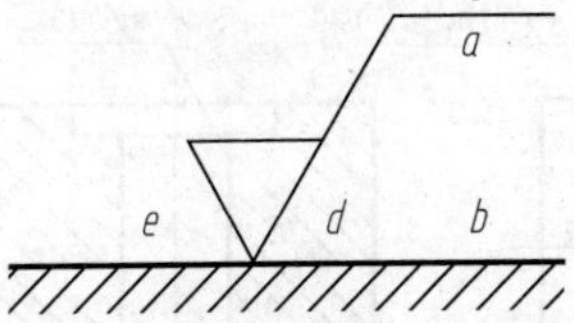

位置 a—注写表面结构的单一要求；
位置 a 和 b—a 注写第一表面结构要求，b 注写第二表面结构要求；
位置 c—注写加工方法，如“车”、“磨”、“镀”等；
位置 d—注写表面纹理方向，如“=”、“×”、“M”；
位置 e—注写加工余量。

图 8－14　补充要求的注写位置

4．表面结构代号

表面结构符号中注写了具体参数代号及数值要求后即称为表面结构代号。表面结构代号的示例及其含义见表 8－3。

表 8-3 表面结构代号示例

No.	代号示例	含义/解释	补充说明
1	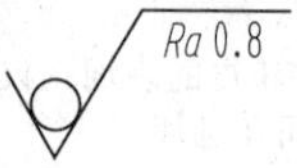	表示不允许去除材料，单向上限值，默认传输带，*R* 轮廓，算术平均偏差 0.8μm，评定长度为 5 个取样长度（默认），“16%规则”（默认）	参数代号与极限值之间应留空格（下同），本例未标注传输带，应理解为默认传输带，此时取样长度可由 GB/T 10610 和 GB/T 6062 中查取
2	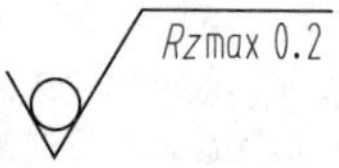	表示不允许去除材料，单向上限值，默认传输带，*R* 轮廓，粗糙度最大高度 0.2μm，评定长度为 5 个取样长度（默认），“最大规则”	示例 No. 1～No. 4 均为单向上限要求，且均为单向上限值，则均可不加注“U”，若为单向下限值，则应加注“L”
3	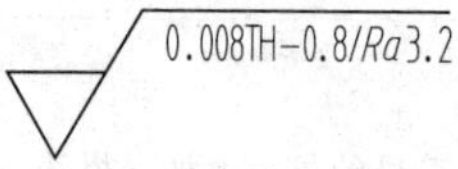	表示去除材料，单向上限值，传输带：0.008～0.8mm，*R* 轮廓，算术平均偏差 3.2μm，评定长度为 5 个取样长度（默认），“16%规则”（默认）	传输带“0.008-0.8”中的前后数值分别为短波和长波滤波器的截止波长（λ_s～λ_c），以示波长范围。此时取样长度等于 λ_c，即 l_r=0.8mm
4	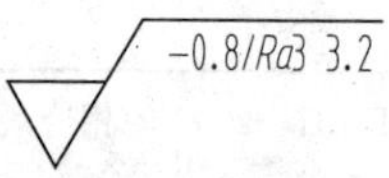	表示去除材料，单向上限值，传输带：根据 GB/T 6062—2002，取样长度 0.8mm，（λ_s 默认 0.0025mm），*R* 轮廓，算术平均偏差 3.2μm，评定长度包含 3 个取样长度（默认），“16%规则”（默认）	传输带仅注出一个截止波长值（本例 0.8 表示 λ_c 值）时，另一截止波长 λ_s 应理解为默认值，由 GB/T 6062—2002 查知 λ_s=0.0025mm
5	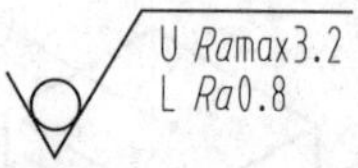	表示不允许去除材料，双向极限值，两极限值均使用默认传输带，*R* 轮廓上限值：算术平均偏差 3.2μm，评定长度为 5 个取样长度（默认），“最大规则”，下限值：算术平均偏差 0.8μm，评定长度为 5 个取样长度（默认），“16%规则”（默认）	本例为双向极限要求，用“U”和“L”分别表示上限值和下限值。在不致引起歧义时，可不加注“U”、“L”

5. 表面结构要求在图样中的注法

（1）表面结构要求对每一表面一般只注一次，并尽可能注在相应得尺寸及其公差的同一视图上。除非另有说明，所标注的表面结构要求是对完工零件表面的要求。

（2）表面结构的注写和读取方向与尺寸的注写和读取方向一致。表面结构要求可标注在轮廓线上，其符号应从材料外指向表面（见图 8-15）。必要时，表面结构要求也可用带箭头或黑点的指引线引出标注（见图 8-16）。

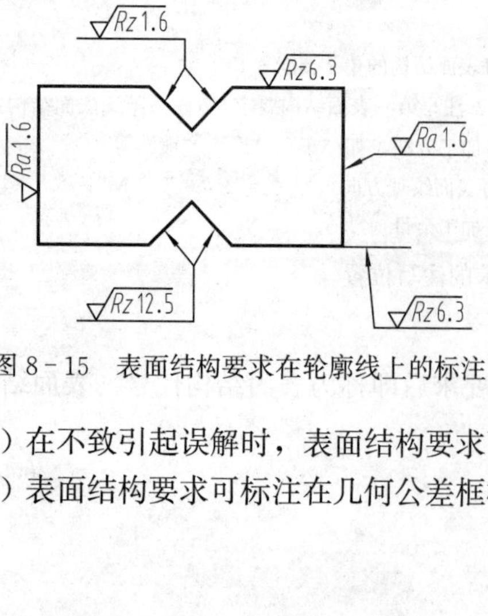

图 8-15 表面结构要求在轮廓线上的标注

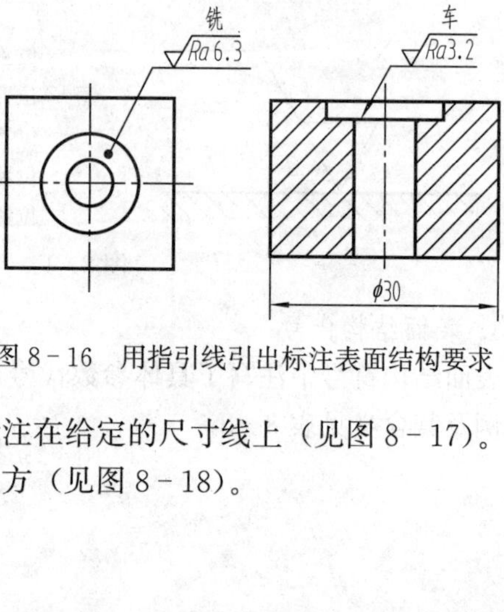

图 8-16 用指引线引出标注表面结构要求

（3）在不致引起误解时，表面结构要求可以标注在给定的尺寸线上（见图 8-17）。

（4）表面结构要求可标注在几何公差框格的上方（见图 8-18）。

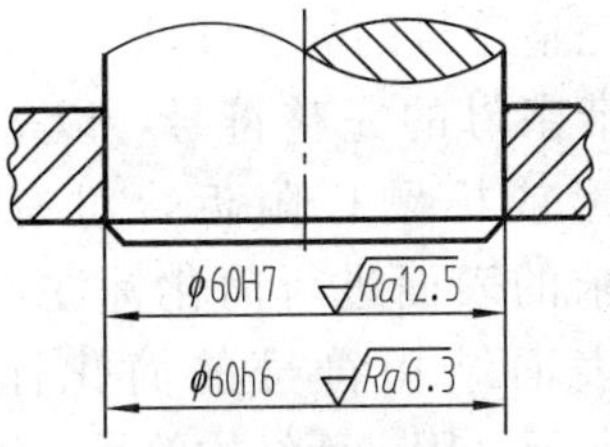

图 8-17 表面结构要求在尺寸线上标注

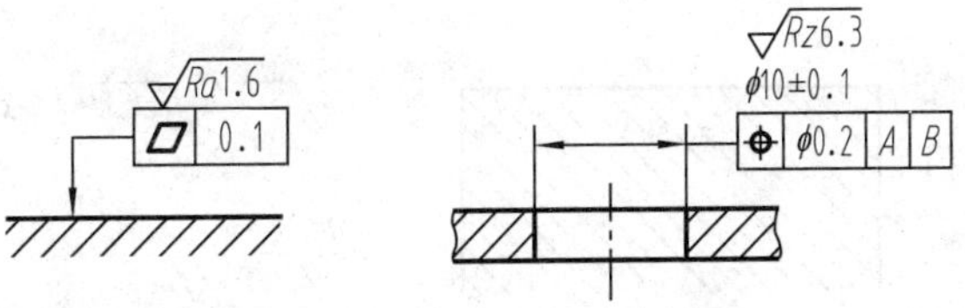

图 8-18 在几何公差框格上方标注表面结构要求

(5) 圆柱和棱柱表面的表面结构要求只标注一次（见图 8-19）。若每个棱柱表面有不同的表面结构要求，则应分别单独标注（见图 8-20）。

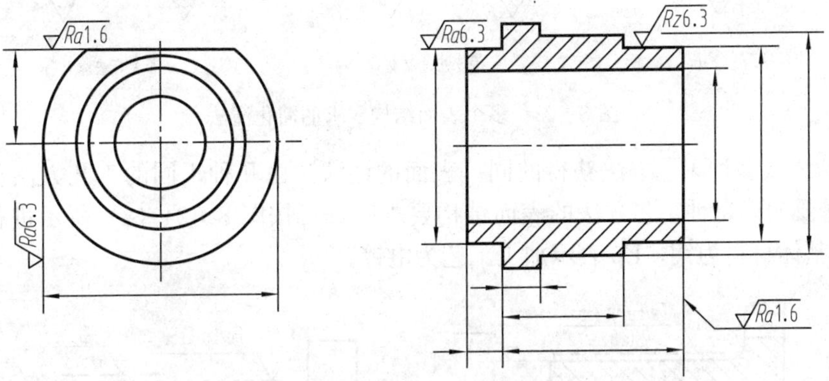

图 8-19 表面结构要求标注在圆柱特征的延长线上

6. 表面结构要求在图样中的简化注法

(1) 有相同表面结构要求的简化标注。如果在工件的多数（包括全部）表面有相同的表面结构要求时，则其表面结构要求可统一标注在图样的标题栏附近。此时，表面结构要求的符号后面应有：在圆括号内给出无任何其他标注的基本符号［见图 8-21 (a)］；在圆括号内给出不同的表面结构要求［见图 8-21 (b)］；不同的表面结构要求应直接标注在图形中［见图 8-21 (a)、(b)］。

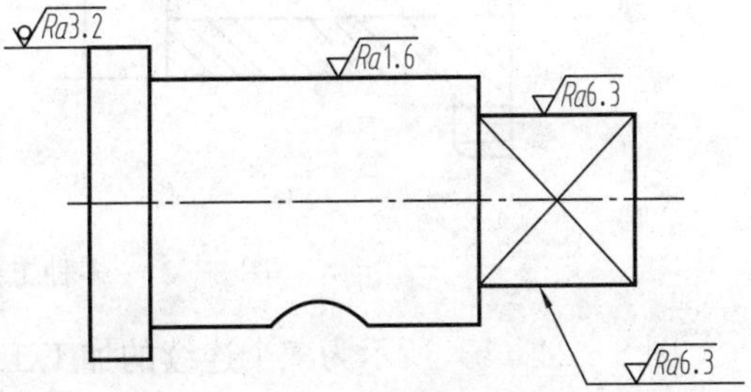

图 8-20 圆柱和棱柱的表面结构要求的标注方法

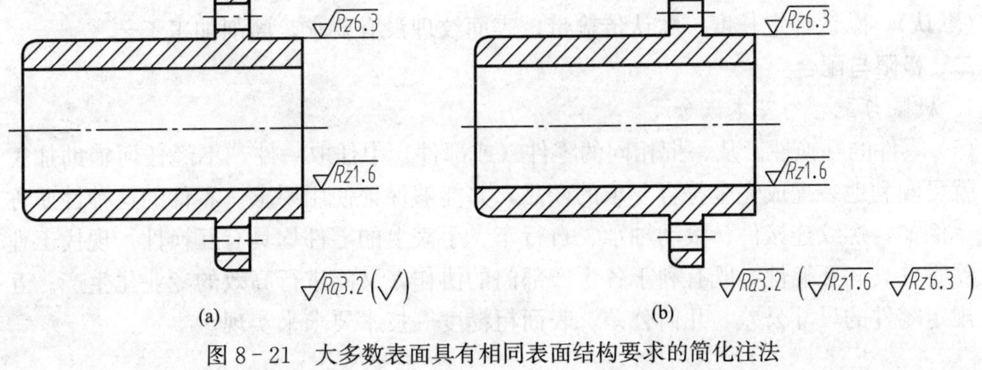

图 8-21 大多数表面具有相同表面结构要求的简化注法

（2）多个表面具有共同要求的注法。此时用带字母的完整符号的简化注法，如图 8－22 所示，用带字母的完整符号，以等式的形式，在图形或标题栏附近，对有相同表面结构要求的表面进行简化标注。

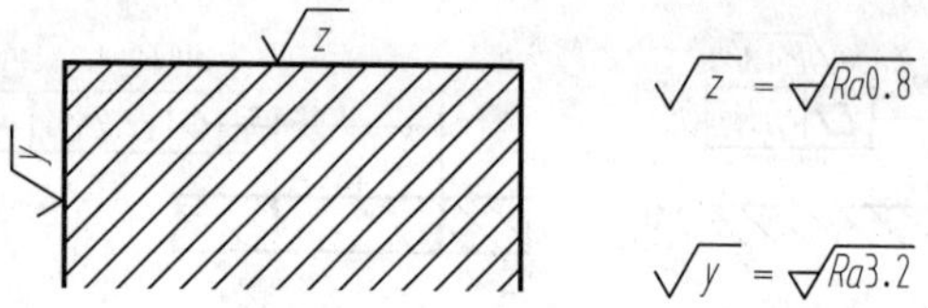

图 8－22　在图纸空间有限时的简化注法

只用表面结构符号的简化注法，如图 8－23 所示，用表面结构符号，以等式的形式标注多个共同的表面结构要求。

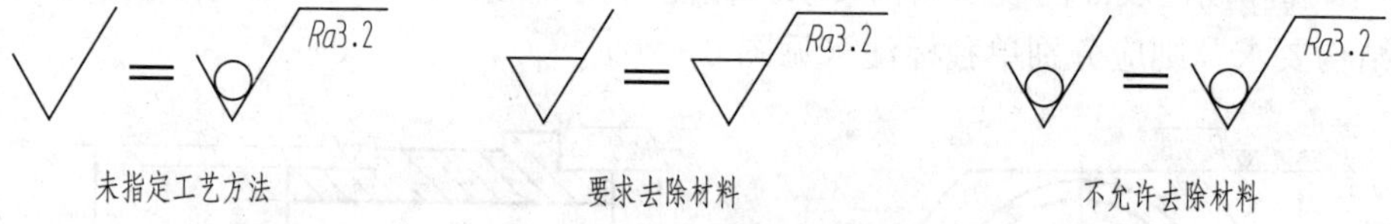

图 8－23　多个表面结构要求的简化注法

（3）两种或多种工艺方法获得的同一表面的注法。由几种不同的工艺方法获得的同一表面，当需要明确每种工艺方法的表面结构要求时，可按图 8－24（a）所示进行标注，图中 Fe 表示基体材料为钢，Ep 表示加工工艺为电镀。

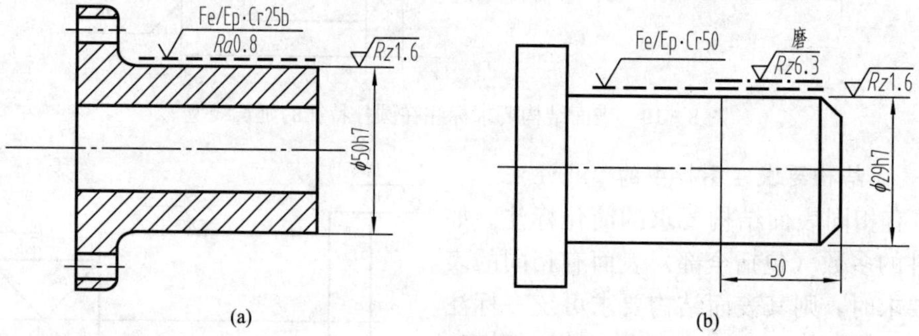

图 8－24　多种工艺获得同一表面的注法

图 8－24（b）所示为三个连续的加工工序的表面结构、尺寸和表面处理的标注。

第一道工序：单向上限值，$Rz=1.6\mu m$，“16％规则”（默认），默认评定长度，默认传输带，表面纹理没有要求，去除材料的工艺。

第二道工序：镀铬，无其他表面结构要求。

第三道工序：一个单向上限值，仅对长为 50mm 的圆柱面有效，$Rz=6.3\mu m$，“16％规则”（默认），默认评定长度，默认传输带，表面纹理没有要求，磨削加工工艺。

二、极限与配合

1. 极限与配合的基本概念

（1）零件的互换性。从一批相同的零件（或部件）中任取一件，不经任何辅助加工及修配，就可顺利地装配成完全符合要求的产品，并能够保证使用要求。零件的这种性质称为互换性。例如，螺纹连接件、滚动轴承、自行车、手表上的零件均具有互换性。现代工业，要求机器零件具有互换性，既有利于各生产部门的协作，又能进行高效的专业化生产。互换性通过规定零件的尺寸公差、几何公差、表面粗糙度等技术要求来实现。

(2) 尺寸与尺寸公差。由于零件在实际生产过程中受到机床、刀具、量具、加工、测量等诸多因素的影响，加工完一批零件的实际尺寸总存在一定的误差，为保证零件的互换性，必须将零件的尺寸控制在允许的变动范围内，这个允许的尺寸变动量称为尺寸公差，简称公差。

如图 8-25 所示，有关尺寸公差的术语和定义如下：

1) 公称尺寸——设计给定的尺寸。

2) 实际尺寸——零件制成后，测量所得的尺寸。

3) 极限尺寸——允许零件实际尺寸变化的两个界限值。实际尺寸应位于其中，也可达到极限尺寸。

最大极限尺寸：孔或轴允许的最大尺寸。

最小极限尺寸：孔或轴允许的最小尺寸。

4) 尺寸公差（简称公差）——允许的尺寸变动量。它等于最大极限尺寸与最小极限尺寸之差，尺寸公差表示一个范围，没有符号。

5) 零线——在极限与配合图解中，表示基本尺寸的一条直线，以其为基准确定偏差和公差，如图 8-25（a）所示。

6) 尺寸公差带（简称公差带）——在公差带图解中，由代表上偏差和下偏差或最大极限尺寸和最小极限尺寸的两条直线所限定的一个区域。图 8-25（a）表示了一对互相结合的孔和轴的基本尺寸、极限尺寸、偏差、公差的相互关系，其公差带图如图 8-25（b）所示。

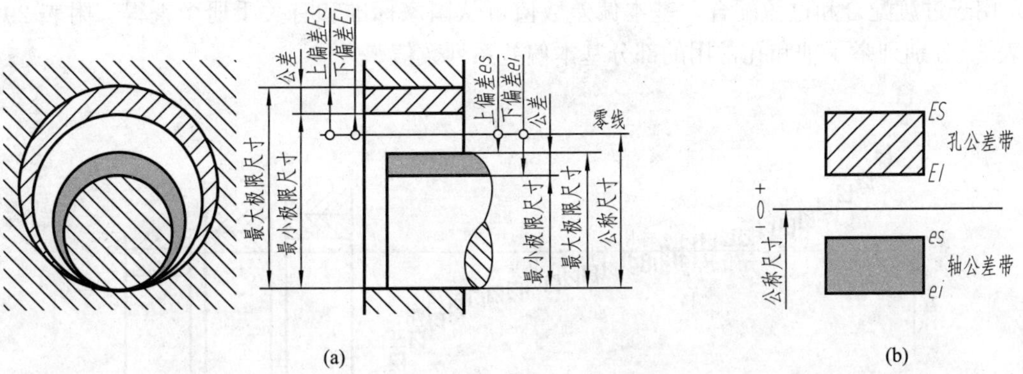

图 8-25 孔和轴的尺寸公差名词术语

(3) 标准公差和基本偏差。GB/T 1800.1—2009《产品几何技术规范（GPS） 极限与配合 第 1 部分：公差、偏差和配合的基础》规定了公差带由标准公差和基本偏差两个要素确定。标准公差确定公差带的大小，而基本偏差确定公差带相对于零线的位置。

1) 标准公差（IT）。标准公差是国家标准所规定的、用以确定公差带大小的任一公差，数值由公称尺寸和公差等级来决定。标准公差分为 20 个等级，即 IT01、IT02、IT1、IT2、…、IT18。IT 表示标准公差，数字表示公差等级。其尺寸精度从 IT01 到 IT18 依次降低。标准公差数值可由表 8-4 查得。

表 8-4　　标准公差数值（GB/T 1800.2—2009）

公称尺寸		标准公差等级													
mm		μm										mm		
大于	至	IT1	IT2	IT3	IT4	IT5	IT6	IT7	IT8	IT9	IT10	IT11	IT12	…	IT18
—	3	0.8	1.2	2	3	4	6	10	14	25	40	60	0.1	…	1.4
3	6	1	1.5	2.5	4	5	8	12	18	30	48	75	0.12	…	1.8
6	10	1	1.5	2.5	4	6	9	15	22	36	58	90	0.15	…	2.2
10	18	1.2	2	3	5	8	11	18	27	43	70	110	0.18	…	2.7
18	30	1.5	2.5	4	6	9	13	21	33	52	84	130	0.21	…	3.3
30	50	1.5	2.5	4	7	11	16	25	39	62	100	160	0.25	…	3.9
50	80	2	3	5	8	13	19	30	46	74	120	190	0.30	…	4.6
80	120	2.5	4	6	10	15	22	35	54	87	140	220	0.35	…	5.4
120	180	3.5	5	8	12	18	25	40	63	100	160	250	0.40	…	6.3
180	250	4.5	7	10	14	20	29	46	72	115	185	290	0.46	…	7.2
250	315	6	8	12	16	23	32	52	81	130	210	320	0.52	…	8.1

注　公称尺寸小于或等于 1mm 时，无 IT14～IT18。

2）基本偏差。基本偏差是确定公差带相对零线位置的，它指的是靠近零线的那个偏差。当公差带在零线的上方时，基本偏差为下偏差；反之，则为上偏差。

基本偏差的代号用拉丁字母按其顺序表示，孔和轴各 28 个，大写字母表示孔，小写字母表示轴。基本偏差系列见图 8-26。A～H（a～h）的基本偏差用于间隙配合，J～ZC（j～zc）用于过渡配合和过盈配合。基本偏差数值可从国家标准和有关手册中查得。附表 29 和附表 30 分别列举了轴和孔常用的部分基本偏差系列数值。

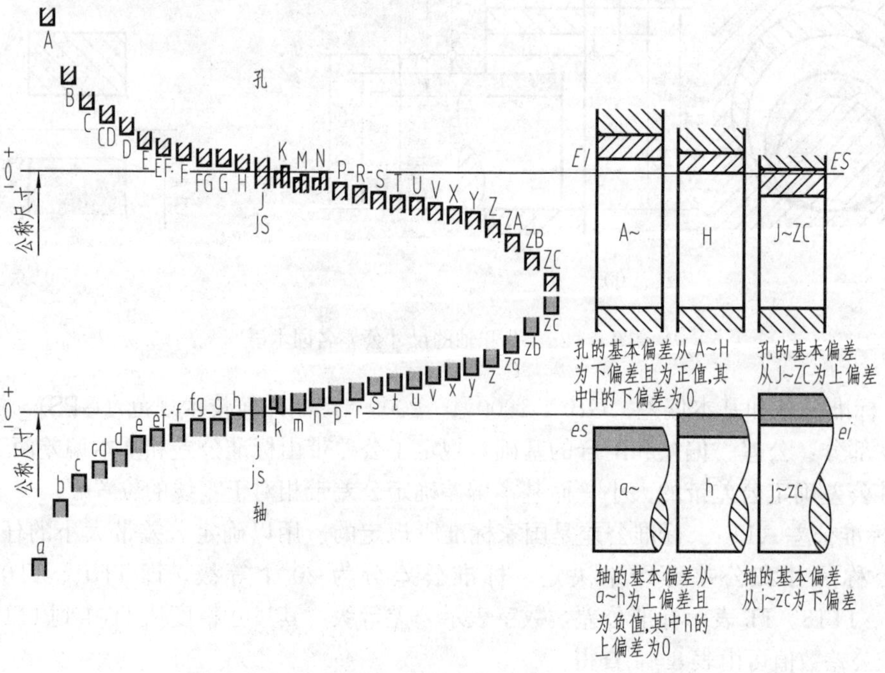

图 8-26　基本偏差系列

孔和轴的公差带代号由公称尺寸加上基本偏差代号与公差等级代号组成。例如，ϕ30H8表示基本尺寸为 ϕ30、基本偏差代号为 H、公差等级为 IT8 的孔的公差带代号。同样，ϕ30f7 则表示基本尺寸为 ϕ30、基本偏差代号为 f、公差等级为 IT7 的轴的公差带代号。

(4) 配合。公称尺寸相同的相互结合的孔和轴公差带之间的关系称为配合。配合是指一批孔与轴的装配关系，不是单个孔与轴的装配关系。根据使用要求的不同，孔和轴之间的配合有松有紧，可分为三类。

1) 三类配合。

间隙配合——孔与轴装配时具有间隙（包括最小间隙等于零）的配合，见图 8-27 (a)。

过盈配合——孔与轴装配时具有过盈（包括最小过盈等于零）的配合，见图 8-27 (b)。

过渡配合——孔与轴装配时可能具有间隙或过盈的配合，见图 8-27 (c)。

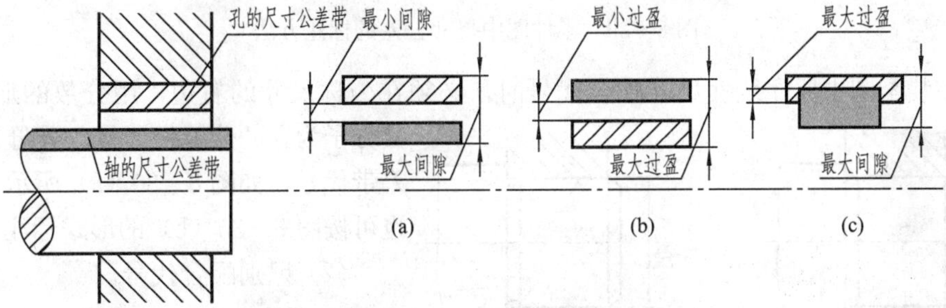

图 8-27　配合种类

(a) 间隙配合；(b) 过盈配合；(c) 过渡配合

2) 两种基准制。为了得到各种不同性质的配合，减少零件加工的专用刀具和量具，国家标准规定了两种基准制。

基孔制——基本偏差为一定值的孔公差带与不同基本偏差值的轴公差带形成各种配合的一种制度。基孔制的孔称为基准孔，其基本偏差代号为 H，下偏差为零，见图 8-28 (a)。

基轴制——基本偏差为一定值的轴公差带与不同基本偏差值的孔公差带形成各种配合的一种制度。基轴制的轴称为基准轴，其基本偏差代号为 h，上偏差为零，见图 8-28 (b)。

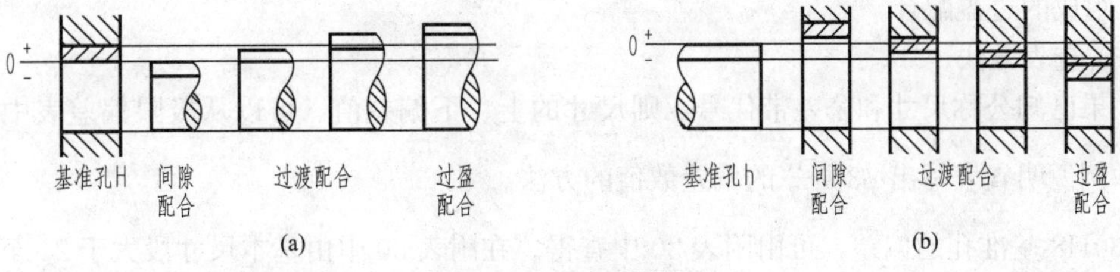

图 8-28　基准制

(a) 基孔制；(b) 基轴制

2. 极限与配合的标注及查表

(1) 极限与配合在图样中的标注方法。

1) 在零件图中标注线性尺寸的公差有三种形式，如图 8-29 所示：①只注公差带代号，见图 8-29 (a)；②只注写上、下偏差数值，上、下偏差的字高为尺寸数字的 2/3，且下偏差的数字与尺寸数字在同一水平线上，在零件图中多以此种注法为主见图 8-29 (b)；③既注公差带代号又注上、下偏差数值，但偏差数值加括号，见图 8-29 (c)。

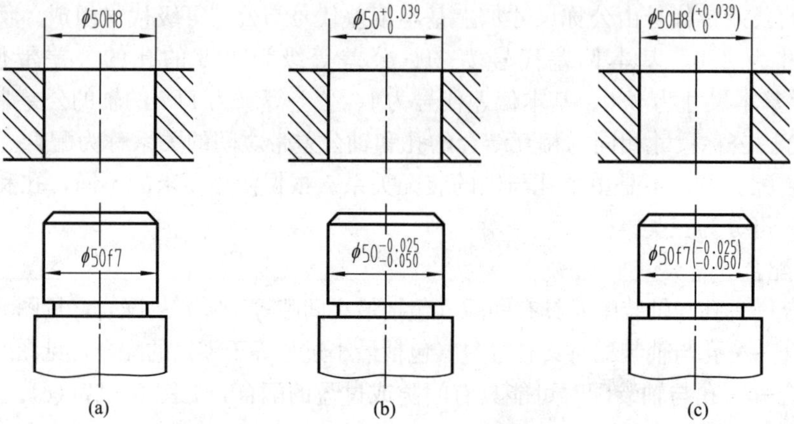

图 8-29 零件图中尺寸公差的标注方法

2）在装配图中标注线性尺寸配合代号时，必须在公称尺寸的右边，用分数的形式注出，其分子为孔的公差带代号，分母为轴的公差带代号，如图 8-30（a）所示。必要时也可按图 8-30（b）的形式标注。

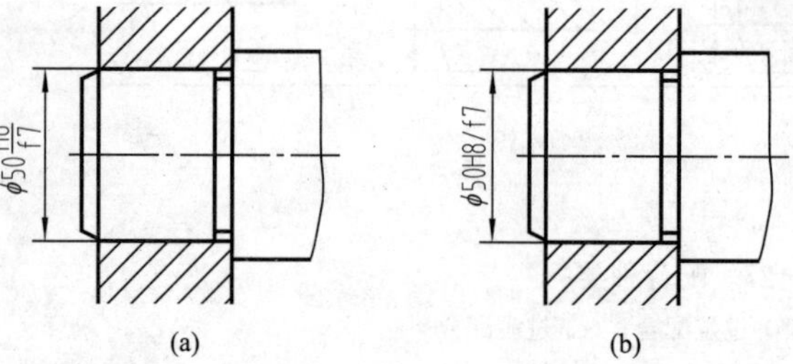

图 8-30 装配图中配合代号的标注方法

（2）识别配合代号。

$\phi30\,\dfrac{H8}{f7}$——公称尺寸为 $\phi30$，公差等级为 IT8 的基准孔与公差等级为 IT7、基本偏差为 f 的轴组成的间隙配合。

$\phi40\,\dfrac{H7}{n6}$——公称尺寸为 $\phi40$，公差等级为 IT7 的基准孔与公差等级为 IT6、基本偏差为 n 的轴组成的过渡配合。

$\phi18\,\dfrac{P7}{h6}$——公称尺寸为 $\phi18$，公差等级为 IT6 的基准轴与公差等级为 IT7、基本偏差为 P 的孔组成的过盈配合。

（3）查表方法。

如果已知公称尺寸和公差带代号，则尺寸的上、下偏差值，可以从极限偏差表中查得。下面举例说明查表写出 $\phi30\,\dfrac{H8}{f7}$的偏差数值的方法。

$\phi30$H8 基准孔的偏差，可由附表 30 中查得。在附表 30 中由基本尺寸段大于 24 至 30 横行和孔的公差带代号 H8 的纵列相交处查得$^{+33}_{0}$并写成 $\phi30^{+0.033}_{0}$。

$\phi30$f7 间隙配合轴的极限偏差，可由附表 29 中查得。在附表 29 中由公称尺寸段大于 24 至 30 横行和轴的公差带代号 f7 的纵列相交处查得$^{-20}_{-41}$并写成 $\phi30^{-0.020}_{-0.041}$。

3. 形状和位置公差简介

形状公差和位置公差简称几何公差，是指零件的实际形状和实际位置对理想形状和理想位置的允许变动量。

对于一般零件，如果没有标注几何公差，其几何公差可用尺寸公差加以限制，但是对于某些精度要求较高的零件，在零件图中不仅要规定尺寸公差，还要规定几何公差，因此几何公差也是评定产品质量的重要指标。

（1）几何公差代号、基准代号。

几何公差代号包括：几何公差符号、几何公差框格及指引线、几何公差数值、基准符号等。表 8－5 列出了几何公差各特征项目的符号。

表 8－5　**几何公差各项目的符号**

公　差	特　征	符　号	公　差	特　征	符　号
形状公差（无基准）	直线度	⏤	方向公差（有基准）	面轮廓度	⌓
	平面度	⏥	位置公差（有基准）	位置度	⌖
	圆度	○		同心度	◎
	圆柱度	⌭		同轴度	◎
	线轮廓度	⌒		对称度	⌯
	面轮廓度	⌓		线轮廓度	⌒
方向公差（有基准）	平行度	∥		面轮廓度	⌓
	垂直度	⊥	跳动公差（有基准）	圆跳动	↗
	倾斜度	∠		全跳动	⌰
	线轮廓度	⌒			

图 8－31 所示为几何公差代号、基准代号的内容。

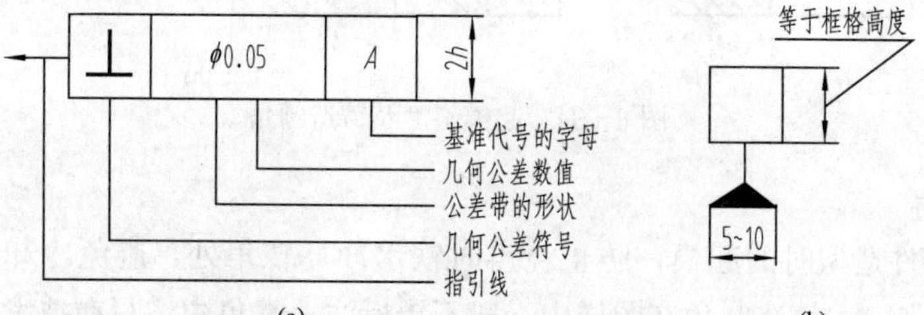

图 8－31　几何公差代号和基准代号

（a）几何公差代号；（b）基准代号

（2）几何公差标注示例。标注几何公差时，指引线的箭头要指向被测要素的轮廓线或其延长线上；当被测要素是轴线时，指引线的箭头应与该要素尺寸线的箭头对齐。指引线所指方向，是公差带的宽度方向或直径方向。基准要素是轴线时，要将基准符号与该要素的尺寸线对齐。

图 8－32（a）所示标注，表示 ϕd 圆柱表面的任意素线的直线度公差为 0.02。

图 8－32（b）所示标注，表示 ϕd 圆柱体轴线的直线度公差为 ϕ0.02。

图 8－33（a）所示标注，表示被测左端面对于 ϕd 轴线的垂直度公差为 0.05。

图 8－33（b）所示标注，表示 ϕd 孔的轴线的对于底面的平行度公差为 0.03。

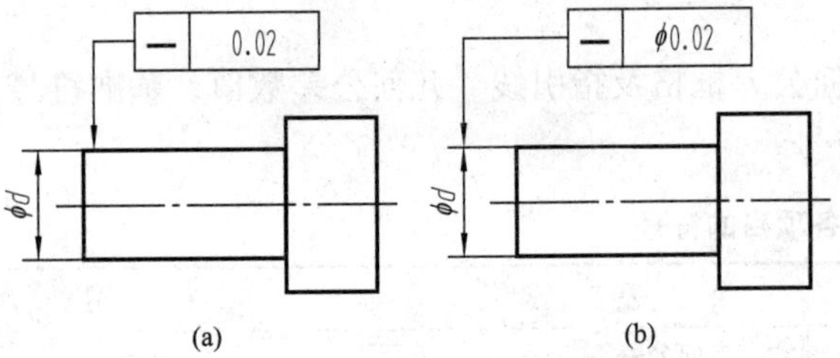

图 8－32　形状公差的标注

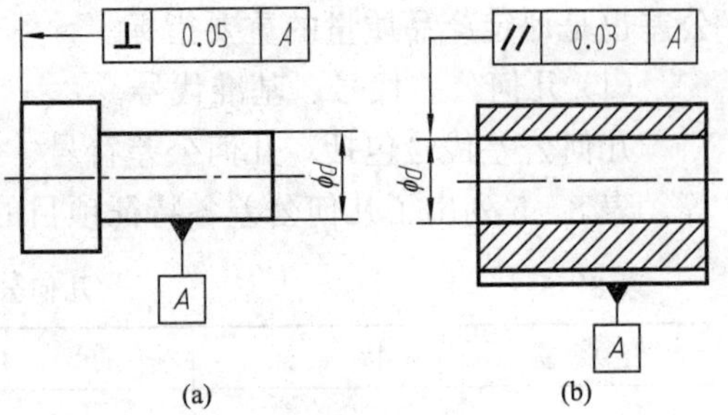

图 8－33　位置公差的标注

第五节　零件的常见工艺结构

零件的结构形状主要是由它在机器或部件中的作用决定的。但是，制造工艺对零件的结构也有某些要求。下面介绍一些零件常见的工艺结构，以供画图时参考。

一、铸造零件的工艺结构

1. 起模斜度

在铸件造型时，为了便于起出模型，在模型的内、外壁沿起模方向做成 1∶20 的斜度，称为起模斜度，如图 8－34（a）所示。铸造零件的起模斜度在图上可不画、不注，必要时可在技术要求或图形中注明。

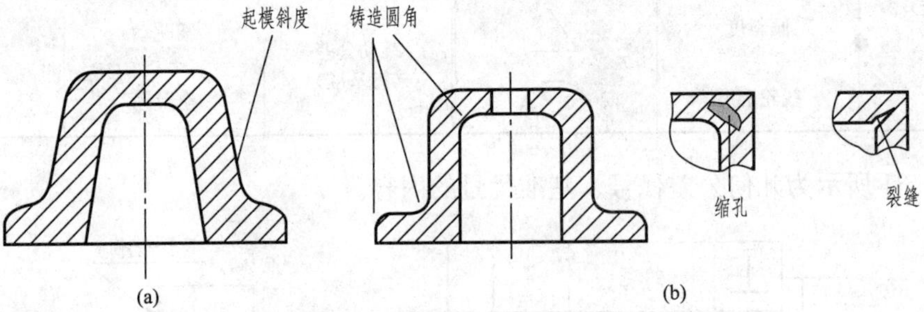

图 8－34　起模斜度及铸造圆角

2. 铸造圆角

为了便于铸件造型时的起模，防止浇铸时铁水冲坏转角处，避免冷却时产生缩孔和裂缝，见图 8－34（b）。铸造圆角在图样中一般不予标注，常集中注写在技术要求中。

3. 铸件壁厚

在浇铸零件时，为了避免各部分因冷却速度的不同而产生缩孔和裂纹，铸件壁厚应保持均匀或逐渐过渡，如图 8－35 所示。

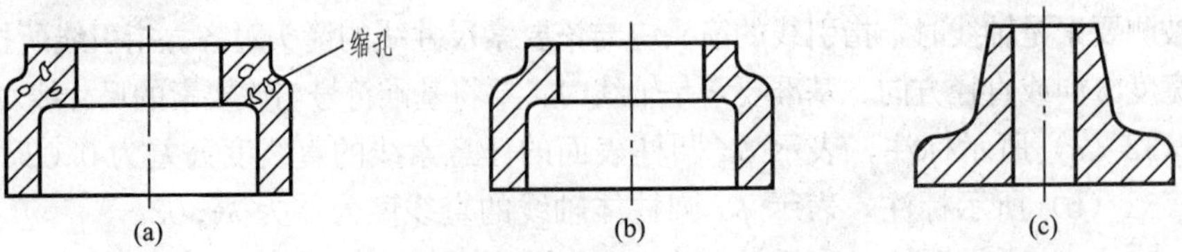

图 8－35　铸件壁厚

（a）壁厚不均匀；（b）壁厚均匀；（c）壁厚逐渐过渡

二、零件机械加工工艺结构

1. 倒角和倒圆

为了避免因应力集中而产生裂纹，在直径大小不同的轴肩或孔肩处应以圆角过渡，称为倒圆。为去除零件棱边的毛刺、锐边和便于装配及操作安全，在轴或孔的端部，常都加工成倒角，45°倒角的标注用 Cn 表示，非45°倒角用 n 和角度标注，如图 8－36 所示。

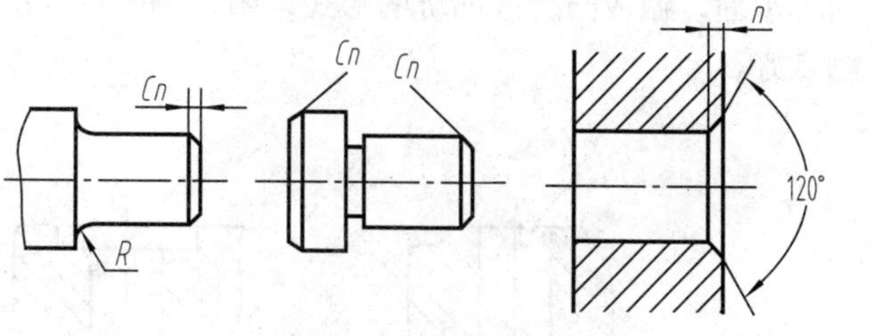

图 8－36 倒角和倒圆

图中的圆角 R 和倒角 Cn 在设计时一般选用标准数值，可查阅附表 25、附表 26 或有关手册。

2. 退刀槽和砂轮越程槽

车削螺纹时，为了便于退出刀具，常在零件的待加工表面末端车出螺纹退刀槽。退刀槽的尺寸标注一般按“槽宽×直径”或“槽宽×槽深”的形式标注，如图 8－37（a）所示。

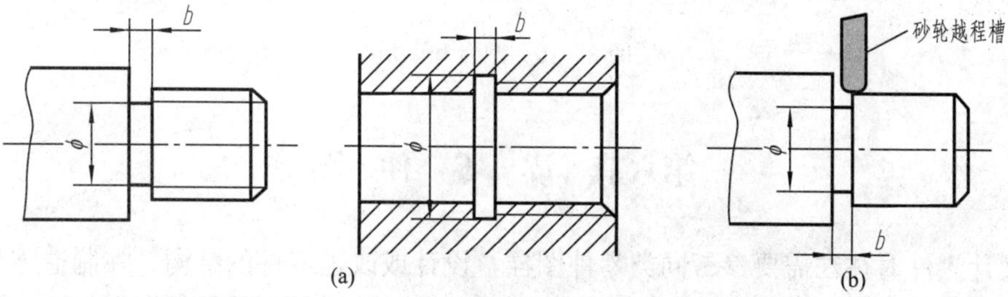

图 8－37 螺纹退刀槽和砂轮越程槽

磨削加工时，为使加工表面磨削完全，砂轮要稍稍超越加工面，因此常在零件表面上先加工出砂轮越程槽。磨削外圆及端面的砂轮越程槽见图 8－37（b）。螺纹退刀槽和砂轮越程槽的结构尺寸系列可查阅附表 27 和附表 24。

3. 钻孔结构

用钻头钻出的盲孔，底部有一个 120°的锥角，但图上不注角度，钻孔深度也不包括锥坑；在阶梯孔的过渡处，也存在 120°的圆台。其画法及尺寸注法见图 8－38。注意，应用时“120°”不标注。

钻孔时要求钻头轴线尽量垂直于被钻孔的端面，以保证钻孔准确和避免钻头折断，如图 8－39 所示。

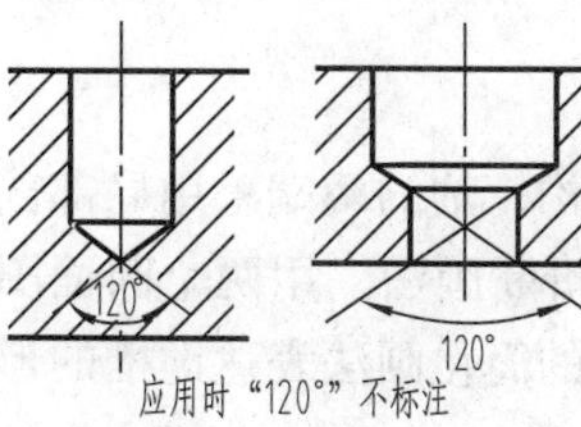

图 8－38 钻孔结构

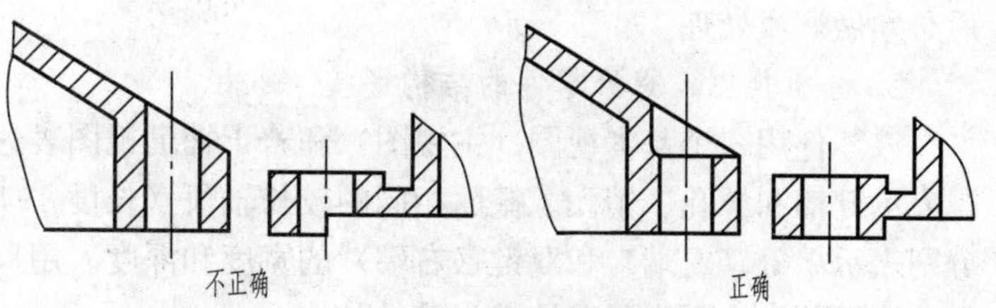

图 8－39 钻孔端面应与孔轴线垂直

4. 凸台和凹坑

零件上与其他表面的接触面，一般都要机械加工。为了减小加工面积，并保证零件表面之间有良好的接触，常常在铸件上设计出凸台和凹坑。图 8－40（a）、（b）所示为螺栓连接的支承面，做成凸台或凹坑的形式；图 8－40（c）所示为为了减少加工面积，使零件之间接触良好。

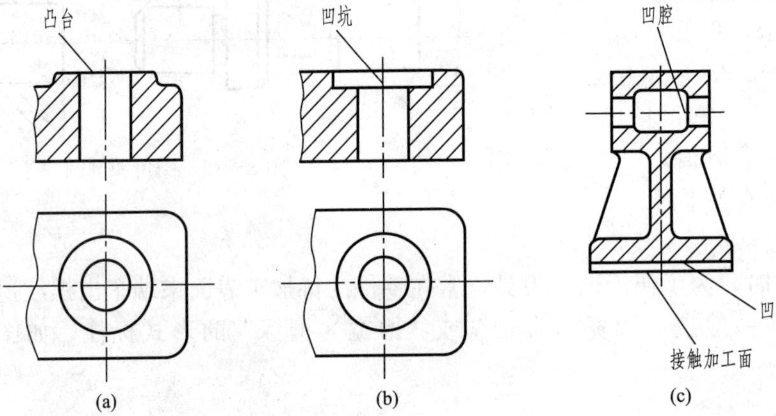

图 8－40 凸台和凹坑

第六节 读 零 件 图

在设计零件时往往需要参考同类零件图样，设计或改进零件的结构；在制造零件时，要根据图样安排合理的工艺流程，这些都涉及读零件图。读零件图就是根据零件图，了解零件名称、材料和用途，分析和想象该零件的结构形状，弄清全部尺寸了解各部分的大小及相对位置，分析了解制造零件的有关技术要求等。下面以图 8－2 所示的铣刀轴的零件图为例，介绍读零件图的方法和步骤。

1. 概括了解

图 8－41 所示为铣刀头轴测分解图，轴的左端通过普通平键 5 与 V 带轮连接，右端通过两个普通平键（双键）13 与铣刀盘连接，用挡圈和螺钉固定在轴上。轴上有两个安装端盖的轴段和两个安装滚动轴承的轴段，通过轴承把轴串安装在座体上，再通过螺钉、端盖实现轴串的轴向固定。安装轴承的轴段，其直径要与轴承的内径一致，轴段长度与轴承的宽度一致。安装 V 带轮轴段的长度要根据 V 带轮的轮毂宽度来确定。

从图 8－2 零件图的标题栏可知，零件名称是轴，属轴套类零件，材料为 45 钢，加工之后必须做调质处理。

2. 分析视图，想象零件的结构形状

该零件用一个基本视图（主视图）和若干辅助视图表达内外结构。轴的两端采用局部剖视表示键槽和螺孔、销孔。截面相同的较长轴段（长度 194）采用折断画法。用两个断面图分别表示单键（左端）和双键（右端）的宽度和深度。用局部视图的简化画法表达键槽的形状。用局部放大图表示砂轮越程槽的结构。

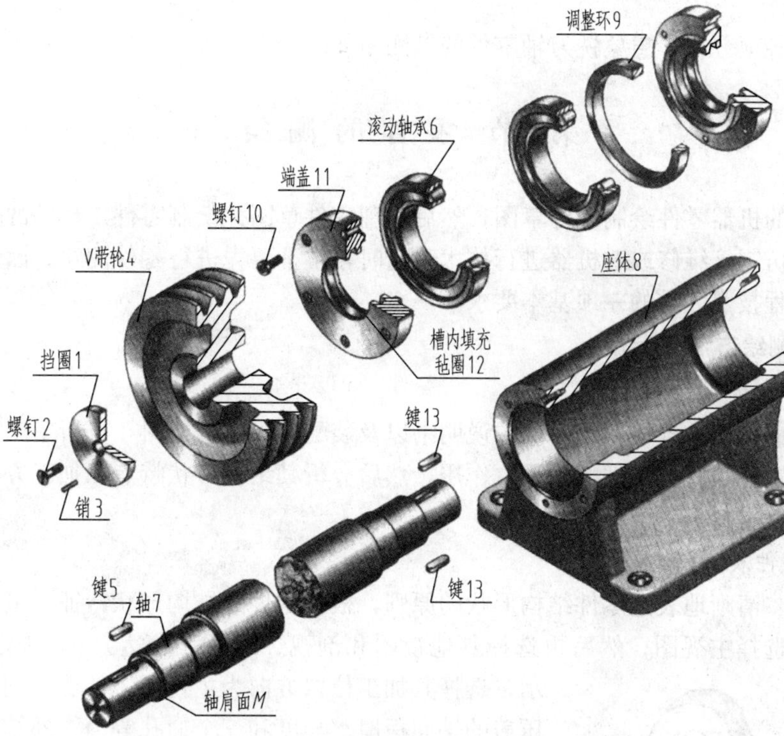

图 8-41 铣刀头轴测分解图

3. 分析尺寸

(1) 以水平轴线为径向（高度和宽度方向）主要尺寸基准，由此直接注出各轴段直径及其他有配合要求的尺寸，如 $\phi34$、$\phi44$、$\phi28k7$、$\phi35k6$、$\phi25h6$ 等。

(2) 以中间最大直径轴段的端面（可选择任一端面）为轴向（长度方向）主要尺寸基准。由此注出 23、$194_{-0.046}^{0}$ 和 95。再以轴的左、右端面以及 M 端面为长度方向尺寸的辅助基准。由右端面注出 $32_{-0.021}^{0}$、4、20；由左端面注出 55；由 M 面注出 7、40；尺寸 400 是长度方向主要基准与辅助基准之间的联系尺寸。

(3) 轴上与标准件连接的结构，如键槽、销孔、螺纹孔的尺寸，按标准查表获得。

(4) 轴向尺寸不能注成封闭尺寸链，选择不重要的轴段 $\phi34$（与端盖的轴孔没有配合要求）为尺寸开口环，不注长度方向尺寸，使长度方向的加工误差都集中在该段。

4. 看懂技术要求

(1) 通过上述尺寸分析可以看出，铣刀轴零件图中的一些主要尺寸多数都标注了公差代号或偏差数值，如 $\phi28k7$ 与皮带轮孔配合关系，$\phi35k6$ 与滚动轴承有配合关系，$\phi25h6$ ($_{-0.013}^{0}$) 与铣刀盘有配合关系，与此相对应的表面粗糙度要求也较高 Ra 上限值分别为 1.6μm 或 0.8μm。

(2) 安装铣刀头的轴段 $\phi25h6$ 尺寸线的延长线上所指的几何公差代号，其含义为 $\phi25h6$ 的轴线对公共基准轴线 $A-B$ 的同轴度误差不大于 0.06。

(3) 轴的材料为 45 钢，应经调质处理（220～250HBS），以提高材料的韧性和强度。所谓调质是淬火后在 450～650℃进行高温回火（有关内容将在后续课程介绍）。

5. 综合分析

综合上述各项分析，想象铣刀轴零件的轴测图如图 8－41 所示。

第七节　零件的测绘

根据已有的机器零件绘制零件草图，然后整理零件草图并绘制零件工作图的过程，称为零件测绘。在仿制、维修或对机器进行技术改造时，常常要先进行零件测绘。因此，零件测绘能力是对工程技术人员的一项基本要求。

一、零件测绘方法和步骤

1. 了解和分析零件

零件测绘前，应结合机器或部件的说明书以及装配图等技术资料，分析了解零件在机器或部件中的位置，与其他零件的关系、作用，然后分析其结构形状特点和加工方法，该零件的名称、用途、材料等。

2. 确定零件表达方案

按照完整、清晰地表达零件结构形状的原则，根据零件的结构形状特征、工作位置及加工位置等方面选择主视图；然后再选择其他视图和剖视、断面等表达方法。如图 8－42 所示，选择其加工位置方向为主视图，并做全剖视图，表达压盖的轴向板厚、长度和三个通孔等内、外结构形状。然后选择左视图，表达压盖菱形结构的外形和三个孔的相对位置。

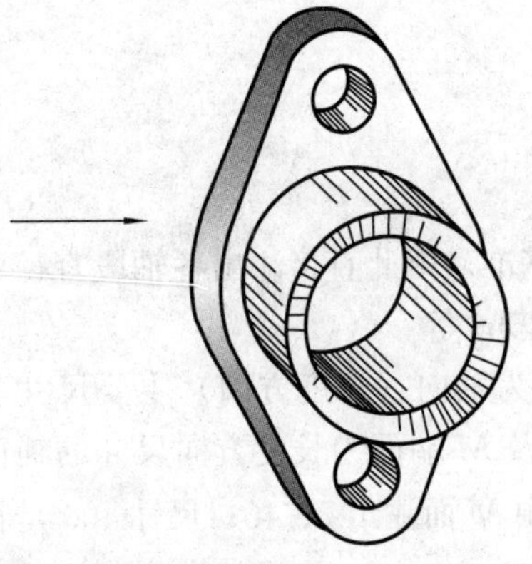

图 8－42　压盖立体图

3. 绘制零件草图

零件测绘工作一般多在生产现场进行，因此不便于使用绘图工具和仪器画图，多以草图形式绘图。以目测估计图形与实物的比例，按一定画法要求徒手（或部分使用绘图仪器）绘制的图，称为草图。零件草图是绘制零件图的依据，必要时还可以直接用于生产，因此草图必须包括零件图的全部内容。“草图”绝不是潦草的意思。

绘制草图的步骤如下：

（1）布置视图位置，画出各视图的基准线。要注意各视图之间要留有标注尺寸的位置，如图 8－43（a）所示。

（2）以目测比例，徒手绘图。按投影关系完成各视图、剖视图，如图 8－43（b）所示。

（3）画剖面线；选择尺寸基准，画出尺寸界线、尺寸线和箭头，如图 8－43（c）所示。

（4）量注尺寸；标注表面粗糙度代号，确定尺寸公差；注写技术要求和标题栏，如图 8－43（d）所示。

4. 绘制工作图

检查复核整理草图，然后根据草图绘制压盖的工作图。

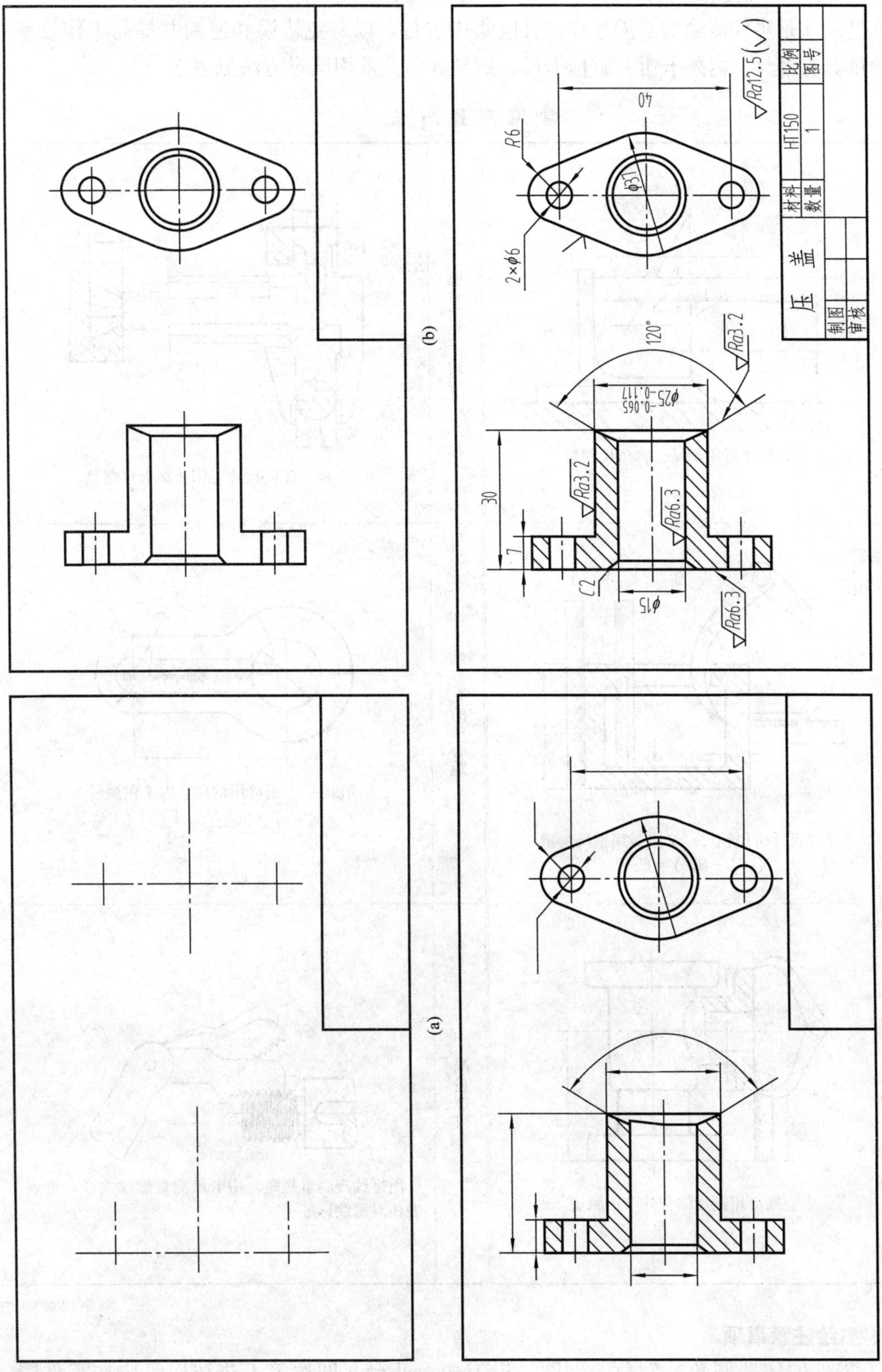

图 8-43 画零件草图的步骤

二、零件尺寸的测量方法

测量尺寸是零件测绘的必需过程，且应集中进行，以避免错误和遗漏并提高工作效率。常用的量具有钢尺、内外卡钳、游标卡尺、螺纹规等。常用测量方法见表 8－6。

表 8－6 **常用测量方法**

测量线性尺寸	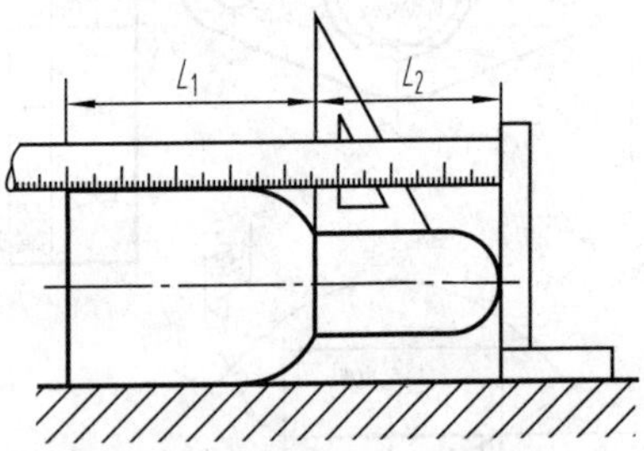 线性尺寸可用钢尺、直角尺测量	测量直径、深度	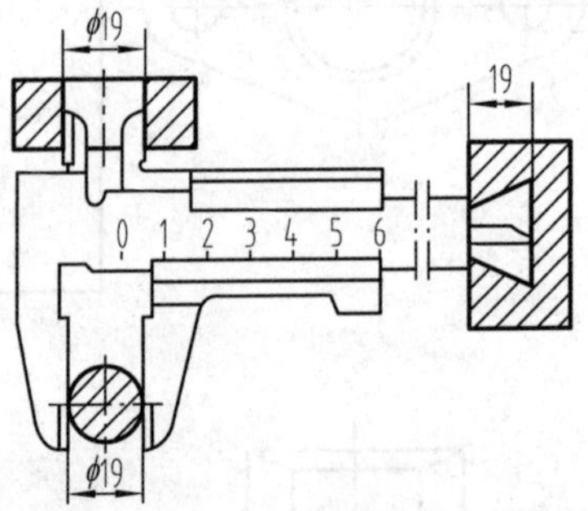 直径、深度尺寸可用游标卡尺测量
测量壁厚	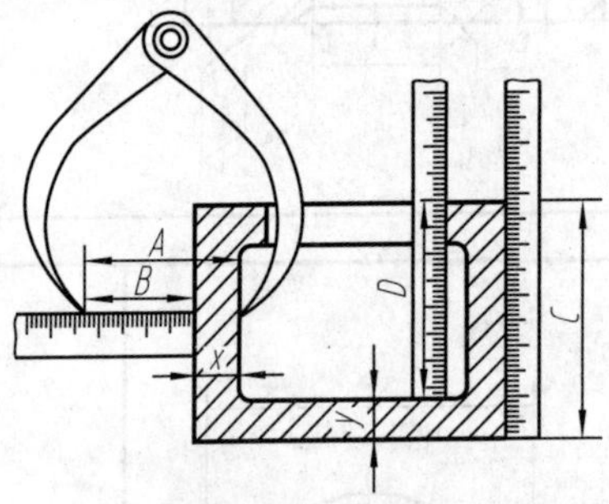 壁厚尺寸可用钢尺、卡钳或用钢尺测量 $X=A-B$，$Y=C-D$	测量孔的中心距	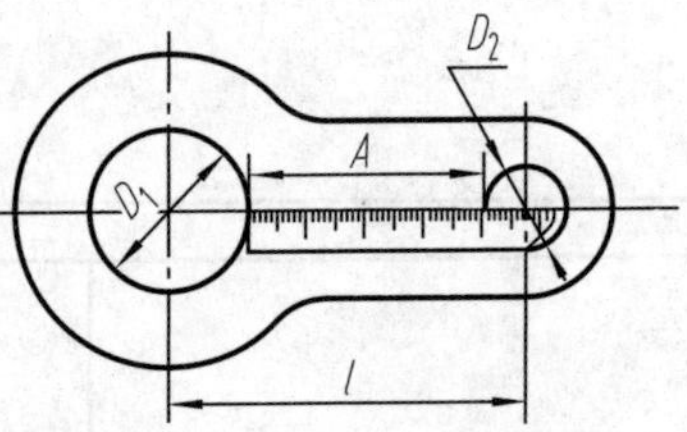 孔的中心距可用钢尺、内卡钳测量 $L=A+\frac{D_1}{2}+\frac{D_2}{2}$
测量中心高度	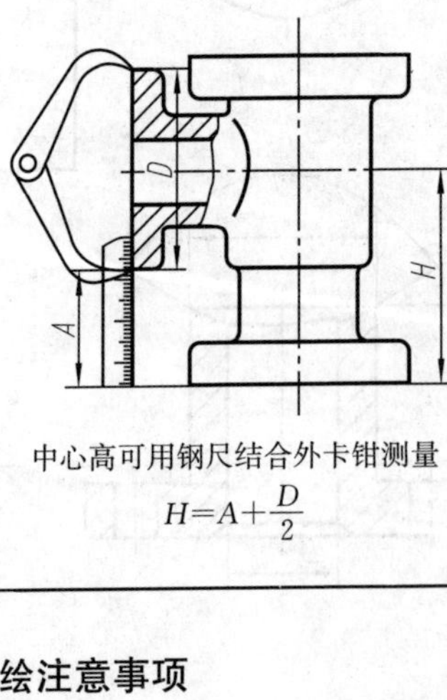 中心高可用钢尺结合外卡钳测量 $H=A+\frac{D}{2}$	测量螺纹	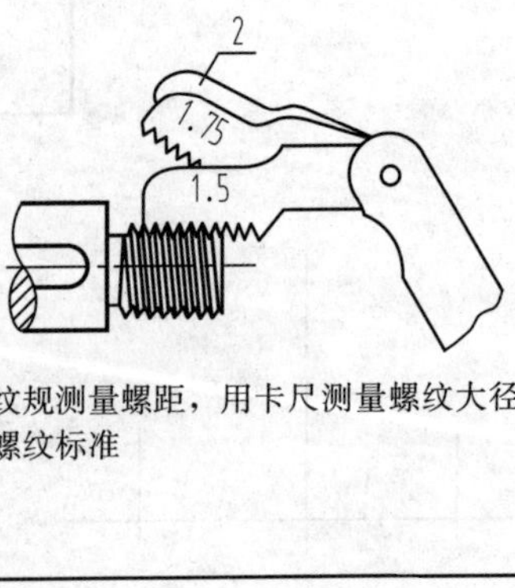 用螺纹规测量螺距，用卡尺测量螺纹大径，再查表核对螺纹标准

三、测绘注意事项

(1) 零件的铸造圆角、倒角、倒圆、退刀槽、凸台、凹坑等工艺结构，应在零件图中画出。零件的制造缺陷，如缩孔、砂眼、加工刀痕、使用造成的磨损等，则都不应画出。

(2) 带有配合关系的尺寸，可测量出基本尺寸，其偏差值应根据要求经分析选用合理的配合关系查表得出。对于非配合尺寸或不重要的尺寸，应将尺寸进行圆整。

(3) 对于螺纹、键槽、沉头孔、螺孔深度、齿轮等已标准化的结构，在测得主要尺寸后，应查表选用标准结构尺寸。

第九章　装　配　图

装配图是用于表示整个机器或部件及其组成部分的连接、装配关系的图样。表达机器中某个部件或组件的装配图，称为部件装配图或组件装配图。表达一台完整机器的装配图，称为总装配图。图 9－1 所示为部件滑动轴承的装配图。

第一节　装配图的作用与内容

一、装配图的作用

装配图在生产中具有以下几点重要的作用。

(1) 在设计过程中，首先要画出装配图来表达装配体的结构和传动关系，并根据它来设计零件的结构，协调并校核零件的尺寸。

(2) 在制造过程中，需根据装配图把各个零件依次装配起来，成为一台机器或部件，并检验它的技术性能。

(3) 装配图所提供的机器性能、工作原理、尺寸等技术数据，也是为正确地使用、维修、保养机器所必不可少的技术数据。

(4) 装配图要反映出设计者的意图，表明机器、部件或组件的工作原理和性能要求，表达出零件间的装配关系和零件的主要结构形状，以及在装配、检验、安装时所需要的尺寸数据和技术要求。

二、装配图的内容

由图 9－1 可以看出，一张完整的装配图应包括下列内容。

1. 一组视图

表达机器、部件或组件的工作原理、结构特征、零件间的相对位置、装配、连接关系等。

2. 必要的尺寸

表示机器、部件或组件的规格和特性的尺寸，对机器、部件或组件进行装配、检验、安装时所需要的尺寸，以及由装配图拆画零件图时所需要的尺寸等。

3. 技术要求

注写出机器、部件或组件的装配、调试、检验、安装验收及使用、维修等方面的要求。当在视图中无法完全用符号表明时，一般在明细表的上方或左侧用文字加以说明。

4. 零件的序号、明细栏和标题栏

根据生产组织、管理工作和存盘查阅等的需要，按照一定的格式，将零、部件进行编号，并填写明细表和标题栏，说明机器、部件或组件所包含的零件的名称、材料、数量、图号、标准规格和标准代号以及主要责任人员的签名等内容。

由于装配图和零件图的作用不同，它们的内容和要求有很大区别，在学习中应注意加以比较。

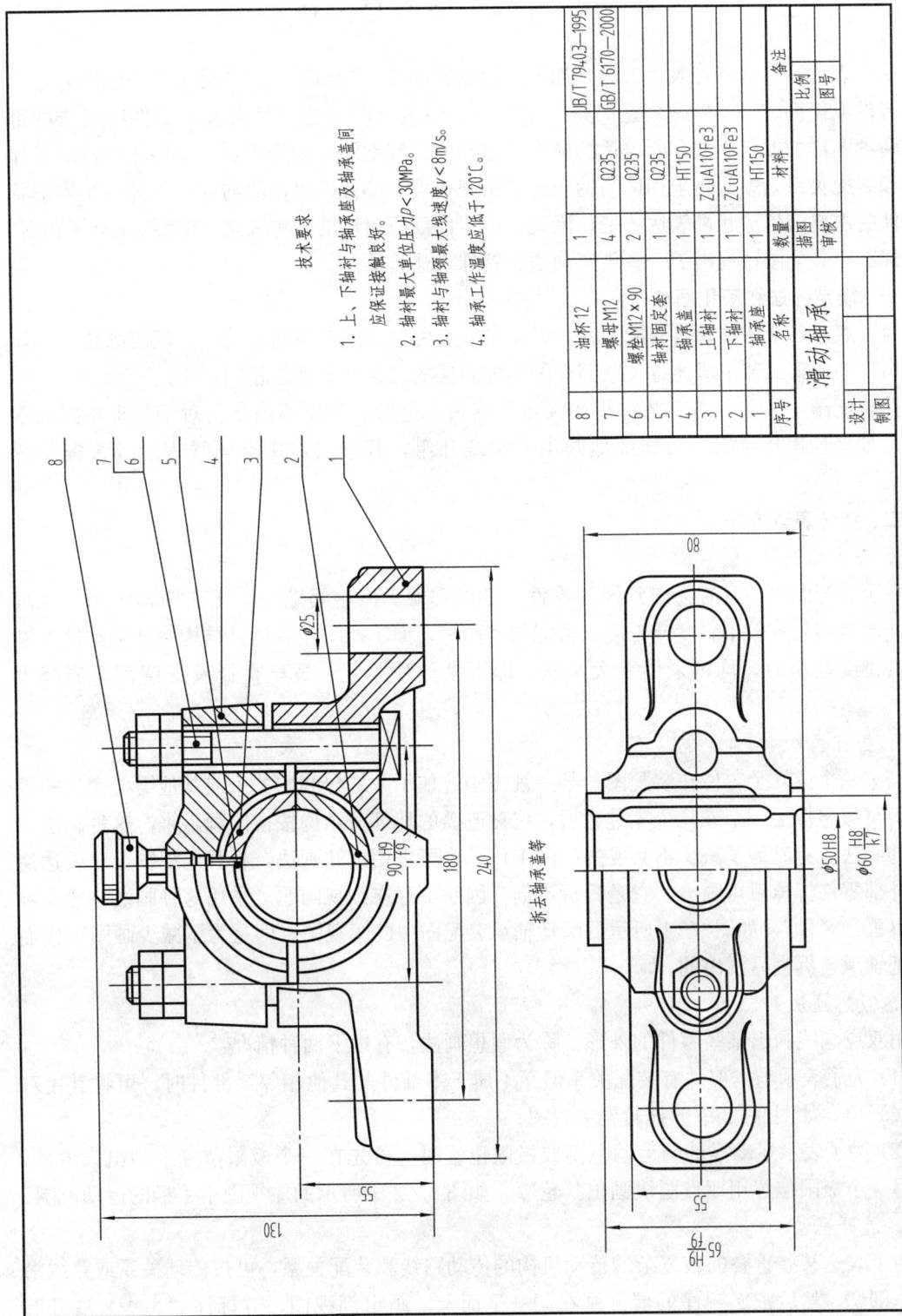

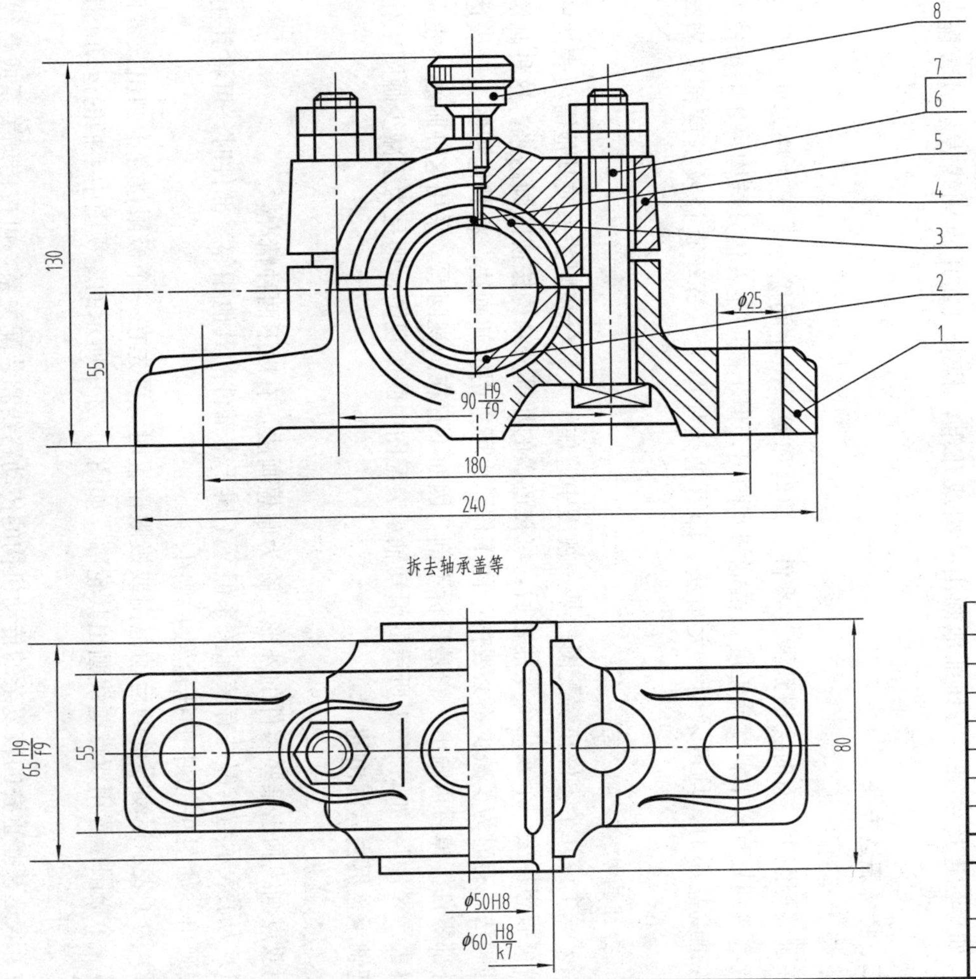

技术要求

1. 上、下轴衬与轴承座及轴承盖间应保证接触良好。
2. 轴衬最大单位压力$p<30$MPa。
3. 轴衬与轴颈最大线速度$v<8$m/s。
4. 轴承工作温度应低于120℃。

序号	名称	数量	材料	备注
8	油杯12	1		JB/T 7940.3—1995
7	螺母M12	4	Q235	GB/T 6170—2000
6	螺栓M12×90	2	Q235	
5	轴衬固定套	1	Q235	
4	轴承盖	1	HT150	
3	上轴衬	1	ZCuAl10Fe3	
2	下轴衬	1	ZCuAl10Fe3	
1	轴承座	1	HT150	

滑动轴承	描图		比例	
	审核		图号	
设计				
制图				

图 9-1 滑动轴承的装配图

第二节 装配图的表达方法

用于表达零件的各种表达方法，如各种视图、剖视、断面等，同样适用于装配图表达机器、部件或组件。但零件图表达的是单个零件，而装配图表达的是由若干零件所组成的部件。两种图样的要求不同，所表达的侧重面也不同。装配图以表达机器、部件或组件的工作原理和装配关系为中心，采用适当的表达方法把机器、部件或组件的内部和外部的结构形状及零件的主要结构形状都表达清楚。因此，除了前面所讨论的各种表达方法外，《机械制图》国家标准对装配图还提出了一些规定画法和特殊表达方法。

一、规定画法和简化画法

为了表达各个零件及其装配关系，必须遵守装配画法的三条基本规定。规定画法的具体要求与第七章第二节中所述螺纹紧固件的装配画法的三条基本规定相同。

在装配图中，零件的工艺结构如倒角、圆角、退刀槽等可不画出。对于若干相同的零件组，如螺栓连接件组，可详细地画出一组或几组，其余只需用点画线表示其装配位置即可。

二、特殊表达方法

1. 夸大画法

在画装配图中，有时会遇到薄片零件、细丝弹簧、微小间隙等，无法按其实际尺寸画出；或者遇到具有较小斜度或锥度，虽能如实画出，但不能明显表达其结构，如圆锥销及锥形孔的锥度甚小时，均可采用夸大画法。即可把垫片厚度、簧丝直径及锥度都适当夸大画出。

2. 拆卸画法

当某一个或几个零件在装配图的某一视图中遮住了大部分装配关系或其他需要表达的零件时，可假想拆去一个或几个零件之后，将被遮盖的那部分结构按视图画出来。这种画法称为拆卸画法。有时为了减少不必要的绘图工作，也可采用拆卸画法，将其他视图上已表达清楚的外部零件拆掉后再画出。它是只拆不剖，因而不存在剖视问题。采用这种画法一般应标注“拆去××件”，如图 9-1 所示的滑动轴承装配图中的俯视图，即是为了减少画图工作而假想把轴承盖拆去后画出的。

3. 假想画法

用双点画线画出某些零件的外形，称为假想画法，有以下两种情况：

(1) 为了表示与本部件有装配关系但又不属于本部件的其他相邻零部件时，可将其用双点画线画出。如图 9-2 中的挂轮架主视图。

(2) 为了表示运动零件的运动范围或极限位置时，可先在一个极限位置上画出该零件，再在另一个极限位置用双点画线画出其轮廓。如图 9-2 中所示的左视图中手柄的运动范围。

4. 展开画法

为了表达某些重叠的较复杂的传动机构的传动路线和装配关系，可按传动关系或路线沿各轴作剖切，然后依次顺序的展开画在同一平面上，画出剖视图，并标注“×—×展开”。这种画法称为展开画法。图 9-2 的挂轮架装配图就是采用了展开画法。

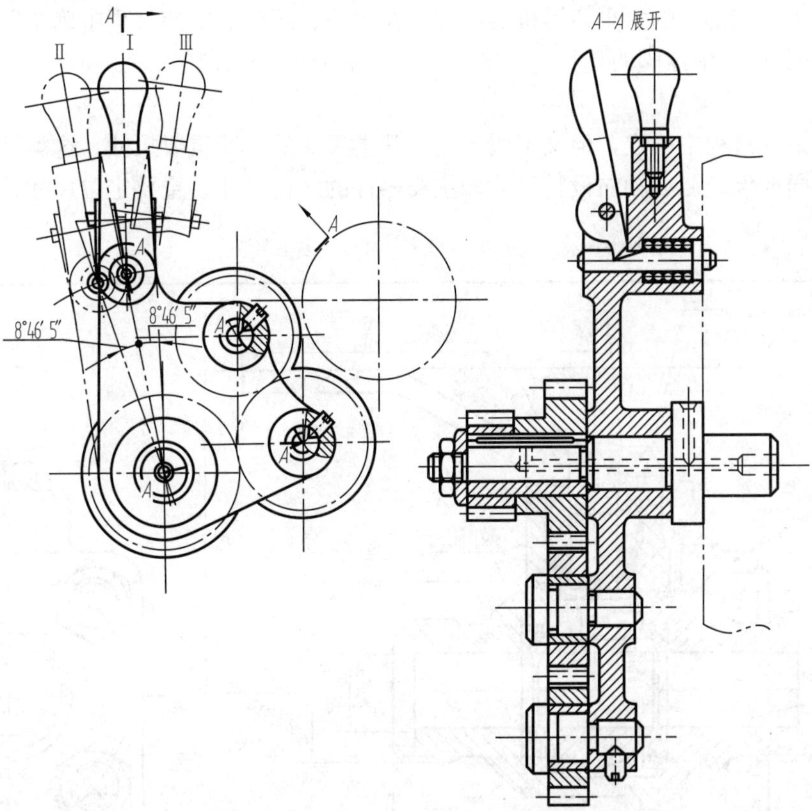

图 9-2 挂轮架的装配图

第三节 装配图的尺寸注法

装配图上不需要注出零件的全部尺寸，仅注出与机器或部件的性能规格、装配、安装、工作原理、外形有关的尺寸。这些尺寸按作用的不同，可分为以下几类：

1. 性能（规格）尺寸

表示机器或部件的性能和规格的尺寸，在设计时已经确定，也是设计、了解和选用机器或部件的依据。如图 9-3 中球阀的管口直径 ϕ20。

2. 装配尺寸

表示机器或部件上有关零件间装配关系的尺寸称为装配尺寸。一般有以下几种：

(1) 配合尺寸：两零件间有公差配合要求的一些尺寸。一般在尺寸数字后面都注明配合代号。如图 9-3 阀盖和阀体的配合尺寸 ϕ50H11/h11 等。

(2) 相对位置尺寸：表示装配时需要保证的零件间较重要的距离、间隙、偏心距等。

3. 安装尺寸

将机器或部件安装在地基上或与其他部件相连接时所需要的尺寸。如图 9-3 中与安装有关的尺寸有≈84、54、M36×2 等。

4. 外形尺寸

外形尺寸是表示机器或部件外形轮廓的尺寸，即总长、总宽、总高三个方向上的最大尺寸。它反映机器或部件的大小，是机器或部件在包装、运输和安装过程中确定所占空间大小的依据。如图 9－3 中球阀的总长、总宽和总高分别为 115±1.100、75 和 121.5。

5. 其他重要尺寸

包括在设计过程中确定，但又不属于上述几类尺寸的一些重要尺寸。这类尺寸在拆画零件图时，同样要保证。如轴向设计尺寸、主要零件的结构尺寸、主要定位尺寸、运动零件的极限尺寸等。

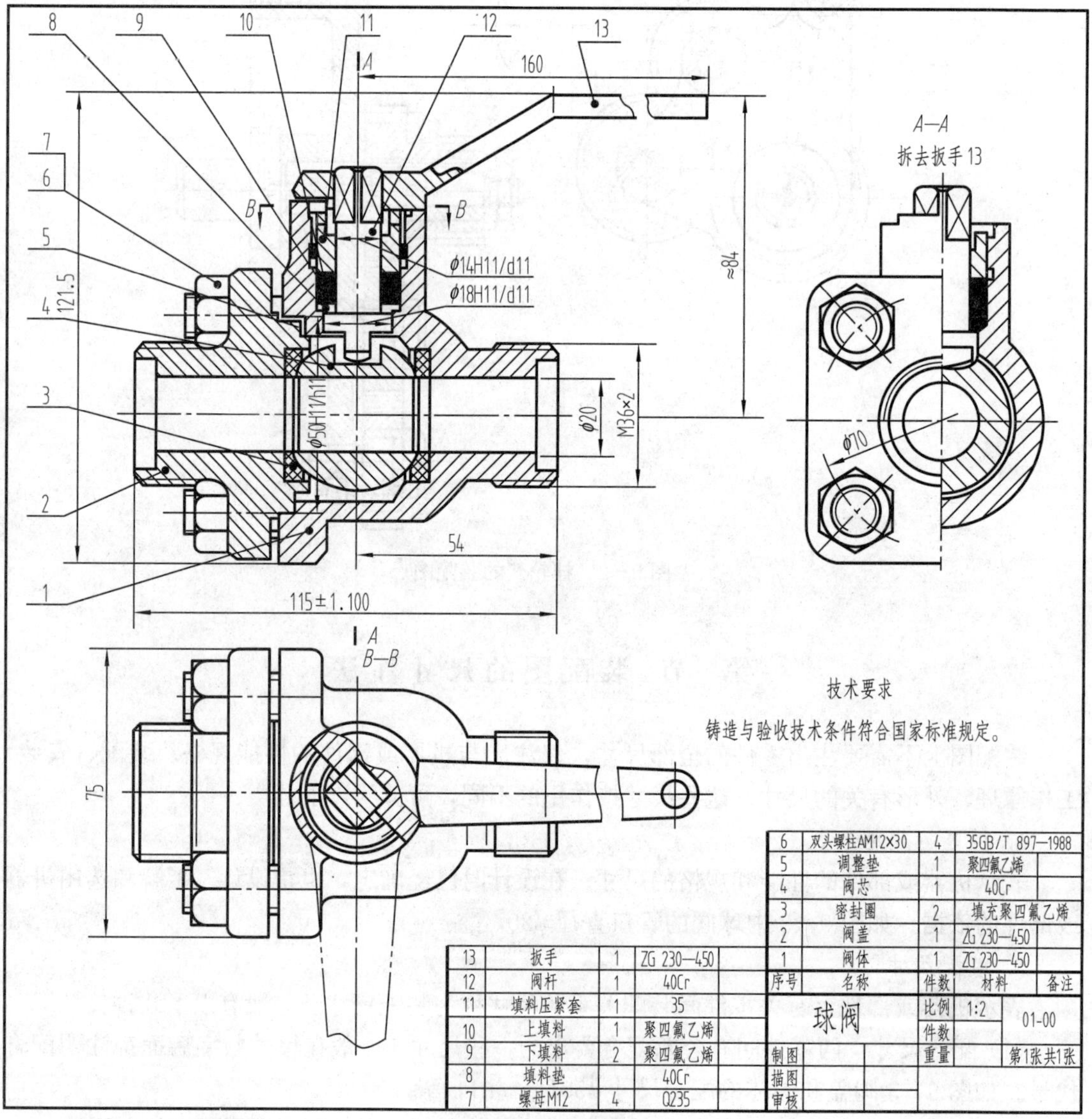

序号	名称	件数	材料	备注
13	扳手	1	ZG 230—450	
12	阀杆	1	40Cr	
11	填料压紧套	1	35	
10	上填料	1	聚四氟乙烯	
9	下填料	2	聚四氟乙烯	
8	填料垫		40Cr	
7	螺母M12	4	Q235	
6	双头螺柱AM12×30	4	35GB/T 897—1988	
5	调整垫	1	聚四氟乙烯	
4	阀芯	1	40Cr	
3	密封圈	2	填充聚四氟乙烯	
2	阀盖	1	ZG 230—450	
1	阀体	1	ZG 230—450	

图 9－3　球阀的装配图

上述五类尺寸之间不是孤立无关的，有的尺寸往往同时具有多种功能。一张装配图中有时并不同时具备上述五类尺寸。如图 9－3 中的尺寸 115±1.100，既是球阀装配图中的相对位置尺寸，又是外形尺寸（总长）。因此，对装配图中的尺寸要根据具体情况分析确定，再进行标注。

第四节 常见装配结构

在设计和绘制装配图的过程中，应当考虑装配结构的合理性，以保证机器和部件的性能，便于零件的加工和装拆。确定合理的装配结构，必须具有丰富的实际经验，并作深入细致的分析比较。本节介绍常见的一些装配结构。

(1) 当轴和轴孔配合时，要保证轴肩与孔的端面接触良好，应在孔的接触端面制成倒角或在轴肩根部切槽，如图 9-4 所示。

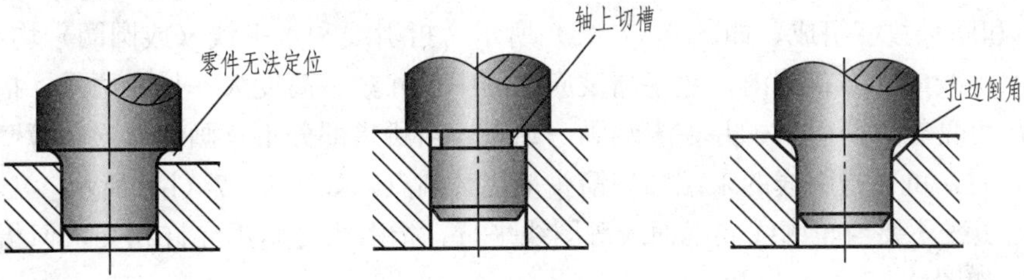

图 9-4 常见装配结构

(2) 当两个零件接触时，在同一方向上的接触面，应当只有一对表面接触，否则会给加工和装配带来困难，如图 9-5 所示。

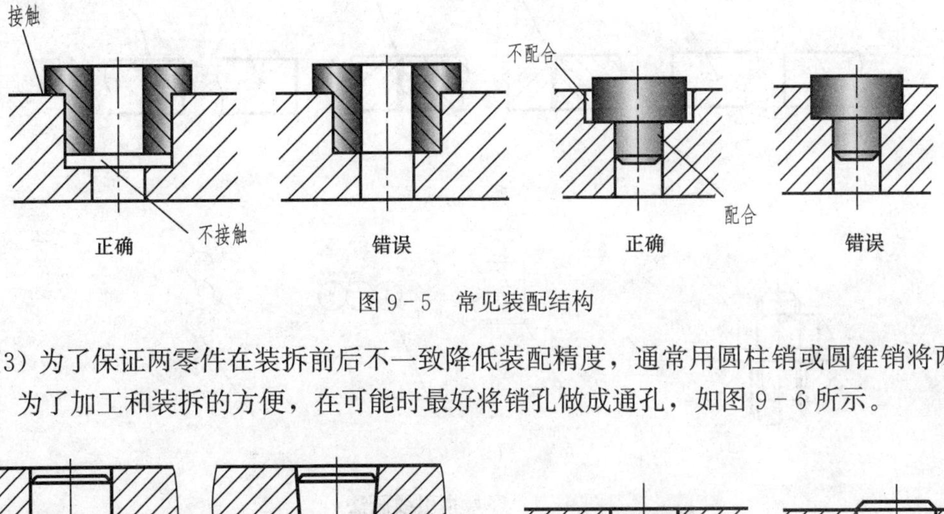

图 9-5 常见装配结构

(3) 为了保证两零件在装拆前后不一致降低装配精度，通常用圆柱销或圆锥销将两零件定位。为了加工和装拆的方便，在可能时最好将销孔做成通孔，如图 9-6 所示。

图 9-6 常见装配结构

(a) 盲孔；(b) 通孔

第五节　零件编号及明细栏

在生产中，为便于图纸管理、生产准备、机器装配和识读装配图，对装配图上各零部件都要编注序号和代号。序号是为了便于读图而编制的，代号是该零件或部件的图号或国家标准代号。在标题栏的上方要填写明细栏，明细栏中的序号和代号要和零件图、部件图的序号和代号相一致，不能产生差错。

一、序号编写的方法和规定

（1）序号的组成。装配图中的序号一般由指引线（细实线）、圆点（或箭头）、水平线（或圆圈）和序号数字组成，如图 9－7（a）所示。指引线和水平线（或圆圈）均为细实线，数字写在水平线的上方或圆内，数字高度应比图中尺寸数字高度大一号或两号，指引线应从所指零件的可见轮廓内引出，并在末端画一圆点，当所指部分不宜画圆点（如薄壁零件或涂黑的剖面）时，可在指引线的末端画一箭头来代替圆点，如图 9－7（b）所示。

（2）指引线不要与轮廓线或剖面线等图线平行，指引线之间不允许相交，但指引线允许弯折一次，如图 9－7（c）所示。

（3）装配关系清楚的零件组以及一组紧固件，如螺纹连接组件等，可采用公共指引线，如图 9－7（d）所示。

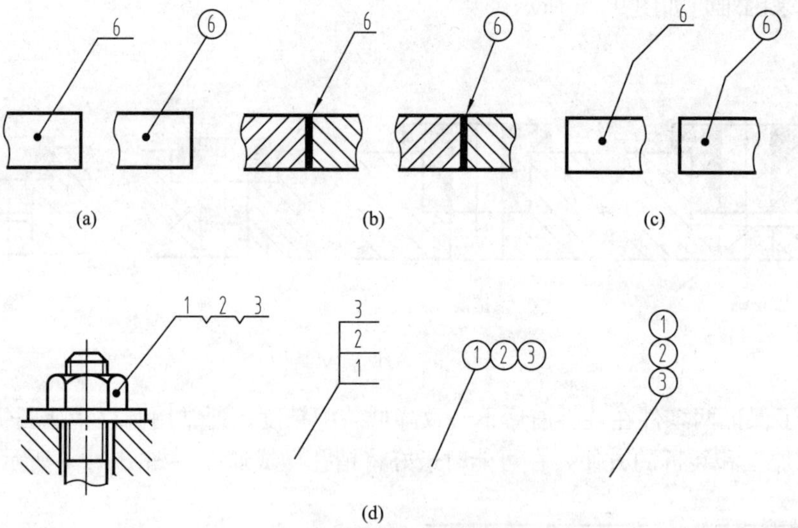

图 9－7　序号指引线画法

（4）对装配图中的标准化组件，如滚动轴承、油杯、电动机等看作一个整体，只编写一个序号。

（5）零部件序号应按水平方向或垂直方向排列整齐，可顺时针或逆时针方向依次排号，不得跳号，如图 9－3 所示。

（6）部件中的标准件，可以如图 9－3 所示，与非标准零件同样的编写序号，也可以不编写序号，而将标准件的数量与规格直接用指引线标明在图中。

（7）装配图中所有的零、部件都必须编注序号，同一张装配图中，相同的零、部件编注同样的序号。同一装配图中编注序号的形式应一致。

二、明细栏

明细栏是部件全部零件的详细目录，表中填有零件的序号、名称、数量、材料、备注等。装配图中零件序号应与明细表中的序号一致。

如图 9-3 所示，明细栏在标题栏的上方，明细栏的左右外框画粗实线，内框线画细实线。零部件序号编写顺序是从下向上填写，以便在增加零件时可继续向上画框格。当位置不够时可移一部分紧接标题栏左边由下而上继续填写。

特殊情况下，装配图中可以不画明细栏，而单独编写在另一张纸上。

标题栏格式由 GB/T 10609.1—2008 确定，明细栏则按 GB/T 10609.2—2009 规定绘制。

第六节 由零件图绘装配图

无论是设计还是测绘机器、部件，在要画装配图前应对其功能、工作原理、结构特点、装配关系等内容加以分析，做到心中有了这个装配体，然后再确定表达方案，画出一张正确、清晰、易看懂的装配图。画装配图一般分三步进行，即了解部件、视图选择、画装配图。

一、了解部件的装配关系及工作原理

在生产实践中首先必须对已有部件的实物或装配示意图进行观察与分析，然后再了解各零部件间的装配关系和部件的工作原理。

二、装配图的视图选择

1. 拟定表达方案，选择主视图

画装配图与画零件图一样，应先确定部件的安放位置和选择主视图，然后再选择其他视图。

部件的安放位置应与工作位置相符合，并使主视图能够较多的表达出机器（或部件）的工作原理、传动系统、零件间的主要装配关系及主要零件结构形状的特征。一般在机器或部件中，将装配关系密切的一些零件称为装配干线。机器或部件是由一些主要和次要的装配干线组成。当部件的工作位置确定后，选择能清楚反映主要装配关系和主要工作原理的那个视图作为主视图，再选用适当的剖视表达出该视图上各零件的内在联系。

2. 其他视图的选择

在选定主视图后，还要根据机器（或部件）的结构形状特征，选用其他表达方法，并确定视图数量，补充主视图的不足，表达出其他次要的装配关系、工作原理、零件结构及其形状。现以图 9-8 所示的球阀为例说明装配图的画法。

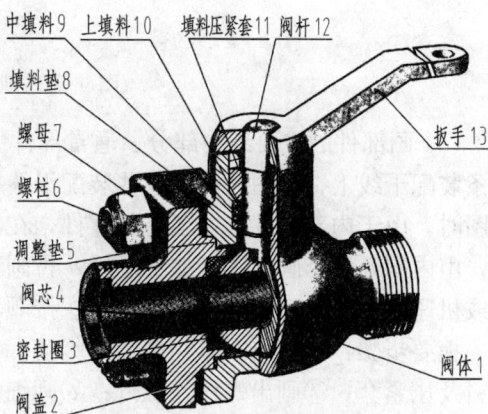

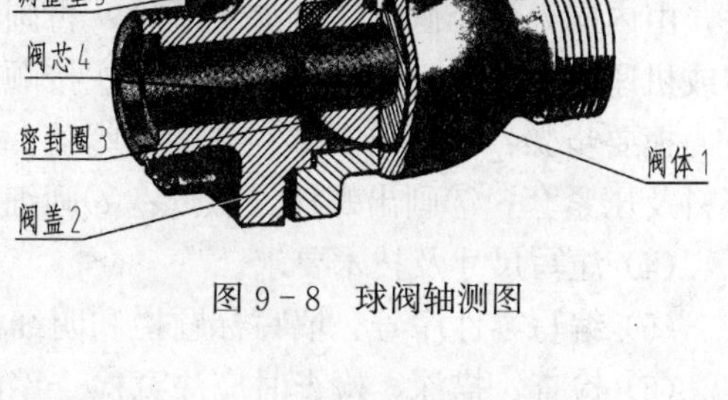

图 9-8 球阀轴测图

三、画装配图的步骤

(1) 按照选定的表达方案，根据部件或机器的大小及复杂程度确定画图的比例，确定各视图的位置、标题栏和明细栏的位置等，通常选用标准图幅。球阀的扼要画图步骤如图 9-9

所示。

（2）画各基本视图的主要基准线，这些基准线常是部件的主要轴线，对称中心线或某些零件的基面或端面，注意留出标注尺寸、零件序号的适当位置。

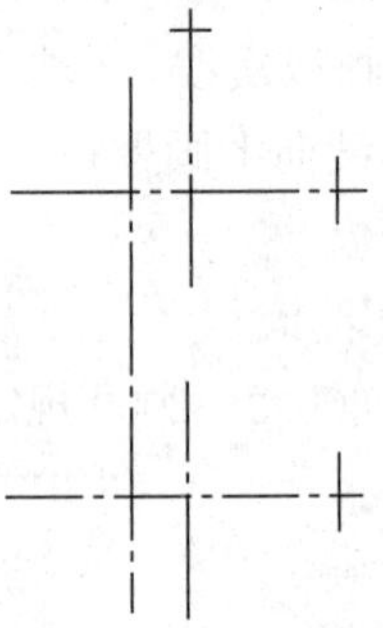

(1)画各视图定位轴线和对称线

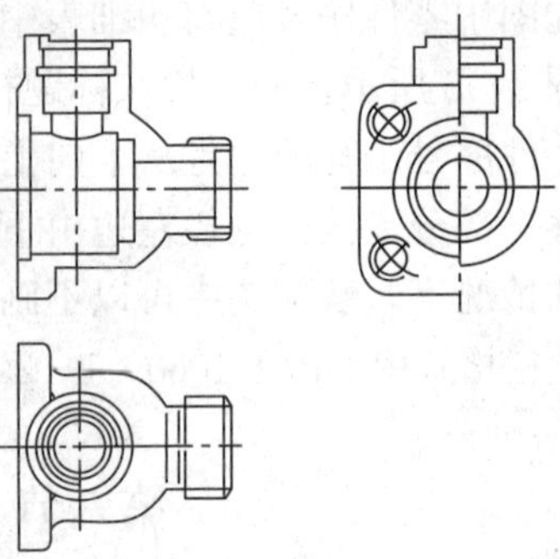

(2)画阀体轮廓线

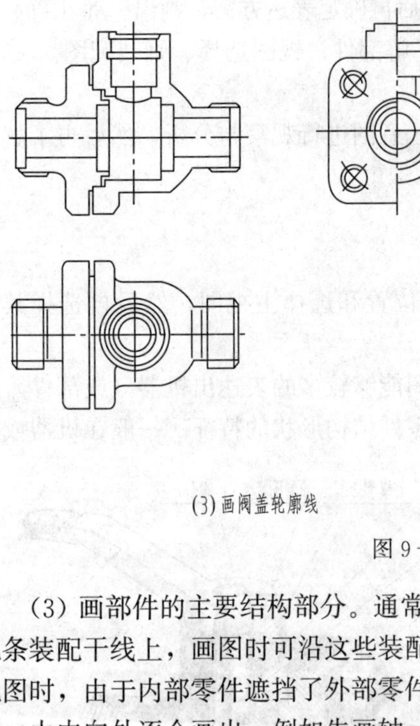

(3)画阀盖轮廓线

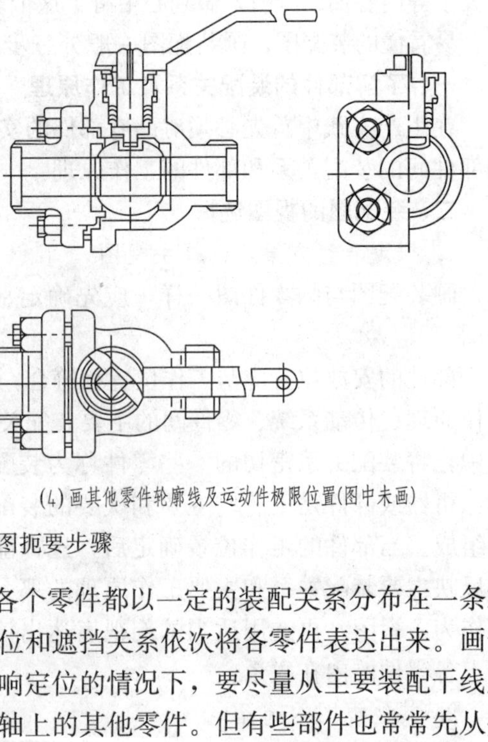

(4)画其他零件轮廓线及运动件极限位置(图中未画)

图 9-9　画装配图扼要步骤

（3）画部件的主要结构部分。通常部件中的各个零件都以一定的装配关系分布在一条或几条装配干线上，画图时可沿这些装配干线按定位和遮挡关系依次将各零件表达出来。画剖视图时，由于内部零件遮挡了外部零件，在不影响定位的情况下，要尽量从主要装配干线入手，由内向外逐个画出，例如先画轴，再画装在轴上的其他零件。但有些部件也常常先从壳体或机座入手画起，再将其他零件依次按顺序逐个画上去，即从外向里画起。

扼要步骤：①画出阀体；②画出阀盖；③画出阀芯；④画出阀杆；⑤画出扳手；⑥画出填料及压紧套；⑦画出螺栓、螺母；⑧画细致结构。

（4）注写尺寸及技术要求。

（5）编写零件序号、填写标题栏和明细栏。

（6）检查、描深。检查时应注意检查零件间的正确的装配关系，哪些面应该接触，哪些面之间应该留有间隙，哪些面为配合面；还要检查零件间有无干扰及相互碰撞，及时纠正。

画好的装配图如图 9-3 所示。

第七节　读装配图和由装配图拆画零件图

读装配图是工程技术人员必备的一种能力，在设计、装配、安装、调试以及进行技术交流时，都要读装配图。

读装配图的要求有以下几点：

(1) 了解部件的功用、使用性能和工作原理。

(2) 弄清各零件的作用和它们之间的相对位置、装配关系以及连接固定方式。

(3) 弄懂各零件的结构形状。

(4) 了解部件的尺寸和技术要求。

设计时，还要根据装配图画出各个部件的零件图。

一、读装配图的方法和步骤

不同的工作岗位人员看图的目的是不同的，有的仅了解机器或部件的用途和工作原理；有的要了解零件的连接方法和拆卸顺序；有的要拆画零件图等。一般来说，应按以下方法和步骤读装配图。现以图 9－10 所示齿轮油泵为例说明拆画零件图的方法和步骤。

1. 概括了解

(1) 看标题栏并参阅有关数据，了解部件的名称、用途和使用性能。

(2) 看零件编号和明细栏，了解标准零、部件和非标准零、部件的名称、数量及其在图中的位置。

(3) 分析视图，弄清各个视图的名称、所采用的表达方法和所表达的主要内容及视图间的投影关系。

齿轮油泵是机器中用来输送润滑油的一个部件，由泵体，左、右端盖，传动齿轮轴和齿轮轴等 15 种零件装配而成。

齿轮油泵装配图用两个视图表达。主视图表达了零件间的装配关系，左视图沿左端盖与泵体结合面剖开，并局部剖出油孔，表示了部件吸、压油的工作原理及其外部特征。

2. 分析工作原理和装配关系

在概括了解的基础上，应对照各视图进一步研究机器或部件的工作原理和装配关系，从反映工作原理的视图入手，分析机器或部件中零件的运动情况，从而了解机器或部件的工作原理，从反映装配关系的视图入手，分析各条装配干线，弄清零件相互间的配合要求、定位、连接方式等。

泵体 6 的内腔容纳一对齿轮。将齿轮轴 2、传动齿轮轴 3 装入泵体后，由左端盖 1、右端盖 7 支承这一对齿轮轴的旋转运动。由销 4 将左、右端盖与泵体定位后，再用螺钉 15 连接。为防止泵体与泵盖结合面及齿轮轴伸出端漏油，分别用垫片 5 及密封圈 8、压盖衬套 9、压紧螺母 10 密封。

左视图反映部件吸、压油的工作原理。如图 9－11 所示，当主动轮逆时针方向转动时，带动从动轮顺时针方向转动，两轮啮合区右边的油被轮齿带走，压力降低形成负压，油池中的油在大气压力作用下，进入油泵低压区内的吸油口，随着齿轮的传动，齿槽中的油不断沿箭头方向被带至左边的压油口把油压出，送至机器需要润滑的部分。

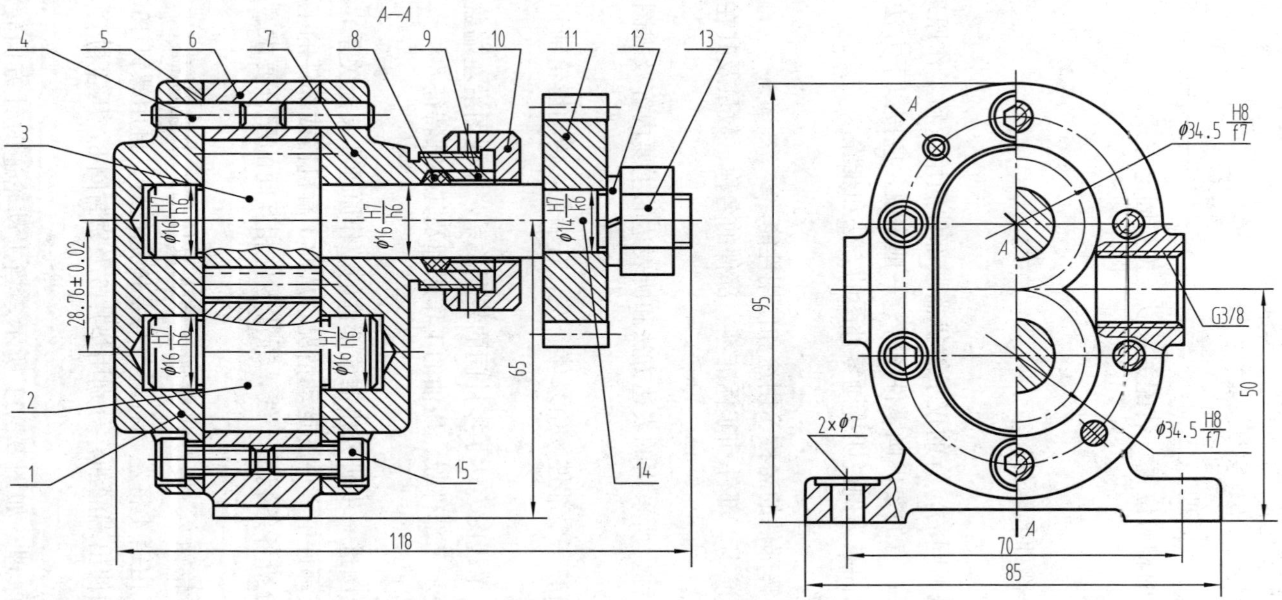

技术要求

1. 齿轮安装后,应转动灵活。
2. 两齿轮轮齿的接触面应占齿面的3/4以上。

15	GB/T 70.1—2000	螺钉M6×16	12	35	
14	GB/T 1096—2003	键4×4×10	1	45	
13	GB/T 6170—2000	螺母M12×1.5	1	35	
12	GB/T 97.1—2002	垫圈12	1	65Mn	
11		传动齿轮	1	45	m=2.5,z=20
10		压紧螺母	1	35	
9		压盖衬套	1	ZCuSn5-5-5	
8		密封圈	1	毛毡	
7		右端盖	1	HT200	

6		泵 体	1	HT200	
5		垫 片	2	纸	t=1
4	GB/T 119.1—2000	销5m6×13	4	45	
3		传动齿轮轴	1	45	m=3,z=9
2		齿轮轴	1	45	m=3,z=9
1		左端盖	1	HT200	
序号	代 号	名 称	数量	材 料	备注

制图	（姓名）	（日期）	齿轮油泵	比例
审核				（图号）
（校名	学号）		（质量）	

图 9-10 齿轮油泵装配图

3. 分析零件结构

对主要的复杂零件进行投影分析，想象出其主要形状及结构，必要时拆画出其零件图。

(1) 分离零件。分析零件的关键是将零件从装配图中分离出来，再通过投影关系、想形状，弄清该零件的结构形状。下面以齿轮油泵中的泵体为例，说明分析和拆画零件的过程。

根据方向、间隔相同的剖面线将泵体从装配图中分离出来，如图 9-12 (a) 所示。由于在装配图中泵体的可见轮廓线可能被其他零件（如螺钉、销）遮挡，所以分离出来的图形可能是不完整的，必须补全。将主、左视图对照分析，想象出泵体的整体形状，如图 9-12 (b) 所示。

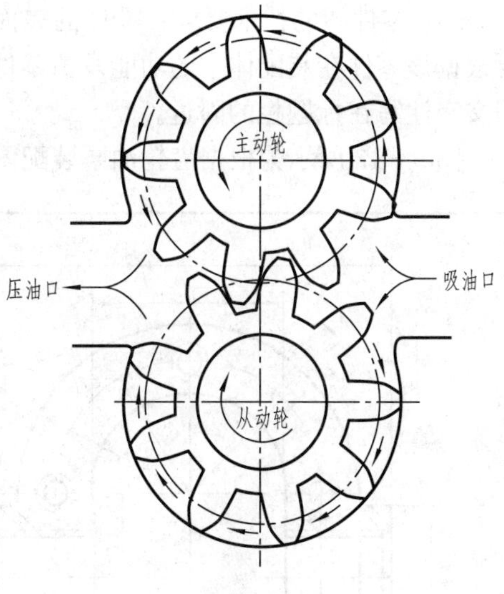

图 9-11 齿轮油泵工作原理

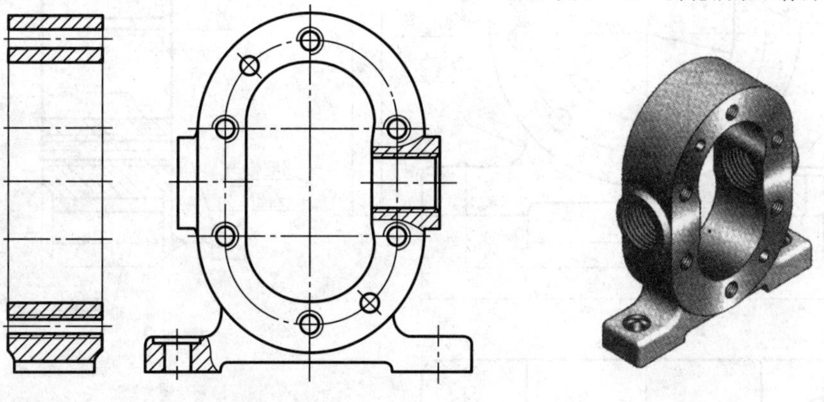

(a) (b)

图 9-12 拆画泵体

(a) 分离出泵体；(b) 泵体轴测图

(2) 确定零件的表达方案。零件的视图表达应根据零件的结构形状确定，而不是从装配图中照抄。在装配图中，泵体的左视图反映了容纳一对齿轮的长圆形空腔以及与空腔相通的进、出油孔，同时也反映了销钉与螺钉孔的分布以及底座上沉孔的形状。因此，画零件图时应按这一方向作为泵体主视图的投射方向比较合适。

装配图中省略未画出的工艺结构如倒角、退刀槽等，在拆画零件图时应按标准结构要素补全。

(3) 零件图的尺寸标注。装配图中已经注出的尺寸，属于重要的尺寸，如 $\phi34.5H8/f7$ 是一对啮合齿轮的齿顶圆与泵体空腔内壁的配合尺寸；28.76 ± 0.02 是一对啮合齿轮的中心距尺寸；G3/8 是进、出油口的管螺纹尺寸。另外，还有油孔中心高尺寸 50，底板上安装孔定位尺寸 70 等。上述尺寸在画零件图时可直接抄注。其中配合尺寸，应标注公差带代号，或查表标注上、下偏差数值。

装配图中未注的尺寸，可按比例从装配图中量取，并加以圆整。某些标准结构，如键槽的深度和宽度、沉孔、倒角、退刀槽等，应查阅有关标准注出。

(4) 零件图的技术要求。零件的表面粗糙度、尺寸公差、几何公差等技术要求的确定，要根据该零件在装配体中的功能及该零件与其他零件的关系来确定。零件的其他技术要求可用文字注写在标题栏的附近。

图 9 - 13 所示为根据齿轮油泵装配图拆画的泵体零件图。

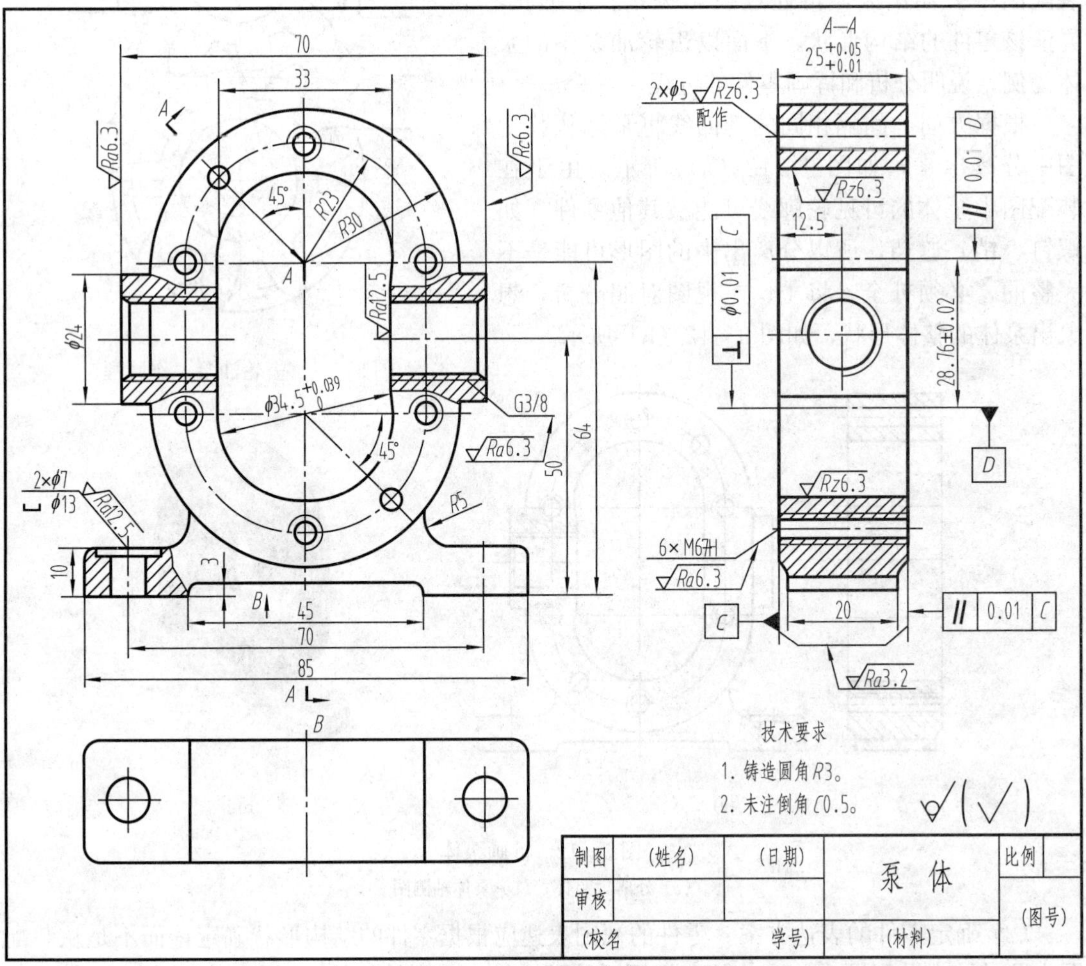

图 9 - 13 泵体零件图

二、读图举例

对照图 9 - 14 所示的减速器轴测分解图识读减速器装配图（见图 9 - 17）。

1. 概括了解

由装配图的零件编号和明细栏可知，减速器由 34 种零件组成，其中，标准件 11 种，主要零件是轴、齿轮、箱体、箱盖等。

减速器装配图选用主、俯、左三个基本视图表达其内外结构形状。按工作位置确定的主视图表达了减速器的整机外形，并采用两处局部剖视表示箱体底座上的安装孔和油针孔的局部形状。俯视图是沿箱盖与箱体结合面剖切的剖视图，集中表达减速器的工作原理以及各零件间的装配关系。左视图补充表达减速器整体的外形轮廓。此外，另有一个单独表示零件 8 的 *A* 向视图。

装配图上还标注了必要的尺寸：150±0.09 是减速器中心距规格尺寸；ϕ60H7/h6、ϕ60G7/

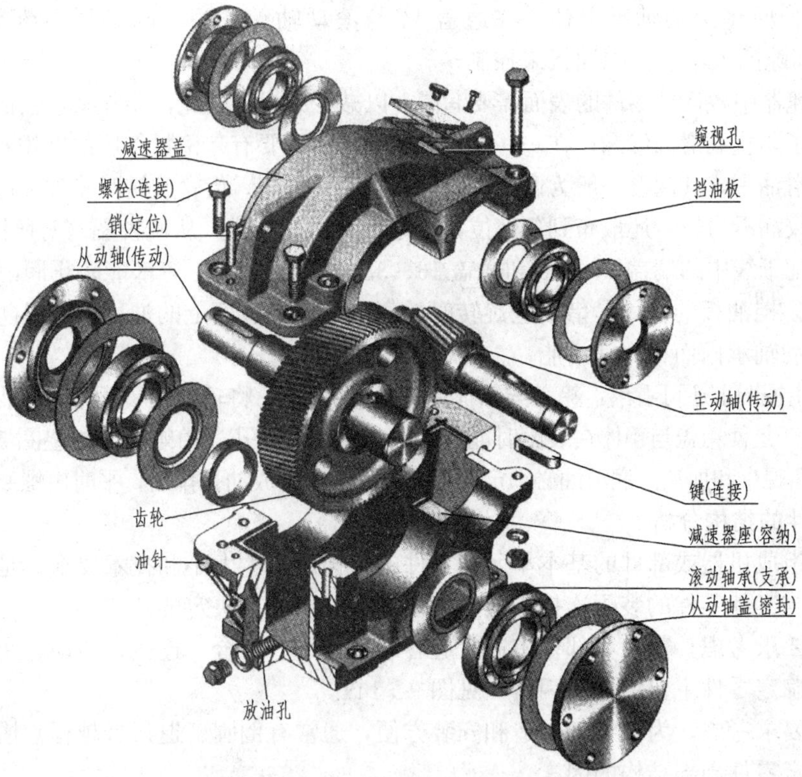

图 9-14 减速器轴测分解图

m6、150H7/h6 等是有关零件之间的配合尺寸；460、190、323 是减速器的总体尺寸。

2. 工作原理

减速器是通过一对（或数对）齿数不同的齿轮啮合传动，达到高速旋转运动变为低速旋转运动的减速机构。

本减速器为单级传动圆柱齿轮减速器，即通过一对齿数不同的齿轮啮合旋转，动力由主动轮 32（齿轮轴）的伸出端输入，小齿轮旋转带动大齿轮 24 旋转，并通过键 28，将动力传递到从动轮 29 输出。由于主动齿轮的齿数比从动齿轮的齿数少得多，所以主动轮的高速旋转，经齿轮传动降为从动轮的低速旋转，从而达到减速的目的。

3. 装配体的结构分析

(1) 减速器有两条主要装配干线。一条以主动轴（齿轮轴）32 的轴线为公共轴心线，其上的小齿轮居中，由主动轴盖 14、两个滚动轴承 34、两个挡油板 11 和一个主动轴通盖 33 装配而成。由于小齿轮的齿数较少，所以与轴做成整体，称为齿轮轴。另一条装配干线是以与齿轮 24（大齿轮）配合的从动轴 29 的轴线为公共轴心线，大齿轮居中，也是由两个端盖 16 和 26、两个滚动轴承和挡油板装配而成。从动轮与大齿轮用平键连接。

(2) 轴通常由轴承支承，由于本减速器采用圆柱齿轮传动，无轴向力，所以滚动轴承选用深沟球轴承。在减速器中，轴的位置是靠轴承等零件组合确定的，轴在工作时，只能旋转，不允许沿轴线方向移动。从俯视图可看出（对照图 9-14），主动轴 32 上装有滚动轴承 34，挡油板 11 等零件，主动轴端盖 14 和主动轴通盖 33 分别顶住两个滚动轴承的外圈，滚动轴承的内圈通过挡油板靠在轴的轴肩上，从而使齿轮轴在轴向定位。为了避免齿轮轴在高速旋转中因受热伸长而将滚动轴承卡住，在通盖 14 与滚动轴承外圈之间必须预留空隙（0.2～0.3mm），间隙的大小可由挡油板来控制。

（3）减速器中各运动零件的表面需要润滑，以减少磨损，因此，要在减速器的箱体中装有润滑油。为了防止润滑油渗漏，在一些零件上或零件之间要有起密封作用的结构和装置。大齿轮应浸在润滑油中，其深度一般为两倍齿高，可从油针测定。齿轮旋转时将油带起，引起飞溅和雾化，不仅润滑齿轮，还散布到各部位，这是飞溅润滑方式。从俯视图（对照图 9－14）看出，两条装配干线中的端盖 14、26 和通盖 16、33，毡圈 17、31 等都能防止润滑油沿轴的表面向外渗漏。挡油板的作用是借助它旋转时的离心力，将板面上的油甩掉，以防止飞溅的润滑油进入滚动轴承内而稀释润滑脂。

（4）从主视图上还可看出：箱盖与箱体用螺栓 10 连接，将轴的位置固定，并保证减速器的密封性。销 23 是使箱盖与箱体在装配时能准确对中定位。视孔盖由螺栓 6 加垫圈 5 固定在箱盖上，通过视孔观察和加油。润滑油必须定期更换，污油通过放油孔排出，平时由螺塞 21 堵住。

三、零件的结构分析

零件是组成机器或部件的基本单元，零件的结构形状、大小和技术要求，是根据该零件的作用以及与其他零件的装配连接方式，由设计和工艺要求决定的。

从设计要求考虑，零件在部件中通常起容纳、支承、配合、连接、传动、密封、防松等作用，这是确定零件主要结构的因素（见图 9－14）。

从工艺要求考虑，为了加工制造和安装方便，通常有倒圆、退刀（越程）槽、倒角等结构，这是确定零件局部结构的因素。

通过对装配体和零件的结构分析，可对零件各部分结构形状的作用加深理解，并对装配图的识读也更加全面和深入。

下面着重对减速器中的从动轴和箱体进行结构分析。

1. 从动轴

从动轴（见图 9－15）的主要功用是装在轴承中支承齿轮传递扭矩（或动力），轴的左端和右端轴段上的键槽分别是通过键与外部设备和齿轮连接；中间轴段通过滚动轴承支承在箱体上；中间的凸肩是为了固定齿轮的轴向位置。为了便于装配，保护装配表面，多处做成倒角、退刀槽。

2. 箱体

箱体（见图 9－16）的主要功用是容纳、支承轴和齿轮，并与箱盖连接。

图 9－15 减速器从动轴

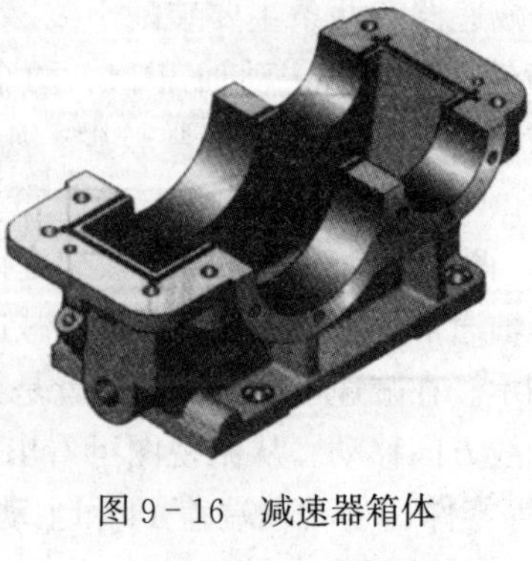

图 9－16 减速器箱体

从减速器装配图（见图 9－17）的主、俯、左视图对照箱体的轴测图分析，箱体中间的长方形空腔是容纳齿轮和润滑油的油池；箱体左下部斜凸台上的油针孔可观察油池内润滑油的高度，油针孔下面是放油孔；箱体前后的半圆弧（柱面）凸缘是为了支承主动轴和从动轴（轴的两端装有滚动轴承）；箱体的顶面上有与箱盖连接的定位销孔和螺栓孔，箱体底板上有四个安装孔，底板与半圆弧凸缘之间有加强肋；从俯视图中还可以看到在箱体顶面上有一圈矩形槽，是为了密封防止油流出的油槽，使油流回油池内。

根据上述分析，对减速器的视图表达、工作原理、装配关系以及整体结构有了比较全面的认识。如果要求拆画减速器中的某个零件（如箱体），还需要更深入分析该零件在减速器中的作用，与其他零件的关系，从而进一步弄清其结构形状，再按拆画零件图的方法和步骤画出零件图。

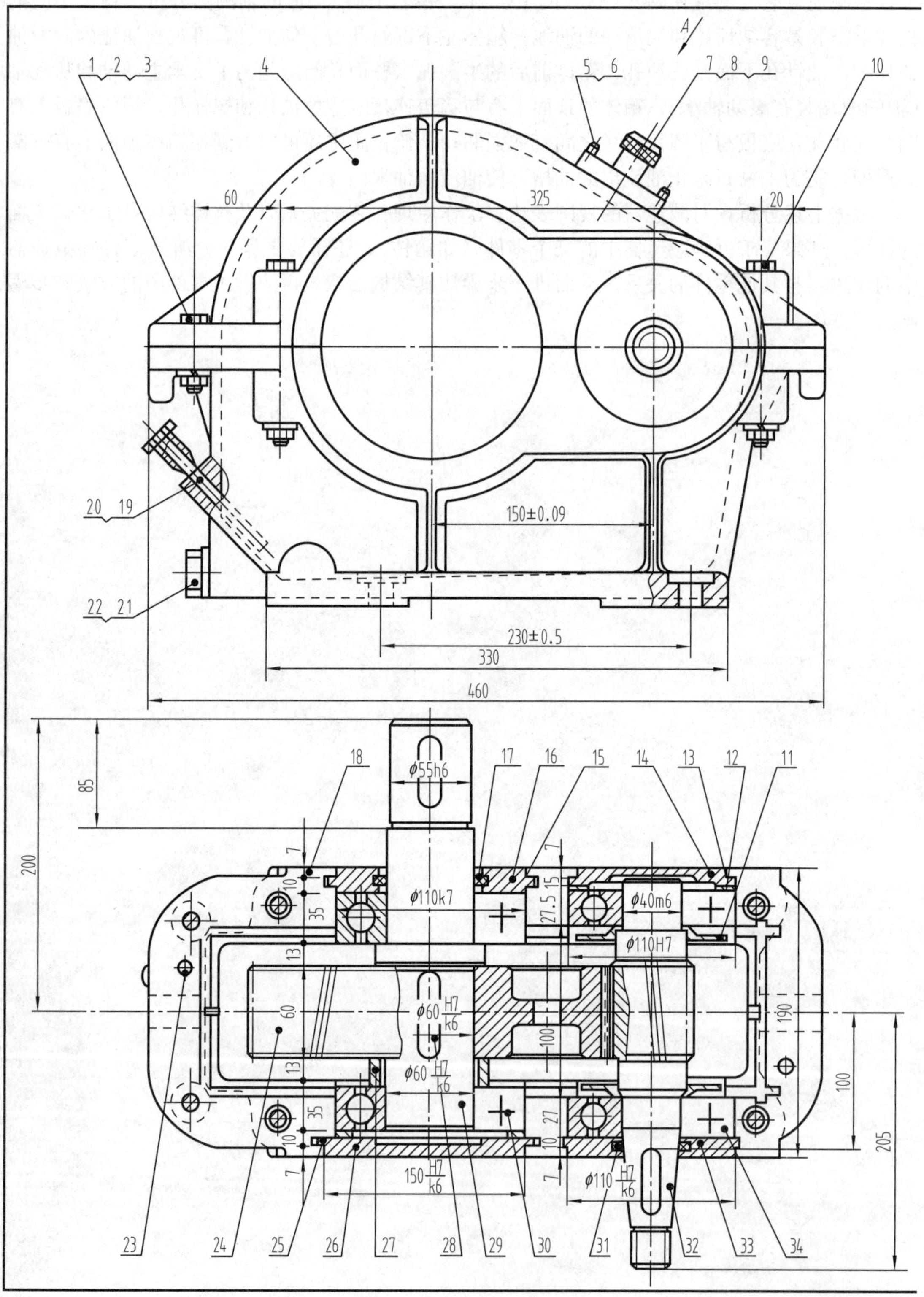
A
1 2 3
4
5 6
7 8 9
10
60
325
20
150±0.09
20 19
22 21
230±0.5
330
460
18
17
16
15
14
13
12
11
φ55h6
85
200
φ110k7
φ40m6
φ110H7
φ60 H7/k6
190
100
205
150 H7/k6
φ110 H7/k6
23
24
25
26
27
28
29
30
31
32
33
34

图 9－17 减

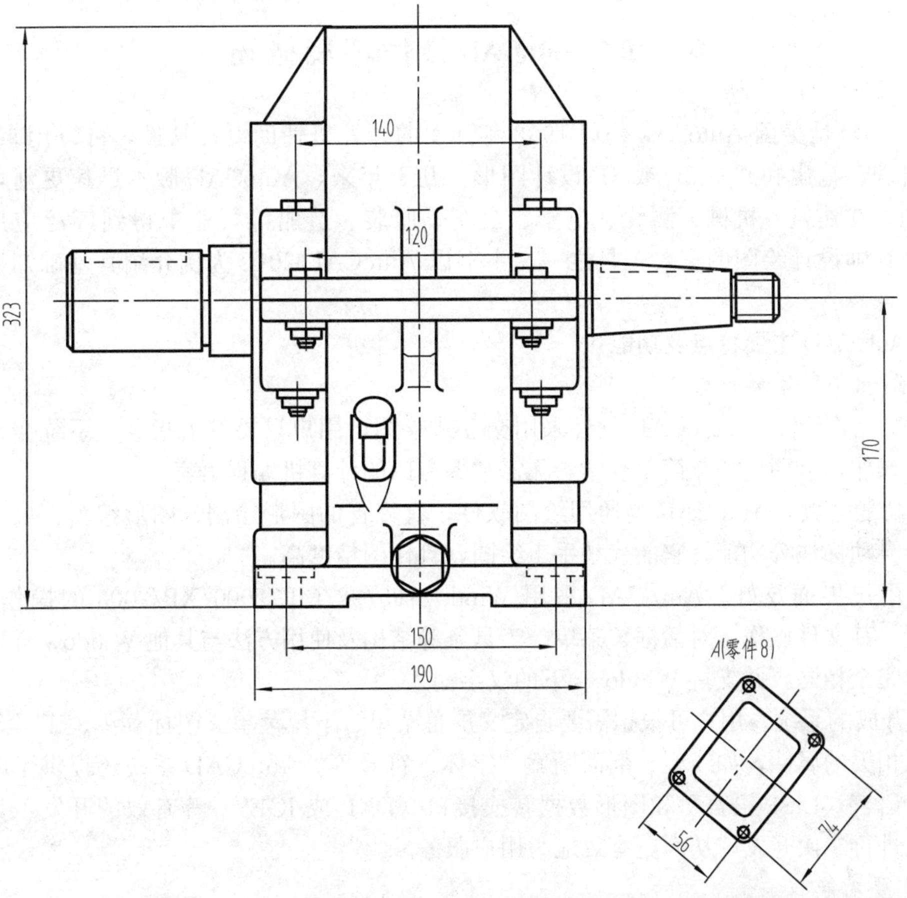

序号	代号	名称	数量	材料	备注
34	GB/T 276—1994	滚动轴承6408	2	组合件	
33		主动轴通盖	1	HT150	
32		主动轴	1	45	m=3,z=81
31		毡圈	1	毛毡	
30	GB/T 276—1994	滚动轴承6412	2	组合件	
29		从动轴	1	45	
28	GB/T 1096—2003	键 18×11×56	1	45	
27		挡环	4	HT150	
26		从动轴盖	1	HT150	
25		从动轴调整环	1	HT150	
24		齿轮	1	ZG 310—570	m=3,z=81
23	GB/T 117—2000	销 10×30	2	35	
22		皮圈	1	皮革	
21		螺塞	1	Q235	M ×15
20		油针头	1	Q235	
19		油针	1	Q235	
18		箱体	1	HT200	
17		毡圈	1	毛毡	
16		从动轴通盖	1	HT150	
15		密封环140×5	2		
14		主动轴盖	1	HT150	
13		密封环 100×5	2		
12		主动轴调整环	1	HT150	
11		挡油板	2	Q235	
10	GB/T 5782—2000	螺栓M12×120	4	8.8级	
9		通气塞	1	Q235	
8		视孔盖	1	Q235	
7		视孔盖垫	1		
6	GB/T 5782—2000	螺栓M6×16	4	8.8级	
5	GB/T 93—1987	垫圈6	4	65Mn	
4		箱盖	1	HT200	
3	GB/T 93—1987	垫圈12	6	65Mn	
2	GB/T 6170—2000	螺母M12	6	8级	
1	GB/T 5782—2000	螺栓M12×25	2	8.8级	

制图	(姓名)	(日期)	减速器	比例	
审核				(图号)	
(校名		学号)	(质量)		

速器装配图

第十章 AutoCAD 基础

第一节 AutoCAD操作环境概述

AutoCAD是美国Autodesk公司1982年开发的计算机辅助设计软件，可以用来创建、浏览、管理、输出和共享2D或3D设计图形。几十年来，AutoCAD版本迅速更新，功能不断增强，在建筑、机械、测绘、电子、汽车、服装、造船等行业中得到广泛应用，成为当前工程师设计绘图的重要工具之一。本书以AutoCAD 2012为例介绍其基础知识及基本操作。

一、AutoCAD主要特点及功能

1. AutoCAD主要特点

(1) 交互式绘图。AutoCAD软件采用交互式绘图，用户只要发出指令，系统会自动提示后续的操作，且回应操作简单易学，无需掌握专门的计算机编程语言。

(2) 功能强大。AutoCAD是通用绘图软件，有完善的图形绘制、图形编辑、尺寸整体标注、半自动标注等功能，它能代替手工绘图，且作图精度高。

(3) 用户界面友好。AutoCAD采用Windows95/98/ME/2000/XP/2003的操作环境，使用方便。其文件操作、对话框、菜单、工具条等结构及使用方法与其他Window环境下软件的操作完全相同，并支持Windows下的汉字输入。

(4) 开放的系统。用户可根据需要自定义屏幕菜单、下拉菜单、图标菜单、工具条及一些与图形相关的属性，如线型、剖面图案、字体、符号等。AutoCAD系统还提供了内嵌式程序设计语言（LISP语言）和图形数据转换接口（DXF或IGES）等有效的开发工具，使用户可以进行二次开发，从而更有效地为用户服务。

2. 主要功能

(1) 图形生成。AutoCAD包含二维和三维图形的绘制、尺寸标注、图案填充、文字标注、图块、线型、颜色、层等。

(2) 图形编辑和修改。AutoCAD可进行删除、恢复、移动、复制、镜像、旋转、阵列、修剪、拉伸、倒角、等距线等操作。

(3) 辅助绘图。AutoCAD提供了丰富的辅助绘图工具。例如，设置绘图环境、光标捕捉功能等使绘图操作更加方便快捷。

(4) 图形显示。AutoCAD包含画面缩放、画面平移、三维视图控制、多视图控制等。

(5) 实体造型。AutoCAD可生成基本体素、实体的布尔运算操作、实体的编辑等。

(6) 数据交换。AutoCAD可通过标准的或专用的数据格式与其他的CAE或CAM系统进行数据交换。

二、AutoCAD的工作界面介绍

1. AutoCAD的启动

(1) 双击桌面上的AutoCAD快捷图标即可启动AutoCAD系统。

(2) 在【开始】程序菜单中运行AutoCAD。

2. AutoCAD 的界面

进入 AutoCAD 的绘图编辑状态后，AutoCAD 经典工作界面如图 10－1 所示。

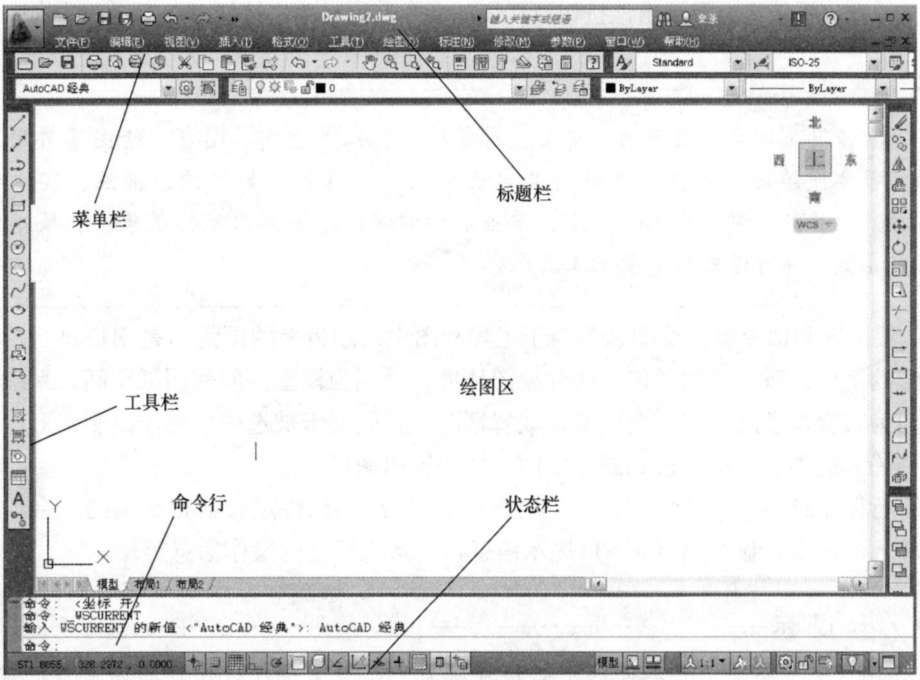

图 10－1　AutoCAD 2012 经典工作界面

小提示

将鼠标移动到某个按钮上并稍作停留，系统将显示该图标按钮的名称，这为用户学习提供了方便。如果想切换到经典工作界面，在状态栏单击【切换工作空间】按钮，选中【AutoCAD 经典】即可。

(1) 标题栏和菜单栏。标题栏位于界面窗口的最上侧，用于显示当前运行的程序名称和文件名称。标题栏最左端的图标是 AutoCAD 程序图标，单击图标可弹出下拉菜单，双击图标可关闭 AutoCAD 程序。标题栏最右边的三个按钮是软件窗口控制按钮——“最小化”“还原/最大化”“关闭”。

标题栏下侧是菜单栏。菜单栏最右边三个按钮是 AutoCAD 文件窗口的控制按钮，用于控制文件窗口的显示。菜单中部有“文件”“编辑”“视图”等 11 个菜单项，包含了对软件操作的所有命令。

小提示

如果要使用某个命令，可直接单击菜单中的相应命令，这是最简单的方式。若想提高工作效率也可以使用选项中的相应快捷键。例如，绘图过程中经常要进行剪切、复制、粘贴等命令，用户可选中对象，然后直接按快捷键 Ctrl＋X（剪切）、Ctrl＋C（复制）、Ctrl＋V（粘贴）。

（2）工具栏。工具栏位于菜单栏下侧和界面两侧。它是调用命令的另一种方式，通过工具栏可以直观、快捷地调用一些常用的命令。工具栏由一些形象的图形按钮组成，用户将光标放在工具按钮上，系统将会显示出该按钮所代表的命令名称，单击按钮即可激活相应命令。

小提示

通常情况下，系统显示的是标准、对象特性、工作空间、图层、绘图等常用工具栏。为了方便绘图，用户可随时打开自己常用的工具栏，如查询、标注、实体编辑等。把鼠标移到任意一个工具栏上，单击鼠标右键，系统弹出光标菜单。在菜单中单击鼠标左键，即可选择所需要的工具栏。

（3）绘图区和命令行。绘图区相当于工程制图中绘图板上的图纸，是用户显示、绘制和编辑图形的工作区域。绘图区包含两种绘图环境，分别为模型空间和图纸空间。系统在窗口的左下角为其提供了三个切换选项卡，缺省情况下，模型卡被选中，用于绘制图形。单击布局1或布局2选项卡，可切换到图纸空间，用于输出图形。

命令行位于绘图窗口的下方，它是用户与CAD绘图软件进行数据交流的平台，用于接收用户输入的命令，显示AutoCAD提示信息，记录执行过的操作信息等。

小提示

绘图区位于整个工作界面的中心位置，为了能最大限度地保持绘图窗口的范围，建议用户不要调出过多的工具栏，随用随调。

（4）状态栏。状态栏位于屏幕的最底部，主要反映当前的工作状态与相关信息。状态栏左边的坐标显示区显示当前光标所在位置的坐标值，中间的按钮用于控制相应的工作状态。

三、AutoCAD图形文件的管理

文件的管理一般包括创建新文件，打开已有的图形文件，输入、保存文件和输出、关闭文件等。在运用AutoCAD进行设计和绘图时，必须熟练掌握这些操作，这样才能管理好图形文件的创建、制作及保存，明确文件的存放位置，方便用户查找、修改及统计。

1. 创建新的图形文件

在应用AutoCAD进行绘图时，首先需要创建一个图形文件，方式如下：

菜单栏：单击“文件”→“新建”。

工具栏：单击“新建”按钮。

命令行：New。

快捷键：Ctrl+N。

2. 打开图形文件

当用户要对原有文件进行修改或是进行打印输出时，需要利用“打开”命令，方式如下：

菜单栏：单击“文件”→“打开”。

工具栏：单击“打开”按钮。

命令行：Open。

快捷键：Ctrl+O。

3. 保存图形文件

AutoCAD图形文件的扩展名为“dwg”，保存文件的方式如下：

菜单栏：单击“文件”→“保存”。

工具栏：单击“保存”按钮。

命令行：Qsave。

快捷键：Ctrl＋S。

如果要指定新的文件名保存图形，可以利用“另存为”命令，方式如下：

菜单栏：单击“文件”→“另存为”。

命令行：Saveas。

四、AutoCAD绘图环境的设置

（一）图形界限的设置

绘图界限就是标明用户的工作区域和图纸的边界，相当于手工绘图时事先准备的图纸。在AutoCAD中，“图形界限”实际上是一个矩形的区域，只需定位出矩形区域的两个对角点便可成功设置图形的界限。启动方式如下：

菜单栏：单击“格式”→“图形界限”。

命令行：Limits。

（二）图形单位

在默认状态下，CAD的图形单位为十进制，可以根据需要设置单位类型和精度。在屏幕中所绘制的所有对象都是根据单位进行测量的，绘图前首先应该确定度量单位。用户可以为对象设置长度、角度及精度等。启动方式如下：

菜单栏：单击“格式”→“单位”。

命令行：Units或Un。

（三）图层设置

设置图层是用户用来组织图形的最为有效的工具之一。AutoCAD的图层可以理解为透明的电子图纸，一层挨着一层的放置，各层之间完全对齐。每层有其独立的颜色和线型，用户可根据需要增加层或删除层。

1. 图层的特性

(1) 用户可以在一个图形文件中创建任意数量的图层，且每一层上的实体数量无限制。

(2) 每一层均应赋名，由字母、数字和字符组成，长度不应超过31个字符。缺省层是“0”层，其颜色为白色（White），线型为实线（Continuous）。

(3) 一般情况下，每层只赋予单一的颜色、线型和线宽，但允许用户随时改变各层的颜色、线型和线宽。

(4) 虽然用户建立了多个图层，但是只能在当前层上绘图。用户可以通过图层操作命令改变当前图层。AutoCAD在“物体特性”工具栏上会显示出当前图层的层名。

(5) 图层设有六种状态，即打开与关闭（ON/OFF）、解冻与冻结（Thaw/Freeze）、锁定与解锁（Lock/Unlock），用以确定各图层的可见性与可操作性。各项操作含义如下：

打开（ON）与关闭（OFF）图层。当图层被打开时，该图层上的实体可以在屏幕上显示或打印出图。当图层被关闭时，该图层上的实体不被显示且无法打印。用户可根据需要随时打开和关闭图层。

解冻（Thaw）与冻结（Freeze）图层。当图层被冻结时，该图层上的实体不被显示或绘制出来，且在重新生成图形时将忽略被冻结的图层。通过冻结不需要的图层，可以提高工作效率。注意，当前层不能被冻结。

锁定（Lock）与解锁（Unlock）图层。锁定层上的实体仍可见，但用户不能编辑该图层的所有实体。锁定层可以是当前层，用户可以在锁定层上绘图。

（6）各图层具有相同的坐标系、绘图界限、显示时的缩放倍数。于是，用户可以对位于不同层上的实体同时进行编辑操作。

2. 图层的设置

（1）创建新图层。单击“图层”工具条中的按钮，弹出如图 10－2 所示的“图层特性管理器”对话框。在“图层特性管理器”对话框中，单击按钮即可建立新图层，单击则删除图层，单击可将选定的某一层置为当前层。在“状态”列，有绿色标示的即为当前层。在“名称”列，可默认也可重新命名。如图 10－2 所示，共创建了 3 个新图层，且分别改名为轴线、粗实线和虚线。

（2）设置颜色。单击图层名后对应的“颜色”选项，弹出如图 10－3 所示的“选择颜色”对话框，在此选择一种颜色后，单击 确定 按钮即可。

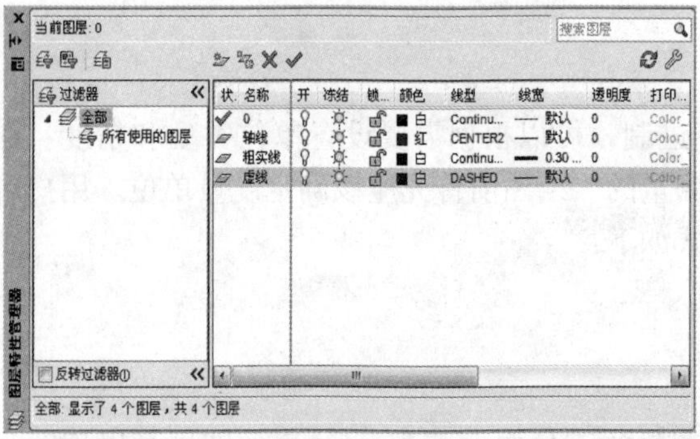

图 10－2 “图层特性管理器”对话框

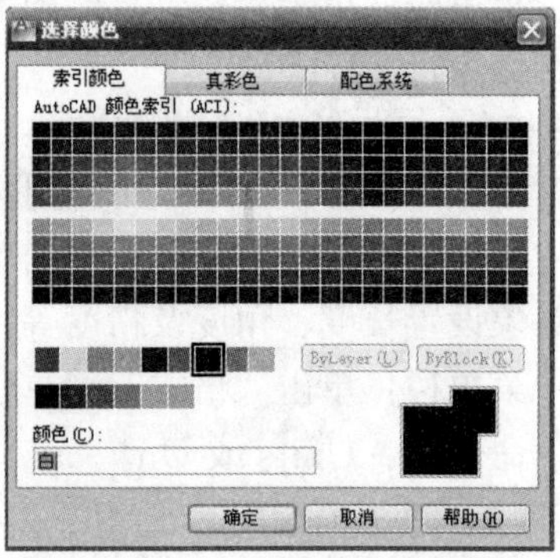

图 10－3 “选择颜色”对话框

（3）设置线型。单击“颜色”项后对应的“线型”选项，弹出如图 10－4 所示的“选择线型”对话框，在此选择所需线型。若没有要选择的线型，则单击 加载(L)... 按钮，弹出如图 10－5 所示的“加载或重载线型”对话框，并在此选择所需线型后，单击 确定 按钮，即可返回“选择线型”对话框。再单击所选的线型，最后单击 确定 按钮，返回到“图层特性管理器”对话框。

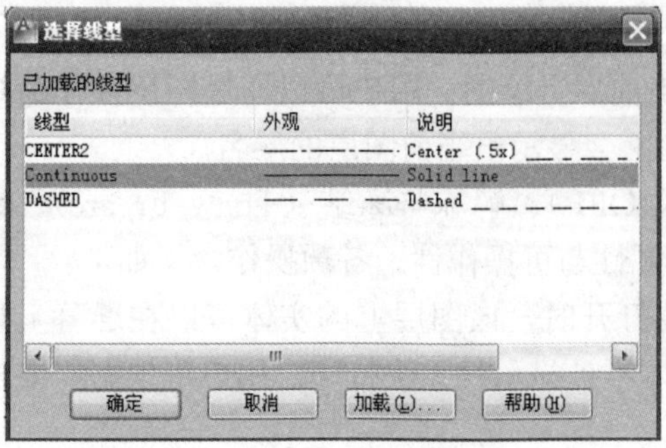

图 10－4 “选择线型”对话框

图 10－5 “加载或重载线型”对话框

(4) 设置线宽。单击“线型”选项后对应的“线宽”选项，弹出如图 10－6 所示的“线宽”对话框，从中选择所需的线宽后，单击[确定]按钮，返回到“图层特性管理器”对话框。

(5) 状态控制。状态控制即指图层的开/关、解冻/冻结、锁定/解锁。只要单击状态开关对应的图标即可。其中，为“开/关”按钮，为“解冻/冻结”按钮，为“锁定/解锁”按钮。新建图层一般为开、解冻、解锁状态。

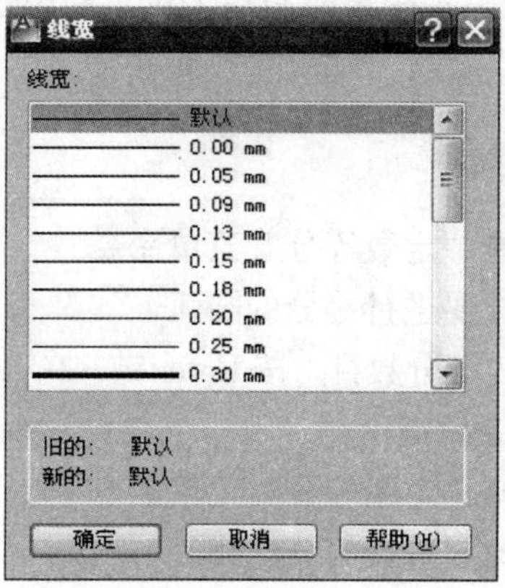

图 10－6 “线宽”对话框

3. “图层”工具栏的使用

当图层设置完毕后，在以后的作图过程中只要单击“图层”工具栏（见图 10－7）右侧的倒三角按钮即可显示所有层，从中选取所需层即可完成图层的切换。

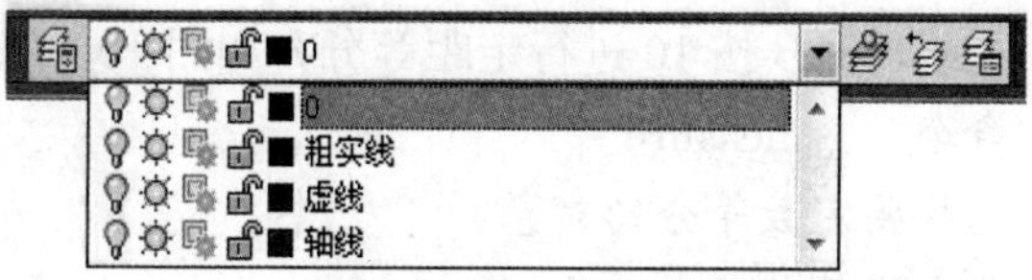

图 10－7 “图层”工具栏

上 机 练 习 一

1. 启动 AutoCAD，熟悉操作界面。
2. 新建一个图形文件，保存在自己的文件夹中并命名为“计算机绘图练习”。
3. 加载工具栏：标注工具栏、查询工具栏、视图工具栏、文字工具栏。
4. 熟悉图层概念，建立中心线层、虚线层、细实线层、粗实线层并设置不同的颜色、线型和线宽。

第二节 AutoCAD 基本绘图命令

一、绘制点

1. 设置点样式

点是图样中最基本的元素，在 CAD 当中可以绘制单独点的对象作为绘图的参考点。启动方式如下：

(1) 单击菜单栏“格式”→“点样式”。

(2) 在“点样式”对话框中，用户可以根据自己的需求选择点的样式，大小可以在文本框内输入数值进行设置，然后单击[确定]按钮完成设置。

2. 绘制点

启动方式如下：

菜单栏：单击“绘图”→“点”→“单点”。

工具栏：单击按钮。

命令行：Point。

3. 绘制等分点与定距等分点

（1）定数等分点。在绘图中经常要对直线或一个对象进行定数等分，这时需要启用“点的定数等分”命令，启动方式如下：单击菜单栏“绘图”→“点”→“定数等分”，在选择的对象上绘制等分点。

（2）定距等分点。定距等分点就是在一个图形对象上按指定距离绘制多个点。利用这个功能可以作为绘图的辅助点，启动方式如下：单击菜单栏“绘图”→“点”→“定距等分”，在选择的对象上绘制等分点。

把圆弧进行 6 等分，如图 10－8 所示。

命令：_ divide //选择“定数等分”菜单命令

选择要定数等分的对象： //选择要进行等分的圆弧

输入线段数目或［块（B）］：6 //输入等分数目，按 Enter 键

把线段 AB 按 10 进行定距等分，如图 10－9 所示。命令行提示：

命令：_ measure //选择“定距等分”菜单命令

选择要定数等分的对象： //选择要进行等分的线段

指定线段长度或［块（B）］：10 //输入指定间距，按 Enter 键

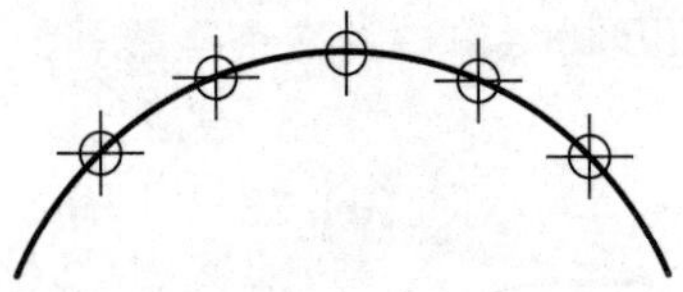

图 10－8 等分圆弧

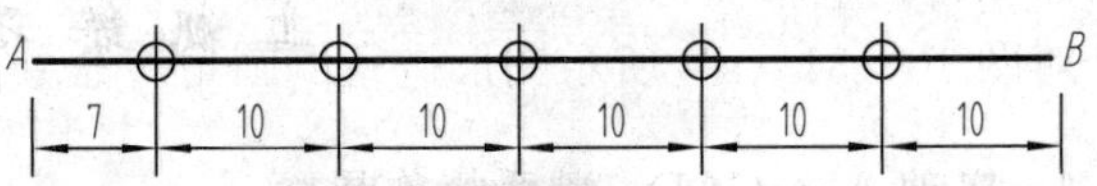

图 10－9 定距等分线段

小提示

等分的对象可以是直线、多线段、样条曲线等，但不能是块、尺寸标注、文本、剖面线等对象。定距等分时，距离选择对象点处较近的端点作为起始位置，若所分对象的总长不能被指定间距整除，则最后一段指定所剩下的间距。如图 10－9 所示最左端的一段长度为 7。

二、绘制直线

直线是 AutoCAD 中最常见的图素之一，启动方式如下：

菜单栏：单击“绘图”→“直线”。

工具栏：单击 ╱ 按钮。

命令行：Line。

1. 使用鼠标绘制直线

启用绘制“直线”命令后，用鼠标在绘图区单击一点作为线段的起始点，移动鼠标，在适当的位置再单击作为线段的另一点，这样可以连续画出所需要的直线。

2. 通过输入坐标绘制直线

用户输入坐标值时有两种方式：绝对坐标和相对坐标。

（1）使用绝对坐标确定点的位置绘制直线。绝对坐标是相对于坐标系原点的坐标，在缺省情况下绘图窗口中的坐标系为世界坐标系 WCS。输入格式如下：

绝对直角坐标的输入形式：x，y　　//x，y 分别是输入点相对于原点的 X 坐标和 Y 坐标

绝对极坐标的输入形式：r＜θ　　//r 表示输入点与原点的距离，θ 表示输入点到原点的连线与 X 轴正方向的夹角

利用直角坐标绘制直线 AB，利用极坐标绘制直线 OC，如图 10－10 所示。

绘制线段 AB，命令行提示：

命令：_ line 指定第一点：0，50　　//单击“直线”命令，输入 A 点坐标，按 Enter 键

指定下一点或［放弃（U）］：75，70　　//输入 B 点坐标，按 Enter 键

指定下一点或［放弃（U）］：　　//按 Enter 键

绘制线段 OC，命令行提示：

命令：_ line 指定第一点：0，0　　//单击“直线”命令，输入 O 点坐标，按 Enter 键

指定下一点或［放弃（U）］：70＜－50　　//输入 C 点坐标，按 Enter 键

指定下一点或［放弃（U）］：　　//按 Enter 键

（2）使用相对坐标确定点的位置绘制直线。相对坐标是用户常用的一种坐标形式，是指相对于用户最后输入点的坐标。输入格式如下：

相对直角坐标的输入形式：@x，y　　//在绝对坐标前面加@

相对极坐标的输入形式：@r＜θ　　//在绝对极坐标前面加@

绘制图形 ABCD，如图 10－11 所示。命令行提示：

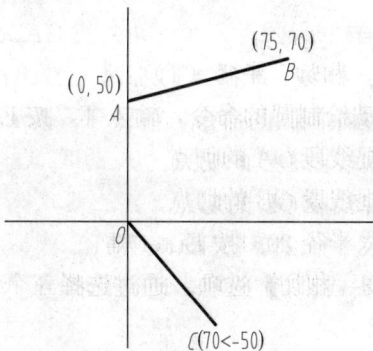

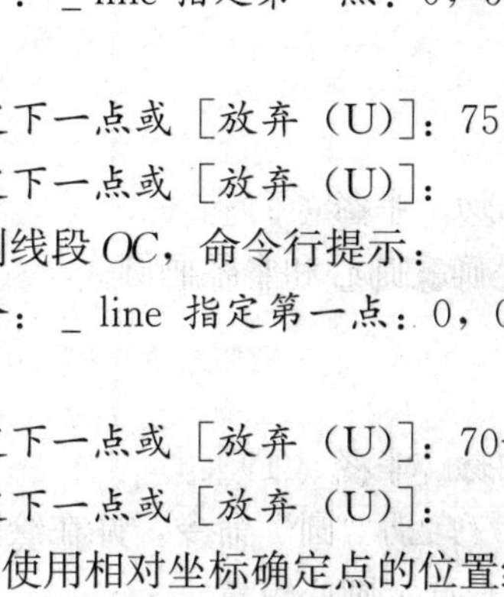

图 10－10　利用坐标绘制线段

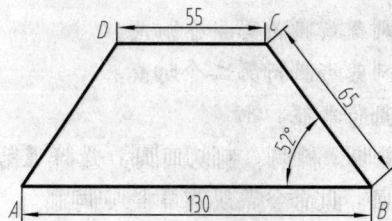

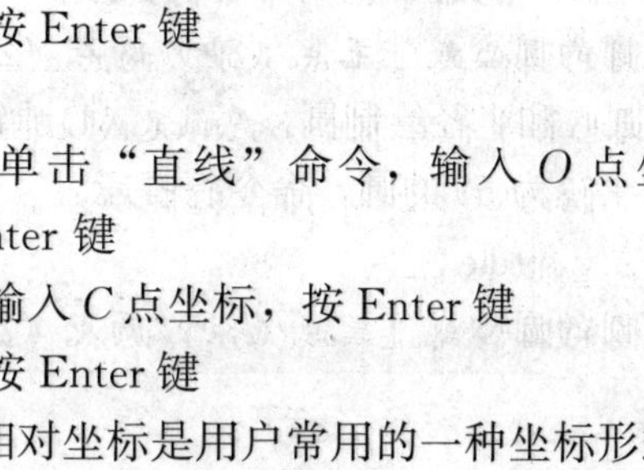

图 10－11　绘制图形 D

命令：_ line

指定第一点：　　//单击“直线”命令，在绘图区任意处单击鼠标左键确定 A 点的位置。

指定下一点或［放弃（U）］：＜正交　开＞130　　//打开正交开关，鼠标移到右侧输入数值 130，按 Enter 键

指定下一点或［放弃（U）］：＜正交　关＞@65＜128

//输入极坐标，按 Enter 键

指定下一点或［放弃（U）］：＜正交 开＞55 //打开正交开关，鼠标移到左侧输入数值 55，按 Enter 键

指定下一点或［闭合（C）/放弃（U）］：c //输入 C 闭合，按 Enter 键

三、绘制圆与圆弧

1. 绘制圆

启动方式如下：

菜单栏：单击“绘图”→“圆”。

工具栏：单击按钮。

输入命令：Circle。

启动“圆”的命令后，命令行提示：

指定圆的圆心或［三点（3P）/两点（2P）/相切、相切、半径（T）］：

(1) 圆心和半径绘制圆。AutoCAD 中缺省的方法是确定圆心和半径画圆。

绘制半径为 50 的圆，命令行提示：

命令：_ circle

指定圆的圆心或［三点（3P）/两点（2P）/相切、相切、半径（T）］：

//启动“圆”命令，并在绘图窗口单击选定圆心位置

指定圆的半径或［直径（D）］：50 //输入数值 50，按 Enter 键

(2) 相切、相切、半径画圆（T）。选择【相切、相切、半径】选项，通过选择两个与圆相切的对象，并输入圆的半径画圆。

绘制如图 10-12 所示的圆。命令行提示：

命令：_ circle

指定圆的圆心或［三点（3P）/两点（2P）/相切、相切、半径（T）］：t

//启动绘制圆的命令，输入 T，按 Enter 键

指定对象与圆的第一个切点： //捕捉线段 *OA* 的切点

指定对象与圆的第二个切点： //捕捉线段 *OB* 的切点

指定圆的半径：20 //输入半径 20，按 Enter 键

(3) 相切、相切、相切画圆：选择【相切、相切、相切】选项，通过选择三个与圆相切的对象画圆，此命令需从菜单栏中调出。

如图 10-13 所示，画出三角形的内切圆。命令行提示：

命令：_ circle

指定圆的圆心或［三点（3P）/两点（2P）/相切、相切、半径（T）］：_ 3p

//启动菜单栏【绘图】→【圆】→【相切、相切、相切】选项

指定圆上的第一个点：_ tan 到 //捕捉线段 *OA* 的切点

指定圆上的第二个点：_ tan 到 //捕捉线段 *OB* 的切点

指定圆上的第三个点：_ tan 到 //捕捉线段 *AB* 的切点

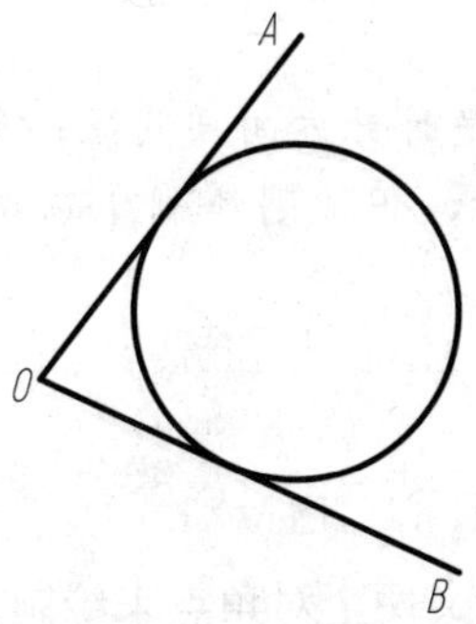

图 10－12 相切、相切、半径画圆

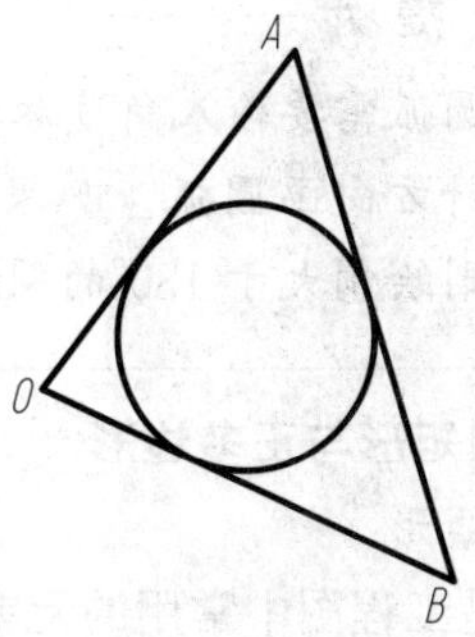

图 10－13 相切、相切、相切画圆

2. 绘制圆弧

AutoCAD 中绘制圆弧共有 10 种方法。其中，缺省状态下是通过三点来绘制圆弧。绘制圆弧时，可以设置起点、方向、终点、角度、弦长、中点等参数来进行绘制。在绘图过程中用户可以采用不同的办法进行绘制。启动方式如下：

菜单栏：单击“绘图”→“圆弧”。

工具栏：单击按钮。

命令行：Arc。

启动“菜单”命令后，弹出如图 10－14 所示“圆弧”子菜单，在子菜单中提供了 10 种绘制圆弧的方法，用户可根据需要选择相应的选项来进行圆弧的绘制。

绘制如图 10－15 所示的圆弧 *AOB*。命令行提示：

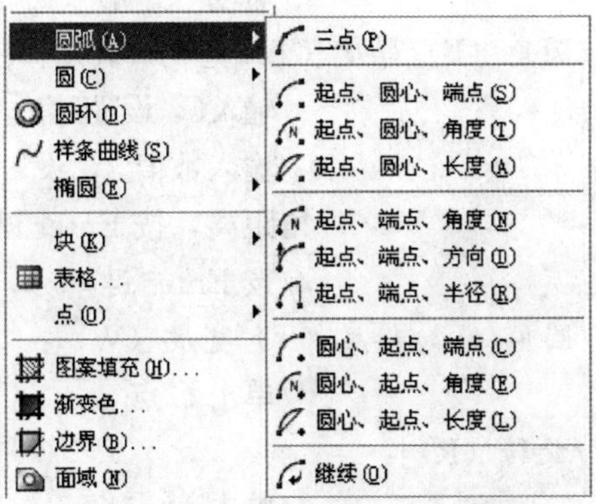

图 10－14 “圆弧”子菜单

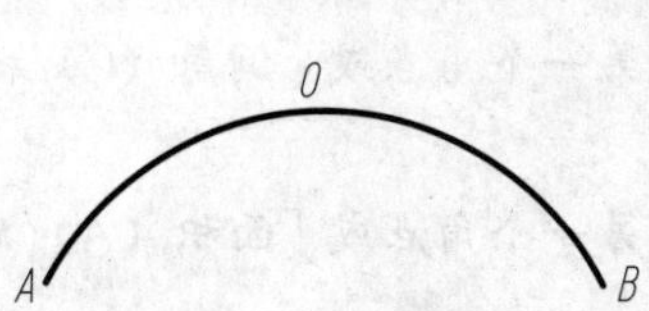

图 10－15 三点绘制圆弧

命令：_ arc

指定圆弧的起点或［圆心（C）］： //单击工具栏按钮，启动“圆弧”命令，单击 *A* 点

指定圆弧的第二个点或［圆心（C）/端点（E）］： //单击 *O* 点

指定圆弧的端点： //单击 *B* 点，按 Enter 键

小提示

绘制圆弧需要输入角度参数时，角度为正值则按逆时针方向画圆弧；角度为负值则按顺时针方向画圆弧。如果输入弦长和半径参数时，正值则绘制 180°范围内的圆弧；负值则绘制大于 180°的圆弧。

四、绘制矩形与正多边形

1. 绘制矩形

矩形也是工程图中常用的元素之一，矩形可以通过定义两个对角点来绘制，同时可以设定其宽度、圆角、倒角等。启动方式如下：

菜单栏：单击“绘图”→“矩形”。

工具栏：单击□按钮。

命令行：Rectang。

启动“矩形”命令后，命令行提示：

指定第一个角点或［倒角（C）/标高（E）/圆角（F）/厚度（T）/宽度（W）］：

绘制如图 10－16（a）所示矩形。命令行提示：

命令：_rectang　　//启动“矩形”命令
指定第一个角点或［倒角（C）/标高（E）/圆角（F）/厚度（T）/宽度（W）］：
　　//单击 *A* 点
指定另一个角点或［面积（A）/尺寸（D）/旋转（R）］：　　//单击 *B* 点

绘制如图 10－16（b）所示矩形。命令行提示：

命令：_rectang　　//启动“矩形”命令
指定第一个角点或［倒角（C）/标高（E）/圆角（F）/厚度（T）/宽度（W）］：c
　　//输入C，设置倒角，按Enter 键
指定矩形的第一个倒角距离＜0.0000＞：3　　//输入数值 3，设置第一个倒角距离，按 Enter 键
指定矩形的第二个倒角距离＜3.0000＞：　　//按 Enter 键
指定第一个角点或［倒角（C）/标高（E）/圆角（F）/厚度（T）/宽度（W）］：
　　//单击 *C* 点
指定另一个角点或［面积（A）/尺寸（D）/旋转（R）］：
　　//单击 *D* 点

绘制如图 10－16（c）所示矩形。命令行提示：

命令：_rectang　　//启动“矩形”命令
指定第一个角点或［倒角（C）/标高（E）/圆角（F）/厚度（T）/宽度（W）］：f
　　//输入 F，设置圆角，按 Enter 键
指定矩形的圆角半径＜3.0000＞：　　//圆角半径设置为 3，按 Enter 键
指定第一个角点或［倒角（C）/标高（E）/圆角（F）/厚度（T）/宽度（W）］：w
　　//输入 W，设置线的宽度，

按 Enter 键

指定矩形的线宽 <0.0000>：1 //线宽为 1，按 Enter 键

指定第一个角点或［倒角（C）/标高（E）/圆角（F）/厚度（T）/宽度（W）］：

//单击 E 点

指定另一个角点或［面积（A）/尺寸（D）/旋转（R）］：

//单击 F 点

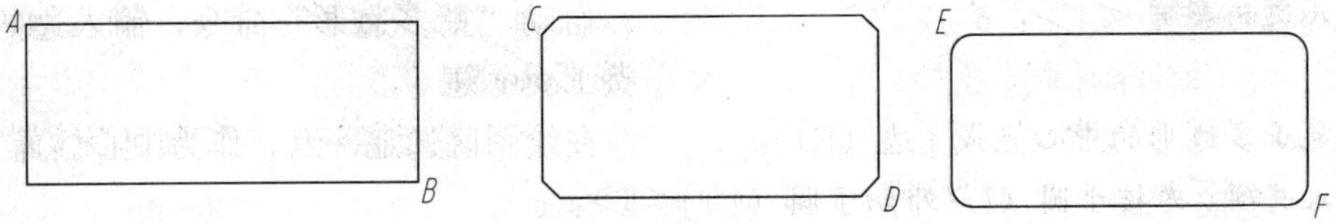

(a) (b) (c)

图 10－16 绘制矩形图例

(a) 宽度为零；(b) 倒角为 3×45°；(c) 宽度为 1 圆角为 3

小 提 示

绘制的矩形是一个整体，要想编辑必须通过分解命令使之分解成单个的线段，同时矩形也失去线宽性质，参数 E 和 T 是在三维绘图中使用。

2. 绘制正多边形

正多边形是具有等边长的封闭图形，其边数为 3～1024。绘制正多边形时，用户可以通过与假想圆的内接或外切的方法来进行绘制，也可以指定正多边形边长的端点来绘制。启动方式如下：

菜单栏：单击“绘图”→“正多边形”。

工具栏：单击按钮。

命令行：Polygon。

(1) 利用内接圆和外切圆来绘制正多边形。

用内接圆与外切圆来绘制正六边形，如图 10－17（a）、(b) 所示。

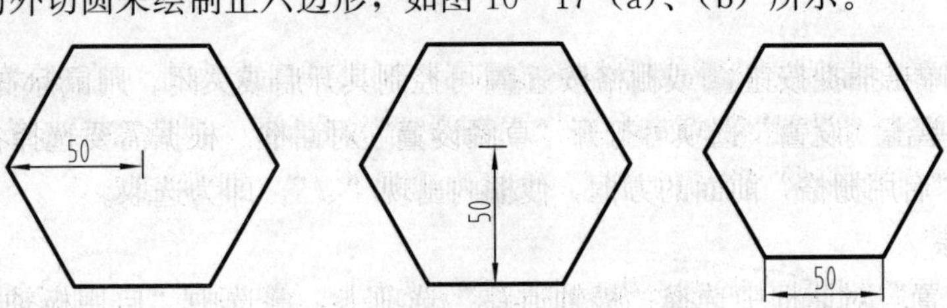

(a) (b) (c)

图 10－17 绘制正六边形图例

(a) 内接圆绘制；(b) 外切于圆绘制；(c) 指定边长绘制

内接于圆绘制，命令行提示：

命令：_polygon

输入边的数目 <4>：6 //启动“正多边形”命令，输入边的数目，按 Enter 键

指定正多边形的中心点或［边（E）］： //在绘图区选定一点，作为中心位置

输入选项［内接于圆（I）/外切于圆（C）］＜I＞：i //输入 i，选择内接于圆，按 Enter 键

指定圆的半径：50 //输入半径数值，按 Enter 键

外切于圆绘制，命令行提示：

命令：_ polygon

输入边的数目＜4＞：6 //启动“正多边形”命令，输入边的数目，按 Enter 键

指定正多边形的中心点或［边（E）］： //在绘图区选定一点，作为中心位置

输入选项［内接于圆（I）/外切于圆（C）］＜I＞：c //输入 C，选择外切于圆，按 Enter 键

指定圆的半径：50 //输入半径数值，按 Enter 键

（2）根据边长绘制正多边形。通过指定边长的方式来绘制正多边形，输入正多边形边数后，再指定某个边的两个端点即可。

用指定边长来绘制正六边形，如图 10－17（c）所示。命令行提示：

命令：_ polygon

输入边的数目＜6＞：6 //启动“正多边形”命令，输入边的数目，按 Enter 键

指定正多边形的中心点或［边（E）］：e //输入 E，选择“边”选项，按 Enter 键

指定边的第一个端点： //在绘图区指定一点，作为边长的一个起点

指定边的第二个端点：50 //输入边长数值 50，按 Enter 键

五、辅助工具的使用

为了快速准确地绘图，AutoCAD 提供了辅助绘图工具。一般常用的辅助绘图工具在屏幕最下方的状态栏中，通过点击可方便地开启或关闭辅助绘图工具。

1. 捕捉与栅格

捕捉可以控制绘图的精度。栅格是使屏幕上显示有固定间距的小点，类似于坐标纸，方便作图。

用鼠标左键单击捕捉按钮或栅格按钮可控制其开启或关闭。用鼠标右键单击或出现快捷菜单，单击“设置”选项可打开“草图设置”对话框。根据需要选择各项，最后单击“启用捕捉”和“启用栅格”前面的方框，使框内出现“√”，即为选取。

2. 极轴追踪

在“草图设置”对话框中选择“极轴追踪”选项卡，并选中“启用极轴追踪”复选框。同时，可通过“极轴角设置”选项设置角度增量。极轴追踪功能有助于绘制斜线。

3. 对象捕捉与追踪

在“草图设置”对话框中选择“对象捕捉”选项卡，选中“启用对象捕捉”和“启用对象捕捉追踪”复选框，并勾选所需选项即可。

4. 动态输入

在“草图设置”对话框中选择“动态输入”选项卡，选中“启用动态输入”和“可能时启用标注输入”复选框，并设置所需选项即可。

启用动态输入后，光标附近就显示出点的坐标值、线段的长度及角度等提示信息，此时，可直接在提示信息处输入相应的参数进行绘图。

5. 正交

用左键单击按钮可控制其开启或关闭。正交功能可控制是否用正交方式绘图，在打开模式下，用户只能绘制水平或垂直的线段。

上 机 练 习 二

1. 绘制一个三角形。其中，边长 *AB* 为 100，*BC* 为 80，*AC* 为 60。
2. 绘制如图 10－18 所示的两个图形。

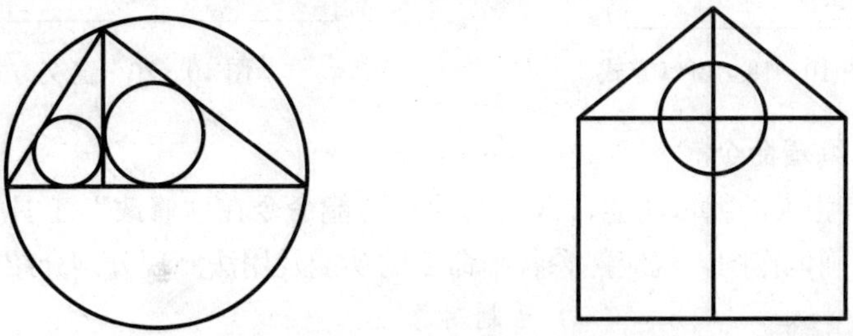

图 10－18 图形实例

3. 绘制长度 150 的水平线，并将其进行 4 等分。
4. 绘制一个边长为 20、*AB* 边与水平线夹角为 30°正八边形，绘制一个半径为 10 的圆，且圆心与正八边形同心，再绘制正八边形的外接圆。

第三节 AutoCAD 图 形 编 辑

一、选择对象

对已有的图形进行编辑，AutoCAD 提供了两种不同的编辑顺序：先下达编辑命令，再选择对象；先选择对象，再下达编辑命令。

不论采取何种方式，在二维图形的编辑过程中，都需要进行选择对象的操作，AutoCAD 为用户提供了多种选择对象的方式。对于不同图形、不同位置的对象可以使用不同的选择方式，这样可以提高绘图的工作效率。最常用的有以下几种：

(1) 单选。直接用鼠标左键单击图形对象，使图形变为虚线即为选中。此法可依次选取多个对象。

(2) 窗口方式。当编辑的对象很多时，可用窗口方式选择对象。该方式要求指定两个对角点（由 *A* 到 *B*）生成矩形框选择对象。完全包容在矩形框中的对象被选中，没有完全包容在矩形框中的对象不被选中，如图 10－19 所示。

(3) 窗交方式。窗交方式不仅选择全部位于矩形窗口内的所有对象，而且也要选择上与窗口边框线相交的所有对象。该方式要求指定两个对角点（由 *C* 到 *D*）生成矩形框来选择对象，如图 10－20 所示。

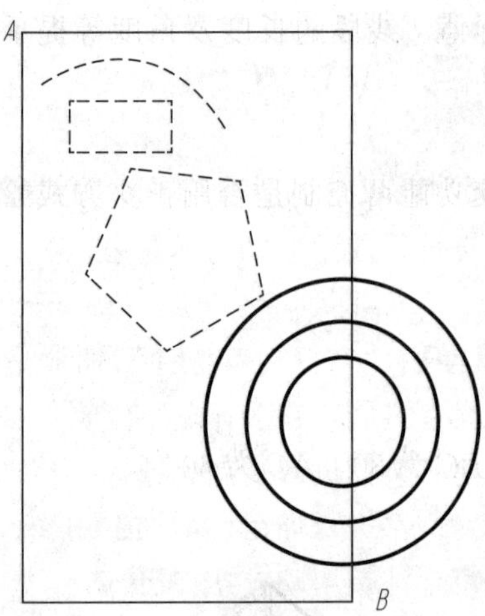

图 10-19 窗口方式

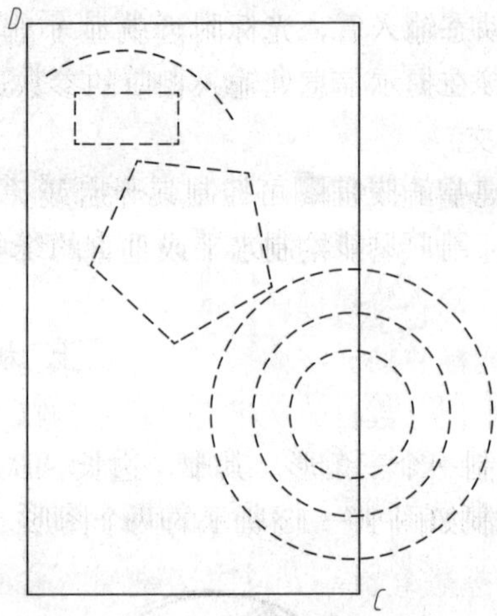

图 10-20 窗交方式

二、常用图形编辑命令

AutoCAD 具有强大的编辑功能，常用的编辑功能命令在“修改”工具条上及“修改”菜单栏中。要快速准确地作图，就应熟悉各个命令的功能及用法。现分别介绍常用的编辑命令。

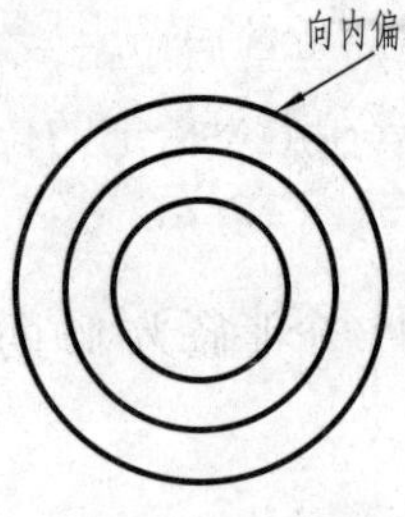

图 10-21 “偏移”命令绘制图形

(一) 复制对象

1. 偏移

绘图过程中，单一对象可以将其偏移，从而产生复制的对象。偏移时会根据偏移距离重新计算其大小，偏移对象可以是直线、曲线、圆、封闭图形等。启动方式如下：

菜单栏：单击“修改”→“偏移”。

工具栏：单击按钮。

命令行：Offset。

绘制如图 10-21 所示的图形。命令行提示：

命令：_offset　　//启动“偏移”命令

当前设置：删除源＝否　图层＝源　OFFSETGAPTYPE＝0

指定偏移距离或［通过（T）/删除（E）/图层（L）］<通过>：10

//输入偏移距离 10，按 Enter 键

选择要偏移的对象，或［退出（E）/放弃（U）］<退出>：

//单击对象圆

指定要偏移的那一侧上的点，或［退出（E）/多个（M）/放弃（U）］<退出>：

//向内单击

选择要偏移的对象，或［退出（E）/放弃（U）］<退出>：

//选择第二个圆

指定要偏移的那一侧上的点，或［退出（E）/多个（M）/放弃（U）］<退出>：

//向内单击

选择要偏移的对象，或［退出（E）/放弃（U）］<退出>：

//按 Enter 键

小提示

一次只能偏移一个对象，如果想要偏移多条线段可以将其转化为多线段来进行偏移。偏移常用于根据尺寸绘制的规则图样中，主要是相互平行的直线间相互复制，偏移命令比复制命令要求键入的数值少，使用比较方便。

2. 镜像

对于对称的图形，可以只绘制一半或四分之一，然后采用镜像命令产生对称的部分。启动方式如下：

菜单栏：单击“修改”→“镜像”。

工具栏：单击按钮。

命令行：Mirror。

将图 10－22（a）所示图形变成图 10－22（b）所示图形。命令行提示：

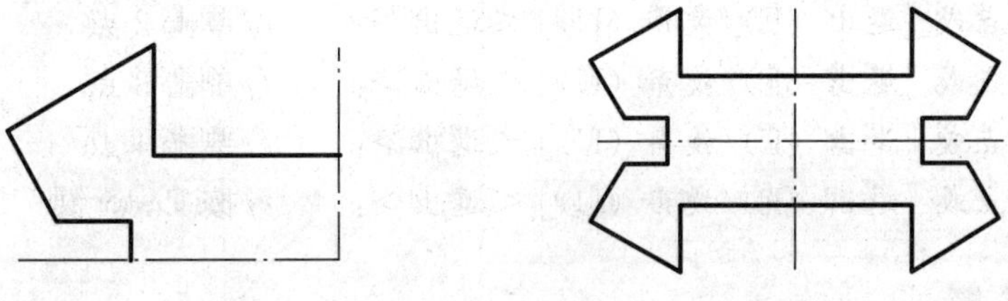

(a) (b)

图 10－22 “镜像”命令绘制图形

命令：_mirror	//启动“镜像”命令
选择对象：指定对角点：找到 6 个	//选择要镜像的对象
选择对象：	//按 Enter 键
指定镜像线的第一点：	//单击水平轴线一个端点
指定镜像线的第二点：	//单击水平轴线另一个端点
要删除源对象吗？[是（Y）/否（N）]＜N＞：	//按 Enter 键
命令：_mirror	//启动“镜像”命令
选择对象：指定对角点：找到 12 个	//选择要镜像的对象
选择对象：	//按 Enter 键
指定镜像线的第一点：	//单击垂直轴线一个端点
指定镜像线的第二点：	//单击垂直轴线另一个端点
要删除源对象吗？[是（Y）/否（N）]＜N＞：	//按 Enter 键

小提示

镜像命令一般用于对称的图形，而对于文字的镜像要通过 mirrtext 变量来控制是否使文字和其他对象一样被镜像。如果为 0，则文字不作镜像处理；如果为 1（缺省设置），文字和其他对象一样被镜像。

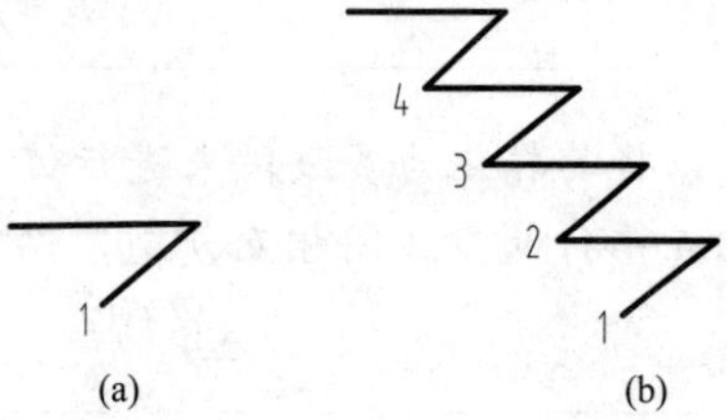

图 10－23 “复制”命令绘制图形

3．复制

对于图形中相近或相同的对象，不论其复杂程度如何，只要完成一个，便可以通过复制命令完成其他的若干个对象。启动方式如下：

菜单栏：单击“修改”→“复制”。

工具栏：单击按钮。

命令行：Copy。

图 10－23（a）所示图形变成图 10－23（b）所示图形，命令行提示：

命令：_ copy //启动“复制”命令

选择对象：找到 2 个 //窗口选择要复制的对象

选择对象： //按 Enter 键

指定基点或［位移（D）］＜位移＞：＜对象捕捉 开＞ 指定第二个点或＜使用第一个点作为位移＞： //单击 1 点

指定第二个点或［退出（E）/放弃（U）］＜退出＞： //单击 2 点

指定第二个点或［退出（E）/放弃（U）］＜退出＞： //单击 3 点

指定第二个点或［退出（E）/放弃（U）］＜退出＞： //单击 4 点

指定第二个点或［退出（E）/放弃（U）］＜退出＞： //按 Enter 键

小提示

复制对象过程中，在确定位移时要充分利用对象捕捉、栅格等精确绘图的辅助工具。其实在绝大多数的编辑命令中都要使用辅助工具来精确绘图。

4．阵列

阵列主要是对于规则分布的图形，通过环形或者是矩形阵列来得到相应的图形。启动方式如下：

菜单栏：单击“修改”→“阵列”→“矩形阵列”或“环形阵列”。

工具栏：单击按钮不松开，选择矩形阵列或环形阵列。

命令行：Arraypolar 或 Arrayrect。

绘制如图 10－24 和图 10－25 所示的图形。命令行提示：

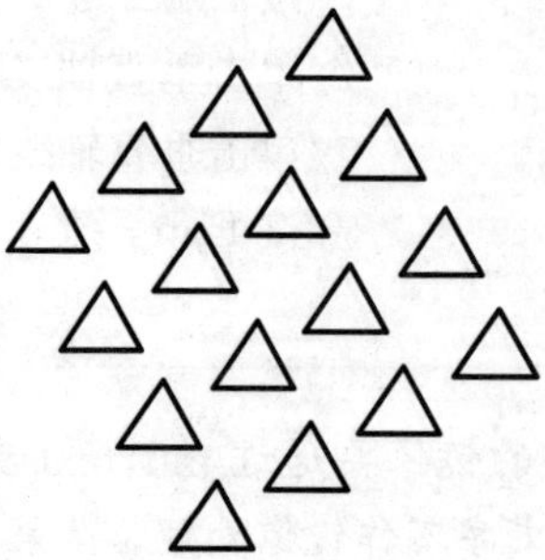

图 10－24 矩形阵列

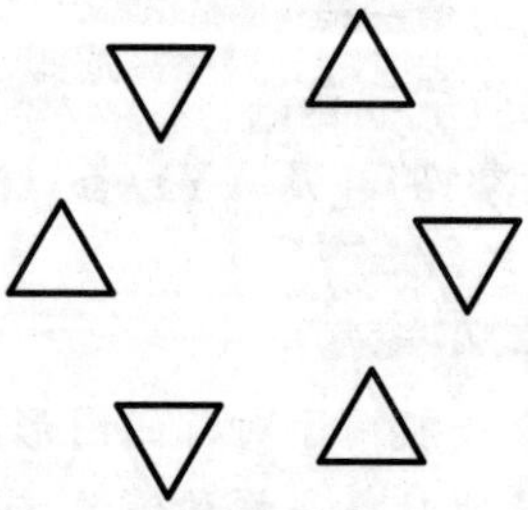

图 10－25 环形阵列

命令：_ arrayrect //启动“矩形阵列”命令

选择对象：找到 1 个　　//单击三角形，按 Enter 键

类型＝矩形　关联＝是

为项目数指定对角点或［基点（B）/角度（A）/计数（C）］<计数>：a　　//输入 A，按 Enter 键

指定行轴角度 <0>：30　　//输入旋转角度值，按 Enter 键

为项目数指定对角点或［基点（B）/角度（A）/计数（C）］<计数>：　　//按 Enter 键

输入行数或［表达式（E）］<4>：4　　//输入 4，按 Enter 键

输入列数或［表达式（E）］<4>：4　　//输入 4，按 Enter 键

指定对角点以间隔项目或［间距（S）］<间距>：10　　//输入 10，按 Enter 键

按 Enter 键接受或［关联（AS）/基点（B）/行（R）/列（C）/层（L）/退出（X）］<退出>：　　//按 Enter 键

阵列结果如图 10－24 所示。

命令：_ arraypolar　　//启动“环形阵列”命令

选择对象：找到 1 个　　//单击三角形，按 Enter 键

类型＝极轴　关联＝是

指定阵列的中心点或［基点（B）/旋转轴（A）］：　　//在绘图区内单击一点，作为中心点

输入项目数或［项目间角度（A）/表达式（E）］<4>：6　　//输入 6，按 Enter 键

指定填充角度（＋＝逆时针、－＝顺时针）或［表达式（EX）］<360>：　　//按 Enter 键

按 Enter 键接受或［关联（AS）/基点（B）/项目（I）/项目间角度（A）/填充角度（F）/行（ROW）/层（L）/旋转项目（ROT）/退出（X）］<退出>：　　//按 Enter 键

阵列结果如图 10－25 所示。

（二）调整对象

1. 移动

移动命令可以将一组或一个对象从一个位置移到另一个位置。启动方式如下：

菜单栏：单击“修改”→“移动”。

工具栏：单击按钮。

命令行：Move。

将如图 10－26 所示图形从 A 点移动到 B 点。命令行提示：

命令：_ move　　//启动“移动”命令

选择对象：指定对角点：找到 4 个　　//选择要移动的对象

选择对象：　　//按 Enter 键

指定基点或［位移（D）］<位移>：<对象捕捉　开>　　//单击 A 点，作为移动基点

指定第二个点或 <使用第一个点作为位移>：　　//单击 B 点

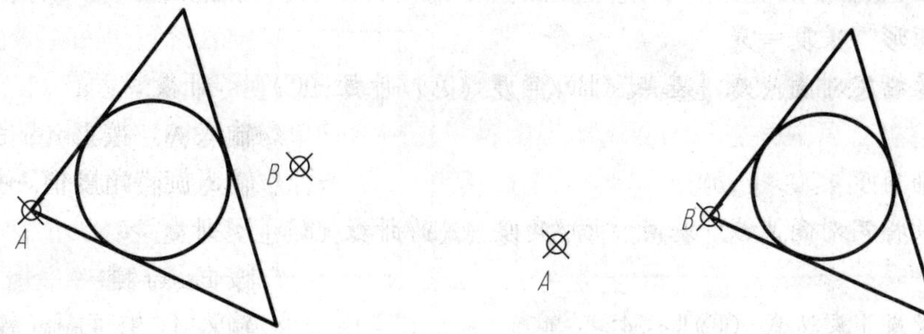

图 10－26 “移动”命令绘制图形

小提示

移动和复制需要进行的操作基本相同，但结果不同。复制在原位置保留了原对象，而移动在原位置不保留原对象。

2．旋转

使用“旋转”命令可以将某个对象旋转一个指定角度或参照一个对象进行旋转。启动方式如下：

菜单栏：单击“修改”→“旋转”。

工具栏：单击按钮。

命令行：Rotate。

将如图 10－27 所示图形进行旋转，命令行提示：

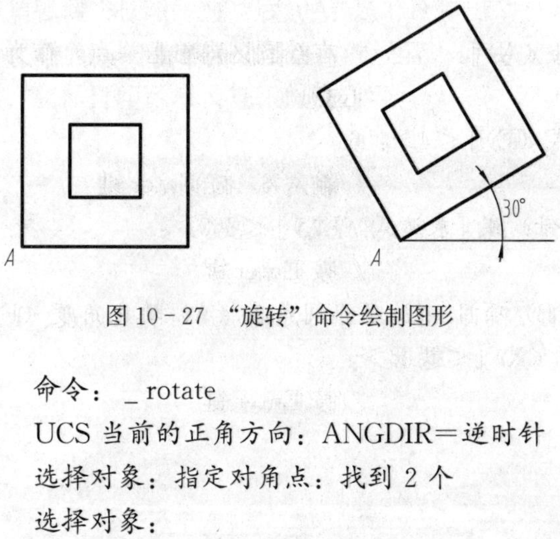

图 10－27 “旋转”命令绘制图形

命令：_ rotate //启动“旋转”命令
UCS 当前的正角方向：ANGDIR＝逆时针 ANGBASE＝0
选择对象：指定对角点：找到 2 个 //选择要旋转的对象
选择对象： //按 Enter 键
指定基点： //单击 A 点
指定旋转角度，或［复制（C）/参照（R）］<0>：30
//输入旋转角度 30，按 Enter 键

3．缩放

“缩放”命令可以根据用户的需要将对象按照指定比例因子相对于基点放大或缩小。该命令真正改变原图形的大小，是用户在绘图中经常用到的命令。启动方式如下：

菜单栏：单击“修改”→“缩放”。

工具栏：单击按钮。

命令行：Scale。

通过缩放命令，将原图形的长度 50 绘制成 80，如图 10－28 所示。命令行提示：

命令：_ scale //启动“缩放”命令

选择对象：找到 3 个 //选择要缩放的对象

选择对象： //按 Enter 键

指定基点： //选定圆心作为基点

指定比例因子或［复制（C）/参照（R）］＜0.5000＞：r

//输入参照命令 R，按 Enter 键

指定参照长度＜1.0000＞：指定第二点： //单击 A 点和 B 点

指定新的长度或［点（P）］＜1.0000＞：80 //输入新的长度 80，按 Enter 键

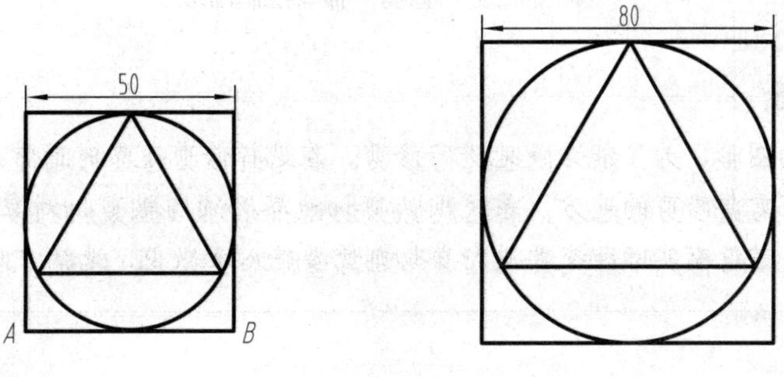

图 10－28 “缩放”命令绘制图形

小提示

比例缩放是改变原图形的大小，和视图显示的 Zoom 命令缩放有本质区别。Zoom 命令仅改变图形在屏幕上的显示大小，图形本身尺寸无任何大小变化。

（三）编辑对象

1. 修剪

在绘图过程中经常需要修剪图形，将超出的部分去掉，以便使图形精确相交。“修剪”命令是比较常用的编辑工具，用户在绘图过程中通常是先粗略绘制一些线段，然后将多余的线段使用修剪命令剪切掉。启动方式如下：

菜单栏：单击“修改”→“修剪”。

工具栏：单击 按钮。

命令行：Trim。

修剪如图 10－29 所示图形，命令行提示：

命令：_trim //启动“修剪”命令

当前设置：投影＝UCS，边＝无

选择剪切边...

选择对象或＜全部选择＞：找到 1 个 //单击对象圆，作为修剪的边界

选择对象： //按 Enter 键

选择要修剪的对象，或按住 Shift 键选择要延伸的对象，或［栏选（F）/窗交（C）/投影（P）/边（E）/删除（R）/放弃（U）］： //依次选择要修剪的线条，按 Enter 键

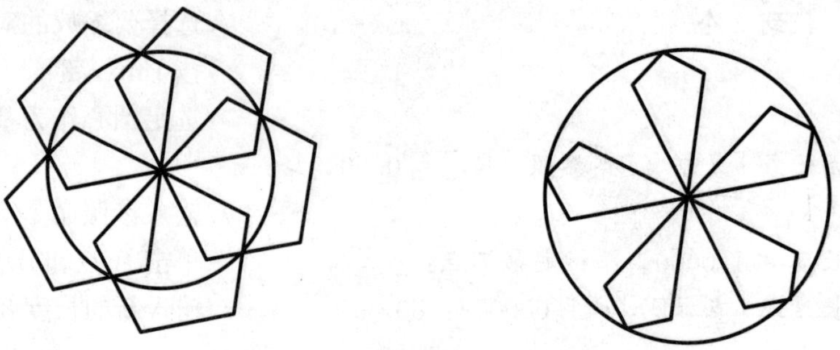

图 10－29 “修剪”命令绘制图形

小提示

对于复杂的图形，为了能方便地进行修剪，在选择修剪边界时通常选定所有的对象，这样就可以修剪需要修剪的地方。系统默认剪切边界必须与被剪切对象要实际相交，否则不进行剪切。若没有实际相交要进行剪切则需要输入参数 E，选择“延伸”选项即可。

2. 延伸

延伸是以指定的对象为边界，延伸某对象与之精确相交。启动方式如下：

菜单栏：单击“修改”→“延伸”。

工具栏：单击按钮。

命令行：Extend。

将图 10－30 所示直线 A 首先延伸到五边形 B 上，再延伸到直线 C 上。命令行提示：

命令：_extend　　//启动“延伸”命令

当前设置：投影＝UCS，边＝无

选择边界的边...

选择对象或＜全部选择＞：指定对角点：找到 2 个　　//选择五边形 B 和直线 C

选择对象：　　//按 Enter 键

选择要延伸的对象，或按住 Shift 键选择要修剪的对象，或［栏选（F）/窗交（C）/投影（P）/边（E）/放弃（U）］：　　//单击直线 A 的右侧，如图 10－30（b）所示

选择要延伸的对象，或按住 Shift 键选择要修剪的对象，或［栏选（F）/窗交（C）/投影（P）/边（E）/放弃（U）］：　　//再单击直线 A 的右侧，如图 10－30（c）所示

选择要延伸的对象，或按住 Shift 键选择要修剪的对象，或［栏选（F）/窗交（C）/投影（P）/边（E）/放弃（U）］：e　　//输入 E，按 Enter 键

输入隐含边延伸模式［延伸（E）/不延伸（N）］＜不延伸＞：e　　//输入 E，按 Enter 键

选择要延伸的对象，或按住 Shift 键选择要修剪的对象，或［栏选（F）/窗交（C）/投影（P）/边（E）/放弃（U）］：　　//再单击直线 A 的右侧，如图 10－30（d）所示

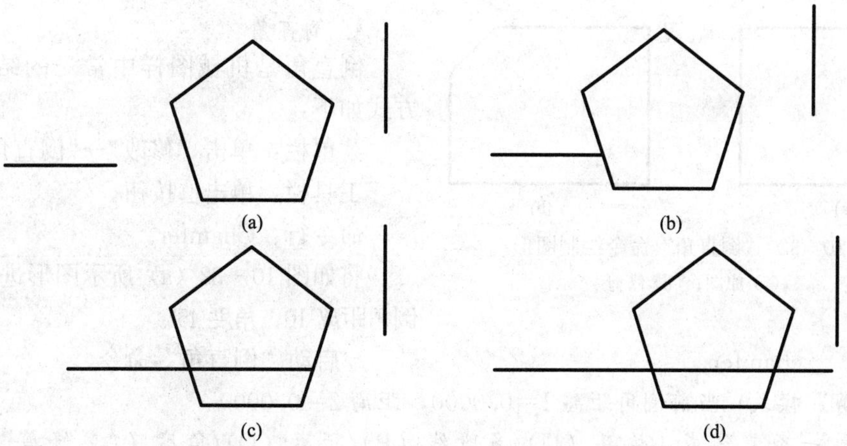

图 10－30 “延伸”命令绘制图形

3. 倒圆角

通过倒圆角可以将两个图形对象之间绘制成光滑的过渡圆弧线。启动方式如下：

菜单栏：单击“修改”→“倒圆角”。

工具栏：单击⌜ 按钮。

命令行：Fillet。

对图 10－31（a）所示图形进行倒圆角。命令行提示：

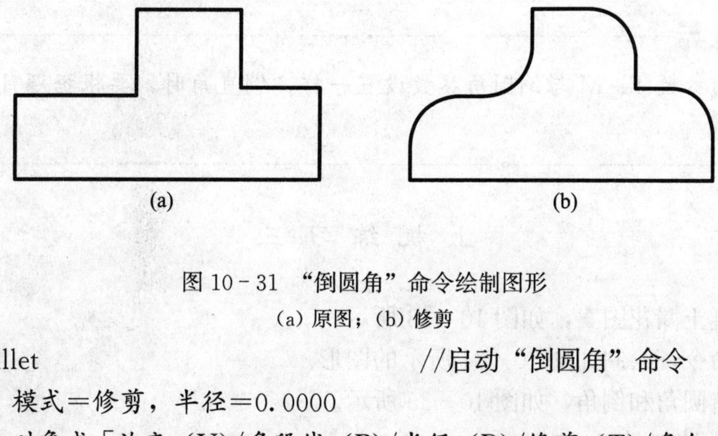

图 10－31 “倒圆角”命令绘制图形

(a) 原图；(b) 修剪

命令： _ fillet //启动“倒圆角”命令

当前设置：模式＝修剪，半径＝0.0000

选择第一个对象或［放弃（U)/多段线（P)/半径（R)/修剪（T)/多个（M)］：r

//输入 R，选择“半径”选项，按 Enter 键

指定圆角半径 ＜0.0000＞：18

//输入半径值，按 Enter 键

选择第一个对象或［放弃（U)/多段线（P)/半径（R)/修剪（T)/多个（M)］：m

//输入 M，选择“多个”选项，按 Enter 键

选择第一个对象或［放弃（U)/多段线（P)/半径（R)/修剪（T)/多个（M)］：

//依次单击要修剪的线段，按 Enter 键结束结果如图 10－31（b）所示。

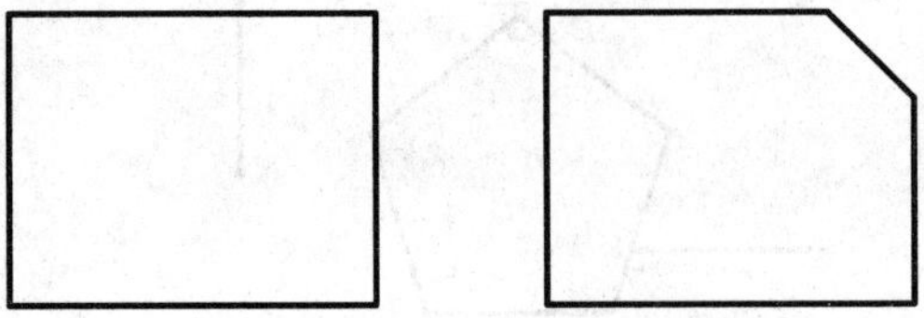

(a) (b)

图 10－32 “倒直角”命令绘制图形

（a）原图；（b）修剪

4. 倒直角

倒直角是机械图样中常见的结构，启动方式如下：

菜单栏：单击“修改”→“倒直角”。

工具栏：单击按钮。

命令行：Chamfer。

将如图 10－32（a）所示图形进行倒直角，倒角距离 10、角度 45°。

命令：_chamfer //启动“倒直角”命令

（“修剪”模式）当前倒角距离 1＝0.0000，距离 2＝0.0000

选择第一条直线或［放弃（U）/多段线（P）/距离（D）/角度（A）/修剪（T）/方式（E）/多个（M）］：d //输入 D，按 Enter 键

指定第一个倒角距离 ＜0.0000＞：10 //输入第一个倒角距离，按 Enter 键

指定第二个倒角距离 ＜10.0000＞： //按 Enter 键

选择第一条直线或［放弃（U）/多段线（P）/距离（D）/角度（A）/修剪（T）/方式（E）/多个（M）］： //选择要修剪的第一个线段

选择第二条直线，或按住 Shift 键选择要应用角点的直线：

//选择要修剪的第二个线段

如图 10－32（b）所示。

小提示

倒直角的参数 T、M 与倒圆角参数设置一样。倒直角时，要根据题目要求注意选择线段的顺序。

上 机 练 习 三

1. 剪切混凝土漏花图案，如图 10－33 所示。
2. 用所学命令，绘制如图 10－34 所示的图形。
3. 绘制铸造圆角和倒角，如图 10－35 所示。
4. 绘制零件图 10－36。

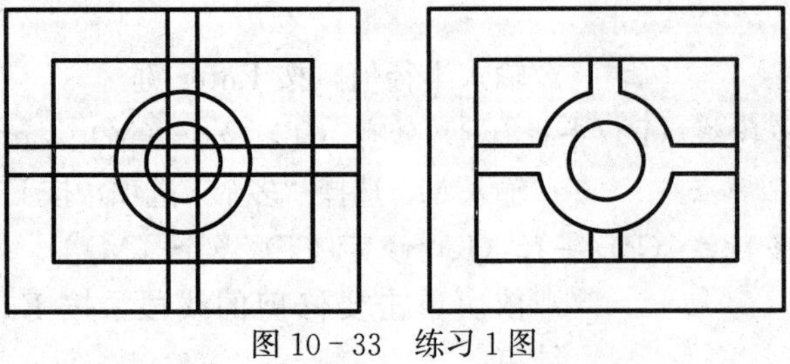

图 10－33 练习 1 图

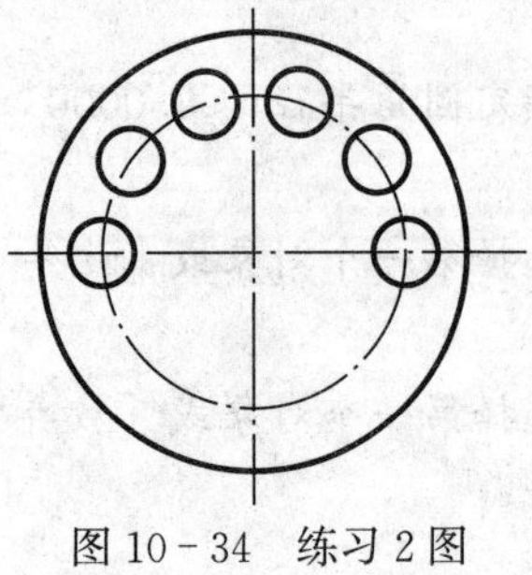

图 10－34 练习 2 图

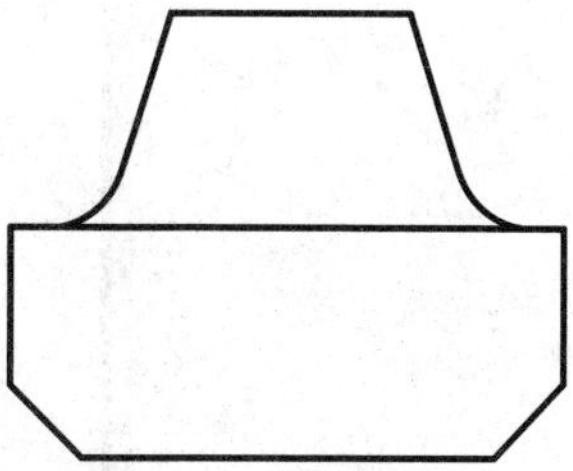

图 10－35 练习 3 图

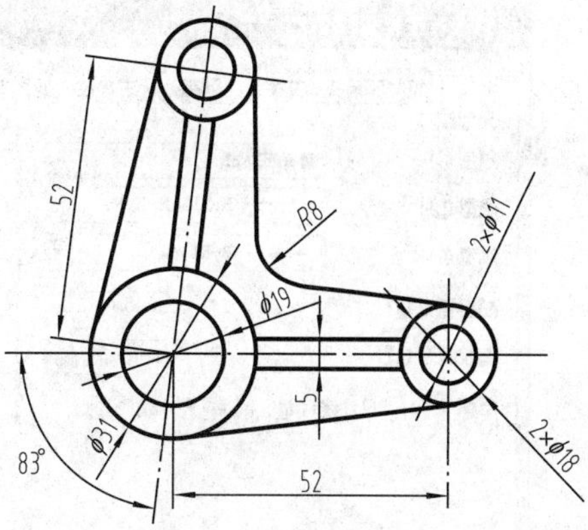

图 10－36 练习 4 图

第四节 AutoCAD 的尺寸标注与文本标注

一、尺寸标注样式设置

尺寸标注是一个复合体，其组成部分包含尺寸线、尺寸界线、标注文字、箭头等，其格式全都是由尺寸标注样式来控制的。尺寸标注样式是尺寸变量的集合，它决定了尺寸标注中各元素的外观。用户只要调整样式中的某些尺寸变量，就能灵活地变动标注外观，建立自己的尺寸标注样式。启动方式如下：

菜单栏：单击【标注】→【标注样式】。

工具栏：单击 按钮。

命令行：Dimstyle。

1. 创建尺寸标注样式

AutoCAD 提供了一个缺省的尺寸样式 ISO－25，用户可以对其进行修改，也可建立自己的尺寸样式。

单击 新建(N)... 按钮，打开“创建新标注样式”对话框，如图 10－37 所示。在“新样式名”框中输入新的样式名；在“基础样式”的下拉列表中选择作为新样式的基础样式；在“用于”下拉列表中选择一种仅适用于特定标注类型的标注子样式。

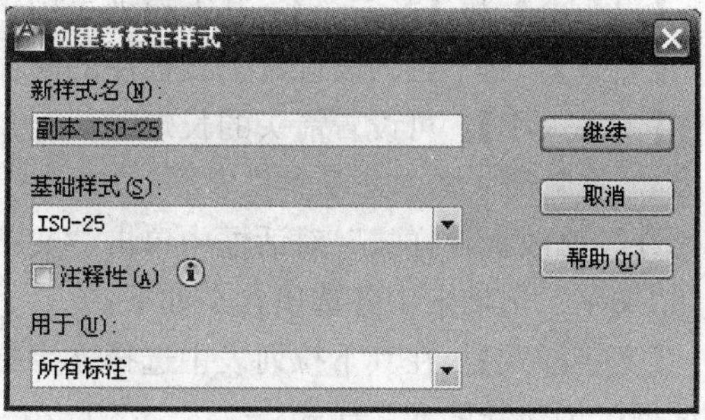

图 10－37 “创建新标注样式”对话框

单击 继续 按钮，打开“新建标注样式”对话框。该对话框中有 7 个选项卡，用户可根据需要逐一进行设置。

设置完毕单击 确定 按钮，即得一个新的尺寸样式；再单击 置为当前(U) 按钮，则新样式成为当前样式。

2. 控制尺寸线、尺寸界线

在“标注样式管理器”对话框中单击 修改(M)... 按钮，打开“修改标注样式”对话框，如图 10－38 所示。在“直线”选项卡中即可对尺寸线、尺寸界线进行设置。

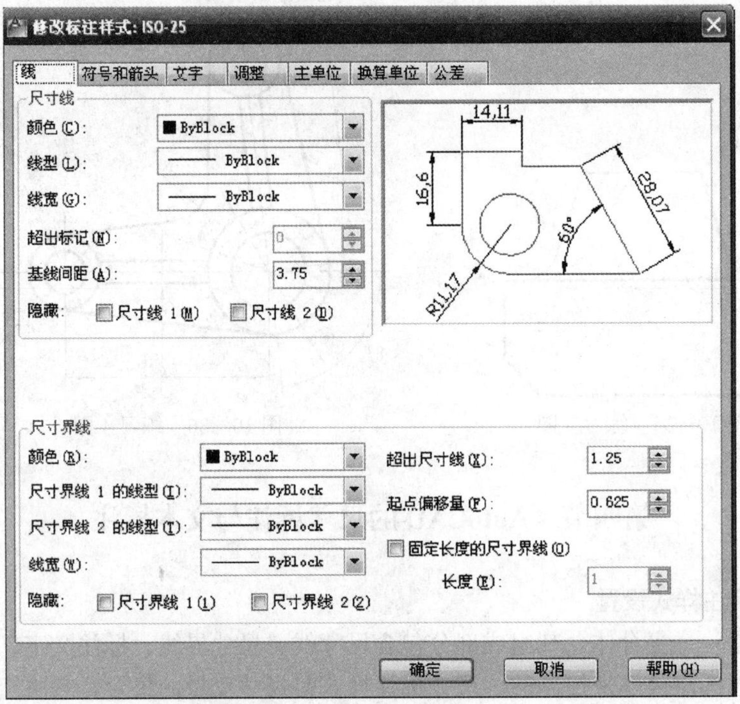

图 10－38 “修改标注样式”对话框

“直线”选项卡中各选项含义如下：

【基线间距】：决定平行尺寸线间的距离。

【超出尺寸线】：控制尺寸界线超出尺寸线的距离。

【起点偏移量】：控制尺寸界线起点与标注对象端点间的距离。

3. 控制尺寸箭头

在“修改标注样式”对话框中单击“符号和箭头”选项卡。

“符号和箭头”选项卡中各选项含义如下：

【第一个】和【第二个】：其下拉列表用于选择尺寸线两端箭头的样式。

【引线】：其下拉列表设置引线标注的箭头样式。

【箭头大小】：可设置箭头的长短。

4. 控制尺寸文本外观和位置

在“修改标注样式”对话框中单击“文字”选项卡。

“文字”选项卡中各选项含义如下：

【文字样式】：在其下拉列表中选择文字样式。或单击其右侧的按钮，打开“文字样式”对话框，创建新的文字样式。

【文字高度】：在此指定文字的高度。

【绘制文字边框】：当勾选该选项后，可给标注文本添加一个矩形框。

【垂直】：在其下拉列表可选择垂直方向尺寸数字的标注位置。

【水平】：在其下拉列表可选择水平方向尺寸数字的标注位置。

【从尺寸线偏移】：用于设定标注文字与尺寸线间的距离。

【水平】：使所有的标注文本水平放置。

【与尺寸线对齐】：使标注文本与尺寸线对齐。

【ISO 标准】：当标注文本在两尺寸界线内部时，标注文本与尺寸线对齐。

小 提 示

仅当生成的线段至少与文字间距同样长时，AutoCAD 才会在尺寸界线内侧放置文字。仅当箭头、标注文字及页边距有足够的空间容纳文字间距时，才将尺寸上方或下方的文字置于内侧。

5. 调整箭头、标注文字及尺寸界线间的位置关系

在“修改标注样式”对话框中单击“调整”选项卡。通过该选项卡可调整标注文字、尺寸箭头及尺寸界线间的位置关系。当两条尺寸界线间有足够空间时，AutoCAD 将自动把箭头、标注文字放在尺寸界线间；当两条尺寸界线间空间不足时，AutoCAD 将按选项卡中的位置调整箭头或标注文字的位置。

“调整”选项卡中各选项含义如下：

【文字或箭头】：对标注文本及箭头进行综合考虑，以达到最佳效果。

【箭头】：该选项将尽量把箭头放入尺寸界线内，否则，文字和箭头都放在尺寸界线之外。

【文字】：该选项将尽量把文字放入尺寸界线内，否则，文字和箭头都放在尺寸界线之外。

【文字和箭头】：当尺寸界线间不能同时放下文字或箭头时，就将文字或箭头都放在尺寸界线之外。

【文字始终保持在尺寸界线之间】：该选项总是把文字放入尺寸界线间。

【使用全局比例】：全局比例值将影响尺寸标注所有组成元素的大小。

【在尺寸界线之间绘制尺寸线】：该选项总是在尺寸界线间绘制尺寸线。否则，当箭头移至尺寸界线外侧时，不画出尺寸线。

小 提 示

当尺寸界线间的距离仅能容纳文字时，文字放在尺寸界线内，箭头放在尺寸界线外；当尺寸界线间的距离仅能容纳箭头时，箭头放在尺寸界线内，文字放在尺寸界线外；当尺寸界线间的距离既不能够放文字也不能够放箭头时，文字和箭头都放在尺寸界线外。

二、AutoCAD 常用的尺寸标注命令

AutoCAD 提供了一套完整、灵活的尺寸标注系统。即标注中可自动测量被标注对象的长度或角度，并生成尺寸标注文本。对于不同的标注对象，所采用的命令也不同。于是 AutoCAD 提供了如图 10－39 所示的“尺寸标注命令”工具栏。

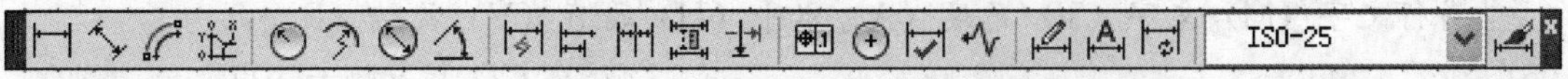

图 10－39　“尺寸标注命令”工具栏

1. 线性尺寸标注

线性尺寸标注是指通过指定两点之间的水平或垂直距离的尺寸，启动方式如下：

菜单栏：单击“标注”→“线性”。

工具栏：单击按钮。

命令行：Dimlinear。

其中的参数如下：

【指定第一条尺寸界线原点】：指定第一条尺寸界线的原点之后，将提示指定第二条尺寸界线的原点。如果直接按 Enter 键，则出现选择对象的提示。

【指定第二条尺寸界线原点】：指定第二条尺寸界线的原点。

【多行文字】：显示在位文字编辑器，可用来编辑标注文字。

【文字】：设置标注的文字值或按 Enter 键接受生成的测量值。

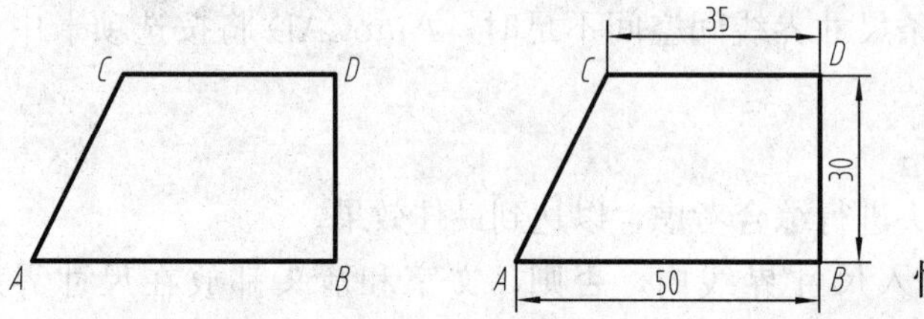

图 10－40　线性标注

【角度】：修改标注文字的角度。

【水平】：创建水平线性标注。

【垂直】：创建垂直线性标注。

【旋转】：创建旋转一定角度的线性标注。

标注如图 10－40 所示图形的边长尺寸，命令行提示：

命令：_ dimlinear　　//启动“线性标注”命令

指定第一条尺寸界线原点或＜选择对象＞：　　//单击 *A* 点

指定第二条尺寸界线原点：　　//单击 *B* 点

指定尺寸线位置或

[多行文字（M）/文字（T）/角度（A）/水平（H）/垂直（V）/旋转（R）]：

//在 *AB* 下方单击一点

标注文字＝50

命令：_ dimlinear　　//按 Enter 键，重复标注

指定第一条尺寸界线原点或＜选择对象＞：　　//单击 *B* 点

指定第二条尺寸界线原点：　　//单击 *D* 点

指定尺寸线位置或

[多行文字（M）/文字（T）/角度（A）/水平（H）/垂直（V）/旋转（R）]：

//在 *BD* 右方单击一点

标注文字＝30

命令：_ dimlinear　　//按 Enter 键，重复标注

指定第一条尺寸界线原点或＜选择对象＞：　　//单击 *D* 点

指定第二条尺寸界线原点：　　//单击 *C* 点

指定尺寸线位置或

[多行文字（M）/文字（T）/角度（A）/水平（H）/垂直（V）/旋转（R）]：

//在 *CD* 上方单击一点

标注文字＝35

2. 对齐标注

对齐标注用于对倾斜的对象进行标注，其特点是尺寸线平行于指定位置或标注对象。启动方式如下：

菜单栏：单击“标注”→“对齐”。

工具栏：单击按钮。

命令行：Dimaligned。

标注图 10－41 所示面图形的边长。命令行提示：

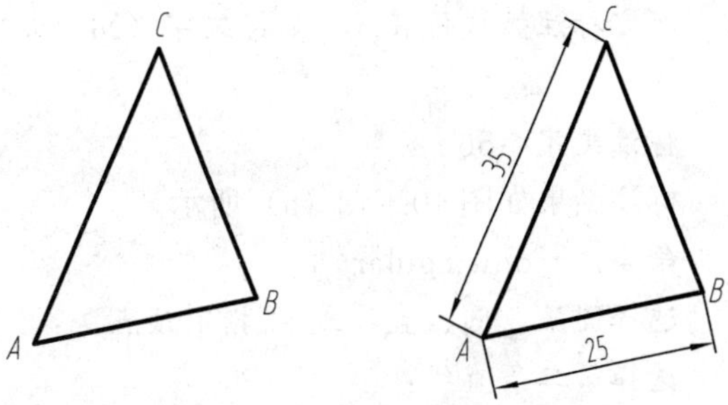

图 10－41　对齐标注

命令：_dimaligned　//启动“对齐标注”命令

指定第一条尺寸界线原点或＜选择对象＞：　//单击 A 点

指定第二条尺寸界线原点：　//单击 C 点

指定尺寸线位置或

[多行文字（M）/文字（T）/角度（A）]：　//在 AC 外侧单击一点

标注文字＝35

命令：_dimaligned　//按 Enter 键，重复标注

指定第一条尺寸界线原点或＜选择对象＞：　//单击 A 点

指定第二条尺寸界线原点：　//单击 B 点

指定尺寸线位置或

[多行文字（M）/文字（T）/角度（A）]：　//在 AB 外侧单击一点

标注文字＝25

小提示

对齐标注的参数与线性标注的参数一样。线性标注主要用于水平或垂直尺寸，对齐标注主要用于与对象平行的尺寸标注。

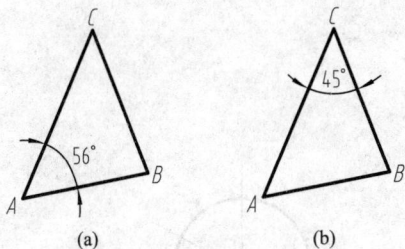

3. 角度标注

角度标注用于测量两条直线或三个点之间的角度。启动方式如下：

菜单栏：单击“标注”→“角度”。

工具栏：单击按钮。

命令行：Dimangular。

使用三点之间标注和选择对象标注角度，如图 10－42 所示。命令行提示：

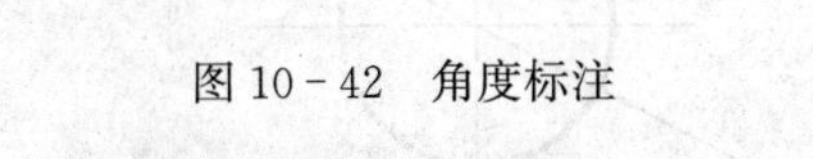

图 10－42　角度标注

命令：_dimangular　//启动“角度标注”命令

选择圆弧、圆、直线或＜指定顶点＞：　//按 Enter 键，选择三点法

指定角的顶点：　//捕捉单击 A 点

指定角的第一个端点：　//捕捉单击 C 点

指定角的第二个端点：　//捕捉单击 B 点

指定标注弧线位置或［多行文字（M）/文字（T）/角度（A）］：

//移动鼠标，确定尺寸线位置

标注文字=56

标注结果如图 10－42（a）所示。

命令：_ dimangular //启动“角度标注”命令

选择圆弧、圆、直线或＜指定顶点＞： //单击线段 *AC*

选择第二条直线： //单击线段 *BC*

指定标注弧线位置或［多行文字（M）/文字（T）/角度（A）］：

//移动鼠标，确定尺寸线位置

标注文字=45

标注结果如图 10－42（b）所示。

4. 标注半径尺寸

半径标注是由一条具有指向圆或圆弧的箭头的半径尺寸线组成，自动生成的标注文字前面将显示表示半径符号的字母 *R*。启动方式如下：

菜单栏：单击“标注”→“半径”。

工具栏：单击按钮。

命令行：Dimradius。

标注所示圆弧的半径尺寸，如图 10－43 所示。命令行提示：

命令：_ dimradius //启动“半径标注”命令

选择圆弧或圆： //单击圆弧

标注文字=17

指定尺寸线位置或［多行文字（M）/文字（T）/角度（A）］：

//移动鼠标，确定尺寸线位置

5. 标注直径尺寸

标注直径尺寸与圆或圆弧半径的标注方法相似。启动方式如下：

菜单栏：单击“标注”→“直径”。

工具栏：单击按钮。

命令行：Dimdiameter。

标注圆的直径尺寸，如图 10－44 所示。命令行提示：

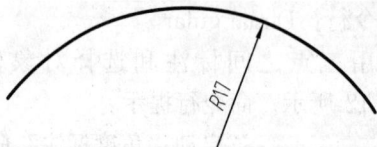

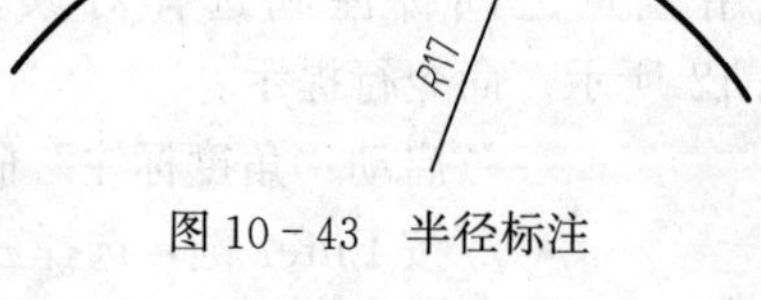

图 10－43 半径标注

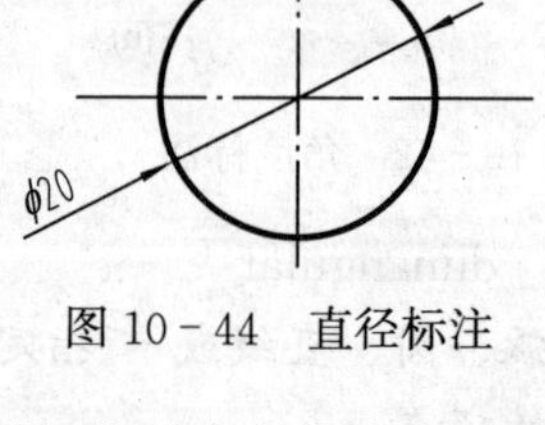

图 10－44 直径标注

命令：_ dimdiameter //启动“直径标注”命令

选择圆弧或圆： //单击圆

标注文字=20

指定尺寸线位置或［多行文字（M）/文字（T）/角度（A）］：

//移动鼠标，确定尺寸线位置

三、文字标注

一幅完整的工程图样不仅需要使用相关的绘图、编辑、尺寸标注命令等来绘制出图形，还需要加注一些必要的文字，由此来增加图形的可读性，使图形本身不易表达的内容与图形信息变得准确和容易理解。

当需要标注的文字内容较长、较复杂时，可以使用“多行文字标注”命令进行文字标注。它是由任意数目的文字行或段落组成。与单行文字不同，在多行文字编辑任务中所创建的文字行或段落将被视为整体一个对象，用户可以对其整体进行复制、选择、移动、镜像等操作。另外，多行文字还具有更多的编辑选项，如对文字进行加粗、增加下划线、改变字体颜色等。一般多选择“多行文字标注”命令进行文字标注。启动方式如下：

菜单栏：单击“标注”→“文字”→“多行文字”。

工具栏：单击 A 按钮。

命令行：Mtext。

启动多行文字命令后，光标变为如图 10－45 所示的形式。在绘图窗口中，单击指定一点并向下方拖动鼠标绘制出一个矩形线框，如图 10－46 所示。绘图区的线框用于指定多行文字的输入位置和大小，其箭头指定文字书写的方向。拖动鼠标到适当的位置后单击，弹出对话框如图 10－47 所示，输入完成后单击“确定”按钮，此时文字显示在用户指定的位置，如图 10－48 和图 10－49 所示。

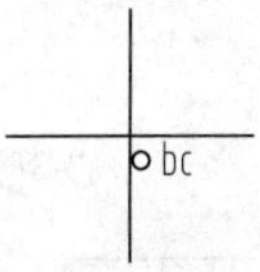

图 10－45 光标形状

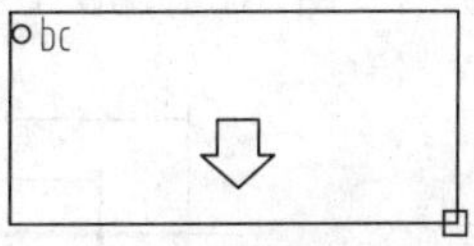

图 10－46 拖动鼠标过程

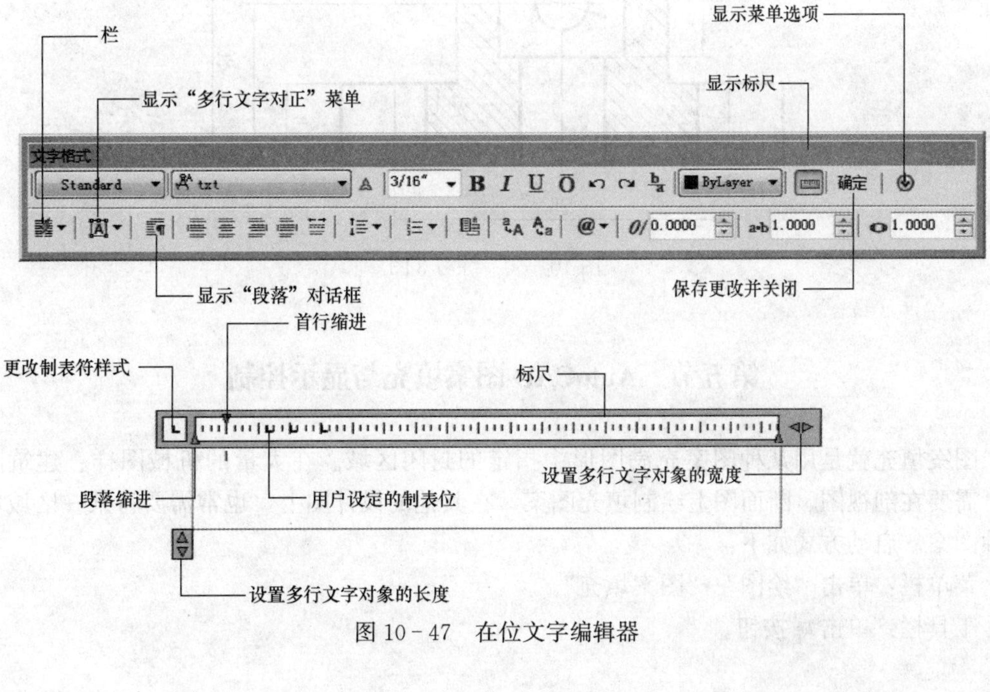

图 10－47 在位文字编辑器

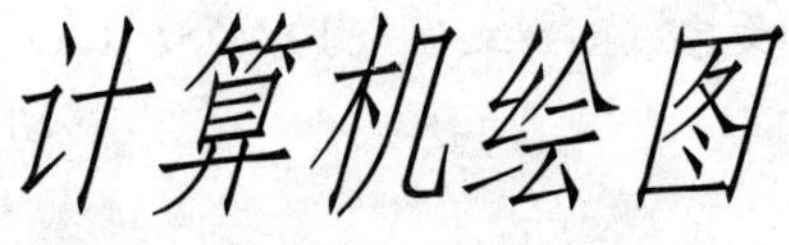

图 10－48　倾斜一定角度显示文字

图 10－49　不同追踪值显示文字

小提示

工具栏中的参数（如样式、字体高度、粗体、斜体、下划线、文字颜色等）与 Word 文档编辑命令相似，此处不再赘述。需要注意的是，有些按钮为暗灰色表示不支持用户所选的字体，故不能使用。

上 机 练 习 四

1. 练习线性、对齐、直径、半径、角度尺寸标注。
2. 熟悉尺寸标注样式设置。
3. 标注如图 10－50 所示的图形尺寸。

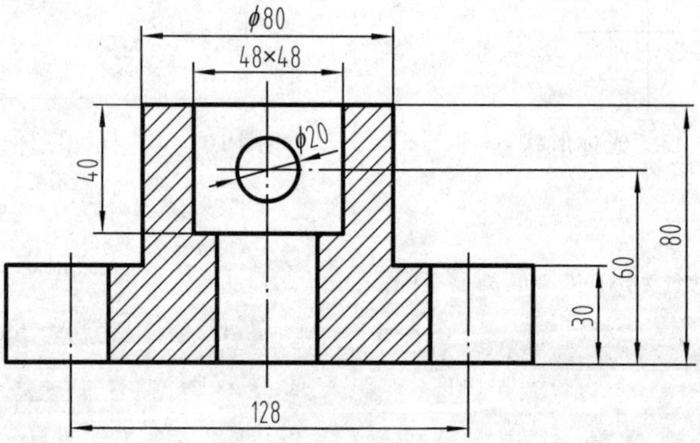

图 10－50　练习 3 图

第五节　AutoCAD 图案填充与显示控制

图案填充就是用某种图案充满图形中指定的封闭区域。在大量的机械图样、建筑图样上，需要在剖视图、断面图上绘制填充图案。在其他的设计图上，也常需要将某一区域填充某种图案。启动方式如下：

菜单栏：单击“绘图”→“图案填充”。

工具栏：单击按钮。

命令行：Bhatch。

1. 选择图案填充区域

在“图案填充和渐变色”对话框中，各选项组的意义如下：

(1)“边界”选项组。该选项组中可以选择“图案填充”的区域方式。

【添加：拾取点】：根据围绕指定点构成封闭区域的现有对象确定边界。对话框将暂时关闭，系统将提示用户拾取一个点。此时，就可以在闭合区域内单击，系统自动以虚线形式显示用户选中的边界，如图 10-51 所示。确定图案填充边界后，在绘图区内单击鼠标右键，显示光标菜单，如图 10-52 所示，用户可以单击“预览”选项，来查看图案填充效果。

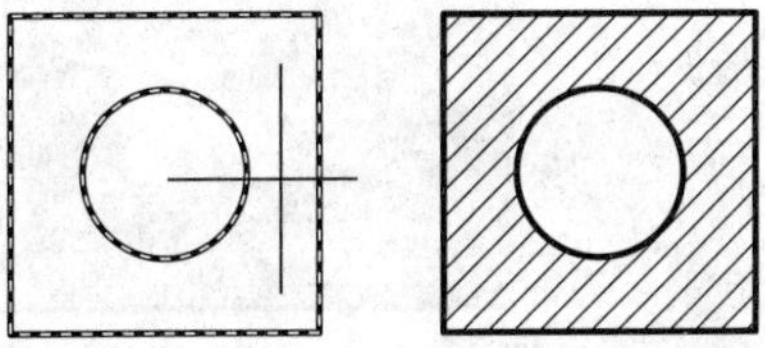
图 10-51　添加拾取点和填充效果

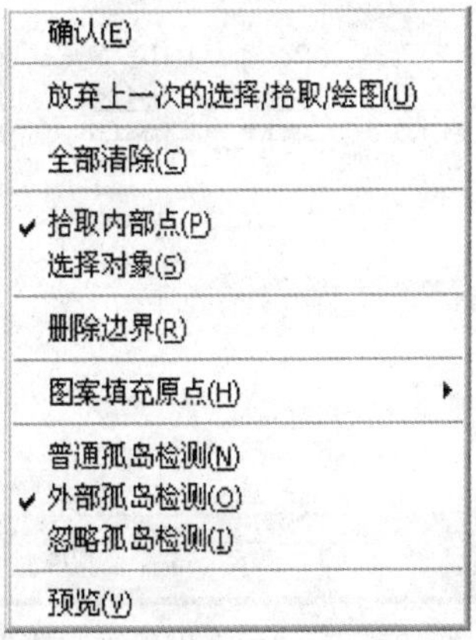

图 10-52　光标菜单

【添加：选择对象】：根据构成封闭区域的选定对象确定边界。对话框将暂时关闭，系统将提示用户选择对象。选中的边界对象变为虚线，系统不会自动检测内部对象，如图 10-53 所示。

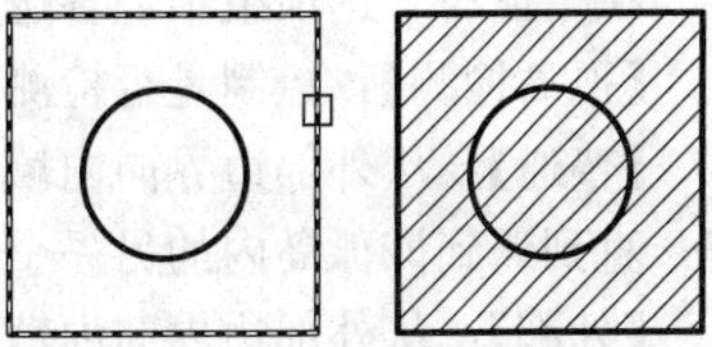
图 10-53　添加选择对象和填充效果

【删除边界】：从边界定义中删除以前添加的任何对象。

【重新创建边界】：围绕选定的图案填充或填充对象创建多段线或面域，并使其与图案填充对象相关联（可选）。如果没有定义图案填充，则此选项不可选用。

【查看选择集】：图案填充或填充设置显示当前定义的边界。如果未定义边界，则此选项不可用。

(2)“选项”选项组。控制几个常用的图案填充或填充选项。推荐用户使用默认设置，本书不再详细介绍。

2. 选择图案样式

在“图案填充”选项卡中，“类型和图案”选项组可以选择图案填充的样式。“图案”下拉列表用于选择图案的样式，如图 10-54 所示。单击“图案”下拉列表右侧的按钮▢，弹出“填充图案选项板”的对话框，

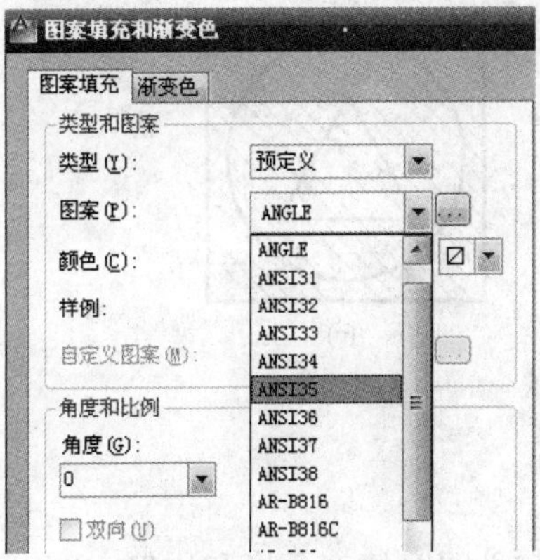

图 10-54　选择图案样式

如图 10－55 所示。

3. 孤岛的控制

在“图案填充和渐变色”对话框中，单击右下角选项按钮，展开其他选项，可以控制“孤岛”的样式，如图 10－56 所示。

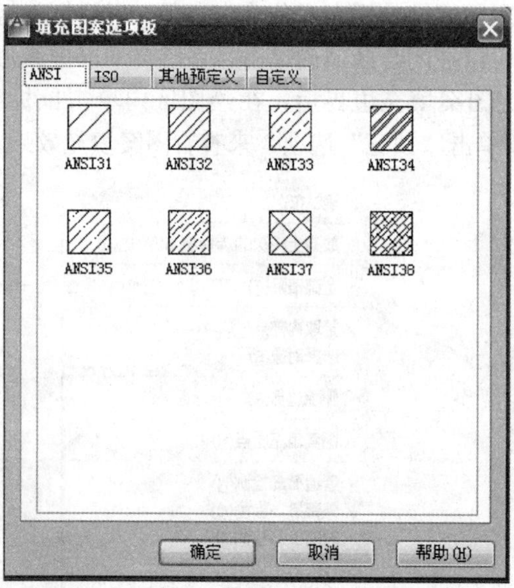

图 10－55　“填充图案选项板”对话框

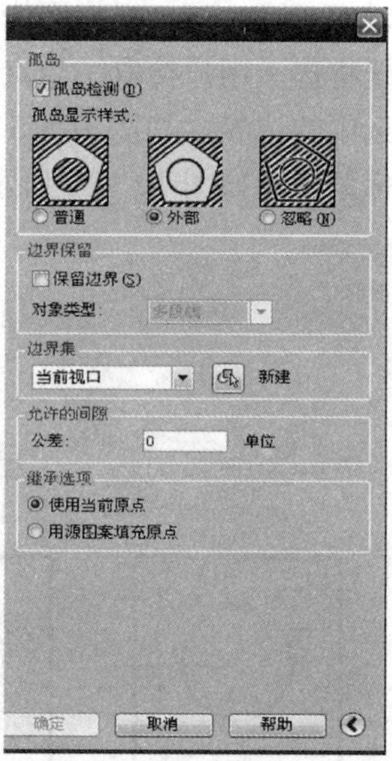

图 10－56　“孤岛样式”对话框

在“孤岛”选项组中，各选项的意义如下：

【孤岛检测】：控制是否检测内部闭合边界。

【普通】：从外部边界向内填充。如果系统遇到一个内部孤岛，将停止进行图案填充或填充，直到遇到该孤岛内的另一个孤岛，如图 10－57（a）所示。

【外部】：从外部边界向内填充。如果系统遇到内部孤岛，它将停止进行图案填充。此选项只对结构的最外层进行图案填充，而结构内部保留空白，如图 10－57（b）所示。

【忽略】：忽略所有内部的对象，填充图案时将通过这些对象，如图 10－57（c）所示。

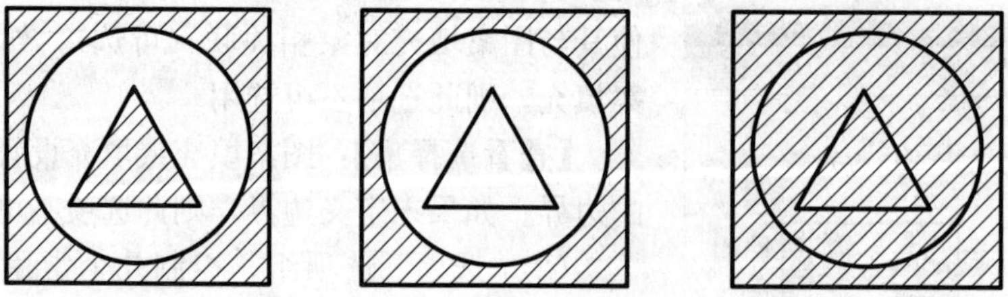

(a)　　(b)　　(c)

图 10－57　“孤岛”显示样式

（a）普通；（b）外部；（c）忽略

4. 选择图案的角度和比例

在“图案填充”选项卡中，“角度和比例”选项可以定义图案填充角度和比例。“角度”下拉列表框用于选择预定义填充图案的角度，用户也可以在该列表框中输入角度值。比例下拉列表框中用于指定放大或缩小填充图案，用户也可以在该列表框中输入缩放比例值。

对图 10－58（a）所示图形进行图案填充。命令行提示：

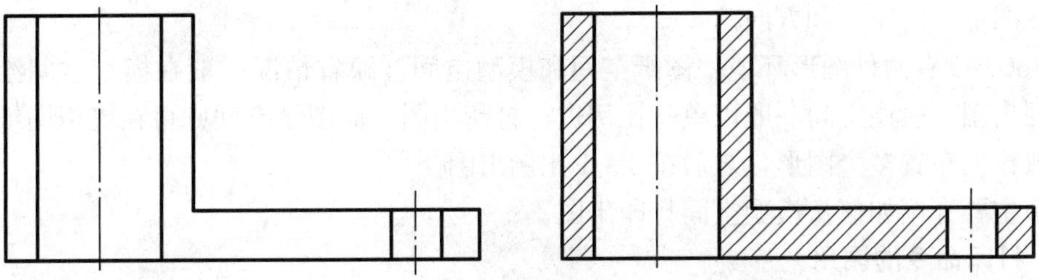

(a)　　(b)

图 10－58　图案填充

命令：_ bhatch　　//启动图案填充命令，在弹出对话框中单击“拾取点”按钮

拾取内部点或［选择对象（S）/删除边界（B）］：正在选择所有对象...

//在需要填充的图形内部单击

正在选择所有可见对象...

正在分析所选数据...

正在分析内部孤岛...　　//选择的边界变为虚线，单击鼠标右键，弹出光标菜单栏，选择“预览”选项

拾取内部点或［选择对象（S）/删除边界（B）］：

拾取或按 Esc 键返回到对话框或＜单击右键接受图案填充＞：

//单击鼠标右键确认

填充结果如图 10－58 所示。

上 机 练 习 五

1. 填充如图 10－59 所示的图案。
2. 利用填充命令完成如图 10－60 所示的图案。

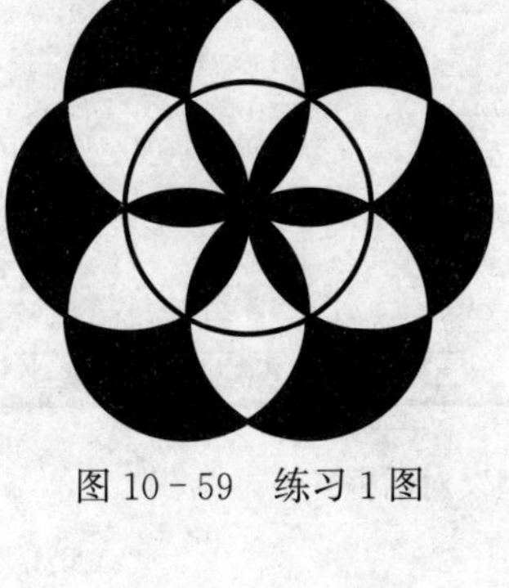

图 10－59　练习 1 图

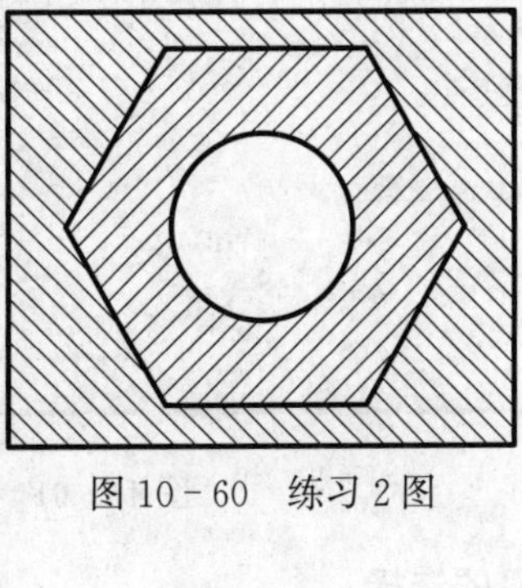

图 10－60　练习 2 图

第六节　AutoCAD 图 形 输 出

图纸设计的最后一步是出图打印。打印图形的关键问题之一是打印比例。图样是按

1∶1 的比例绘制的，输出图形时，则要根据不同的图纸幅面将图形进行缩放，有时还要调整图形在图纸上的位置和方向。

AutoCAD 有两种图形环境：图纸空间和模型空间。缺省情况一般在模型空间绘图，并从该空间出图。模型空间一般以单一比例进行打印出图。而图纸空间则可在虚拟图纸上以不同的缩放比例布置多个图形，之后按 1∶1 比例出图。

本节主要介绍如何从模型空间打印出图。

一、打印命令的调用

AutoCAD 中可使用内部打印机或 Windows 系统打印机输出图形，并能方便地修改打印机设置及其打印参数。

1. 打印命令

“打印”命令启动方式如下：

菜单栏：单击“文件”→“打印”。

工具栏：单击按钮。

快捷键：Ctrl+P。

2. 打印选项

启动“打印”命令后，AutoCAD 弹出“打印”对话框，如图 10-61 所示。在此对话框中有 7 个区域可进行打印选项的设置，即用以选择打印设备、定制图纸幅面、设置打印比例、选择打印区域及打印份数。

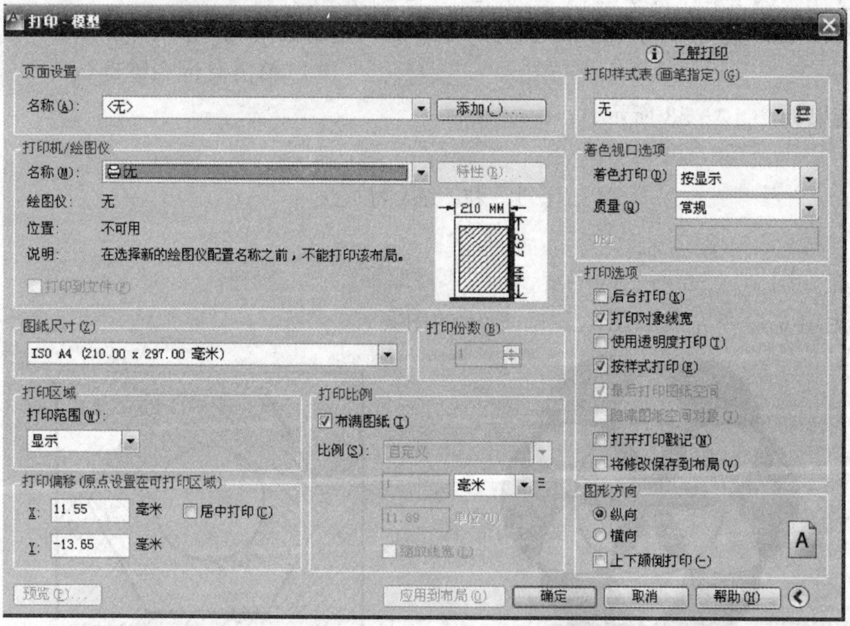

图 10-61 “打印—模型”对话框

二、打印机的选择

“打印”对话框中“打印机/绘图仪”区域中，如图 10-62 所示。在“名称（M)”右边的下拉列表中选择本机配置的打印设备即可。

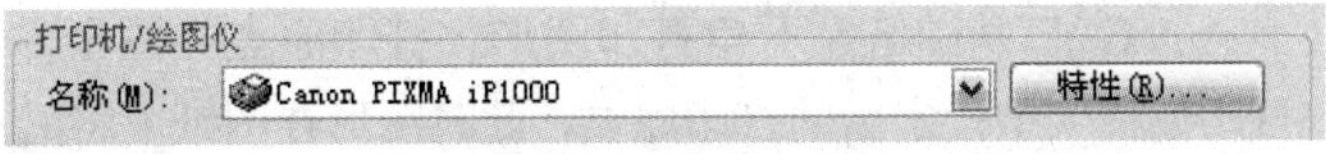

图 10－62 “打印机”选项

三、图纸幅面的选择

在“打印”对话框的“图纸尺寸”区域中，单击下拉列表可定制图纸幅面，如图 10－63 所示。选定图纸幅面后，在该列表的右上角将会出现所选图纸及其实际打印范围的预览图像（阴影显示的范围），如图 10－64 所示。

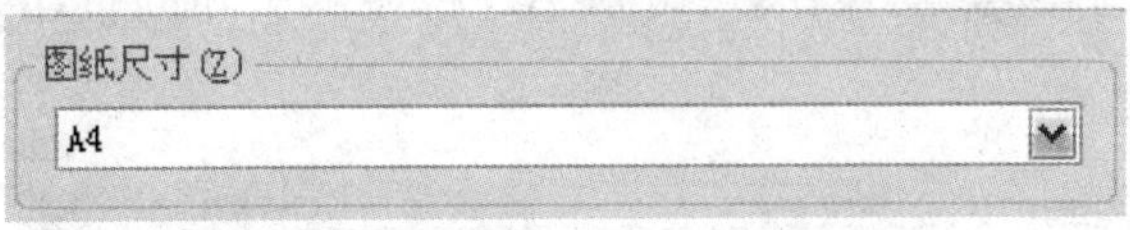

图 10－63 “图幅”选项

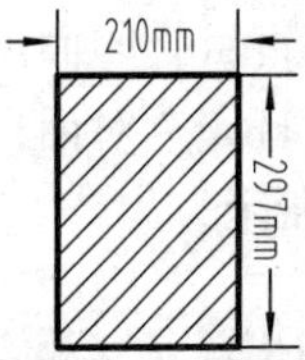

图 10－64 “图幅预览”选项

四、设定打印区域

在“打印”对话框的“打印区域”下拉列表中包含 4 个选项，可设置输出图形的范围，如图 10－65 所示。各选项的功能如下：

图 10－65 “图幅预览”选项

【显示】：打印整个图形窗口。

【范围】：打印图样中所有图形对象。

【窗口】：打印用户设定的区域。

【图形界限】：打印所设定的图形界限范围内的图样。

五、设定打印比例

在“打印”对话框的“打印比例”区域中可设置出图比例，如图 10－66 所示。

在【比例】选项的下拉列表中包含一系列标准缩放比例值，以及“自定义”选项。“自定义”选项使用户可以自己指定打印比例。

从模型空间打印时，“打印比例”的默认设置是【布满图纸】选项。此时，AutoCAD 将自动缩放图形以充满所选定的图纸。

六、打印偏移的设置

在“打印”对话框的“打印偏移”区域中可设置图形在图纸上的打印位置，如图 10－67 所示。

图 10－66 “打印比例”选项

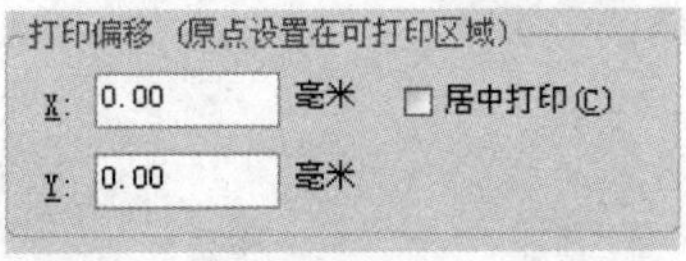

图 10－67 “打印偏移”选项

在缺省的情况下，AutoCAD从图纸左下角打印图形。打印原点在图纸左下角位置，坐标是(0，0)。用户可在“打印偏移”中设定新的打印原点，此时图形在图纸上将沿 X 和 Y 轴移动。

该区域包含有3个选项：

【居中打印】：在图纸的正中间打印图形。

【X】：指定打印原点在 X 方向的偏移值。

【Y】：指定打印原点在 Y 方向的偏移值。

七、打印预览

打印参数设置完毕后，可通过打印预览来观察图形的打印效果。如若不合适可重新调整参数，避免盲目打印而浪费图纸。

单击“打印”对话框左下角处的 预览(P)... 按钮，AutoCAD将显示实际的打印效果，如图10-68所示。

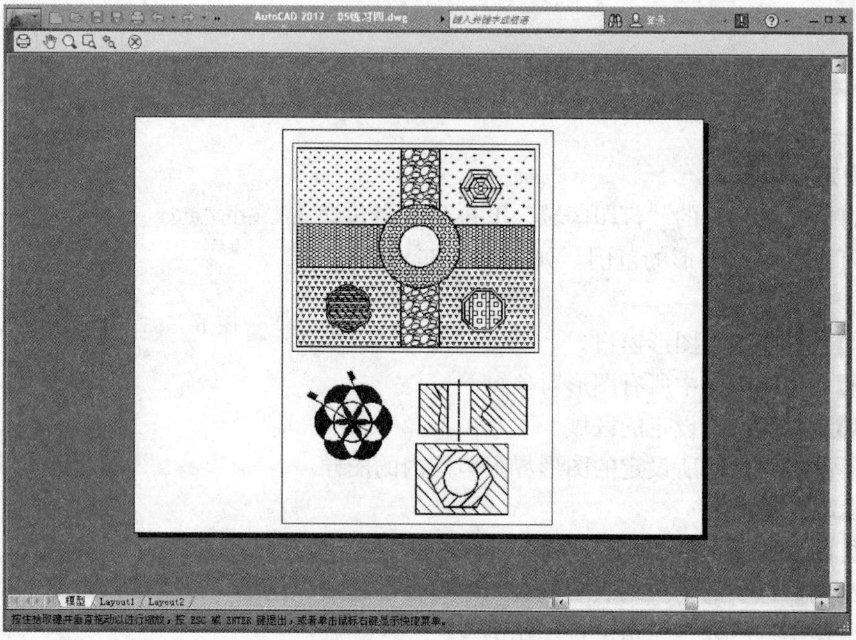

图10-68 “打印预览”对话框

八、打印出图

通过打印预览调整到满意效果之后，单击“打印”对话框最下方的 应用到布局(T) 按钮后，再单击 确定 按钮即可打印出所需图纸。

附　　录

一、螺纹

附表 1　　普通螺纹直径与螺距、基本尺寸（GB/T 193—2003 和 GB/T 196—2003）

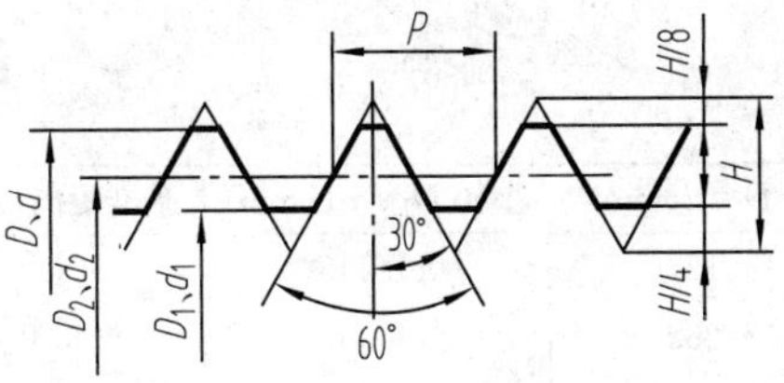

标记示例

公称直径 24mm，螺距 3mm，右旋粗牙普通螺纹，其标记为：M24

公称直径 24mm，螺距 1.5mm，左旋细牙普通螺纹，公差带代号 7H，其标记为：M24×1.5−LH

mm

公称直径 D、d		螺距 P		粗牙小径 D_1、d_1	公称直径 D、d		螺距 P		粗牙小径 D_1、d_1
第一系列	第二系列	粗牙	细牙		第一系列	第二系列	粗牙	细牙	
3		0.5	0.35	2.459	16		2	1.5，1	13.835
4		0.7	0.5	3.242		18			15.294
5		0.8		4.134	20		2.5	2，1.5，1	17.294
6		1	0.75	4.917		22			19.294
8		1.25	1，0.75	6.647	24		3	2，1.5，1	20.752
10		1.5	1.25，1，0.75	8.376	30		3.5	(3)，2，1.5，1	26.211
12		1.75	1.25，1	10.106	36		4	3，2，1.5	31.670
	14	2	1.5，1.25*，1	11.835		39			34.670

注　应优先选用第一系列，括号内尺寸尽可能不用，带 * 号仅用于火花塞。

附表 2　　细牙普通螺纹螺距与小径的关系　　mm

螺距 P	小径 D_1、d_1	螺距 P	小径 D_1、d_1	螺距 P	小径 D_1、d_1
0.35	$d-1+0.621$	1	$d-2+0.917$	2	$d-3+0.835$
0.5	$d-1+0.459$	1.25	$d-2+0.647$	3	$d-4+0.752$
0.75	$d-1+0.188$	1.5	$d-2+0.376$	4	$d-5+0.670$

注　表中的小径按 $D_1=d_1=d=2\times\frac{5}{8}H$，$H=\frac{\sqrt{3}}{2}P$ 计算得出。

附表 3　管螺纹尺寸代号及基本尺寸

55°非密封管螺纹（GB/T 7307—2001）

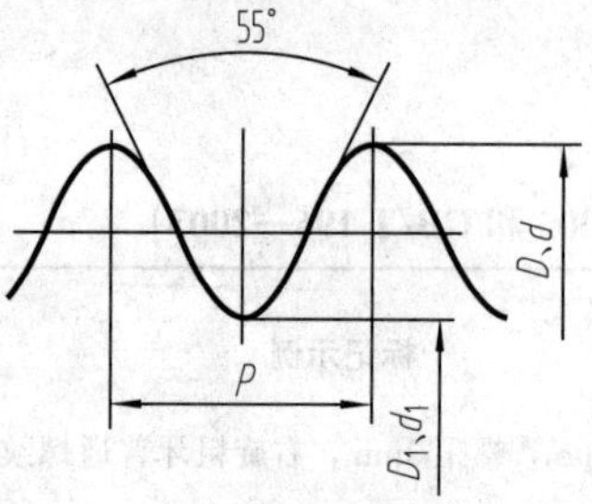

标记示例

尺寸代号为 1/2 的 A 级右旋外螺纹的标记为：G1/2A

尺寸代号为 1/2 的 B 级左旋外螺纹的标记为：G1/2B-LH

尺寸代号为 1/2 的右旋内螺纹的标记为：G1/2

尺寸代号	每 25.4mm 内的牙数 n	螺距 P(mm)	大径 $D=d$(mm)	小径 $D_1=d_1$(mm)	基准距离(mm)
1/4	19	1.337	13.157	11.445	6
3/8	19	1.337	16.662	14.950	6.4
1/2	14	1.814	20.955	18.631	8.2
3/4	14	1.814	26.441	24.117	9.5
1	11	2.309	33.249	30.291	10.4
11/4	11	2.309	41.910	38.952	12.7
11/2	11	2.309	47.803	44.845	12.7
2	11	2.309	59.614	56.656	15.9

附表 4　梯形螺纹直径与螺距系列、基本尺寸（GB/T 5796.2—2005、GB/T 5796.3—2005、GB/T 5796.4—2005）

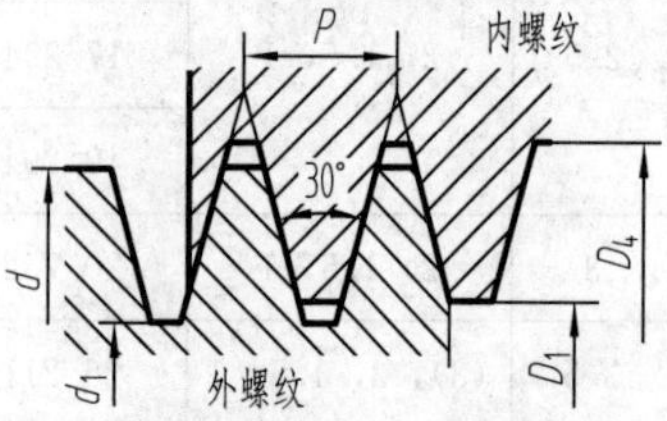

标记示例

公称直径 28mm、螺距 5mm、中径公差带代号为 7H 的单线右旋梯形内螺纹，其标记为：Tr28×5−7H

公称直径 28mm、导程 10mm、螺距 5mm，中径公差带代号为 8c 的双线左旋梯形外螺纹，其标记为：Tr28×10（P5）LH−8c

内外螺纹旋合所组成的螺纹副的标记为：Tr24×8−7H/8c

mm

公称直径 d		螺距	大径	小径		公称直径 d		螺距	大径	小径	
第一系列	第二系列	P	D_1	d_1	D_1	第一系列	第二系列	P	D_1	d_1	D_1
16		2	16.50	13.50	14.00	24		3	24.50	20.50	21.00
		4		11.50	12.00			5		18.50	19.00
	18	2	18.50	15.50	16.00			8	25.00	15.00	16.00
		4		13.50	16.00		26	3	26.50	22.50	23.00
20		2	20.50	17.50	18.00			5		20.50	21.00
		4		15.50	16.00			8	27.00	17.00	18.00
	22	3	22.50	18.50	19.00	28		3	28.50	24.50	25.00
		5		16.50	17.00			5		22.50	23.00
		8	23.0	13.00	14.00			8	29.00	19.00	20.00

注　螺纹公差带代号：外螺纹有 9c、8c、8c、7c；内螺纹有 9H、8H、7H。

二、常用的标准件

（一）螺钉

附表 5　　mm

开槽圆柱头螺钉（GB/T 65—2000）

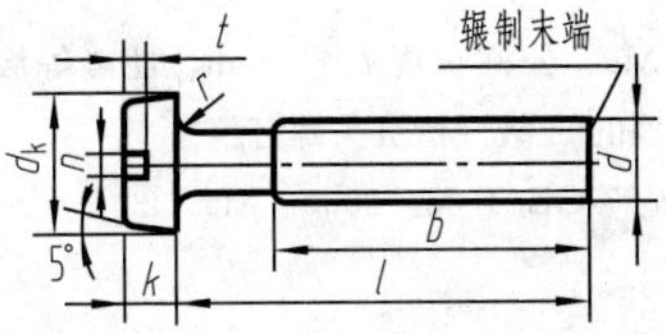

标记示例

螺纹规格 d=M5、公称长度 l=20mm、性能等级为 4.8 级，不经表面处理的 A 级开槽圆柱头螺钉：

螺钉 GB/T 65—2000　M5×20

螺纹规格 d	M4	M5	M6	M8	M10
P（螺距）	0.7	0.8	1	1.25	1.5
b	38	38	38	38	38
d_k	7	8.5	10	13	16
k	2.6	3.3	3.9	5	6
n	1.2	1.2	1.6	2	2.5
r	0.2	0.2	0.25	0.4	0.4
t	1.1	1.3	1.6	2	2.4
公称长度 l	5～40	6～50	8～60	10～80	12～80
l 系列	5，6，8，10，12，(14)，16，20，25，30，35，40，45，50，(55)，60，(65)，70，(75)，80				

注　1. 公称长度 $l \leqslant$40mm 的螺钉，制出全螺纹。

2. 括号内的规格尽可能不采用。

3. 螺纹规格 d=M1.6～M10；公称长度 l=2～80mm。

4. 材料为钢的螺钉性能等级有 4.8、5.8 级，其中 4.8 级为常用。

附表 6　　mm

开槽盘头螺钉（GB/T 67—2000）

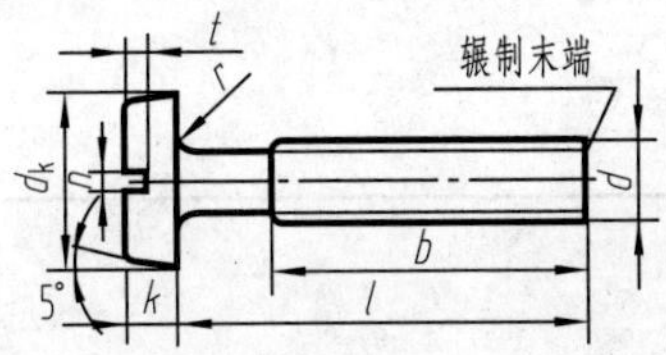

标记示例

螺纹规格 d=M5、公称长度 l=20mm、性能等级为 4.8 级，不经表面处理的 A 级开槽盘头螺钉：

螺钉　GB/T 67—2000　M5×20

螺纹规格 d	M1.6	M2	M2.5	M3	M4	M5	M6	M8	M10
P（螺距）	0.35	0.4	0.45	0.5	0.7	0.8	1	1.25	1.5
b	25	25	25	25	38	38	38	38	38
d_k	3.2	4	5	5.6	8	9.5	12	16	20
k	1	1.3	1.5	1.8	2.4	3	3.6	4.8	6
n	0.4	0.5	0.6	0.8	1.2	1.2	1.6	2	2.5
r	0.1	0.1	0.1	0.1	0.2	0.2	0.25	0.4	0.4
t	0.35	0.5	0.6	0.7	1	1.2	1.4	1.9	2.4
公称长度 l	2～16	2.5～20	3～25	4～30	5～40	6～50	8～60	10～80	12～80
l 系列	2，2.5，3，4，5，6，8，10，12，(14)，16，20，25，30，35，40，45，50，(55)，60，(65)，70，(75)，80								

注　1. 括号内的规格尽可能不采用。

2. M1.6～M3 的螺钉，公称长度 $l \leqslant$30mm 时，制出全螺纹。

3. M4～M10 的螺钉，公称长度 $l \leqslant$40mm 时，制出全螺纹。

4. 材料为钢的螺钉，性能等级有 4.8、5.8 级，其中 4.8 级为常用。

附表 7 mm

开槽沉头螺钉（GB/T 68—2000）

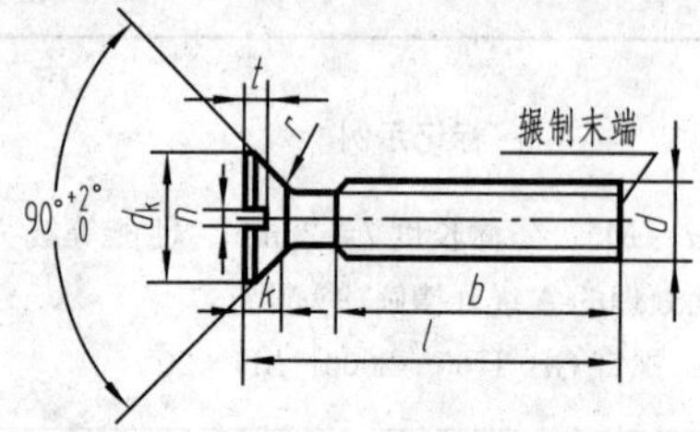

标记示例

螺纹规格 d＝M5、公称长度 l＝20mm、性能等级为 4.8 级，不经表面处理的 A 级开槽沉头螺钉：

螺钉 GB/T 68—2000 M5×20

螺纹规格 d	M1.6	M2	M2.5	M3	M4	M5	M6	M8	M10
P（螺距）	0.35	0.4	0.45	0.5	0.7	0.8	1	1.25	1.5
b	25	25	25	25	38	38	38	38	38
d_k	3.6	4.4	5.5	6.3	9.4	10.4	12.6	17.3	20
k	1	1.2	1.5	1.65	2.7	2.7	3.3	4.65	5
n	0.4	0.5	0.6	0.8	1.2	1.2	1.6	2	2.5
r	0.4	0.5	0.6	0.8	1	1.3	4.5	2	2.5
t	0.5	0.6	0.75	0.85	1.3	1.4	1.6	2.3	2.6
公称长度 l	2.5～16	3～20	4～25	5～30	6～40	8～50	8～60	10～80	12～80
l 系列	2.5，3，4.5，6，8，10，12，(14)，16，20，25，30，35，40，45，50，(55)，60，(65)，70，(75)，80								

注 1. 括号内的规格尽可能不采用。

2. M1.6～M3 的螺钉，公称长度 $l \leqslant 30$mm 时，制出全螺纹。

3. M4～M10 的螺钉，公称长度 $l \leqslant 45$mm 时，制出全螺纹。

4. 材料为钢的螺钉性能等级有 4.8、5.8 级，其中 4.8 级为常用。

附表 8 mm

内六角圆柱头螺钉（GB/T 70.1—2000）

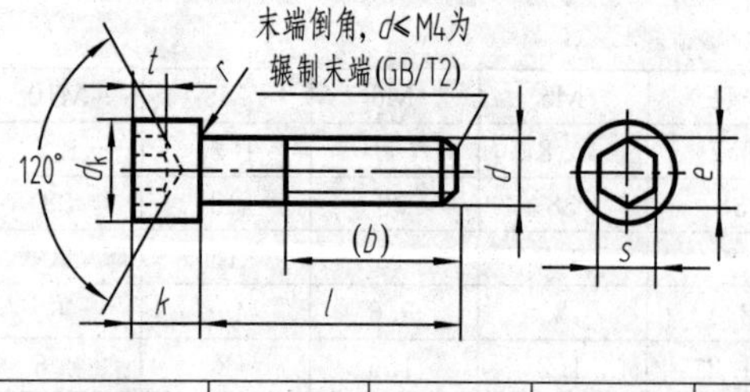

标记示例

螺纹规格 d＝M5、公称长度 l＝20mm、性能等级为 8.8 级，表面氧化的内六角圆柱头螺钉：

螺钉 GB/T 70.1—2000 M5×20

螺纹规格 d	M3	M4	M5	M6	M8	M10	M12	M16	M20
P（螺距）	0.5	0.7	0.8	1	1.25	1.5	1.75	2	2.5
b 参考	18	20	22	24	28	32	36	44	52
d_k	5.5	7	8.5	10	13	16	18	24	30
k	3	4	5	6	8	10	12	16	20
t	1.3	2	2.5	3	4	5	6	8	10

续表

螺纹规格 d	M3	M4	M5	M6	M8	M10	M12	M16	M20
s	2.5	3	4	5	6	8	10	14	17
e	2.87	3.44	4.58	5.72	6.86	9.15	11.43	16.00	19.44
r	0.1	0.2	0.2	0.25	0.4	0.4	0.6	0.6	0.8
公称长度 l	5～30	6～40	8～50	10～60	12～80	16～100	20～120	25～160	30～200
l≤表中数值时，制出全螺纹	20	25	25	30	35	40	45	55	65
l 系列	2.5，3，4，5，6，8，10，12，16，20，25，30，35，40，45，50，55，60，65，70，80，90，100，120，130，140，150，160，180，200，220，240，260，280，300								

注　螺纹规格 d＝M1.6～M64：六角槽端部允许倒圆或制出沉孔。

附表 9　　mm

开槽锥端紧定螺钉（GB/T 71—1985）　开槽平端紧定螺钉（GB/T 73—1985）

开槽长圆柱端紧定螺钉（GB/T 75—1985）

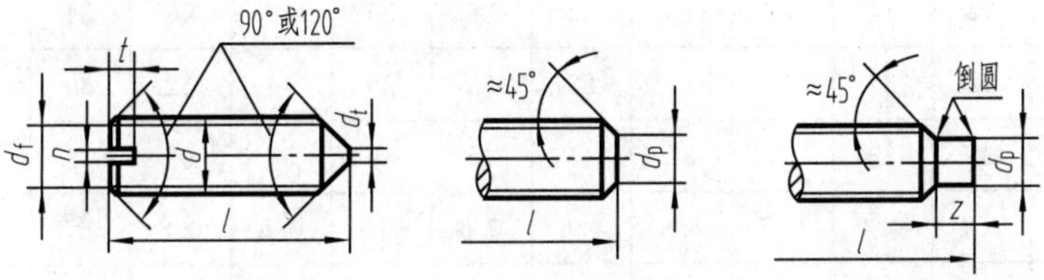

标记示例

螺纹规格 d＝M5，公称长度 l＝12mm、性能等级为 14H 级，表面氧化的开槽平端紧定螺钉：

螺钉　GB/T 73—1985　M5×12-14H

螺纹规格 d		M1.6	M2	M2.5	M3	M4	M5	M6	M8	M10	M12
P（螺距）		0.35	0.4	0.45	0.5	0.7	0.8	1	1.25	1.5	1.75
n		0.25	0.25	0.4	0.4	0.6	0.8	1	1.2	1.6	2
t		0.74	0.84	0.95	1.05	1.42	1.63	2	2.5	3	3.6
d_t		0.16	0.2	0.25	0.3	0.4	0.5	1.5	2	2.5	3
d_p		0.8	1	1.5	2	2.5	3.5	4	5.5	7	8.5
z		1.05	1.25	1.5	1.75	2.25	2.75	3.25	4.3	5.3	6.3
公称长度 l	GB/T 71—1985	2～8	3～10	3～12	4～16	6～20	8～25	8～30	10～40	12～50	14～60
	GB/T 73—1985	2～8	2～10	2.5～12	3～16	4～20	5～25	6～30	8～40	10～50	12～60
	GB/T 75—1985	2.5～8	3～10	4～12	5～16	6～20	8～25	10～30	10～40	12～50	14～60
l 系列		2，2.5，3，4，5，6，8，10，12，(14)，16，20，25，30，35，40，45，50，(55)，60									

注　1. 括号内的规格尽可能不采用。

2. d_f＝螺纹小径。

3. 紧定螺钉性能等级有 14H、22H 级，其中 14H 级为常用。

（二）螺栓

附表 10 mm

六角头螺栓—C 级（GB/T 5780—2000） 六角头螺栓—A 级 B 级（GB/T 5782—2000）

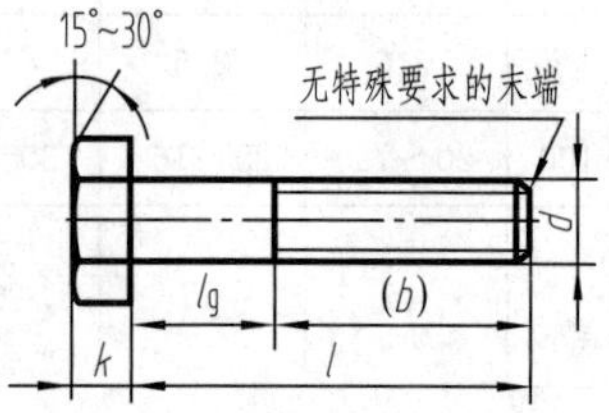

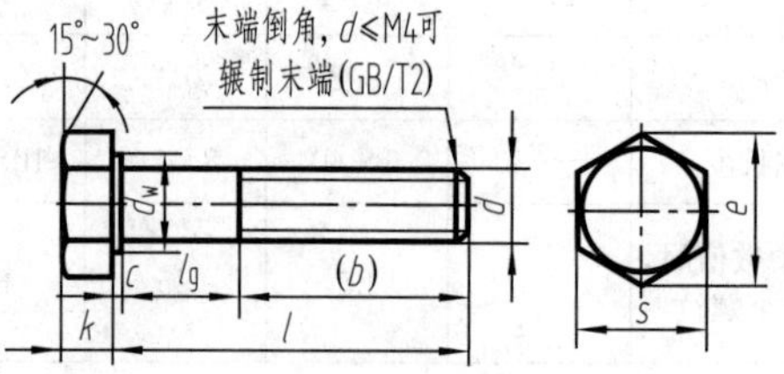

标记示例

螺纹规格 d=M12、公称长度 l=80mm、性能等级为 8.8 级、表面氧化、A 级的六角头螺栓：

螺栓 GB/T 5782—2000 M12×80

螺纹规格 d			M3	M4	M5	M6	M8	M10	M12	M16	M20	M24	M30	M36	M42
b 参考	l≤125		12	14	16	18	22	26	30	38	46	54	66	—	—
	125<l≤200		18	20	22	24	28	32	36	44	52	60	72	84	96
	l>200		31	33	35	37	41	45	49	57	65	73	85	97	109
c			0.4	0.4	0.5	0.5	0.6	0.6	0.6	0.8	0.8	0.8	0.8	0.8	1
d_w	产品等级	A	4.57	5.88	6.88	8.88	11.63	14.63	16.63	22.49	28.19	33.61	—	—	—
		B	4.45	5.74	6.74	8.74	11.47	14.47	16.47	22	27.7	33.25	42.75	51.11	59.95
e	产品等级	A	6.01	7.66	8.79	11.05	14.38	17.77	20.03	26.75	33.53	39.98	—	—	—
		B、C	5.88	7.50	8.63	10.89	14.20	17.59	19.85	26.17	32.95	39.55	50.85	60.79	72.02
k 公称			2	2.8	3.5	4	5.3	6.4	7.5	10	12.5	15	18.7	22.5	26
t			0.1	0.2	0.2	0.25	0.4	0.4	0.6	0.6	0.8	0.8	1	1	1.2
s 公称			5.5	7	8	10	13	16	18	24	30	36	46	55	65
l（商品规格范围）			20～30	25～40	25～50	30～60	40～80	45～100	50～120	65～160	80～200	90～240	110～300	140～360	160～400
l 系列			12，16，20，25，30，35，40，45，50，55，60，65，70，80，90，100，110，120，130，140，150，160，180，200，220，240，260，280，300，320，340，360，380，400，420，440，460，480，500												

注 1. A 级用于 d≤24mm 和 l≤10d 或≤150mm 的螺栓；B 级用于 d>24mm 和 l>10d 或>150mm 的螺栓。

2. 螺纹规格 d 范围：GB/T 5780 为 M5～M64；GB/T 5782 为 M1.6～M64。

3. 公称长度 l 范围：GB/T 5780 为 25～500；GB/T 5782 为 12～500。

4. 材料为钢的螺栓性能等级有 5.6、8.8、9.8、10.9 级，其中 8.8 级为常用。

（三）双头螺柱

附表 11

mm

双头螺柱—$b_m=1d$（GB/T 897—1988）

双头螺柱—$b_m=1.25d$（GB/T 898—1988）

双头螺柱—$b_m=1.5d$（GB/T 899—1988）

双头螺柱—$b_m=2d$（GB/T 900—1988）

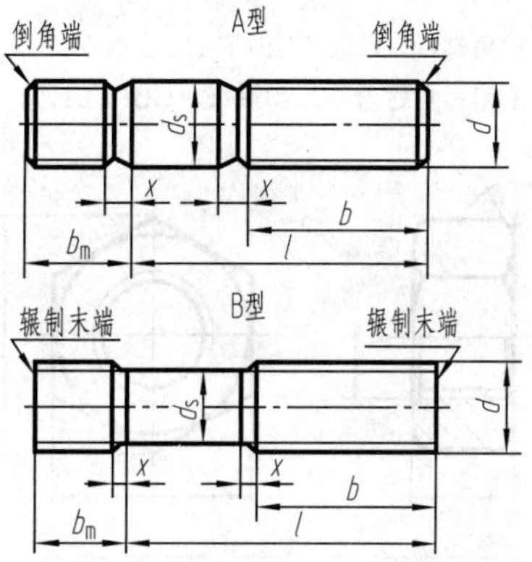

d_s＝螺纹中径（仅适用于 B 型）

标记示例

两端均为粗牙普通螺纹，$d=10$mm，$l=50$mm，性能等级为 4.8 级，不经表面处理，B 型，$b_m=1d$ 的双头螺柱：

螺柱　GB/T 897　M10×50

旋入端为粗牙普通螺纹，紧固端为螺距 $P=1$mm 的细牙普通螺纹，$d=10$mm，$l=50$mm，性能等级为 4.8 级，不经表面处理，A 型，$b_m=1.25d$ 的双头螺柱：

螺柱　GB/T 898　AM10—M10×1×50

螺纹规格 d	b_m 公称		d_s		x max	b	l 公称
	GB/T 897—1988	GB/T 898—1988	max	min			
M5	5	6	5	4.7	2.5P	10	16～(22)
						16	25～50
M6	6	8	6	5.7		10	20、(22)
						14	25、(28)、30
						18	(32)～(75)
M8	8	10	8	7.64		12	20、(22)
						16	25、(28)、30
						22	(32)～90
M10	10	12	10	9.64		14	25、(28)
						16	30、(38)
						26	40～120
						32	130
M12	12	15	12	11.57		16	25～30
						20	(32)～40
						30	45～120
						36	130～180
M16	16	20	16	15.57		20	30～(38)
						30	40～50
						38	60～120
						44	130～200
M20	20	25	20	19.48		25	35～40
						35	45～60
						46	(65)～120
						52	130～200

注　1. 本表未列入 GB/T 899—1988、GB/T 900—1988 两种规格。

2. P 表示螺距。

3. l 的长度系列：16，(18)，20，(22)，25，(28)，30，(32)，35，(38)，40，45，50，(55)，60，(65)，70，(75)，80，90，(95)，100～200（十进位）、括号内数值尽可能不采用。

4. 材料为钢的螺柱、性能等级有 4.8、5.8、6.8、8.8、10.9、12.9 级，其中 4.8 级为常用。

（四）螺母

附表 12 mm

六角螺母—C级（GB/T 41—2000）

Ⅰ型六角螺母—A和B级（GB/T 6170—2000）

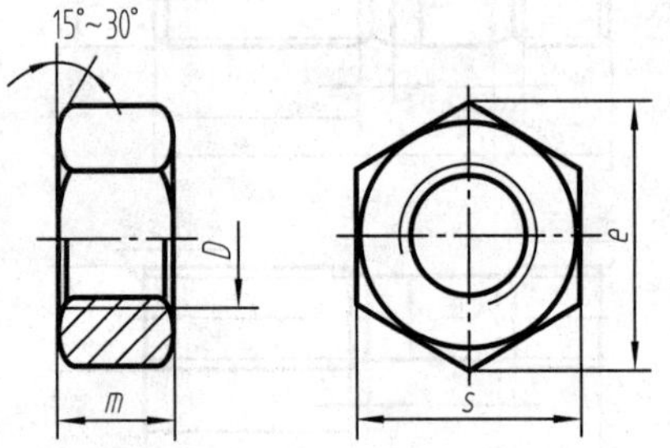

标记示例

螺纹规格 D=M12、性能等级为5级、不经表面处理、C级的六角螺母：

螺母 GB/T 41—2000 M12

螺纹规格 D=M12、性能等级为8级、不经表面处理、A级的Ⅰ型六角螺母：

螺母 GB/T 6170—2000 M12

螺纹规格 D		M3	M4	M5	M6	M8	M10	M12	M16	M20	M24	M30	M36	M42
e	GB/T 41—2000	—	—	8.63	10.89	14.20	17.59	19.85	26.17	32.95	39.55	50.85	60.79	72.02
	GB/T 6170—2000	6.01	7.66	8.79	11.05	14.38	17.77	20.03	26.75	32.95	39.55	50.85	60.79	72.02
s	GB/T 41—2000	—	—	8	10	13	16	18	24	30	36	46	55	65
	GB/T 6170—2000	5.5	7	8	10	13	16	18	24	30	36	46	55	65
m	GB/T 41—2000	—	—	5.6	6.1	7.9	9.5	12.2	15.9	18.7	22.3	26.4	31.5	34.9
	GB/T 6170—2000	2.4	3.2	4.7	5.2	6.8	8.4	10.8	14.8	18	21.5	25.6	31	34

注 A级用于 $D\leqslant16$；B级用于 $D>16$。产品等级A、B由公差取值决定，A级公差数值小。材料为钢的螺母：GB/T 6170的性能等级有6、8、10级，8级为常用；GB/T 41的性能等级为4和5级。这两类螺母的螺纹规格为M5～M64。

（五）垫圈

附表 13 mm

小垫圈 A级（GB/T 848—2002）

平垫圈 A级（GB/T 97.1—2002）

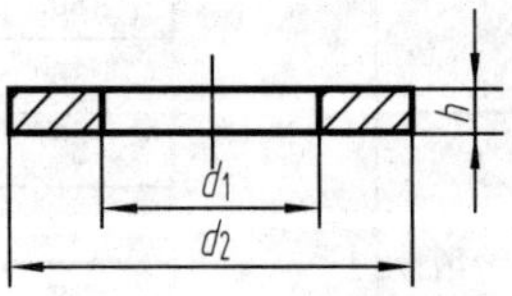

平垫圈 倒角型 A级（GB/T 97.2—2002）

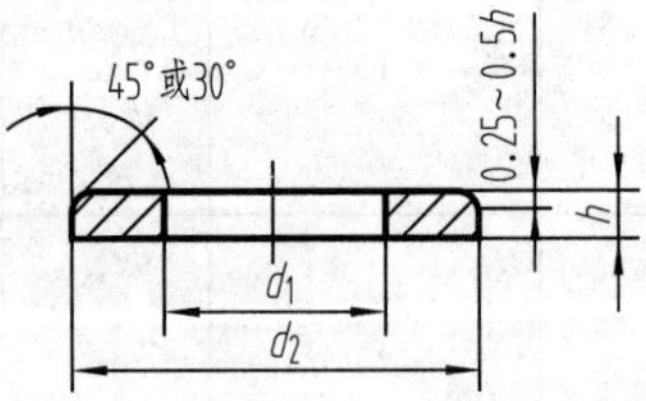

标记示例

标准系列、公称规格8mm，由钢制造的硬度等级为200HV级，不经表面处理、产品等级为A级的平垫圈：

垫圈 GB/T 97.1—2002 8

公称规格（螺纹大径）d		1.6	2	2.5	3	4	5	6	8	10	12	16	20	24	30	36
d_1	GB/T 848—2002	1.7	2.2	2.7	3.2	4.3	5.3	6.4	8.4	10.5	13	17	21	25	31	37
	GB/T 97.1—2002	1.7	2.2	2.7	3.2	4.3	5.3	6.4	8.4	10.5	13	17	21	25	31	37
	GB/T 97.2—2002	—	—	—	—	—	5.3	6.4	8.4	10.5	13	17	21	25	31	37

续表

公称规格（螺纹大径）d		1.6	2	2.5	3	4	5	6	8	10	12	16	20	24	30	36
d_2	GB/T 848—2002	3.5	4.5	5	6	8	9	11	15	18	20	28	34	39	50	60
	GB/T 97.1—2002	4	5	6	7	9	10	12	16	20	24	30	37	44	56	66
	GB/T 97.2—2002	—	—	—	—	—	10	12	16	20	24	30	37	44	56	66
h	GB/T 848—2002	0.3	0.3	0.5	0.5	0.5	1	1.6	1.6	1.6	2	2.5	3	4	4	5
	GB/T 97.1—2002	0.3	0.3	0.5	0.5	0.8	1	1.6	1.6	2	2.5	3	3	4	4	5
	GB/T 97.2—2002	—	—	—	—	—	1	1.6	1.6	2	2.5	3	3	4	4	5

注　1. 硬度等级有200HV、300HV级；材料有钢和不锈钢两种。

2. d的范围：GB/T 848为1.6～36mm，GB/T 97.1为1.6～64mm，GB/T 97.2为5～64mm。表中所列的仅为d≤36mm的优选尺寸；d>36mm的优选尺寸和非优选尺寸，可查阅这三个标准。

附表 14　　mm

标准型弹簧垫圈（GB/T 93—1987）

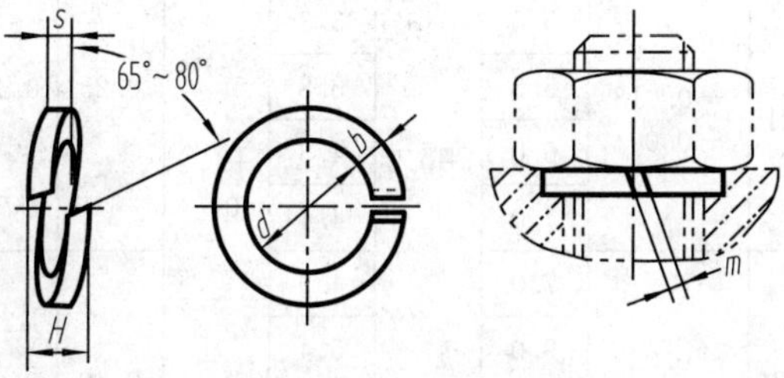

标记示例

规格16mm，材料为65Mn，表面氧化的标准型弹簧垫圈：

垫圈　GB/T 93—1987　16

公称规格（螺纹大径）	3	4	5	6	8	10	12	(14)	16	(18)	20	(22)	24	(27)	30
d	3.1	4.1	5.1	6.1	8.1	10.2	12.2	14.2	16.2	18.2	20.2	22.5	24.5	27.5	30.5
H	1.6	2.2	2.6	3.2	4.2	5.2	6.2	7.2	8.2	9	10	11	12	13.6	15
s (b)	0.8	1.1	1.3	1.6	2.1	2.6	3.1	3.6	4.1	4.5	5	5.5	6	6.8	7.5
m≤	0.4	0.55	0.65	0.8	1.05	1.3	1.55	1.8	2.05	2.25	2.5	2.75	3	3.4	3.75

注　1. 括号内的规格尽可能不采用。

2. m应大于零。

（六）键

附表 15　　mm

平键、键和键槽的断面尺寸（GB/T 1095—2003）

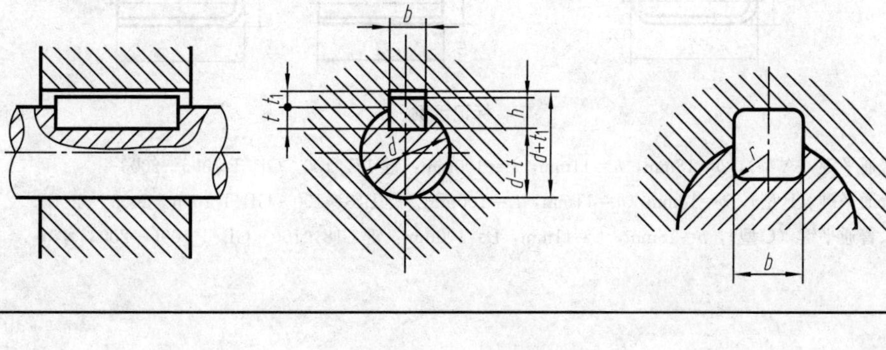

续表

轴	键	键槽											
		宽度 b						深度				半径 r	
公称直径 d	公称尺寸 $b\times h$	公称尺寸 b	偏差					轴 t		毂 t_1			
			较松键连接		一般键连接		较紧键连接						
			轴 H9	毂 D10	轴 N9	毂 Js9	轴和毂 P9	公称	偏差	公称	偏差	最小	最大
自 6～8	2×2	2	+0.025 0	+0.060 +0.020	−0.004 −0.029	±0.0125	−0.006 −0.031	1.2	+0.1 0	1	+0.1 0	0.08	0.16
>8～10	3×3	3						1.8		1.4			
>10～12	4×4	4	+0.030 0	+0.078 +0.030	0 −0.030	±0.015	−0.012 −0.042	2.5		1.8			
>12～17	5×5	5						3.0		2.3		0.16	0.25
>17～22	6×6	6						3.5		2.8			
>22～30	8×7	8	+0.036 0	+0.098 +0.040	0 −0.036	±0.018	−0.015 −0.051	4.0	+0.2 0	3.3	+0.2 0		
>30～38	10×8	10						5.0		3.3		0.25	0.40
>38～44	12×8	12	+0.043 0	+0.120 +0.050	0 −0.043	±0.0215	−0.018 −0.061	5.0		3.3			
>44～50	14×9	14						5.5		3.8			
>50～58	16×10	16						6.0		4.3			
>58～65	18×11	18						7.0		4.4			
>65～75	20×12	20	+0.052 0	+0.149 +0.065	0 −0.052	±0.026	−0.022 −0.074	7.0		4.9		0.40	0.60
>75～85	22×14	22						9.0		5.4			
>85～95	25×14	25						9.0		5.4			
>95～110	28×16	28						10.0		6.4			

注 在工作图中轴槽深用（$d-t$）标注，（$d-t$）的极限偏差值应取负号；轮毂槽深用（$d+t_1$）标注。平键轴槽的长度公差带用 H14。图中原标注的表面光洁度已折合成表面粗糙度 Ra 值标注。

附表 16 mm

普通平键的型式和尺寸（GB/T 1096—2003）

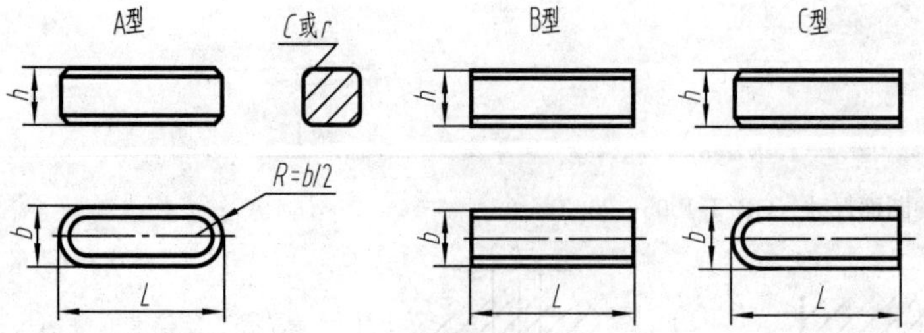

标记示例

圆头普通平键（A 型），b=18mm，h=11mm，L=100mm：键 18×100 GB/T 1096—2003

方头普通平键（B 型），b=18mm，h=11mm，L=100mm：键 B18×100 GB/T 1096—2003

单圆头普通平键（C 型），b=18mm，h=11mm，L=100mm：键 C18×100 GB/T 1096—2003

续表

b	2	3	4	5	6	8	10	12	14	16	18	20	22	25
h	2	3	4	5	6	7	8	8	9	10	11	12	14	14
C或r	0.16～0.25			0.25～0.40			0.40～0.60					0.60～0.80		
L	6～20	6～36	8～45	10～56	14～70	18～90	22～110	28～140	36～160	45～180	50～200	56～220	63～250	70～280
L系列	6、8、10、12、14、16、18、20、22、25、28、32、36、40、45、50、56、63、70、80、90、100、110、125、140、160、180、200、220、250、280													

注　材料常用45钢。图中原标注的表面光洁度已折合成表面粗糙度 *Ra* 值标注。键的极限偏差：宽（*b*）用h9；高（*h*）用h11；长（*L*）用h14。

（七）销

附表17　mm

圆柱销—不淬硬钢和奥氏体不锈钢（GB/T 119.1—2000）

圆柱销—淬硬钢和马氏体不锈钢（GB/T 119.2—2000）

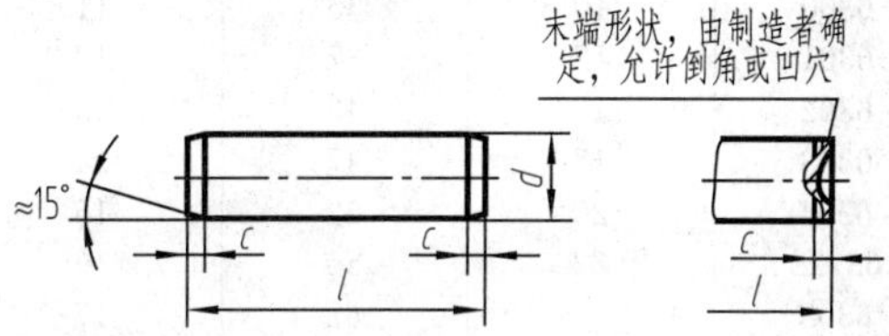

标记示例

公称直径 d=6mm、公差m6、公称长度 l=30mm、材料为钢、不经淬火、不经表面处理的圆柱销：

销　GB/T 119.1—2000　6m6×30

公称直径 d=6mm、公称长度 l=30mm、材料为钢、普通淬火（A型）、表面氧化处理的圆柱销：

销　GB/T 119.2—2000　6×30

公称直径 d		3	4	5	6	8	10	12	16	20	25	30	40	50
c≈		0.50	0.50	0.80	1.2	1.6	2.0	2.5	3.0	3.5	4.0	5.0	6.3	8.0
公称长度 l	GB/T 119.1	8～30	8～40	10～50	12～60	14～80	18～95	22～140	26～180	35～200	50～200	60～200	80～200	95～200
	GB/T 119.2	8～30	10～40	12～50	14～60	18～80	22～100	26～100	40～100	50～100	—	—	—	—
l系列		8，10，12，14，16，18，20，22，24，26，28，30，32，35，40，45，50，55，60，65，70，75，80，85，90，95，100，120，140，160，180，200												

注　1. GB/T 119.1—2000规定圆柱销的公称直径 d=0.6～50mm，公称长度 l=2～200mm，公差有m6和h8。

2. GB/T 119.2—2000规定圆柱销的公称直径 d=1～20mm，公称长度 l=3～100mm，公差仅有m6。

3. 当圆柱销公差为h8时，其表面粗糙度 $Ra \leqslant 1.6\mu m$。

附表18　mm

圆锥销（GB/T 117—2000）

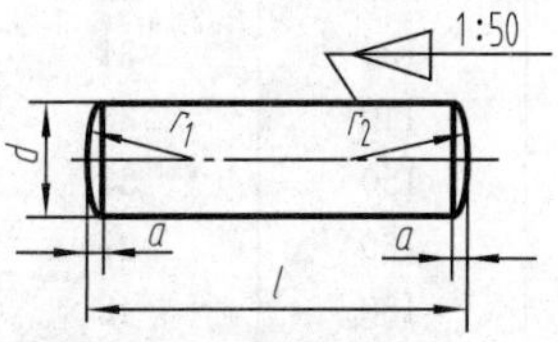

标记示例

公称直径 d=10mm、公称长度 l=60mm、材料为35钢、热处理硬度（28～38）HRC、表面氧化处理的A型圆锥销：

销　GB/T 117—2000　10×60

公称直径 d	4	5	6	8	10	12	16	20	25	30	40	50
a≈	0.5	0.63	0.8	1	1.2	1.6	2	2.5	3	4	5	6.3
公称长度 l	14～55	18～60	22～90	22～120	26～160	32～180	40～200	45～200	50～200	55～200	60～200	65～200
l系列	2，3，4，5，6，8，10，12，14，16，18，20，22，24，26，28，30，32，35，40，45，50，55，60，65，70，75，80，85，90，95，100，120，140，160，180，200											

注　1. 标准规定圆锥销的公称直径 d=0.6～50mm。

2. 有A型和B型。A型为磨削，锥面表面粗糙度 $Ra=0.8\mu m$；B型为切削或冷镦、锥面粗糙度 $Ra=3.2\mu m$。

（八）滚动轴承

附表 19　　mm

深沟球轴承（GB/T 276—1994）

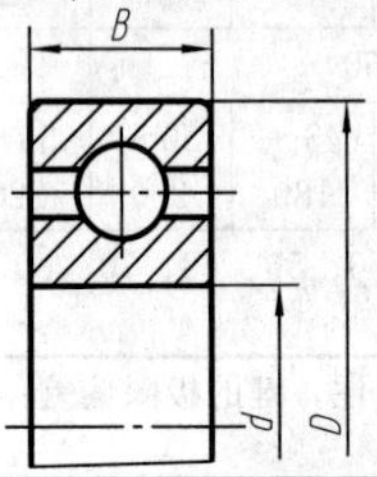

标记示例

类型代号　6　内圈孔径 d=60mm、尺寸系列代号为（0）2 的深沟球轴承：

滚动轴承　6212　GB/T 276—1994

轴承代号	尺寸			轴承代号	尺寸		
	d	*D*	*B*		*d*	*D*	*B*
尺寸系列代号（1）0				尺寸系列代号（0）3			
606	6	17	6	633	3	13	5
607	7	19	6	634	4	16	5
608	8	22	7	635	5	19	6
609	9	24	7	6300	10	35	11
6000	10	26	8	6301	12	37	12
6001	12	28	8	6302	15	42	13
6002	15	32	9	6303	17	47	14
6003	17	35	10	6304	20	52	15
6004	20	42	12	63/22	22	56	16
60/22	22	44	12	6305	25	62	17
6005	25	47	12	63/28	28	68	18
60/28	28	52	12	6306	30	72	19
6006	30	55	13	63/32	32	75	20
60/32	32	58	13	6307	35	80	21
6007	35	62	14	6308	40	90	23
6008	40	68	15	6309	45	100	25
6009	45	75	16	6310	50	110	27
6010	50	80	16	6311	55	120	29
6011	55	90	18	6312	60	130	31
6012	60	95	18				
尺寸系列代号（0）2				尺寸系列代号（0）4			
623	3	10	4	6403	17	62	17
624	4	13	5	6404	20	72	19
625	5	16	5	6405	25	80	21
626	6	19	6	6406	30	90	23
627	7	22	7	6407	35	100	25
628	8	24	8	6408	40	110	27
629	9	26	8	6409	45	120	29
6200	10	30	9	6410	50	130	31
6201	12	32	10	6411	55	140	33
6202	15	35	11	6412	60	150	35
6203	17	40	12	6413	65	160	37
6204	20	47	14	6414	70	180	42
62/22	22	50	14	6415	75	190	45
6205	25	52	15	6416	80	200	48
62/28	28	58	16	6417	85	210	52
6206	30	62	16	6418	90	225	54
62/32	32	65	17	6419	95	240	55
6207	35	72	17	6420	100	250	58
6208	40	80	18	6422	110	280	65
6209	45	85	19				
6210	50	90	20				
6211	55	100	21				
6212	60	110	22				

注　表中括号“（　）”，表示该数字在轴承代号中省略。

附表 20　　mm

圆锥滚子轴承（GB/T 297—1994）

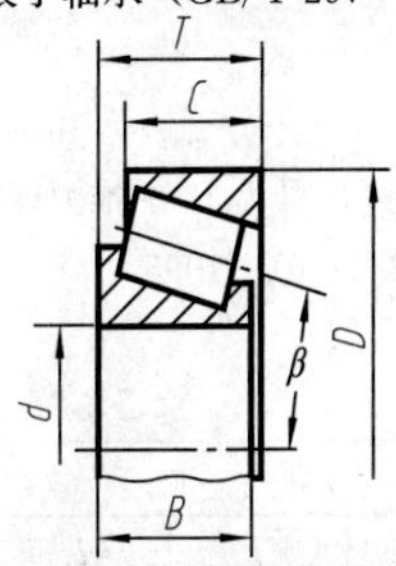

标记示例

类型代号 3　内圈孔径 d=35mm、尺寸系列代号为 03 的圆锥滚子轴承：

滚动轴承　30307　GB/T 297—1994

轴承代号	尺寸				
	d	D	T	B	C
尺寸系列代号 02					
30202	15	35	11.75	11	10
30203	17	40	13.25	12	11
30204	20	47	15.25	14	12
30205	25	52	16.25	15	13
30206	30	62	17.25	16	14
302/32	32	65	18.25	17	15
30207	35	72	18.25	17	15
30208	40	80	19.75	18	16
30209	45	85	20.75	19	16
30210	50	90	21.75	20	17
30211	55	100	22.75	21	18
30212	60	110	23.75	22	19
30213	65	120	24.75	23	20
30214	70	125	26.75	24	21
30215	75	130	27.75	25	22
30216	80	140	28.75	26	22
30217	85	150	30.5	28	24
30218	90	160	32.5	30	26
30219	95	170	34.5	32	27
30220	100	180	37	34	29
尺寸系列代号 03					
30302	15	42	14.25	13	11
30303	17	47	15.25	14	12
30304	20	52	16.25	15	13
30305	25	62	18.25	17	15
30306	30	72	20.75	19	16
30307	35	80	22.75	21	18
30308	40	90	25.25	23	20
30309	45	100	27.25	25	23
30310	50	110	29.25	27	23
30311	55	120	31.5	29	25
30312	60	130	33.5	31	26
30313	65	140	36	33	28
30314	70	150	38	35	30
30315	75	160	40	37	31
30316	80	170	42.5	39	33
30317	85	180	44.5	41	34
30318	90	190	46.5	43	36
30319	95	200	49.5	45	38
30320	100	215	51.5	47	39

轴承代号	尺寸				
	d	D	T	B	C
尺寸系列代号 23					
32303	17	47	20.25	19	16
32304	20	52	22.25	21	18
32305	25	62	25.25	24	20
32306	30	72	28.75	27	23
32307	35	80	32.75	31	25
32308	40	90	35.25	33	27
32309	45	100	38.25	36	30
32310	50	110	42.25	40	33
32311	55	120	45.5	43	35
32312	60	130	48.5	46	37
32313	65	140	51	48	39
32314	70	150	54	51	42
32315	75	160	58	55	45
32316	80	170	61.5	58	48
尺寸系列代号 30					
33005	25	47	17	17	14
33006	30	55	20	20	16
33007	35	62	21	21	17
33008	40	68	22	22	18
33009	45	75	24	24	19
33010	50	80	24	24	19
33011	55	90	27	27	21
33012	60	95	27	27	21
33013	65	100	27	27	21
33014	70	110	31	31	25.5
33015	75	115	31	31	25.5
33016	80	125	36	36	29.5
尺寸系列代号 31					
33108	40	75	26	26	20.5
33109	45	80	26	26	20.5
33110	50	85	26	26	20
33111	55	95	30	30	23
33112	60	100	30	30	23
33113	65	110	34	34	26.5
33114	70	120	37	37	29
33115	75	125	37	37	29
33116	80	130	37	37	29

附表 21

mm

推力球轴承（GB/T 301—1995）

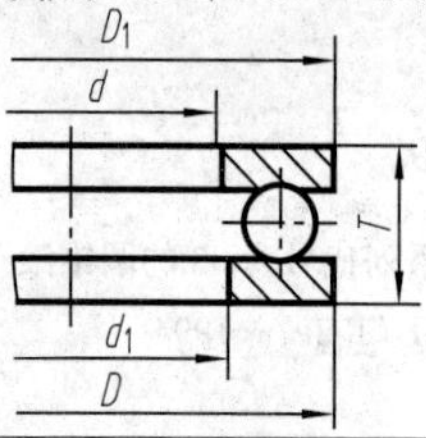

标记示例

类型代号 5　内圈孔径 d=30mm、尺寸系列代号为 13 的推力球轴承：

滚动轴承　51306　GB/T 301—1995

轴承代号	尺寸					轴承代号	尺寸				
	d	D	T	d_1	D_1		d	D	T	d_1	D_1
尺寸系列代号 11						尺寸系列代号 13					
51104	20	35	10	21	35	51304	20	47	18	22	47
51105	25	42	11	26	42	51305	25	52	18	27	52
51106	30	47	11	32	47	51306	30	60	21	32	60
51107	35	52	12	37	52	51307	35	68	24	37	68
51108	40	60	13	42	60	51308	40	78	26	42	78
51109	45	65	14	47	65	51309	45	85	28	47	85
51110	50	70	14	52	70	51310	50	95	31	52	95
51111	55	78	16	57	78	51311	55	105	35	57	105
51112	60	85	17	62	85	51312	60	110	35	62	110
51113	65	90	18	67	90	51313	65	115	36	67	115
51114	70	95	18	72	95	51314	70	125	40	72	125
51115	75	100	19	77	100	51315	75	135	44	77	135
51116	80	105	19	82	105	51316	80	140	44	82	140
51117	85	110	19	87	110	51317	85	150	49	88	150
51118	90	120	22	92	120	51318	90	155	50	93	155
51120	100	135	25	102	135	51320	100	170	55	103	170
尺寸系列代号 12						尺寸系列代号 14					
51204	20	40	14	22	40	51405	25	60	24	27	60
51205	25	47	15	27	47	51406	30	70	28	32	70
51206	30	52	16	32	52	51407	35	80	32	37	80
51207	35	62	18	37	62	51408	40	90	36	42	90
51208	40	68	19	42	68	51409	45	100	39	47	100
51209	45	73	20	47	73	51410	50	110	43	52	110
51210	50	78	22	52	78	51411	55	120	48	57	120
51211	55	90	25	57	90	51412	60	130	51	62	130
51212	60	95	26	62	95	51413	65	140	56	68	140
51213	65	100	27	67	100	51414	70	150	60	73	150
51214	70	105	27	72	105	51415	75	160	65	78	160
51215	75	110	27	77	110	51416	80	170	68	83	170
51216	80	115	28	82	115	51417	85	180	72	88	177
51217	85	125	31	88	125	51418	90	190	77	93	187
51218	90	135	35	93	135	51420	100	210	85	103	205
51220	100	150	38	103	150	51422	110	230	95	113	225

注　推力球轴承有 51000 型和 52000 型，类型代号都是 5，尺寸系列代号分别为 11、12、13、14 和 21、22、23、24。52000 型推力球轴承的形式、尺寸可查阅 GB/T 301—1995。

（九）弹簧

附表 22

圆柱螺旋压缩弹簧 GB/T 2089—1994

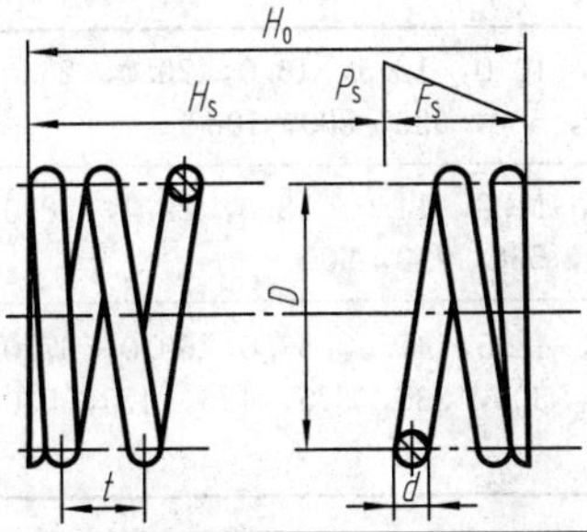

A 型：两端圈并紧磨平；
B 型：两端圈并紧锻平

标记示例

A 型、材料直径 $d=6$mm、弹簧中径 $D=38$mm、自由高度 $H_0=60$mm 材料为 C 级碳素弹簧钢丝、冷卷、表面涂漆处理的右旋圆柱螺旋压缩弹簧，其标记为：

YA　6×38×60　GB/T 2089

材料直径 d (mm)	弹簧中径 D (mm)	节距 t (mm)	自由高度 H_0 (mm)	有效圈数 n	试验负荷 P_s (N)	试验负荷变形量 F_s (mm)
2.5	20	7.02	18	4.5	218	20.4
			80	10.5		47.5
	23	9.57	58	5.5	174	38.9
			70	6.5		45.9
4	28	9.16	50	4.5	594	23.2
			70	6.5		33.5
	30	9.92	45	3.5	554	20.7
			85	7.5		44.4
4.5	32	10.5	65	5.5	740	32.9
			90	7.5		44.9
	50	19.1	80	3.5	474	51.2
			220	10.5		153
5	40	13.4	85	5.5	812	46.3
			110	7.5		63.2
	45	15.7	80	4.5	722	48.0
			140	8.5		90.6
6	38	11.9	60	4	368	23.5
			100	7.5		44.0
	45	14.2	90	5.5	1155	45.2
			120	7.5		61.7
10	45	14.6	115	6.5	4919	29.5
			130	7.5		34.1
	50	15.6	80	4	4427	22.4
			150	8.5		47.6

注　1. 材料直径系列：0.5～1（0.1 进位），1.2～2（0.2 进位），2.5～5（0.5 进位），6～20（2 进位），25～50（5 进位）。
2. 弹簧中径系列：3～4.5（0.5 进位），6～10（1 进位），12～22（2 进位），25，28，30，32，35，38，40～100（5 进位），110～200（10 进位），220～340（20 进位）。
3. 本表仅摘录 GB/T 2089—1994 所列表格中的部分项目和 24 个弹簧，作为示例、需用时可查阅该标准。

三、常用的机械加工一般规范和零件结构要素

（一）标准尺寸（摘自 GB/T 2822—1981）

附表 23

mm

R10	1.00，1.25，1.60，2.00，2.50，3.15，4.00，5.00，6.30，8.00，10.0，12.5，16.0，20.0，25.0，31.5，40.0，50.0，63.0，80.0，100，125，160，200，250，315，400，500，630，800，1000
R20	1.12，1.40，1.80，2.24，2.80，3.55，4.50，5.60，7.10，9.00，11.2，14.0，18.0，22.4，28.0，35.5，45.0，56.0，71.0，90.0，112，140，180，224，280，355，450，560，710，900
R40	13.2，15.0，17.0，19.0，21.2，23.6，26.5，30.0，33.5，37.5，42.5，47.5，53.0，60.0，67.0，75.0，85.0，95.0，106，118，132，150，170，190，212，236，265，300，335，375，425，475，530，600，670，750，850，950

注 1. 本表仅摘录 1～1000mm 范围内优先数系 R 系列中的标准尺寸。
2. 使用时按优先顺序（R10、R20、R40）选取标准尺寸。

（二）砂轮越程槽（摘自 GB/T 6403.5—1986）

附表 24

mm

磨外圆

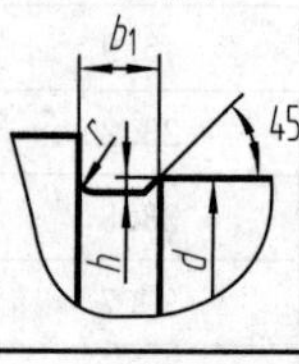

磨内圆

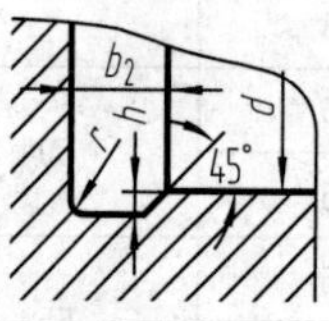

b_1	0.6	1.0	1.6	2.0	3.0	4.0	5.0	8.0	10
b_2	2.0	3.0		4.0		5.0		8.0	10
h	0.1	0.2		0.3	0.4		0.6	0.8	1.2
r	0.2	0.5		0.8	1.0		1.6	2.0	3.0
d	—10			>10～50		>50～100		>100	

注 1. 越程槽内二直线相交处，不允许产生尖角。
2. 越程槽深度 h 与圆弧半径 r，要满足 $r \leqslant 3h$。
3. 磨削具有数个直径的工件时，可使用同一规格的越程槽。
4. 直径 d 值大的零件，允许选择小规格的砂轮越程槽。
5. 砂轮越程槽的尺寸公差和表面粗糙度根据该零件的结构、性能确定。

（三）零件倒圆与倒角（摘自 GB/T 6403.4—1986）

附表 25

mm

型式

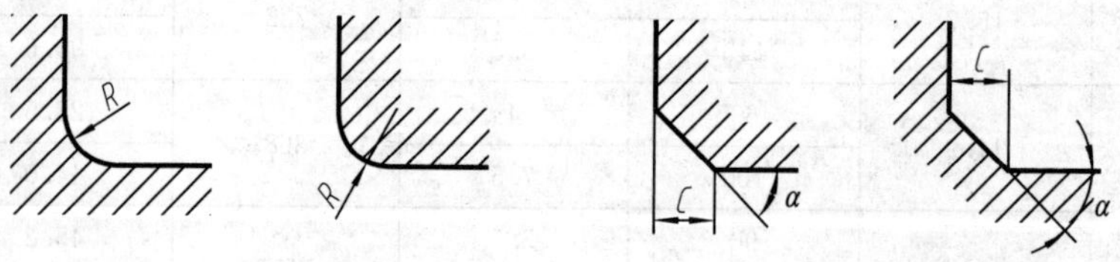

R、C 尺寸系列：
0.1，0.2，0.3，0.4，0.5，0.6，0.8，1.0，1.2，1.6，2.0，2.5，3.0，4.0，5.0，6.0，8.0，10，12，16，20，25，32，40，50

装配形式

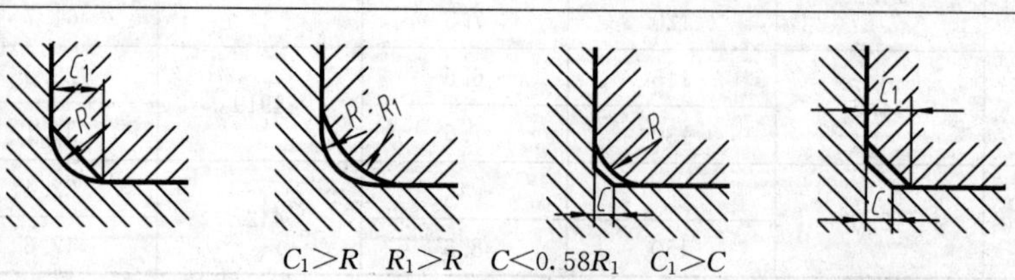

$C_1>R$ $R_1>R$ $C<0.58R_1$ $C_1>C$

尺寸规定：
1. R_1、C_1 的偏差为正；R、C 的偏差为负。
2. 左起第三种装配方式、C 的最大值 C_{max} 与 R_1 的关系如下。

R_1	0.1	0.2	0.3	0.4	0.5	0.6	0.8	1.0	1.2	1.6	2.0	2.5	3.0	4.0	5.0	6.0	8.0	10	12	16	20	25
C_{max}		0.1	0.1	0.2	0.2	0.3	0.4	0.5	0.6	0.8	1.0	1.2	1.6	2.0	2.5	3.0	4.0	5.0	6.0	8.0	10	12

附表 26　mm

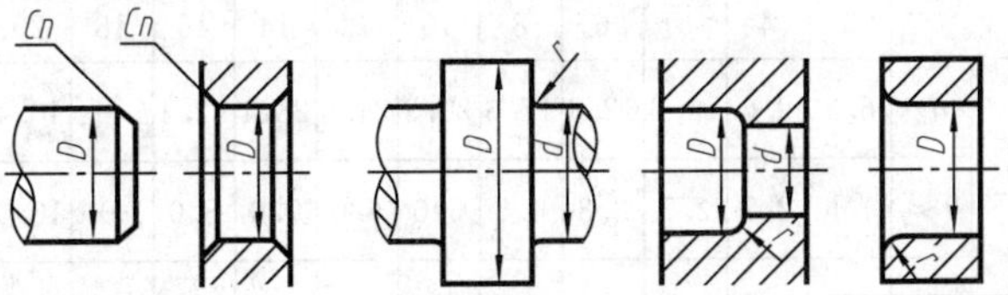

直径 D	3～6	>6～10	>10～18	>18～30	>30～50	>50～80	>80～120	>120～180
r Cn	0.3	0.5、0.6	0.8	1.0	1.2、1.6	2.0	2.5	3.5
$D-d$	3	4	8	12	20	30	40	50

注　倒角一般用 45°，也允许用 30°、60°。

(四) 普通螺纹倒角和退刀槽（摘自 GB/T 3—1997）、螺纹紧固件的螺纹倒角（摘自 GB/T 2—2001）

附表 27　mm

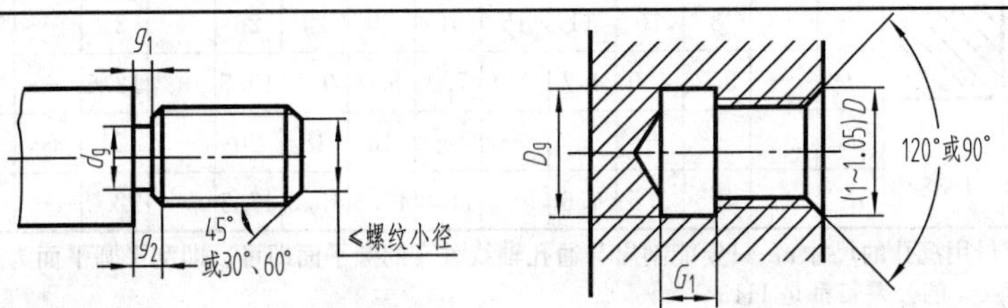

螺距	外螺纹			内螺纹		螺距	外螺纹			内螺纹	
	g_{2max}	g_{1min}	d_g	G_1	D_g		g_{2max}	g_{1min}	d_g	G_1	D_g
0.5	1.5	0.8	$d-0.8$	2		1.75	5.25	3	$d-2.6$	7	
0.7	2.1	1.1	$d-1.1$	2.8	$D+0.3$	2	6	3.4	$d-3$	8	
0.8	2.4	1.3	$d-1.3$	3.2		2.5	7.5	4.4	$d-3.6$	10	
1	3	1.6	$d-1.6$	4		3	9	5.2	$d-4.4$	12	$D+0.5$
1.25	3.75	2	$d-2$	5	$D+0.5$	3.5	10.5	6.2	$d-5$	14	
1.5	4.5	2.5	$d-2.3$	6		4	12	7	$d-5.7$	16	

(五) 紧固件通孔（摘自 GB/T 5277—1985）及沉头座尺寸（摘自 GB/T 152.2～152.4—1988）

附表 28　mm

螺纹规格 d		3	4	5	6	8	10	12	14	16	18	20	22	24	27	30	36
通孔直径 GB/T 5277—1985	精装配	3.2	4.3	5.3	6.4	8.4	10.5	13	15	17	19	21	23	25	28	31	37
	中等装配	3.4	4.5	5.5	6.6	9	11	13.5	15.5	17.5	20	22	24	26	30	33	39
	粗装配	3.6	4.8	5.8	7	10	12	14.5	16.5	18.5	21	24	26	28	32	35	42
六角头螺栓和六角螺母用沉孔 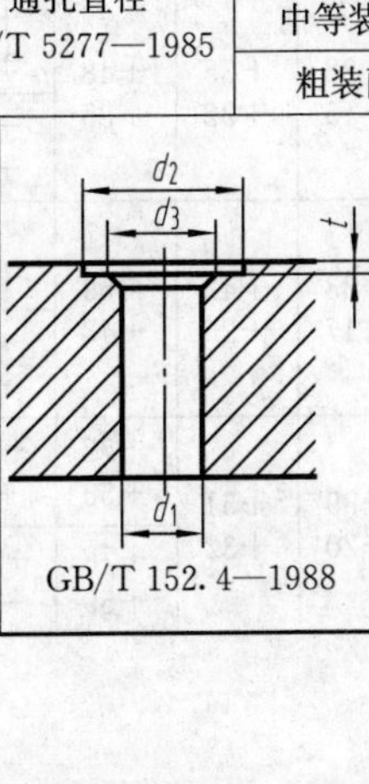 GB/T 152.4—1988	d_2	9	10	11	13	18	22	26	30	33	36	40	43	48	53	61	适用于六角头螺栓和六角螺母
	d_3	—	—	—	—	—	—	16	18	20	22	24	26	28	33	36	
	d_1	3.4	4.5	5.5	6.6	9.0	11.0	13.5	15.5	17.5	20.0	22.0	24	26	30	33	

续表

螺纹规格 d			3	4	5	6	8	10	12	14	16	18	20	22	24	27	30	36
沉头用沉孔	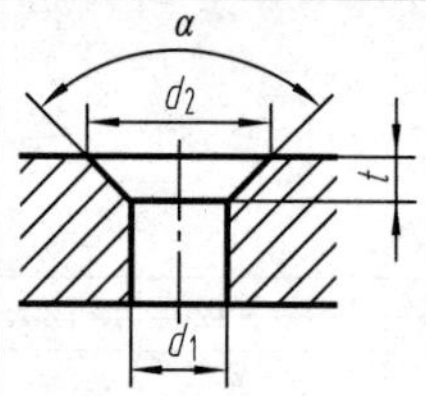 GB/T 152.2—1988	d_2	6.4	9.6	10.6	12.8	17.6	20.3	24.4	28.4	32.4	—	40.4	—	—	—	—	适用于沉头及半沉头螺钉
		$t\approx$	1.6	2.7	2.7	3.3	4.6	5.0	6.0	7.0	8.0	—	10.0	—	—	—	—	
		d_1	3.4	4.5	5.5	6.6	9	11	13.5	15.5	17.5	—	22	—	—	—	—	
		α	$90°^{-2°}_{-4°}$															
圆柱头用沉孔	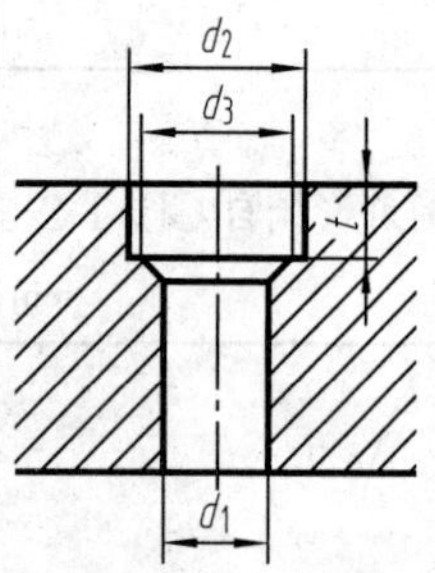 GB/T 152.3—1988	d_2	6.0	8.0	10.0	11.0	15.0	18.0	20.0	24.0	26.0	—	33.0	—	40.0	—	48.0	适用于内六角圆柱头螺钉
		t	3.4	4.6	5.7	6.8	9.0	11.0	13.0	15.0	17.5	—	21.5	—	25.5	—	32.0	
		d_3	—	—	—	—	—	—	16	18	20	—	24	—	28	—	36	
		d_1	3.4	4.5	5.5	6.6	9.0	11.0	13.5	15.5	17.5	—	22.0	—	26.0	—	33.0	
		d_2	—	8	10	11	15	18	20	24	26	—	33	—	—	—	—	适用于开槽圆柱头螺钉
		t	—	3.2	4.0	4.7	6.0	7.0	8.0	9.0	10.5	—	12.5	—	—	—	—	
		d_3	—	—	—	—	—	—	16	18	20	—	24	—	—	—	—	
		d_1	—	4.5	5.5	6.6	9.0	11.0	13.5	15.5	17.5	—	22.0	—	—	—	—	

注 对螺栓和螺母用沉孔的尺寸 t，只要能制出与通孔轴线垂直的圆平面即可、即刮平圆平面为止、常称锪平。表中尺寸 d_1、d_2、t 的公差带都是 H13。

四、极限与配合

（一）优先配合中轴的极限偏差（摘自 GB/T 1800.2—2009）

附表 29

μm

公称尺寸（mm）		公差带												
		c	d	f	g	h				k	n	p	s	u
大于	至	11	9	7	6	6	7	9	11	6	6	6	6	6
—	3	−60 −120	−20 −45	−6 −16	−2 −8	0 −6	0 −10	0 −25	0 −60	+6 0	+10 +4	+12 +6	+20 +14	+24 +18
3	6	−70 −145	−30 −60	−10 −22	−4 −12	0 −8	0 −12	0 −30	0 −75	+9 +1	+16 +8	+20 +12	+27 +19	+31 +23
6	10	−80 −170	−40 −76	−13 −28	−5 −14	0 −9	0 −15	0 −36	0 −90	+10 +1	+19 +10	+24 +15	+32 +23	+37 +28
10	14	−95 −205	−50 −93	−16 −34	−6 −17	0 −11	0 −18	0 −43	0 −110	+12 +1	+23 +12	+29 +18	+39 +28	+44 +33
14	18													
18	24	−110 −240	−65 −117	−20 −41	−7 −20	0 −13	0 −21	0 −52	0 −130	+15 +2	+28 +15	+35 +22	+48 +35	+54 +41
24	30													+61 +48
30	40	−120 −280	−80 −142	−25 −50	−9 −25	0 −16	0 −25	0 −62	0 −160	+18 +2	+33 +17	+42 +26	+59 +43	+76 +60
40	50	−130 −290												+86 +70
50	65	−140 −330	−100 −174	−30 −60	−10 −29	0 −19	0 −30	0 −74	0 −190	+21 +2	+39 +20	+51 +32	+72 +53	+106 +87
65	80	−150 −340											+78 +59	+121 +102

续表

公称尺寸(mm)		公差带												
		c	d	f	g	h				k	n	p	s	u
大于	至	11	9	7	6	6	7	9	11	6	6	6	6	6
80	100	−170 −390	−120 −207	−36 −71	−12 −34	0 −22	0 −35	0 −87	0 −220	+25 +3	+45 +23	+59 +37	+93 +71	+146 +124
100	120	−180 −400											+101 +79	+166 +144
120	140	−200 −450	−145 −245	−43 −83	−14 −39	0 −25	0 −40	0 −100	0 −250	+28 +3	+52 +27	+68 +43	+117 +92	+195 +170
140	160	−210 −460											+125 +100	+215 +190
160	180	−230 −480											+133 +108	+235 +210
180	200	−240 −530	−170 −285	−50 −96	−15 −44	0 −29	0 −46	0 −115	0 −290	+33 +4	+60 +31	+79 +50	+151 +122	+265 +236
200	225	−260 −550											+159 +130	+287 +258
225	250	−280 −570											+169 +140	+313 +284
250	280	−300 −620	−190 −320	−56 −108	−17 −49	0 −32	0 −52	0 −130	0 −320	+36 +4	+66 +34	+88 +56	+190 +158	+347 +315
280	315	−330 −650											+202 +170	+382 +350
315	355	−360 −720	−210 −350	−62 −119	−18 −54	0 −36	0 −57	0 −140	0 −360	+40 +4	+73 +37	+98 +62	+226 +190	+426 +390
355	400	−400 −760											+244 +208	+471 +435
400	450	−440 −840	−230 −385	−68 −131	−20 −60	0 −40	0 −63	0 −155	0 −400	+45 +5	+80 +40	+108 +68	+272 +232	+530 +490
450	500	−480 −880											+292 +252	+580 +540

(二)优先配合中孔的极限偏差(摘自GB/T 1800.2—2009)

附表30 μm

公称尺寸(mm)		公差带												
		C	D	F	G	H				K	N	P	S	U
大于	至	11	9	8	7	7	8	9	11	7	7	7	7	7
—	3	+120 +60	+45 +20	+20 +6	+12 +2	+10 0	+14 0	+25 0	+60 0	0 −10	−4 −14	−6 −16	−14 −24	−18 −28
3	6	+145 +70	+60 +30	+28 +10	+16 +4	+12 0	+18 0	+30 0	+75 0	+3 −9	−4 −16	−8 −20	−15 −27	−19 −31
6	10	+170 +80	+76 +40	+35 +13	+20 +5	+15 0	+22 0	+36 0	+90 0	+5 −10	−4 −19	−9 −24	−17 −32	−22 −37
10	14	+205 +95	+93 +50	+43 +16	+24 +6	+18 0	+27 0	+43 0	+110 0	+6 −12	−5 −23	−11 −29	−21 −39	−26 −44
14	18													
18	24	+240 +110	+117 +65	+53 +20	+28 +7	+21 0	+33 0	+52 0	+130 0	+6 −15	−7 −28	−14 −35	−27 −48	−33 −54
24	30													−40 −61

续表

公称尺寸(mm)		公差带												
		C	D	F	G	H				K	N	P	S	U
大于	至	11	9	8	7	7	8	9	11	7	7	7	7	7
30	40	+280 +120	+142 +80	+64 +25	+34 +9	+25 0	+39 0	+62 0	+160 0	+7 −18	−8 −33	−17 −42	−34 −59	−51 −76
40	50	+290 +130												−61 −86
50	65	+330 +140	+174 +100	+76 +30	+40 +10	+30 0	+46 0	+74 0	+190 0	+9 −21	−9 −39	−21 −51	−42 −72	−76 −106
65	80	+340 +150											−48 −78	−91 −121
80	100	+390 +170	+207 +120	+90 +36	+47 +12	+35 0	+54 0	+87 0	+220 0	+10 −25	−10 −45	−24 −59	−58 −93	−111 −146
100	120	+400 +180											−66 −101	−131 −166
120	140	+450 +200	+245 +145	+106 +43	+54 +14	+40 0	+63 0	+100 0	+250 0	+12 −28	−12 −52	−28 −68	−77 −117	−155 −195
140	160	+460 +210											−85 −125	−175 −215
160	180	+480 +230											−93 −133	−195 −235
180	200	+530 +240	+285 +170	+122 +50	+61 +15	+46 0	+72 0	+115 0	+290 0	+13 −33	−14 −60	−33 −79	−105 −151	−219 −265
200	225	+550 +260											−113 −159	−241 −287
225	250	+570 +280											−123 −169	−267 −313
250	280	+620 +300	+320 +190	+137 +56	+69 +17	+52 0	+81 0	+130 0	+320 0	+16 −36	−14 −66	−36 −88	−138 −190	−295 −347
280	315	+650 +330											−150 −202	−330 −382
315	355	+720 +360	+350 +210	+151 +62	+75 +18	+57 0	+89 0	+140 0	+360 0	+17 −40	−16 −73	−41 −98	−169 −226	−369 −426
355	400	+760 +400											−187 −244	−414 −471
400	450	+840 +440	+385 +230	+165 +68	+83 +20	+63 0	+97 0	+155 0	+400 0	+18 −45	−17 −80	−45 −108	−209 −272	−467 −530
450	500	+880 +480											−229 −292	−517 −580

参 考 文 献

[1] 何铭新，钱可强. 机械制图. 5版. 北京：高等教育出版社，2004.
[2] 钱可强. 机械制图. 2版. 北京：高等教育出版社，2007.
[3] 刘小年. 机械制图. 2版. 北京：高等教育出版社，2007.
[4] 钟家麒. 工程图学. 北京：高等教育出版社，2006.